ローカル・ガバナンスと参加

イギリスにおける市民主体の地域再生

永田 祐 著
Yu Nagata

中央法規

目次

序章 ローカル・ガバナンスと参加の実証研究に向けて ……… 10

- 第1節 政策過程における相互浸透 実体化するローカル・ガバナンス …… 11
- 第2節 ローカル・ガバナンスと参加 地域福祉計画を事例として ……… 15
  1. 社会福祉における参加 ……… 16
  2. 地域福祉計画における ローカル・ガバナンスと参加 ……… 22
- 第3節 研究動向の概要 ……… 25
- 第4節 本研究の目的と対象 ……… 27
  1. 研究目的 ……… 27
  2. 研究対象 ……… 29
- 第5節 本研究の構成 ……… 33

第1章 統治主体としての政府の相対化とガバナンス理論 ……… 37

- 第1節 ガバナンス論の背景とガバナンスの変化を読み解く3つの視点 ……… 38
- 第2節 政府の空洞化とネットワーク・ガバナンス ……… 42
- 第3節 市民社会の役割と参加志向のガバナンス ……… 45
- 第4節 小括 ……… 51

第2章 ブレア政権のガバナンス改革
連結政府とパートナーシップ組織 ……… 53

- 第1節 第三の道とは何か ……………………… 53
  1. 第三の道の基本的な考え方 ……… 55
  2. 第三の道と市民社会
     労働党のボランタリーセクター政策の
     変化を事例として ………………… 60
- 第2節 政府の現代化と
  連結政府・パートナーシップ ……… 64
  1. 政府の「現代化」と連結政府という
     アイディア ………………………… 64
  2. 地方自治体の「現代化」
     地方自治体における連結政府の具体化 67
- 第3節 連結政府を具体化するための
  パートナーシップ組織 ……………… 73
- 第4節 ブレア政権の
  ローカル・ガバナンス改革の方向性 … 76
- 第5節 小括 ……………………………………… 81

第3章 イギリスにおける近隣再生政策の
展開と政策構造 ……………………………… 86

- 第1節 イギリスにおける地域再生政策の
  展開（1997年までの展開） ………… 86
  1. 地域再生政策の萌芽
     都市における実験の時代とその転換点 87
  2. サッチャー政権下の地域再生政策
     市場への信頼と政府への不信 …… 90
  3. メジャー政権下の地域再生政策
     地域再生へのパートナーシップの導入 … 93

第 2 節　近隣再生政策の政策構造
　　　　　地域再生へのブレア政権の取り組み … 95
　　　1．地域再生に対する
　　　　　ブレア政権の取り組みの概要 ……………… 95
　　　2．近隣再生政策の展開（1）
　　　　　実験としての「地域を限定した政策」…… 98
　　　3．近隣再生政策の展開（2）
　　　　　2001 年以降の近隣再生政策の全体像　102

第 3 節　近隣再生政策の政策構造と
　　　　　その全体像 …………………………………… 114

第 4 節　研究対象とする政策の概要
　　　　　地域戦略パートナーシップと
　　　　　コミュニティ・ニューディール ……… 117
　　　1．地域戦略パートナーシップの概要 …… 118
　　　2．コミュニティ・ニューディールの概要　125

第 5 節　小括 ……………………………………………… 131

第 4 章　ガバナンス空間への参加と
　　　　パートナーシップ組織 …………… 138

第 1 節　ガバナンス空間 ………………………………… 139
第 2 節　参加とパートナーシップの類型 ……… 142
第 3 節　本研究が対象とするガバナンス空間　144
　　　1．地域戦略パートナーシップと
　　　　　ガバナンス空間 ……………………………… 144
　　　2．コミュニティ・ニューディールと
　　　　　ガバナンス空間 ……………………………… 147

第 4 節　パートナーシップ組織への参加と
　　　　　その問題点 …………………………………… 150
　　　1．パートナーシップ組織内の関係………… 150

　　　　2．参画主体としての市民 ………………………… 154
　　　　3．中央政府との関係 ……………………………… 161
　　　　4．先行研究のまとめ ……………………………… 163
　　第5節　小括 …………………………………………………… 164

第5章　調査の目的、方法と対象 …………………… 166

　　第1節　調査の目的 …………………………………………… 166
　　第2節　調査の方法と対象 …………………………………… 167
　　　　1．調査方法
　　　　　　インタビュー調査の選択と手順 ………… 167
　　　　2．インタビュー調査におけるトピックと
　　　　　　研究設問の設定 …………………………… 170
　　　　3．調査対象 ………………………………………… 176
　　　　4．調査対象地域の選定方法 …………………… 176
　　　　5．インタビュー対象者の選定と概要 ………… 179
　　　　6．データの分析方法 …………………………… 182
　　第3節　調査対象地域の概要 ………………………………… 185
　　　　1．ブライトン市
　　　　　　（City of Brighton and Hove）………… 186
　　　　2．ブリストル市（City of Bristol）………… 188
　　　　3．リュイシャム区
　　　　　　（London borough of Lewisham）… 190
　　　　4．ランベス区
　　　　　　（London borough of Lambeth）…… 192
　　　　5．サザック区
　　　　　　（London borough of Southwark）… 193
　　　　6．タワーハムレット区
　　　　　　（London borough of Tower Hamlets）196
　　　　7．クロイドン区
　　　　　　（London borough of Croydon）… 198
　　第4節　小括 …………………………………………………… 199

第6章 地域戦略パートナーシップとコミュニティの参加 …… 202

第1節 パートナーシップ組織内の関係 …… 205
1. 関係全般における対等性の認識 …… 205
2. 対等な関係を難しくしている要因 …… 207
3. 関係を変化させている要因 …… 210
4. 小括 …… 219

第2節 参画主体としての市民 …… 220
1. コミュニティの代表性 …… 222
2. 参画主体としての市民の能力 …… 237
3. 小括 …… 245

第3節 中央政府との関係 …… 247
1. 中央政府の介入の影響 …… 248
2. ボランタリーセクターへの影響 …… 249
3. 小括 …… 251

第7章 コミュニティ・ニューディールとコミュニティの参加 …… 253

第1節 パートナーシップ組織内の関係 …… 255
1. 関係全般における対等性の認識 …… 256
2. 対等な関係を難しくしている要因 …… 258
3. 関係を変化させている要因 …… 260
4. 小括 …… 263

第2節 参画主体としての市民 …… 264
1. コミュニティの代表性 …… 265
2. 参画主体としての市民の能力 …… 272
3. 参画主体としての専門職の能力 …… 278
4. 小括 …… 290

第3節　中央政府との関係 292
　　1. 中央政府の介入の影響と
　　　 ガイドラインの必要性 292
　　2. 小括 295

第8章　ローカル・ガバナンスと参加の条件　297

第1節　調査の知見の要約 298
　　1. パートナーシップ組織内の関係に
　　　 関する知見の要約 300
　　2. 参画主体としての市民に
　　　 関する知見の要約 303
　　3. 中央政府との関係に関する知見の要約 310

第2節　ローカル・ガバナンスにおいて
　　　 コミュニティが影響力を
　　　 行使していくための条件 312
　　1. パートナーシップ組織内の関係に
　　　 関する考察 312
　　2. 参画主体としての市民に関する考察 316
　　3. 中央政府との関係に関する考察 328
　　4. 考察の要約 331

第3節　本研究の限界と今後の研究課題 334
　　1. ローカル・ガバナンスの国際比較 334
　　2. 協議や熟議を内包した多様な参加の
　　　 取り組みの検討 335
　　3. ガバナンス空間への当事者参加の検討 336
　　4. 多様な「認識」の包摂 337

資料（インタビューガイド） 341
参考文献 346
あとがき 365
索引 371

図表目次

図表 0-1	ローカル・ガバナンスと地域福祉計画	24
図表 1-1	市場、ヒエラルキー、ネットワークの比較	41
図表 2-1	第三の道の特徴	59
図表 2-2	ローカル・ガバナンスのモデルと特徴	78
図表 3-1	1960年代後半に導入されたインナーシティを対象とした政策	88
図表 3-2	ブレア政権による「地域を限定した政策」の概要	99
図表 3-3	公共サービス合意のターゲットの例示	105
図表 3-4	地域近隣再生戦略策定のステップ	108
図表 3-5	近隣再生政策に関連した補助金の概要	113
図表 3-6	近隣再生政策の全体像	115
図表 3-7	地域協定の枠組み	121
図表 3-8	コミュニティ・ニューディールの理事会構成	128
図表 3-9	コミュニティ選挙の投票率	129
図表 4-1	ガバナンス空間のモデルとローカル・ガバナンスの位置づけ	140
図表 4-2	パートナーシップ組織の類型と参加	142
図表 4-3	ガバナンス空間としての地域戦略パートナーシップ	145
図表 4-4	ガバナンス空間としてのコミュニティ・ニューディール	147
図表 5-1	インタビューの計画と準備の手順	169
図表 5-2	インタビュートピックと研究設問（パートナーシップ組織内の関係）	173
図表 5-3	インタビュートピックと研究設問（参画主体としての市民）	174
図表 5-4	インタビュートピックと研究設問（中央政府との関係）	175
図表 5-5	調査対象地域の特徴	180
図表 5-6	インタビュー対象組織の一覧	181
図表 5-7	インタビュー実施対象者と実施時期（地域戦略パートナーシップ）	182
図表 5-8	インタビュー実施対象者と実施時期（コミュニティ・エンパワメント・ネットワーク）	183
図表 5-9	インタビュー実施対象者と実施時期（コミュニティ・ニューディール）	184
図表 6-1	地域戦略パートナーシップとコミュニティの参加	203
図表 6-2	調査対象者と引用記号	204
図表 6-3	関係全般における対等性の認識	206
図表 6-4	対等な関係を難しくしている要因 —— 資金面での不均衡	208
図表 6-5	対等な関係を難しくしている要因 —— 公組織の行動規範	210
図表 6-6	関係を変化させている要因 —— 現場知の認識	212
図表 6-7	関係を変化させている要因 —— 協定による関係の規定 —— 関係基盤の構築、影響力の欠如とセクター間の合意	215
図表 6-8	関係を変化させている要因 —— パートナーシップの利益の認識	217
図表 6-9	関係を変化させている要因 —— 中央政府の政策	219
図表 6-10	地域戦略パートナーシップ事務局のボランタリーセクターに対する見解	220
図表 6-11	コミュニティの代表性 —— 代表選出の基盤の機能	224

図表 6-12	コミュニティの代表性 ── 代表性の問題 ── メンバーが限定されること	226
図表 6-13	コミュニティの代表性 ── 代表性の問題 ── セクターの多様性の反映	227
図表 6-14	コミュニティの代表性 ── 代表性の問題 ── 団体の利益の優先	229
図表 6-15	コミュニティの代表性 ── 戦略的決定レベルにおける住民の代表の役割	232
図表 6-16	コミュニティの代表性 ── 代議制民主主義とパートナーシップとの関係	234
図表 6-17	コミュニティの代表性 ── 広範囲な参加の方法の追求	236
図表 6-18	参画主体としての市民の能力 ── 住民の代表とパートナーとの知識のギャップ	239
図表 6-19	参画主体としての市民の能力 ── 小地域での住民の参加	241
図表 6-20	参画主体としての市民の能力 ── 公的サービスを提供するセクターの能力	243
図表 6-21	参画主体としての市民の能力 ── 参加に伴うコストの格差	244
図表 6-22	中央政府との関係 ── 中央政府の介入の影響	248
図表 6-23	中央政府との関係 ── ボランタリーセクターへの影響	250
図表 7-1	コミュニティ・ニューディールとコミュニティの参加	254
図表 7-2	調査対象者と引用記号	255
図表 7-3	関係全般における対等性の認識 ── 対等な関係、住民の能力に対する不安	257
図表 7-4	対等な関係を難しくしている要因 ── 実利的・打算的および無関心な態度	259
図表 7-5	関係を変化させている要因 ── 住民主導の組織構造	261
図表 7-6	関係を変化させている要因 ── 住民の現場知の認識	263
図表 7-7	調査対象地域のコミュニティ選挙実施状況	266
図表 7-8	コミュニティの代表性 ── コミュニティ選挙の機能 ── 多様なコミュニティを関与させる工夫、コミュニティ選挙の課題	267
図表 7-9	コミュニティの代表性 ── 代表性の問題―個人的な見解との相違の明確化、メンバーが限定されること	270
図表 7-10	コミュニティの代表性 ── 代議制民主主義とパートナーシップの関係	272
図表 7-11	参画主体としての市民の能力 ── ローカル・ポリティクスと住民の多様性 ── 権力闘争、権力の固定化	274
図表 7-12	参画主体としての市民の能力 ── 個人的な感情	276
図表 7-13	参画主体としての市民の能力 ── 参加に伴うコストの格差	278
図表 7-14	参画主体としての専門職の能力 ── 住民と協働する専門職の能力	280
図表 7-15	参画主体としての専門職の能力 ── 能力形成の支援とコミュニティのエンパワメント ── トレーニングプログラム	282
図表 7-16	参画主体としての専門職の能力 ── 能力形成の支援とコミュニティのエンパワメント ── コミュニティグループの組織化	286
図表 7-17	参画主体としての専門職の能力 ── 能力形成の支援とコミュニティのエンパワメント ── コミュニティグループでの経験	287
図表 7-18	参画主体としての専門職の能力 ── コミュニティワーカーの役割	289
図表 7-19	中央政府との関係 ── 中央政府の介入の影響、ガイドラインの必要性	293
図表 8-1	ガバナンス空間のモデルと本研究の分析視角	299
図表 8-2	ボランタリーセクターを通じた代表選出の問題についての考察	319

凡例

本文中において使用する略称と原語、日本語訳（筆者による試訳を含む）は下記の通りである。

略称	原語	日本語訳
ABI	Area Based Initiatives	地域を限定した政策
CEF	Community Empowerment Fund	コミュニティ・エンパワメント・ファンド
CEN	Community Empowerment Network	コミュニティ・エンパワメント・ネットワーク
CSR	Comprehenshive Speding Review	包括的歳出レビュー
CVS	Council for Voluntary Services.	ボランタリーサービス協会、CVSと表記
DCLG	Department of Community and Local Government.	コミュニティと地方政府省
DETR	Department of the Environment, Transport and the Resion	環境・運輸・地方省
EAZ	Education Action Zone	教育アクションゾーン
GCSE	General Certificate for Secondary Education	中等教育検定試験、GCSEと表記
GLA	Greater London Authority	ロンドン地方庁
GLC	Greater London Council	大ロンドン県
GO	Government Office for Region	地方政府事務所
HAZ	Health Action Zone	健康アクションゾーン
ID	Indices of Deprivation	荒廃指数
LAA	Local Area Agreements	地域協定
LAP	Local Area Partnership	ローカル・エリア・パートナーシップ、LAPと表記
LPSA	Local Public Service Agreements	地域公共サービス合意
LSP	Local Strategic Partnership	地域戦略パートナーシップ
NCVO	National Council for Voluntary Organizations	全英ボランタリー協会、NCVOと表記
NDC	New Deal for Communities	コミュニティ・ニューディール
NHS	National Health Service	国民保健サービス
NPM	New Public Management	新公共経営、NPMと表記
NRU	Neighbourhood Renewal Unit	近隣再生局
ODPM	Office for Deputy Prime Minister	副首相府
PCT	Primary Care Trust	プライマリケアトラスト
SEU	Social Exclusion Unit	社会的排除局
SRB	Single Regeneration Budget	単一再生資金
PSA	Public Service Agreements	公共サービス合意
UDC	Urban Development Corporation	都市開発公社

序章
ローカル・ガバナンスと参加の実証研究に向けて

　本研究は、先進国に共通してみられる中央政府の機能低下とそれに伴う分権化および民営化や、ボランタリーセクター[1]の成長によって、地方政府の政策過程が多様な主体へと開かれ、ローカル・ガバナンスの時代へと変化しているという認識を前提としている。こうした変化とローカル・ガバナンスには多様な分析視角がありうるが、なかでも本研究では市民[2]とボランタリー組織の「参加」に焦点を当てる。これまで、市民やボランタリーセクターは、選挙によって代理人を選出するという代議制民主主義のプロセスや、政策過程の外部から運動を通じて政策過程に影響を及ぼそうとしてきた。参加という視点からみると、ローカル・ガバナンスは、こうした代議制民主主義や社会運動といった参加形態の必要性を否定するものではなく、より直接民主主義的に政策過程の内部から影響力を行使する可能性を持った体制であると考えられる。本研究では、こうした可能性の展望を明らかにするための研究対象として、イギリスの近隣再生政策と呼ばれる地域的に偏在する社会的排除の解消を目指す政策を研究対象として取り上げる。
　序章では、日本においてもローカル・ガバナンスが実体化しつつある現状と、研究を含めたその動向を特に社会福祉政策の領域に焦点を当てて明らかにし、本研究の目的、対象、そして構成を示す。日本におけるローカル・ガバナンスと参加をめぐる状況を概観するのは、本研究が日本の現状を視野に入れながら、イギリスにおけるローカル・ガバナンスと参加を検討することで、ガバナンスという政策過程の新しい展開に市民およびボランタリーセクターの参加を位置づけ、それが機能するような政策枠組みを提言することを

最終的な目的としているからである。

　以下では、まず、日本の現状に焦点を当てながら、ローカル・ガバナンスが必要になっている背景を明らかにし、その変化を「政策過程における相互浸透」という概念から明確にする（第1節）。次に、ローカル・ガバナンスの実体化の具体例として社会福祉の動向と社会福祉法に定められた法定計画である地域福祉計画を取り上げ、参加主体としての市民やボランタリーセクターの位置づけがどのように変化しているのかを示す（第2節）。さらに、このような新しい現象であるローカル・ガバナンスをめぐる日本の研究動向を概観し（第3節）、それを踏まえて、本研究の目的と研究対象であるイギリスの近隣再生政策の概要および本研究の対象としての妥当性を示す（第4節）。最後に、研究全体の構成を説明し、研究全体のプランを提示する（第5節）。

第1節　政策過程における相互浸透
実体化するローカル・ガバナンス

　ガバナンスの背景や定義は、第1章で詳細に論じることになるが、要約して言えば、近年、急速に注目されるようになっているガバナンスという概念は、中央政府の機能低下を共通した背景とし、統治の主体が多元化している点を強調する。マルチレベル・ガバナンスといわれるように、ガバナンスが展開される場は、グローバルなレベルから、国民国家、ローカルなレベルまで多様であるが、本研究が焦点を当てるのは、ローカルな領域におけるガバナンス（ローカル・ガバナンス）である。

　ローカル・ガバナンスへの関心が高まっている背景には、福祉国家という中央集権的な統治システムの機能不全によって、分権化や民営化が要請され、結果として中央政府の権限が地方へと委譲され（下への権限委譲）、公共サー

ビス提供主体が多元化(外への権限移譲)しているという状況がその背景にある。新藤と武智が指摘するように、各国で議論されている集権・分権の問題は1970年代のスタグフレーションを受けて開始された政府機能と公共支出の見直しに由来しており、「政府間関係の再構築は、公私関係の再編成をその前提」としている(新藤・武智、1992:4)。つまり、分権化と民営化は、「負担財源の『脱中央化』を契機としているという意味で、その社会背景を同じくしている」(同上書:6)のである。

　こうした背景のもとで、社会福祉の領域では、分権化と民営化がほぼ並行して進展してきた(藤村、1999)。社会福祉における分権化は、1980年代の中央と地方における補助金の負担割合の改革にはじまり、1990年の措置権の市町村への移譲を経て、2000年の地方分権一括法によって機関委任事務が廃止され、社会福祉に関する事務は一部の例外[3]を除いて自治事務として地方自治体が実施するべき事務領域として整理された(宇山、2002:29)。一方、民営化についても、1990年代以降、サービス供給体制の再編のための制度改革や公共サービス全般にかかわる規制緩和によって供給主体の多元化が一挙に進んだ(平岡、2004:83)。例えば、介護保険制度では、在宅サービスにおける参入規制が大幅に緩和され、民間企業やNPO法人であっても指定事業者として介護サービスを提供し、介護報酬の支払いを受けることができるようになった。その結果、特に、在宅サービスにおける民間企業の進出が進み、NPO法人も一定のシェアを占めるようになった(金谷、2007:149)。このように社会福祉では、ガバナンスが注目されるようになった背景である分権化と民営化、そして、その結果としての地方自治体への権限委譲と公共サービス提供主体の多元化という現象が、顕著にみられるようになっている。

　一方、ローカル・ガバナンスが注目されるようになったのは、中央政府の機能不全とその結果としての分権化や民営化だけが理由ではない。統治主体としての中央政府の機能低下は、必然的に他のアクターの統治主体としての能力への注目を導くことになった。特に、新たな公共の担い手としての市民もしくはボランタリー組織の台頭は、「世界的なアソシエーション革命」

（global associational revolution）と呼ばれ（Salamon, 1994 = 1996）、世界的な現象として理解されるようになっている。日本でも、こうした市民社会が公共空間において果たす役割は、1995 年の阪神・淡路大震災において多くのボランティアや団体が活躍したことによって社会的にも認知されるようになり、市民の自律的な秩序形成能力への期待は非現実的なものとはみなされない素地ができた（栃本、1996）。また、1998 年には特定非営利活動促進法が成立し、2009 年 9 月現在で特定非営利活動法人の認証数は 38,405 法人と、ローカル・ガバナンスの一角を担う「セクター」として着実に成長しているという背景がある。

　以上のような 1980 年代以降の中央政府の財政危機に端を発した分権化や民営化と市民社会の統治主体としての台頭は、ローカルなレベルにおける統治のあり方に大きな変容を迫ることになった。

　まず、分権化によって地方自治体は、中央政府の「エージェント」として機関委任事務を処理していればよいという存在ではなくなり、権限の分権化に見合った政策形成能力を身につけることが求められるようになっている（真山、2001：35）。同時に、分権化の背景に財政問題がある以上、財源の移譲にはおのずから一定の限界がある。また、公共サービスの供給主体が多元化する中で、直接サービスを供給することだけでなく、いかにその「かじ取り」を行うかも地方自治体の重要な役割であるとされるようになっている。

　このように、地方自治体は地域の実情に合った独自の自治体政策の決定と実施を限られた財源の中で実施していかねばならず、政策過程において市民やボランタリー組織と協働する必然性が生まれている。このことは、玉野が要約するように、「国が交付金を削減してくることは避けられないと判断し始めた地方公共団体が、ようやく獲得しえた権限を生かして、唯一残った援軍であるところの市民・住民の側に目を向け始め」（玉野、2006：149）ており、逆説的ではあるが、財源の確立ではなく不足こそが、「地方自治体をして本来、連帯すべき相手を改めて自覚させた」（玉野、2007：45）ともいえる。つまり、地方分権化によって、権限が移譲され、政策主体としての地方自治体が確立する基盤が成立したと同時に、こうした政策（自治体政策）は、地方交

付税交付金といった国からの財政的な支援をこれまでと同様には期待できない状況にある。そのため、地方自治体の側から市民やボランタリーセクターと協働する必然性が生まれているのである。こうしたことに気づきはじめた自治体では、自治体政策の政策過程に市民やボランタリーセクターを関与させ、「これまではけっして手放そうとはしなかった権限すらも、初めて市民の手に直接ゆだねよう」（玉野、2006：151）としている。自治体が市民やボランタリー組織に対して、政策過程における決定や実施の権限を「委ねる」ということは、市民やボランタリー組織の側からみれば、「参加」が要請されているということである。もちろん、こうした事態は、「公的責任の放棄」であり、市民やボランタリーセクターへの「責任転嫁」であると非難することも可能であるし、またそうした側面があることも否定できない。しかし、理由はどうであれ、限られた財源の中で地域の公共的な事柄をともに考え、決定し、責任を共有していくという条件が生まれつつあることも事実である。それは、決して最良の条件ではないとしても、自治体政策の政策過程が、市民やボランタリーセクターの参加に対して「開かれ」、影響力を行使する条件が整ってきていると考えることもできるのである。

　ところで、政策過程とは、政治家、政党、官僚、利益団体、市民などの諸アクターによる自己利益の実現のための活動を基礎とする政治過程のうちでも、特に政策の形成や実施をめぐって展開される過程として定義される（真渕、2000：34）。この過程は、政策の段階に着目して、「①課題設定過程、②政策形成過程、③政策決定過程、④政策実施過程および⑤政策評価過程」（同上書）とか「①政策課題の設定段階、②政策立案段階、③政策決定段階、④政策執行段階、⑤政策評価段階」（内海、2004：71）と分類することが一般的である。すなわち、名称に多少の相違はあるとしても、政策過程は、①解決に取り組むべき問題を定める段階、②課題に対して政策を立案する段階、③立案された政策を選択する段階、④採用された政策が実施される段階、そして⑤その政策が当初の目的をどの程度実現しているかを評価する段階に分類される。

　ガバナンスは、こうした政策過程を政府が独占するのではなく、多様なス

テークホルダーが「相互浸透」(早川、2004：6) している過程に着目する概念である。したがって、ローカル・ガバナンスにおいては、自治体政策の過程において、市民やボランタリーセクターといったこれまでは政策過程の外部であった主体との相互交渉が進んでいることが強調される。古川は「政策形成にあたって、政府と市民の相互交渉はいまや必要条件となってきた。また、公共サービスは政府が直接供給する独占的な体制ではなく、NPO、民間事業者も含んだ複雑な体系のもとに執行されている」(古川、2004：158) と述べ、政策の形成および実施の過程が地方自治体と市民との相互交渉に基づいていることを強調している。ガバナンスを「共治」とか「協治」と訳す場合があるのも、このような政策過程における相互浸透や相互交渉が重要になってきていることを強調しているからに他ならない。

第2節 ローカル・ガバナンスと参加 地域福祉計画を事例として

本研究の着想に至った背景には、日本において社会福祉、なかでも地域福祉において上記のようなローカル・ガバナンスへの変化が顕著に観察できることがあった。本研究は、直接的にはイギリスにおけるブレア政権のガバナンス改革、特に近隣再生政策におけるローカル・ガバナンスへの市民やボランタリーセクターの参加を対象とするが、日本の状況も視野に入れながらローカル・ガバナンスと参加の問題を検証したいと考えている。そこで、以下では、本研究でいう参加の概念を明確化し、地域福祉、なかでも「ローカル・ガバナンス実験」(平野、2008) といわれる地域福祉計画を例に日本におけるガバナンスの変化を市民の参加という視点から素描し、本研究の着想の背景となったこうした変化の実態を明確にしておきたい。

1 社会福祉における参加

　佐藤は、市民参加を「市民が地域的公共的課題の解決に向けて、行政や社会等に対して何らかの影響を与えようとする行為」（佐藤、2006：5）と定義し、社会政策における参加を検討した武川は、広義の参加を「あるコミュニティの一員として、そのコミュニティ内の諸活動とかかわりを持つこと」と定義している。また、武川は、広義の参加のうち、政治的な意思決定への参加を「政治参加」、人びとの相互の交わりを意味する社会的な活動への参加を「社会参加」としている（武川、1996：8-9）。つまり、政治参加と社会参加の違いは、「行政や社会等に対して何らかの影響を与えようとする行為」や「コミュニティ内の諸活動とのかかわり」を「政治」を通じて行うか、実際の「社会活動」を通じて行うかという点にある。政策過程でいえば、前者が主に課題設定から政策決定の過程への参加であり、後者は政策実施への参加といえるが、参加を通じて市民が政策過程に何らかのかかわりを持とうとするという点で両者は共通している。

　また、こうした「かかわり」は、武川によれば「権力から疎外された人々に対する権力という資源の再分配であり、また彼らに対する権力の付与（empowerment）」（同上書：14）である。つまり、政策過程への参加は、いずれの段階への参加であろうと行政や専門家といった権力を所有する側と市民との間の権力のバランスの問題であるといえる。こうした視点は、参加について論じる場合に必ずといっていいほど引用されるアーンスタインにも共通している。すなわち、アーンスタインは、権力資源の再分配がなければ、参加は「空虚な儀式」（empty ritual）であると指摘し、参加を政治や経済の領域から排除されている市民に対する「権力の再分配」であると定義して、付与される権力の段階に応じて著名な8つの「梯子」に段階化した（Arnstein, 1969：217）。

　以上のように、参加とはこれまで権力から疎外されてきた人々に対して、権力を付与することであり、市民の立場からみれば、「公共政策の形成、決定、

実施の過程にテイクパート（taking part）すること」（Parry, Mosley and Day, 1992：16）で、その権限の一定の部分を担うことである。アーンスタインは、参加の程度を市民が担う「部分」（テイクパート）の大きさによって「梯子」として段階化したといえる。

　それでは、日本の社会福祉において、以上のような意味での市民の参加、すなわち、市民と権力とのバランスにはどのような問題があり、それがどのように変化しようとしているのだろうか。

　かつて、岡村重夫は、地域福祉における参加について、生活問題の自主的解決を狙いとする社会福祉においては、「福祉国家における一般的政策はもちろんのこと、個別化された社会福祉に関する諸施策の立案、運営に対する市民参加によって、はじめて国民の『福祉』は可能になる」と述べ、こうした「直接的住民参加の場をいかにして確保するのか」が問題になるとし、「住民がその生活の場において自主的に生活上の要求を表現し、これを実現するための合理的な施策を討議し、実行に移していく場としての条件を持った地域社会」が必要であると強調した（岡村、1974：10）。

　このように岡村は、すでに1970年代から今日のガバナンス論と通底する課題を提起していた。しかし、実際には、日本の社会福祉において岡村が想定したような「直接的住民参加の場」は、近年まで具体化することはなかった。伊藤は、「日本では、市民参加や市民自治の理念は、少なくとも社会福祉の領域に関する限りでは十分に展開されることはなかった」（伊藤、1996：46）と指摘し、柴田は「高度経済成長期の福祉政策は、経済成長を背景とした社会福祉施設の増設に力点が置かれ、地域住民や利用者の福祉サービスの計画過程や決定過程、供給過程への参加の問題は『課題として先送り』」（柴田、1990：240）されてきたことを強調している。

　このように、参加が十分展開されず、課題として先送りされてきたのは、日本の社会福祉が措置制度というそもそも「参加という概念と無縁」（栃本、1996：64）の仕組みの中で運営されてきたからであった。措置制度という用語で表現されるのは、①国家責任の原則、②公私分離政策、③「公の支配」に属さない民間社会福祉事業への公金支出の禁止という基本理念から構成さ

れる戦後の社会福祉の仕組みの総称である（北場、2005：22）。つまり、社会福祉は国家責任で行われなくてはならず（国家責任の原則）、その責任を民間に転嫁することなく（公私分離政策）、「私」は、「公」が直接責任を持つ範囲以外の分野を開拓すべきであるとの考えに基づいていた。

　第1の要素である国家責任の原則は、1946年の連合国軍最高司令官司令775によって示された原則の一つである。すなわち、国民の生存権に対する国家責任を定め、その責任を民間に転嫁してはならないということが明確にされた。また、こうした国家の責任を実際には地方自治体が実施することを可能にしたのが、1947年に地方自治法で法的根拠を与えられた「機関委任事務」という仕組みである。機関委任事務とは、国または他の公共団体の事務が（地方公共団体のような）「団体」ではなくて、「団体の長」や「行政委員会」といった特定の機関に委任されるものである。その際、当該機関は法的には委任した団体の機関としての地位を占めるというように理解される。つまり、事務を遂行する機関は委任した団体（国）の内部機関となるという法律的な構成が採られていた。事務を行う権限や責任は委任した側の団体（国）が握り、したがって執行によって生じた法的な結果もまた委任した団体（国）に帰属するということになる[4]。つまり、国家責任を貫徹するために、地方自治体の長にこれを機関委任するという垂直的な統制と監督の仕組みが作り出された。

　さらに、国家責任を民間に転嫁してはならないという「公私分離の原則」は、社会福祉事業において公私両者の責任分野を明確にし、「私」は「公」が直接責任を持つ範囲以外の分野を開拓すべきであるという考えに基づいていた（北場、同上書：24）。憲法第89条は、「公金その他の財産は、（中略）公の支配に属しない慈善、教育若しくは博愛の事業に対し、これを支出し、又はその利用に供してはならない」と規定し、こうした原則は憲法上も明確にされた。しかしながら一方で、公私分離の原則を貫徹するような社会福祉実施体制を確立することは、当時の日本の現状に照らして非現実的であり、そのため考えだされたのが「措置委託制度」であるとされている。1951年に成立した社会福祉事業法は、第5条の2項として「国又は地方公共団体がそ

の経営する社会福祉事業について収容その他の措置を他の社会福祉事業を経営する者に委託することを妨げるものではない」とし、第56条では、「国又は地方公共団体は必要があると認める時」には、「社会福祉法人に対して補助金を支出」することができるとした。つまり、本来国が行うべき措置を「委託」することを「妨げるものではない」と規定することで、国家責任おいて行われるべき「措置」を「社会福祉事業を経営するもの」に委託することは、国家の責任転嫁にあたらないことを明確に規定した。ところで、すでにみたように憲法第89条では、「公の支配に属しない」民間団体への公金の支出を禁止していたから、「公の支配に属する」民間団体が、「逆理論」(北場、同上書：27) として必要になる[5]。そこで、社会福祉事業法では、第1種社会福祉事業については、その経営主体を国、地方公共団体、または社会福祉法人に限定し、民法による公益法人とは別に厚生省所轄の特別法人として社会福祉法人制度が設けられることになった。こうして、社会福祉法人という特別な法人制度が確立し、行政機関が行政処分としての「措置」を社会福祉法人に委託するという形で、憲法第89条に抵触せずに民間社会福祉事業に対する公的補助の道が開かれることとなった (中野、2000：68)。

このようにみると、戦後の社会福祉は、社会福祉事業の実施主体を国および地方公共団体と社会福祉法人に限定し、それらを機関委任事務および措置委託という形で、国から地方、そして社会福祉法人という民間団体へと垂直的に管理する仕組みであった。地方自治体は、国の一機関であり、社会福祉法人は民間であるとはいえ、本来国が行うべき措置を「代行」しているにすぎない[6]。堀越が指摘するように、こうした「中央集権的行政がリードする形で実施するというスタイル」をとってきたため、「制度・政策の決定やサービスの実行に際して、当事者市民や一般の市民は排除される構造」(堀越、2000：252) が定着し、福祉行政は、垂直的な統治の典型のような仕組みが維持されてきたのである。市民は、「社会福祉にとってはあくまで客体」であり、「福祉給付の対象者」であって、社会福祉にかかわるとしてもそれは、社会福祉事業法で定められた民間社会福祉事業者としてのかかわりに限定されていたのもそのためである (栃本、1996：64)。

このように、中央集権的な措置制度という戦後の社会福祉システムにおいては、市民は社会福祉行政の「客体」および「対象」であり、政策の決定はおろか、サービスの実施に関しても、社会福祉事業法で定められた社会福祉事業を実施する主体としてしか関与する余地がなかったということになる。換言すれば、社会福祉においては、市民が福祉の決定と実施を「担う」（テイクパートする）ことが制度的に想定されていなかったということができるだろう。しかしながらこうした体制は、分権改革やサービス供給体制再編のための制度改革、公共サービス全般にかかわる規制緩和などによって、大きく変化していくことになる。

　もちろん、社会福祉における参加が全くみられなかったわけではない。例えば、1980年代後半から、中央政府から連なる垂直的な統治のシステムに組み込まれた「公の支配に属する」社会福祉法人とは異なるタイプの「民間」に対して、新たな福祉サービスの供給主体としての期待が高まった。例えば、こうした議論をリードした三浦は、福祉サービスの供給主体を大きく「公共的福祉供給システム」と「非公共的福祉供給システム」に分け、前者を「行政型供給組織」と「認可型供給組織」に、後者を「市場型供給組織」と「参加型（自発型）供給組織」に分類して、多様なニーズに応えるためには「非公共的福祉供給システム」の拡大が必要であると主張した（三浦、1985：117）。この「参加型供給組織」は、都市部を中心に「住民参加型在宅福祉サービス」と呼ばれ、その数を急速に伸ばすようになっていった[7]。ところが、実際にはすでに述べたように社会福祉事業への参入は厳しく制限されていたから、「非公共的福祉供給システム」の組織は、そもそも社会福祉事業の供給主体とはなり得なかった[8]。したがって、自治体が設立した福祉公社やすでに法人格を持つ社会福祉協議会や生活協同組合といった団体が運営する住民参加型の在宅福祉サービスを除いては、法人格を取得することもできなかった。こうした団体が法人格を取得できるようになるためには特定非営利活動促進法の成立をまたねばならず、介護保険が実施されるまでは公的なサービスを提供することもできなかったため、福祉行政の外側から地道な活動を展開するしかなかった。

また、1990年の福祉八法改正において、市町村が策定主体となった老人保健福祉計画の策定が義務づけられると、計画の策定委員会に市民が参加するといった事例が一部の先進的といわれる自治体でみられるようになった（藤村、1999：152）。計画の策定過程に市民が参加する事例が、分権化と並行して現れてきたことは注目すべきことではあったが、こうした取り組みは例外的であり「政策立案への参加がほとんどなかった」（武智、1996：205）のが実情であった。このように、実態としては社会福祉における参加、特に「市民が政策形成の過程に参加・参画しうるようになったのは、つい最近のこと」（古川、2001：151）である。

　以上のように、社会福祉における市民の参加は、従来から理論的にはその重要性が指摘されていたものの、現実には政策過程のいずれの段階においても不十分であり、その実態を研究対象として取り上げることが可能になったのは、地域福祉計画のような実態としてのガバナンスの場が形成されてきてからであることを確認しておきたい。

　それでは、こうした参加をめぐる課題は、どのように変化しようとしているのだろうか。

　社会福祉では、すでにみたように、地方分権改革に先駆けて分権化が進み、地方分権改革を経て市町村は国の機関としてではなく、自治事務として福祉行政に取り組むことになった。また、社会福祉基礎構造改革や介護保険法の施行によって供給主体の多元化が急速に進むことで、社会福祉法人でなくとも公的なサービスを提供する機会が開かれた。結果として、高齢者福祉においても、障害者福祉においても、地方自治体は社会福祉の実施体制に責任を持つ主体ではあるが、実際に供給を担う主体ではなくなっている。しかしながら、このことは地方自治体の役割が小さくなったことを意味するわけではない。供給主体が多元化することで、地方自治体はそうした多様な主体をいかに「かじ取り」し、それぞれの地域に合った福祉の枠組みに統合していくかという新しい課題に直面することになった。また、介護保険制度を例にとれば、介護サービス事業者が提供するサービスだけで要介護高齢者の生活を維持していくことは極めて困難である。そのため、地方自治体は、福祉サー

ビスの事業者だけでなく、住民による地域福祉活動との協働も不可欠となる。地域福祉計画において、住民の参加を促し、「新たな支え合い」(厚生労働省社会援護局、2008)を構築しなければ、「地域で自立して暮らす」という社会福祉法で要請されている理念を実現することはできないのである。こうした協働を実現するためには、これまでのような政府のみを主体として認識してきた政策過程を多様な主体に対して「開き」、政策過程を共有することが必要になっているといえる。

　要約すれば、中央政府の下方への権限委譲(分権化)と外への権限委譲(多元化)が急速に進み、多様な供給主体の統合と住民との協働が必然的に課題となっているのが、社会福祉における地方自治体の状況である。地方自治体がこの目的を果たすためのツールの一つとして想定されているのが、社会福祉法で規定された市町村地域福祉計画である。地域福祉計画の特徴が、社会福祉に関する総合化と住民参加(武川、2006c：4)であるとされるのはそのためであり、その特徴ゆえに地域福祉計画は「ローカル・ガバナンスの試金石」(武川、同上書：7)と呼ばれるのである。

2　地域福祉計画におけるローカル・ガバナンスと参加

　地域福祉計画は、社会福祉法第107条に規定された市町村が策定する行政計画である。社会福祉法では、この計画を策定もしくは変更しようとする時は、「あらかじめ、住民、社会福祉を目的とする事業を経営する者その他社会福祉に関する活動を行う者の意見を反映させるために必要な措置を講ずるとともにその内容を公表するものとする」と定めている。「策定もしくは変更しようとするとき」には、「あらかじめ」住民や幅広い社会福祉関係者の「意見を反映させるための措置」を講じなければならないということは、住民の「意見を反映させるための措置」が採られていなければ、それはそもそも地域福祉計画とはいえないということを意味している。地域福祉計画は義務計画ではないが、策定する場合は住民の参加がなければ地域福祉計画とはいえ

ないのである。

　こうした点からみれば、地域福祉計画のもっとも大きな意義は、福祉行政への住民参加の「場」を積極的に開き、住民と権限を共有することを法定化した点に見出すことができる。表現を変えれば、政策形成の場を「行政の枠の外側」（平野、2008：167）に設定するということでもある。つまり、地域福祉計画によって、従来の「選挙によって選出された議員が決定し、行政がそれを執行する」という代議制民主主義に基づいた政策過程とは別の空間が開かれることになる。この開かれた空間をどのように認識し、また活用していくのかは、それぞれの地域ごとに多様であった。そもそも、こうした認識を福祉関係者や行政・議会が持つことができなかったり、もしくは意図的に無視することもできる（策定しない、という選択肢はこれである）。また、多様な住民参加の方法を工夫し、住民とともにサービスの統合化や新たな福祉サービスの開発を試行したり、狭義の福祉の範囲を超えて地域のこれからのあり方をデザインしていくような計画をこうした空間を活用しながら策定した地方自治体もあった。さらには、策定することにはしたものの、参加は形式的で外部の専門家や、行政職員のみによってこうした計画策定を行った自治体もあった。いずれにしても、従来の措置制度という国―地方自治体（ガバメント）が主体となった仕組みから、政策過程を住民に開くというガバナンスへの大きな転換がはじまっており、地域福祉計画はそれをもっとも象徴する政策の一つとして注目されることになった。

　以上のようなガバナンスの変化を図示したのが図表0-1である。分権化によって、中央政府（図中A）と地方政府（B）との関係が変化し、地方政府に一定の権限が移譲され、自治体独自の政策過程が成立する基盤が確立すると同時に、供給主体に関する規制緩和の中で供給主体の多元化が進行した（図中では、「社会福祉事業者」とした）。一方、これまでは、市民が政策過程に影響を及ぼすルートは、図中①で示した選挙を通じての参加であった。代議制民主主義では、選挙によって代表を選び、民主的な正統性を持った首長や議会の決定に従って行政が執行されることで正統性が確保される（名和田、2001：4）。ガバナンスは、こうした政策過程が地方政府の枠から外側

図表 0-1　ローカル・ガバナンスと地域福祉計画

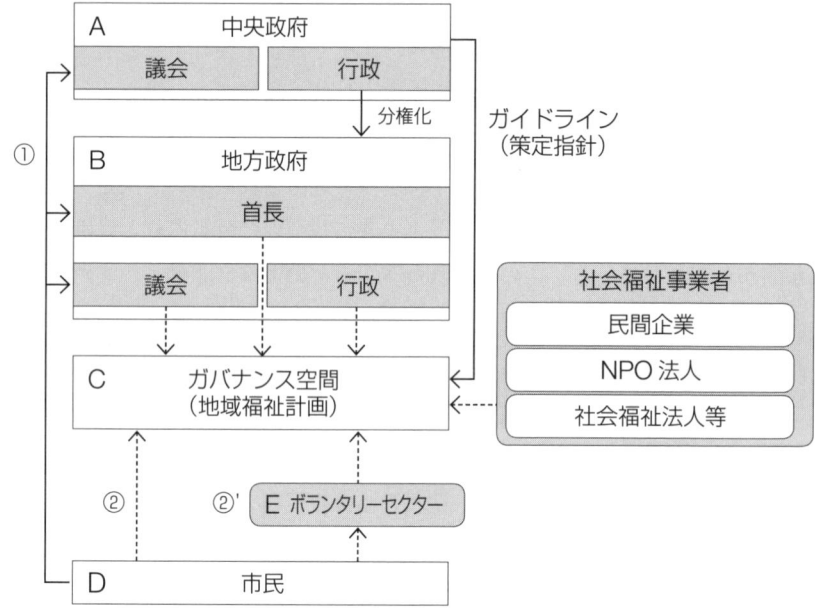

に出され、多様な主体によって相互浸透している体制のことをいう（図中C）。地域福祉計画でいえば、策定委員会やそのワーキンググループなどが、ガバナンス空間[9]を組織化したものということができる。市民（図中D）は、直接もしくはボランタリー組織を通じてこうした協議の場に参加する（図中②および②'）。また、議会（議員）や、行政職員、多様な福祉サービスの関係者が、こうした協議の場に参加することになる（図中では破線の矢印で示した）。

　また、図表 0-1 では上位の政府として中央政府を置いているが、中央政府もガイドラインなどを通じてCのガバナンス空間に影響を及ぼす。こうしたガバナンスは、メタ・ガバナンス（metagavernance, Jessop, 2002：340-344；Kooiman, 2003）と呼ばれる[10]。

　本研究の着想は、地域福祉計画への関心から、ローカル・ガバナンスを上記のようにとらえ、こうした空間への市民の参加を考察することを出発点と

している。すなわち、この空間において、これまでは社会福祉の客体であり対象であった市民（つまり、権力から疎外されていた市民）が、こうした参加の場を得ることで「市民と権力のバランス」にどのような変化が起こっているのか、という問いである。もちろん、政府の機能低下とそれに伴う分権化、民営化という大きな潮流におけるローカル・ガバナンスと市民の参加というテーマは、地域福祉計画に限らず他の社会福祉諸計画[11]、また、地域自立支援協議会や地域包括支援センター運営協議会、要保護児童対策地域協議会といった分野別の多様な主体による協議の場（永田、2008）、さらには市町村合併によって設けられた合併特例区や地域自治区、まちづくり、都市計画、河川改修、地域交通といった諸課題に共通する関心事となっている[12]。

第3節 研究動向の概要

　以上のように、日本でも地域福祉やその他の様々な領域において、共通した背景のもとで政策過程における多様な主体の相互浸透が展開しはじめていることを観察することができる。本研究の基底にある問いは、このようにして開かれた新しい参加の可能性にどのような問題があり、その「可能性」が現実のものとなっているのか、すなわち、ローカル・ガバナンスにおいて市民やボランタリー組織は、これまでと異なった参加の機会をえて、実際に影響力を行使できるようになっているのだろうか、という点である。

　それぞれの政策の内容ではなく、政策過程における参加に焦点を当てる時、実際にどのようなことが問題になっているのだろうか。ここでも「ローカル・ガバナンスの実験」としての地域福祉計画に関する先行研究を素材として、こうした問いに対する研究動向を確認しておきたい。

　地域福祉計画に関する研究動向を確認する一つの材料として、日本地域福

社学会が「地域福祉研究プロジェクト」として2002年から取り組んだ研究の成果（牧里・野口、2007）を一つの到達点とみなすことができる。この研究に含まれた諸研究や、これまでの地域福祉計画に関する諸研究などを総合し、ローカル・ガバナンスと参加という視点からみると、こまれまでの研究動向には、次のような特徴があるように思われる。

　第1に、規範的な研究が中心であることである。そのため、地域福祉計画に関する先行研究は、松端が指摘するように「実際に策定されている『地域福祉計画』とのギャップがあまりに大きい」（松端、2008：138）ものが多い。第2に、対象を設定したとしても、個別事例の記述的な報告が多い。第3に、個別事例の報告の中でも、全体として成功事例に焦点が当てられることが多い。第4に、上記3つの特徴の結果として、論じられているのは地域福祉計画におけるあるべき参加であり、地域福祉計画への期待が規範的に語られることが多く、対象が設定されても記述的な報告にとどまっているため実際の問題点が実証的に明らかにされていない。つまり、木下が指摘するように「一般化および理論化するまでには至っていない」（木下、2007：14）という現状がある。

　こうした研究にみられる傾向には、次のような事情があると思われる。まず第1に、地域福祉計画に関する社会福祉法の規定が施行されたのが2003年であり、さらに多くの市町村は市町村合併を理由に計画策定を先送りしてきたから、対象とすべき事例が豊富に存在しているとはいえず、そのため、研究者の規範的な期待が先行する形となっている。結果として、個別事例の報告にとどまらざるを得ず、一般化および理論化に至っていない、ということが考えられる。

　第2に、地域福祉計画の研究動向に影響を与える要因として、地域福祉計画は、研究者が策定委員としてかかわる場合が多いことが影響しているように思われる。このことは、研究成果を現場に還元し、実践に関与するというメリットがある反面、対象を研究フィールドとして客観視できなくなるという側面があることは否定できない。経験的にも、自らのかかわった計画策定過程を客観視し、それを批判的に考察することは、必要であることは認識で

きても難しい場合が多い。成功事例に焦点が当てられる傾向があるのもこのような事情が多分に影響していると考えられる。

したがって、日本地域福祉学会の研究成果においても、研究課題や方法についてはその枠組みが提示されたものの、実証的な研究成果は提示されておらず、ローカル・ガバナンスと参加についても課題提起にとどまっている。政策過程の相互浸透が新しい現象である以上、地域福祉計画以外でも、ローカル・ガバナンスを対象とした研究のアプローチに関するこのような傾向は共通しているように思われる。

このようなことから、ローカル・ガバナンスと参加についての研究のアプローチとしては政策過程への参加についての実証的な研究が必要であり、そこでの問題を理論化していくことが求められているといえるだろう。

第4節 本研究の目的と対象

1 研究目的

地方分権化によって自治体政策の成立する基盤が整うと同時に、それは財政的な制約を前提としていることを述べた。そして、そのことは、地方自治体が政策過程に市民やボランタリー組織を関与させることを必然的に求めていることを指摘した。一方の市民やボランタリーセクターの側にも、そうしたことを求め、ガバナンスにおける責任を分有していく条件が整いつつあることを指摘した。しかしながら、以上のようなローカル・ガバナンスに市民やボランタリーセクターがどのように参加し、またそこにどのような問題が潜んでいるのか、市民やボランタリーセクターは政策過程に関与し、公共的

な意思決定に影響を及ぼしていくことが可能になるのか、またその条件はどのようなものなのか。こうした点についての実証的な研究が不足していることを指摘した。以上のことを踏まえ、本研究の目的を次のように設定した。

　第1の目的は、ローカル・ガバナンスにおいて、市民やボランタリーセクターが実際に政策過程に影響力を行使していくことが可能になっているのか、また、政策過程に市民やボランタリーセクターが参加する過程でどのような問題があるか、ということをイギリスの近隣再生政策、なかでも後述するパートナーシップ組織という形態で組織化されたローカル・ガバナンスへの参加を対象に実証的に検証することである。

　テイラーは、近隣再生政策におけるガバナンスの変化によって、市民やボランタリーセクターに対して政策過程が「開かれた」と表現している（Taylor et al., 2004）。しかし、こうした変化は、実際に政策過程における市民やボランタリーセクターの影響力を増大させたのか、そうだとすればそれはどのような要因によるものであり、またそうでないとすればその要因は何か。さらに、ローカル・ガバナンスにおいて統治の責任を分有するようになった市民やボランタリーセクターは、統治を担いうる主体としての能力を発揮できているのか。こうした問いに対して、実際にパートナーシップ組織の運営や参加の支援に取り組んでいる職員の視点から検証していくことが研究課題である。このことは、地方自治体における政策過程の変化に着目して、その変化が市民やボランタリー組織、また政策実施機関、およびそれらの関係にどのようなインパクトを及ぼしているのかを検証することでもある。

　第2の目的は、そうした検討を通じて、参加の問題を明らかにし、市民やボランタリーセクターが政策過程に影響力を行使することが可能になるようなローカル・ガバナンスの条件を明らかにすることである。すなわち、ガバナンスという新しい政策過程に、市民とボランタリーセクターの参加を位置づけ、それが機能するような政策枠組みを提言することである。日本でも、すでにみたように地域福祉計画をはじめとしてローカル・ガバナンスが萌芽的ではあるが、実態として動きはじめている。しかし、こうしたローカル・ガバナンスの空間に市民やボランタリーセクターが関与することで、自動的

にその影響力が高まるという想定は楽観的すぎる。参加は「デザイン」される必要があり（Lonwdes and Sullivan, 2004：67、栃本、2002：21）、そのためにはそうした場における課題を明らかにする必要がある。政策的に「パートナーシップ組織によるガバナンス空間の組織化」を明確に打ち出したイギリスを研究対象とすることで、日本におけるこうしたローカル・ガバナンスと参加の問題にも示唆を与えることができると考えられる。

2 研究対象

こうした目的を具体的に検証する対象として、本研究では1997年に政権復帰したイギリス労働党政権が推進してきた社会的排除に取り組むための近隣再生政策と呼ばれる一連の政策を選択した。近隣再生政策とは、社会的排除を雇用、犯罪、健康、技能、住宅、環境といった一連の問題が複合的に現れた状態として理解するとともに、そうした問題が「どこに住んでいるか」によって大きな格差があることに着目し、社会的排除が集中的に現れている特定の小地域を対象に、その状況の改善とそれ以外の地域との格差の縮小を目指す一連の政策のことをいう（SEU, 1998；2001）。本研究では、こうした政策の中でも次の2つのローカル・ガバナンスの場を研究対象とした。

第1は、「地域戦略パートナーシップ」（Local Strategic Partnership＝本研究では、以下地域戦略パートナーシップとする）という地方自治体[13]の範囲を対象とし、多様な主体によって戦略的な意思決定を行う協議の場である。複合的な問題から構成される社会的排除の解決は、その性格上、多様な公共サービスを提供する主体やステークホルダーが領域横断的に関与せざるを得ない。そうした多様な主体を関与させ、「連結」（joined-up）させる機関として設立されることになったのが、地域戦略パートナーシップである。地域戦略パートナーシップは、一定の指標に基づいて「社会的排除が顕著に現れている地域」とされた小地域を抱える地方自治体が、近隣再生資金（Neighbourhood Renewal Fund）という補助金の交付を受ける条件とし

て設立することが義務づけられた独立した諮問機関である。一般的に地域戦略パートナーシップは、地方議会議員や地方自治体、プライマリケアトラスト（Primary Care Trust = PCT）[14]、警察といった公共サービス提供機関の代表やボランタリーセクターの代表などから構成される理事会（boardとか partnership executive と呼ばれる）と、そのもとで具体的な個別施策を協議するテーマ・パートナーシップから構成される「パートナーシップ組織」である（なお、パートナーシップ組織の詳細は、第2章で論じる）。こうした多様な主体の協議を通じて、他の地域との格差を縮小していくための具体的な計画を策定し、参加主体が財源や人材をプールするなどして社会的排除の問題を解決していくことが想定されている。また、その構成メンバーとして政府はボランタリー組織の役割を重視し、地域戦略パートナーシップの認証にあたっても、ボランタリーセクターの参加を基準の一つにするなど、ボランタリーセクターの代表が地域の戦略的な意思決定の場に参加することが促進されている。以上のような点から、本研究では、地域戦略パートナーシップをローカル・ガバナンスへのボランタリー組織を通じた参加の事例として研究対象とすることにした。

　本研究において対象とするもう一つの近隣再生政策のプログラムは、「コミュニティ・ニューディール」（New Deal for Communities = 本研究では以下、コミュニティ・ニューディールとする）である。地域戦略パートナーシップが市域を対象とした戦略的な意思決定を多様な主体で行う協議の場であるとすれば、コミュニティ・ニューディールは、全国で39の人口1万人程度の小地域を指定して、10年間にわたって取り組まれる実験的な地域再生のプログラムである。対象となった地域では、地域住民を中心として、公共サービス提供機関も参加する「パートナーシップ組織」を設立する。パートナーシップ組織は、政府が示す全国的な数値目標と地域独自の数値目標を設定するとともに、それらを達成していくための計画（delivery plan）を策定し、政府からの補助金を活用して地域再生の取り組みを実施していくことになる。本研究では、コミュニティ・ニューディールにおける参加を小地域におけるガバナンスへの住民の直接的参加の事例として研究対象とした。

両プログラムに共通するのは、市民やボランタリーセクターを含めた多様な主体が参加し、パートナーシップ組織と呼ばれる組織を設立して、社会的排除という公共的な問題を解決していくための計画を策定し、それを実施していくということであり、多様な主体が参加するガバナンスの実現を目指したプログラムであるという点である。したがって、ローカル・ガバナンスと参加をテーマとする本研究は、両プログラムに共通する「パートナーシップ組織によるガバナンス空間の組織化」に着目し、この新しい空間における市民とボランタリーセクターの参加を研究対象とすることにした。

　イギリスを研究対象とした理由は、1997年に政権復帰した労働党が、政府の役割を重視する旧来の労働党とも、市場メカニズムを万能と考える保守党とも異なる自らの政治的立場を「第三の道」と規定し、公共政策の決定と実施を市民やボランタリーセクターとのパートナーシップに基づいて推進していくことを宣言して、積極的にガバナンス改革を進めており（Newman, 2001；近藤、2004；2008）、その中でも近隣再生政策は、ブレア政権のローカルなレベルでのガバナンス改革をもっとも体現している政策の一つといわれていることから（Lowndes and Skelcher, 1998；Lowndes and Sullivan, 2004；Taylor 2000；2003；2007）、ローカル・ガバナンスと参加を検討するためにもっとも適した研究対象であると判断したためである。

　さらに、より具体的にいえば、近隣再生政策は、以下の4つの理由からローカル・ガバナンスと参加の問題を検討していく上で適した研究対象であると判断した。

　第1に、「市民やボランタリーセクターの参加主体としての優先順位の高さ」である。ブレア政権において、ボランタリーセクターは、ローカル・ガバナンスの「パートナー」として公式に位置づけられている（塚本、2007：ⅰ）。また、本研究では直接検討しないが、労働党は、政権復帰直後に、ボランタリーセクターとの間で「コンパクト」（Compact）と呼ばれる協定を締結し、両者の関係を強化する姿勢を明確にしている（永田、2004；2007a）。さらに、政府はボランタリー組織の基盤整備に巨額の資金を交付し、戦略的にセクターの発展を支援している[15]。簡潔にいえば、ボランタリーセクターの

振興に「本気」で取り組もうという姿勢が強く表れている。一方、一人ひとりの市民の参加も、労働党の地方政府改革の中心的な課題となっており、直接民主主義的な多様な参加手法を重視するとともに、重要な決定については市民との協議（コンサルテーション）を義務づけるなど積極的に参加を推進する姿勢をみせている（詳細は第2章を参照）。以上のように、ローカル・ガバナンスの主体として市民やボランタリーセクターが、重要な役割を果たすことが繰り返し強調されているのである。したがって、こうした環境において、ローカル・ガバナンスへの市民やボランタリーセクターの参加にどのような変化があり、それでも残る課題とは何かを明らかにすることができると考えられる。

第2に、「ローカル・ガバナンスと参加の実践の蓄積」である。コミュニティ・ニューディールは1999年から指定が開始され、地域戦略パートナーシップも2001年から設立がはじまり、調査開始時点(2005年9月)において、ほとんどの基礎自治体に設置されている。そのため、ローカル・ガバナンスにおける参加の実践を調査するための条件が整い、事例が豊富にあったことも、イギリスの近隣再生政策を研究対象とした理由の一つである。

第3に、「ローカル・ガバナンスの継続性」である。詳細は後述するが、地域戦略パートナーシップにしても、コミュニティ・ニューディールの場合でも、パートナーシップ組織と呼ばれる多様な主体から構成される組織が形成され、そこに予算と権限が移譲される。日本でのガバナンス空間の組織化は、例えば計画の策定委員会のように一時的な空間である場合が多く、「実験」の域を出ていないように思われる。こうした継続的なガバナンスの空間を対象とすることができることも、イギリスの近隣再生政策を研究対象とした理由の一つである。

第4に、「中央政府の強力なイニシアティブ」である。ブレア政権は、「コミュニティが運転席に座る」[16)]ことで社会的排除の問題を解決していくことを宣言すると同時に、その政策デザインを強力なトップダウンのリーダーシップによって推進した（第2章および第3章を参照）。このように、近隣再生政策はローカル・ガバナンスと上位の政府との関係を考察するのに、非

常に適した研究対象であることも近隣再生政策を研究対象として選択した理由である。

第5節 本研究の構成

　本研究の構成と各章の内容は次の通りである。
　まず、第1章では、公共政策・社会政策においてガバナンス概念が注目される背景として「政府の統治主体として能力の喪失」という共通した背景があることを確認し、福祉国家の危機やグローバル化の進展といった変化の中で求められている新しいガバナンスを定義して、本研究におけるガバナンス概念とその理論的な背景を明確化する。
　こうした理論的な背景を踏まえ、第2章と第3章では、イギリスのブレア政権がこうした新しいガバナンスに対してどのように具体的な取り組みを展開したのか、その政策動向を検証する。第2章では、ブレア政権が「第三の道」という理念を掲げ取り組んだガバナンス改革の全体像を明らかにし、特にその地方自治体における展開（ローカル・ガバナンス）を「連結政府」（joined-up government）というアイディアとそれを実現するための「パートナーシップ組織」に焦点を当てて詳述し、改革の方向性を明らかにする。さらに、第3章では、イギリスにおけるこれまでの地域再生政策の展開をローカル・ガバナンスと参加という視点から検証し、本研究が対象とするブレア政権の近隣再生政策についてその特徴と全体像を明らかにする。
　第4章から第7章は、理論的な背景とイギリスにおける政策動向を踏まえ、近隣再生政策におけるローカル・ガバナンスと参加を実証的に検証する。
　第4章では、ガバナンス空間という概念を導入し、ガバナンス空間を組織化する手法としてパートナーシップ組織に着目することを述べる。次に、

パートナーシップ組織への参加とその問題点に関連する先行研究をレビューして、パートナーシップ組織への参加の問題を分析するための分析視角を明確にする。続く第5章では、データの収集方法としてインタビュー調査を選択した理由、その手順、研究設問、調査対象地域とイタンビュー対象者の選定方法、分析方法といった調査の方法について明確にし、調査対象地域の概要についても述べる。第6章と第7章では、調査結果を分析視角に従って分析し、その結果を示す。第6章では、地域戦略パートナーシップにおけるボランタリーセクターを通じた参加を中心に検討し、第7章では、コミュニティ・ニューディールにおける住民の直接的な参加を検討する。

最後に、第8章では、第6章と第7章の調査結果を要約し、本研究の目的であるローカル・ガバナンスにおける多様なアクターのうちでも、市民やボランタリーセクターがこうした過程に参加し、影響力を行使していくための条件を調査結果から考察し、本研究の結論を述べる。

〈序章脚注〉

1) 日本においては非営利セクター、NPOという用語が定着しているが、本稿ではイギリスで用いられているボランタリーセクター（組織）という用語を用いる。また、近年ではイギリスでもサードセクター、コミュニティセクターなど多様な用語がみられるが、本研究では、個別組織を指す場合には、「ボランタリー組織」、その集合体を指す場合には、「ボランタリーセクター」という用語で統一する。ただし、特に日本の文脈においてNPO（法人）といった表記が適当な場合は、NPO（法人）という用語を用いる場合もある。

2) 住民と市民を区別し、住民参加が成熟して市民参加に至るといったような規範的市民論に対しては「二元論的"住民"と"市民"の分け方では対立を作るだけ」（原田、2007：178）という批判がある。このように市民と住民という用語には、論者によって意味づけが異なる場合があり、その用い方によっては誤解を招きやすい。本研究では、両者を厳格に区別せず、一人ひとりの参加主体をさす場合には、基本的に市民という用語を用い、文脈上、住民と表記するほうがふさわしい場合に、住民という用語も用いる。文脈上、住民という用語を使うことがふさわしい場合とは、そこに居住していることが強調される場合や、法令および慣用的に住民としたほうが適切であると判断される場合などである。

3) 生活保護法における「実施機関が行う保護の決定及び実施」や、児童手当法や特別児童扶養手当の支給に関する法律における「受給資格の認定」といった国

の責任として全国一律の取扱いが必要な事務は法定受託事務とされた。

4) 旧地方自治法第 150 条は、「長が処理する国家事務の指揮監督」において、「普通地方公共団体の長が国の機関として処理する行政事務については、普通地方公共団体の長は、都道府県にあっては主務大臣、市町村にあっては都道府県知事及び主務大臣の指揮監督を受ける」と定めていた。

5) そのため「社会福祉法人の行う受託事業は、あくまで行政行為を代行するものであり、公が行う社会福祉事業と同じ水準で民間に肩代わりさせるもの」であったから、「本来民間がもつべき自主性、創意工夫、経営効率という特性が端的に弱められる傾向」や「行政の過度の介入」が指摘されるようになった（栃本、1996：87）。

6) 例えば、自ら民間の社会福祉事業を経営してきた阿部志郎は「民間は委託事業によって、公的責任遂行の代替的、補完的機能しかもち得ないということになろう」、「民間社会事業が自主性を喪失して下請け事業化し、公私両者の相互協力を欠如していることは他言を要しない」と述べている（阿部、1970：5-6）。

7) 全国社会福祉協議会地域福祉部がこうした団体の統計を取りはじめた 1987 年には 138 団体であったものが、2003 年には 2,201 団体を把握するまでになっている。

8) 社会福祉事業法では、社会福祉事業を概括的に定義せず、何が社会福祉事業にあたるかを具体的に列挙していく方式で定義している（この点は社会福祉法も同じである）。したがって、社会福祉法に列挙された社会福祉事業に含まれないものは、いかに社会福祉に関係していようとも「社会福祉事業」とは言えないことになる。なお、「非公共的」という言葉自体が、社会福祉事業法に定められた社会福祉事業が「公共」であり、それ以外は「非公共」という当時の認識を反映している。

9) 本研究では、ガバナンス空間を公共的な意思決定をめぐって、多様な主体が相互作用する空間という意味で用いる。また、本研究でいうガバナンス空間は、自己組織的で自生的な空間というよりは、公共政策の一環としてこうした問題を協議するために設けられた空間に限定している。その意味では、議会も本来ガバナンス空間であるが、こうした代議制民主主義の空間とは異なる協議の空間という意味で、「ガバナンス空間」と呼んでいる。

10) 地域福祉計画の場合、厳密にいえば上位の政府として都道府県の役割も重要である。都道府県は、都道府県地域福祉支援計画を策定することになっており、市町村の地域福祉計画策定にも大きな影響を及ぼしている（平野・榊原、2009）。しかし、ここではそうした役割を論ずることが目的ではないため、簡略化し、図中からは省略した。

11) 例えば、介護保険事業計画では、「市町村は、市町村介護保険事業計画を定め、又は変更しようとするときは、あらかじめ、被保険者の意見を反映させるために必要な措置を講ずるものとする。」と被保険者の参加を法で義務づけている。

12) 例えば、1992年の都市計画法の改正では「市町村都市計画に関する基本的な方針」（市町村マスタープラン）の策定にあたって「市町村は、あらかじめ、公聴会の開催等住民の意見を反映させるために必要な措置を講ずるものとする」と法で住民の参加を義務づけている。また、1997年に改正された河川法でも「河川整備計画」策定への住民参加を義務づけている。

13) イングランドの地方制度は、1974年に完全な二層制が確立されるものの、1986年に大ロンドン県（Greater London Council = GLC）と大都市圏の6つの県（カウンティ = County）が廃止され、前者ではロンドンの各区（London Borough）に、また、後者では基礎自治体であるディストリクト（Metropolitan District Council）に大幅に権限が移譲されることになった。また、非大都市圏では、従来のカウンティとディストリクトの二層制が維持されていたが、メジャー政権による行政改革の結果、1995年以降、一層制の単一団体（Unitary Authority）が創設され、一部が一層制へと移行した（大塚、2007：111）。以上のように、イングランドでは、現在でも一層制と二層制の地方制度が併存している。本研究で対象とするブライトン市とブリストル市は単一団体であり、一層制の自治体である。また、ロンドンでは2000年にロンドン地方庁（Greater London Authority = GLA）が創設されたが、各区の担う権能はほとんど変化していない。各地方自治体の権能については、内貴（2009：55）を参照。

14) プライマリケアトラスト（Primary Care Trust = PCT）は、家庭医や地域保健サービスの実施など、地域住民に対する保健医療の計画実施に責任を持つNHSの一機関である。本研究では、プライマリケアトラストと記す。

15) 例えば、ボランタリーセクターの中間支援組織に対するチェンジ・アップ（Change Up）と呼ばれる補助金や、公共サービスを担うボランタリー組織を直接支援するフューチャー・ビルダーズ（Future Builders）と呼ばれる補助金がある（中島、2007）。

16) 近隣再生政策においては、「コミュニティ」という用語がしばしば用いられる。ここでいうコミュニティとは、「地理的なコミュニティ」（geographical community）という意味だけでなくエスニックマイノリティや障害者、若者の集団といった「関心に基づいたコミュニティ」（communities of interest）を含む概念として用いられている（SEU, 2001：19）。したがって、本研究においても「コミュニティの代表」という場合には、地理的なコミュニティの代表だけでなく、様々なボランタリー組織の代表などを含む概念として用いる。

第1章
統治主体としての政府の相対化とガバナンス理論

　近年、ガバナンスという概念があらゆる領域で用いられるようになってきている。しかし他方で、ガバナンス概念は多くの論者が共通する社会の変化を背景として認識しながらも、多様な定義や使われ方をしており混乱した概念である。その用例を公共政策や社会政策で用いられているものに限定しても、「ガバナンス」を冠した著作や論文において概念の曖昧さと多義性が必ず言及されることが、そのことを象徴している。ローズは「ガバナンスという概念は論者によって様々な使われ方をされている極めて多義的な概念である」(Rhodos, 1997：47)と指摘し、岩崎も「論者ごとに異なる『ガバナンス』概念が存在し、論者によって照射する『ガバナンス』は異なっている」(岩崎、2003：1) ことを指摘している。また、「ファッション」(中頓、2003：16)、「流行語」(宮川・山本、2002：10) といわれるように、「なぜあえてガバナンスという言葉が使われるのか、判然としない」(戸政、2001：313) 用例も散見され、ガバナンスという用語を用いることで、かえって「誤解や混乱」を招く恐れすら生じさせているのが現状である (真山、2002：97)。

　しかし、こうした曖昧さや多義性にもかかわらず、ガバナンスという新しい概念が注目されているのは、実際にこれまでの概念では説明できなかった現象が生じているからであり、それを説明する新しい概念が必要になっていることを表しているともいえる。そのため、流行の表層ではないその変化の本質を見極めていく作業が不可欠である。

　そこで、以下ではまず、ガバナンスが注目されるようになった背景を読み解く視点として、公共的な活動や資源の配分を方向づける3つの調整様式を

導入する（第 1 節）。次に、福祉国家の危機やグローバル化の進展は、市場メカニズムを重視する改革を導くことになったが、こうした改革の意図せざる結果への対応、もしくは対抗戦略として登場した「ネットワーク・ガバナンス論」と「参加志向のガバナンス論」という 2 つのガバナンス論について詳述し、本研究で用いるガバナンス概念の定義を明確化する（第 2 節、第 3 節）。

第 1 節　ガバナンス論の背景とガバナンスの変化を読み解く 3 つの視点

　ガバナンスという言葉の本研究での定義については後述するが、ここでは、ガバナンスという概念が注目される背景にはどのような変化があるのかについて、特に公共政策や社会政策の領域に範囲を限定して考えておくことにしたい。

　当然のことながら、ガバナンスを論じる研究は、こうした概念が注目される背景に言及する。公共政策・社会政策の領域に限定していえば、ガバナンス概念が注目される背景として共通するのは、従来の統治形態への信頼の低下や、不信、懐疑であるといってよい。従来の統治形態とはガバメント、すなわち政府であるからこれは「政府の統治能力への懐疑」と要約できる。宮川が、「ガバナンスについて現在問われていることは、一つにはガバナンスの主体、すなわち、統治する側、例えば政府の統治能力が低下しているのではないかということであり、あと一つには、ガバナンスの客体、すなわち統治される側の社会の統治可能性が低下、あるいは統治の困難性が上昇しているのではないかということである」（宮川、2002：5）と指摘しているように、社会が複雑化し、従来統治の一元的主体とされてきた政府の統治能力が低下していることが、ガバナンス概念が注目される背景になっているのであ

る。今村も、「地方分権改革も都市ガバナンスの追求も、動揺を余儀なくされた国民国家の政府体系の再編という時代的要請への対応努力の現れ」(今村、2003：28、傍点筆者)であるとし、国民国家の限界に対応して、地方への分権とローカルな水準でのガバナンスが求められると論じている。また、中澤は、「何よりも、ガバメントとの違いを浮き彫りにするために使われ始めた」概念であり、「政府のみが特定の領域をコントロールするのではなく、多様な主体が公式・非公式な協力・競争・連携・対立の中で領域秩序を形成していくという含意」があると述べている(中澤、2006：190、傍点筆者)。以上のように、ガバナンスの背景には、「政府の機能低下」や「統治能力の喪失」(武川、2006b：130-132)という共通した背景がある。

　それでは、なぜ政府の統治能力は低下し、動揺しているのか。そして、そのためにどのような新しい政策枠組みが求められているのか。そのことを明らかにするために、以下ではガバナンスの一般的な定義を示し、変化をみる視点として、公共的な活動や資源の配分を方向づける3つの調整様式を導入することで、政府の空洞化と市民社会の役割という視点からのこうした問題への診断についてみていくことにしたい。

　まず、ガバナンスという言葉それ自体は、「統治」という意味であり、その意味でのガバナンスとは「あらゆるルールのパターンを説明する概念」(Bevir, 2009：4)、もしくはルールと集合行為の条件の創出や設定、適用にかかわる概念である(Kjaer, 2004：12；Stoker, 1998：17)。すでに述べたように、公共政策・社会政策の文脈におけるガバナンスは、政府の統治主体としての能力の喪失に呼応して注目されるようになった概念である。これまでのルールが動揺しているからこそ、新しい「ルールと集合行為の条件」を創出すること(すなわち、新しいガバナンス)が求められている。したがって、政府の役割が相対化される中で、どのように社会の共通課題を解決していくための「ルール」や「集合行為の条件」を設定していくのか、という点が新しいガバナンス論の中核になることをまず確認しておく必要があるだろう。つまり、現在、ガバナンスという言葉が「流行」している背景には、ルールのパターンという意味でのこれまでのガバナンスに何らかの「変化」が生

じており、新しいガバナンスが必要とされているという含意があることを確認しておきたい（Newman, 2001：11）。

　換言すれば、「政府中心のガバナンス」が相対化され、「新しいガバナンス」が求められているというのが、現在のガバナンスをめぐる状況のもっとも正確な表現である。しかし、日本ではこうした「新しいガバナンス」そのものを指して、「ガバナンス」と定義する場合が多いように思われる。例えば、ガバナンスを「共治」とか「協治」と訳すことについても、ガバナンス主体が多元化したことが、イコール「共治」とか「協治」になるわけではないことには注意が必要だろう。他にも、ガバナンスを協働とイコールで使う場合など、日本での用例には、ガバナンス本来の意味にあらかじめ何らかの規範的な意味を埋め込んで使われる場合が多いように思われる。

　したがって、一般的には「ガバメントからガバナンスへ」という言い方が多用されているが、正確を期すならば「『ガバメント中心のガバナンス』から『新しいガバナンス』へ」という表現が正確である。「国家という単一的なセンターによってはコントロール不能」となった社会において、どのようにルールや集合行為の条件を作り出していくのか、という問いこそがガバナンス論の基底をなしているのである（近藤、2004：6）。

　次に、こうしたガバナンスの変化を読み解くために、ルール設定の様式の変化をみるための視点を導入する。ケアーは、ガバナンスとガバニング（governing）を区別し、後者をルール設定のためのプロセスであるとしている（Kjaer, 2004：41）。すなわち、公共政策に当てはめていえば、政策主体の活動を調整したり、方向づけたり、資源を配分したりする活動のプロセスがガバニングであり、その結果として成立している体制がガバナンスということになる。そして、このガバニングというプロセスを導いていく調整様式は、図表1-1に示したように、市場（market）、ヒエラルキー（hierarchy）、ネットワーク（network）という3つに類型化するのが一般的である（Rhodes, 1999; Lowndes and Skelcher, 1998；Pierre and Peters, 2000：15-22；Jessop, 2002=2005：308-326）。以下、図表1-1に沿って、ガバニングというプロセスを導いていく3つの調整様式を説明しておこう。

まず、「ヒエラルキー」は、権威や権限に基づいて特定の主体がルールの遵守を強制する調整様式であり、そうした権威や権限に基づいてルールや秩序を形成していくことをいう。公共政策・社会政策でいえば、ヒエラルキーに基づいたガバナンスは、民主的政府と官僚制を理念型とし、投票によって民主的な正統性に支えられた政府が、法という権威に基づいてルールを策定し、官僚組織を通じて他の主体に対してその遵守を命令する体制である（*ibid*：15）。こうした垂直的な関係がヒエラルキーであり、上位（権威を持つもの）に対して下位は従属的な位置になる。

一方、「市場」は、各アクターが、価格競争を通じた交換によって自己の目的の達成を追求していくことで、ルールや秩序の形成を調整する様式である。市場におけるそれぞれのアクターは、垂直的な関係や相互に依存し合う関係ではなく、それぞれが相互に独立した主体である。市場におけるルールは明確で、アクター間の価格競争が決定の仕組みとなる（Bevir and Rhodes, 2003：55；Kjaer, 2004：43）。

それに対して、ルール設定のプロセスを進めていく調整様式として「ネットワーク」が採用されるのは、アクター同士が相互に依存している場合である。つまり、相互に協調しなければ、それぞれのアクターの目的を達成できない状況にある場合、ネットワークという調整様式が必要とされる。逆にいえば、相互に依存することが必要な状況になければ、ネットワークという調整様式は必要とされない。その結果、アクター同士は資源を交換し合うが、

図表1-1　市場、ヒエラルキー、ネットワークの比較

	市場	ヒエラルキー	ネットワーク
関係の基礎	契約と財産権	雇用関係	資源の交換
依存の程度	独立	依存	相互依存
交換のメディア	価格	権威	信頼
紛争調停と調整の手段	価格交渉と法廷	ルールと命令	交渉
文化	競争	従属	互酬性

出所：Kjare（2004：42）に基づいて一部修正した。

こうした関係において、アクター同士は相互に依存し合っているため、一つのアクターが他のアクターに対して一方的に権威に基づいて権限を行使する形の調整ではなく、信頼に基づいた交渉によって資源を交換し、ルールや秩序を形成していくことになる。したがって、ネットワークという調整様式は、アクター同士が相互に支え合うという意味で互酬性に基づく関係ということになる。

　以上、ルールや秩序の形成を調整していくためのプロセス（すなわち、ガバニング）の3つの理念型を示した。以下では、こうした視点から、公共政策、なかでも社会政策に焦点を当てて「ガバナンスの変化」の背景を整理し、どうして政府の統治主体としての能力が低下しているのか、またそのことからどのようなガバナンスが求められているのかを明らかにする。

第2節 政府の空洞化とネットワーク・ガバナンス

　社会政策の領域でいえば、政府の統治能力への不信は、近年にはじまったことではない。例えば、福祉国家への批判は左右両派によって常に行われていた。しかしながら、1960年代までの西欧諸国では、福祉国家に対する広い範囲での合意が成立しており、対立は福祉国家が必要かどうかではなく、それを進めるための手段をめぐるものであるとさえいわれていた（例えば、Myrdal, 1966＝1970：106-110）。別な言葉でいえば「ヒエラルキー」に基づいた政府による一元的なガバナンスによって、福祉国家という危機管理システムは安定的に維持できると考えられていた。

　しかし、1970年代の経済危機は社会政策に大きな影響を及ぼし、先進国では共通して「福祉国家の危機」が語られるようになった（OECD, 1981；Mishra, 1984）。要約していえば、高度経済成長を与件として成立していた

「福祉合意」は、石油危機に端を発した経済システムの危機とともにイデオロギーレベルでの「福祉反動」となって現れ、実際にイギリスやアメリカでは、福祉国家を否定する新保守主義を標榜した政権が誕生した。新保守主義者は、福祉国家における政府には、非合理で無原則な拡大のメカニズムができあがっており、選挙民と利益集団からの能力を超えた過度な期待と要求に応えられず、統治能力を喪失していると主張したのである（武川、1999：55）。

こうして登場した新保守主義政権は、資本主義の「純粋な」姿、すなわち市場の厳格さと規律、に立ち戻ることを提案した（Mishra, 1990＝1995：15）。その結果、「小さな政府」を目指す民営化と規制緩和が積極的に進められた。また、「民間企業における経営理念・手法、さらには成功事例などを可能な限り行政現場に導入することを通じて行政部門の効率化・活性化を図る」（大住、2002：12）という新公共経営（New Public Management、以下 NPM と略記）の視点から、伝統的な行政管理手法を見直すことが積極的に進められた。つまり、新保守主義者が主張したのは、政府を中心としたガバナンスの限界であり、ヒエラルキーという調整様式から、市場という調整様式への転換であった。

例えば、イギリスでは、1979 年に誕生したサッチャー保守党政権が、国営企業の民営化や、強制競争入札制度を導入し、続くメジャー政権もコミュニティケア改革などを通じて、福祉や医療の領域に「内部市場」を導入することで競争を促進するとともに、行政の執行部門を独立化（エージェンシー化）させる政策を推進した。

こうして、福祉国家の危機に端を発した政府への信頼の低下は、イギリスやアメリカといった先進国で（そして日本でも）、経済的には「小さな政府」を目標とする新保守主義に基づく政権を生み出し、市場の役割を重視した民営化や規制緩和、NPM に基づいた行政改革が推進されていった。

さらに、経済のグローバル化は資本移動の自由を脅かさないような社会政策を要請し、それによって各国政府による社会政策の裁量の余地を狭めた（武川、2007：76）。その結果、福祉国家は、経済的にはケインズ主義的なマクロ経済政策の効力を失い、政治的には資本の力の強化と労働運動の弱体化に

直面し、結果として社会的には社会的給付や社会的規制の弱体化を招く、という困難に直面した（武川、同上書：79-82）。

　こうした環境変化は、国家が唯一の統治主体であるという見方を相対化し、統治の全体像をとらえる新たな枠組みが必要とされるようになった（Rhodes, 1997：3）。ローズはイギリスを例に、保守党政権が推進した民営化やエージェンシー化、外部委託の増大といった諸改革（外部への権限移譲）、さらには、グローバル化による国民国家の役割の低下や上方への権限委譲（EU）が、一元的な政府の「空洞化」（hollowing out）をもたらし、もはや政府を唯一の統治主体として分析対象とすることはできないと指摘した。そして、複数の組織から構成される自己組織的なネットワークを分析対象とすることでしか「分化した政体」（differentiated polity）の全体をとらえることはできず、こうした自己組織的なネットワークを管理していくことがガバナンスの重要な課題になってきていることを指摘した（*ibid*）。

　換言すれば、ローズは、それが意図した結果かどうかは別としてNPMに代表される1980年代以降の公共政策の変化が、公共政策の実施主体を多元化させ、その多様な実施主体間のネットワークの存在が公共政策の中心となっていると主張したのである。このことは、中央政府だけではなく様々な公共サービスの提供主体から、その条件整備主体へと変化していた地方自治体も同様であった（Goss, 2001：1）。

　こうしたガバナンス論を代表するのは、ローズであり、ローズはガバナンスを「相互依存、資源の交換、ゲームのルールと国家からの独立によって特徴づけられる自己組織的な組織間のネットワーク」に関連するものである、としている（Rhodes, 1997：15）。そして、今やこうした多様な主体から構成される政策ネットワーク（policy network）が公共サービスの決定や実施に大きな影響を及ぼしており、ガバナンスとはこうしたネットワークを管理することであるとした（Rhodes, 1997：58）。同じように、オランダのクーイマンやキッカートらも政府によるかじ取りが難しくなる局面で、交渉と調整を重視するネットワークの管理の重要性を指摘している（Kooiman, 1993; Kickert et al., 1997）。

こうした意味でのガバナンス論からみれば、プリンシパル（政府）とエージェント（民間機関）が明確に区別されているNPMは、ネットワーク・ガバナンスの原因ではあっても、そのものではあり得ない（Kjaer, 2004：45）。政策ネットワークにおけるガバナンスは、政府が唯一の支配的なアクターでなくなることで、公私の境界があいまいになっていることを強調し、公共的な目的の達成に向けてネットワークをいかに管理するか、という点を重視する。ローズやオランダ学派に代表されるガバナンス論を、ここでは「ネットワーク・ガバナンス論」と呼ぶことにする。

第3節　市民社会の役割と参加志向のガバナンス

　以上のようなガバナンスの変化の描写は、財政危機に端を発した福祉国家の危機やグローバル化によって統治主体としての政府が相対化し、市場志向の改革（NPM）が導かれ、その結果として分断化された公共サービス提供機関の調整や統合が求められるようになったことを示している。調整の様式に着目すれば、ヒエラルキーから市場への力点の変化が、結果としてネットワークという調整様式を必要とするようになったということができよう。

　しかしながら、ガバナンスが注目されるようになったのは、1980年代以降の公共セクター改革の結果だけに求められるわけではない。新保守主義者の福祉国家批判が、どちらかといえば福祉国家の量的な側面に焦点を当てていたのに対し、福祉国家へのもう一つの批判として質的なガバメントの限界、すなわち、政府によるサービスが陥りがちな硬直性、画一性、非即応性そして、新しいニーズやリスクに応えることができず（石田、2004：92）、市民をサービス受益者、対象者、客体にとどめ、ディスエンパワーしている（栃本、1996：81）ことへの批判があった。こうした政府の質的な限界は、武川が

要約しているように「福祉国家のパターナリズムとインフレキシビリティの問題」(武川、2007：47) と言い換えることもできるだろう。したがって、サービスの利用者や市民をエンパワーし、自己決定を可能にしていくこと、サービスそのものへの参加を進めることで、硬直性、画一性を克服し、即応性を高めていくことがこうした限界への処方箋として重要になる。もちろん、新保守主義者もこうした問題に無関心であったわけではなかった。新保守主義者たちは、まさにこうした決定や利益調整を市場にゆだねることで、非政治化しようとした。しかしながら、こうした改革は社会的不平等や格差の拡大を招くだけでなく、市民は「顧客」として個人化され、政策の決定や実施に積極的に参加する主体とはみなされない。そこで、政府のこうした質的な限界を解決していくために、ガバナンスの主体として市民社会の役割が強調されるようになった (Bevir, 2009：8；Rhodes, 1997：57-58)。日本におけるガバナンス論は、多元化し、分断化した主体の統合やその調整よりも、市民社会の役割を強調する立場からのガバナンス論が多い。例えば、政府と市場という公私二分論から「市民社会、政府、市場」の三分論に基づく多様な担い手による問題解決を図るガバナンスを「参加ガバナンス」とする坪郷（坪郷、2006a：19) や、市民が社会形成に参加する民主主義を実現することが、「ソーシャル・ガバナンス」であるとする神野（神野、2004：15）のガバナンス論は、そうした代表例であろう。神野は、ソーシャル・ガバナンスを「新自由主義への対抗戦略」であるとし、効率性に対して参加を明確に位置づけている（神野、2004：4)。

また、アメリカ、ブラジルやインドにおける「市民がその生活に直接影響を与える諸政策に効果的に参加し、影響力を行使することを可能にする方法」について検討したファンとライト (Fung and Wright, 2003：5) は、市民が自らの生活に影響を及ぼす政策の決定に参加していくことを可能にするガバナンスを「エンパワーされた参加型ガバナンス」(empowered participatory governance) とし、ハーストも、国家や民間企業のような官僚制ヒエラルキーに代わる「新しい規制の方法」として、市民社会へと権限を移譲する「アソシエーティブ・デモクラシー」を強調している

(Hirst,1994；1997；2000：28)。これらのガバナンス論は、NPMの結果として分断化された公共サービスのネットワークを管理することよりも、市民社会の役割に注目した所論であり、唯一の統治主体として想定されている政府に対して、市民社会の担い手である市民やボランタリー組織がガバナンス主体として成長していることをガバナンス論の背景として積極的に肯定する市民の参加を重視するガバナンス論である。

　序章でも指摘したように、参加は「権力から疎外された人々に対する権力という資源の再配分」の問題であり、権力の対概念として規定されている。したがって、参加の試みは、政治的な意思決定への参加である「政治参加」の場合も、社会的な活動への参加である「社会参加」の場合も、これまで権力から疎外されていた主体が、その力を分有することを目指すものであるということができる。そのため、参加を重視するガバナンス論では、多様な主体の中でも市民が政治的な意思決定やサービスの実施において「力」を得ることが重視されるという共通点がある。

　福祉の供給主体としてボランタリーセクターに期待する理論は、すでに1970年代の後半から福祉多元主義という形で提起されはじめていた。福祉多元主義は、福祉の供給主体として政府部門、市場部門に加え、ボランタリーセクターからなるボランタリー部門と家族や近隣の相互扶助といったインフォーマル部門が存在することを指摘するとともに、政府の質的な問題に応えるためには、ボランタリー部門の役割が重要であるとする論者が多かった（例えば、Hadley and Hatch,1981）。つまり、政府の画一性や硬直性といった問題に対して、ボランタリーセクターの柔軟性や機動性が注目されるようになったのである（Wolfenden,1978）。

　ボランタリーセクターが注目、あるいは「再発見」されるようになった一つの要因は、こうした組織が、公共サービスの市民によるコントロールを可能にするという展望があったからである。例えば、ペストフは投票による参加（代議制民主主義）のみでは、民主主義の精神は衰退し、市民が公共サービスの受動的な「対象」として固定化されてしまうこと、したがって、サービスの「生産」に参加することの必要性を「市民民主主義」の強化という視

点から説いている（Pestoff, 1998=2000：31）。また、栃本も硬直化し、官僚的な政府のサービスに対して市民自身が参加することの重要性を指摘し、一人ひとりの市民の参加を媒介するボランタリー組織の重要性を指摘している（栃本、1997b：612）。このように、ボランタリーセクターへの期待は、単なる供給主体としての一部門であるというよりは、「公共サービスの民主化」という役割を期待されていた。

さらに、公共サービスが対応すべきニーズの変化という視点からも、ボランタリー組織への期待は高まった。例えば、宮本は「社会的包摂が焦点となる場合、自立のためのニーズは、個別的かつ多様で、画一的な対応は困難」であり、その充足のためには当事者からの何らかの発信が必要な場合が多い、と指摘している（宮本、2005：11）。そのため、当事者が参加し組織化されたボランタリー組織がこうしたサービスの供給主体として適しているということになる。確かに、新保守主義もこうした集団や組織に期待していたが、それは、政府に代わってサービスを供給する（そこには、「政府よりも安い費用で」という前提がある）主体としての期待であり、市民によるコントロールの強化には力点が置かれていなかった（Lewis, 1999；高橋・永田、1998）。

このように、福祉多元主義は、当初あくまでもサービスの供給の次元に焦点を当てたものであったが、ボランタリーセクターへの注目は「供給主体」としてのボランタリーセクターを発見したことにとどまらない可能性を持っていた。つまり、こうしたセクターへの注目は、多様な市民やボランタリーセクターが活動し、政治的な討議が行われる空間としての「市民社会」への関心を喚起し、市民が参加することによって影響力を行使していくという新しい「ガバナンス」の可能性を見出したのである。こうしたとらえ方は、国家的公共性や行政的公共性に対峙する意味で用いられる「市民的公共性」という概念とも対応しており、特に日本では、市民社会や市民的公共性を強化することが課題とされてきた（栃本、1997a、坪郷、2006a、今村、2002：6）。このように、「公共性」が、国家的公共性によって独占されてきたことを問い直す必要性が提起され、一人ひとりの市民が、コミュニティや社会に生き

る社会的存在として公共性の担い手となり、その実現に貢献することが、「新しい公共性」と呼ばれるようになった（宮崎、2009：186）。

　また、市民がガバナンスに参加し、影響力を行使していくことが注目されるようになることで、これまでの公式の参加形態であった代議制民主主義というルートだけでは、十分に民意を反映することができないことが認識されるようになった（Newman et al., 2004：204）。公共サービスが「どのように供給されるべきか」に加えて、「何を供給すべきか」にも影響力を行使していくためには、課題の設定や政策決定の過程への参加が欠かせない。

　篠原（1977：2004）は、民主主義の安定と発展のためには、「代議制デモクラシー」に加え、参加と討議を重要視するもう一つのデモクラシーの回路が要請されているとしている。こうした民主主義理論は、熟議民主主義（deliberative democracy）と呼ばれ、政治を利益集団自由主義のように一人ひとりの利益追求の集積とみなすのではなく、熟議を通じた「選好の変容」に焦点を当て、「公的なもの」（共通善）を創出する過程ととらえる（田村、2008：31；小川、2007；若松、2007；早川、2006：251-252）。熟議民主主義は、代議制民主主義を否定するというよりは、相互補完的な役割を強調するが（篠原、2004）、政府内外での参加と「熟議」（サブ政治）を重視する点で、代議制民主主義と利益集団自由主義の機能不全（「政府の統治能力の喪失」）を「参加」と「熟議」によって補完していこうという試みであるといえる（佐々木、1999：141）。

　以上のようなガバナンス主体としての市民社会、そして、それを構成するボランタリーセクターや一人ひとりの市民の参加や熟議を重視する立場は、政府の統治主体としての能力の喪失への処方箋としてNPMに代表される効率性を重視する市場志向の立場に対して、参加志向の改革といえる（武智、2004：9）。参加志向の改革は、市民が、代議制民主主義の枠を超えた政治的な意思決定やその形成をめぐる「熟議」に直接もしくは中間集団を介して「参加」すること、また、実際に社会サービスの供給に「参加」することを通じて、福祉国家の官僚制や専門職主義による画一性・硬直性を変革し、民主主義を強化していくことで市民と権力とのバランスを変化させていくとい

う展望である。この場合、一人ひとりの市民や、その中間集団であるボランタリー組織およびその集合体としての市民社会が、重視しなければならない新たなアクターとして浮上してくる。ここでは、政府の画一性や硬直性といった質的な限界と同時に、その結果としての市場志向の改革の問題点を指摘し、あるべきガバナンスの姿として、市民やボランタリーセクターの政策決定と実施への参加と熟議を重視するガバナンスを「参加志向のガバナンス論」と呼ぶことにする。

　以上のように、ローズらに代表される「ネットワーク・ガバナンス」においても、「参加志向のガバナンス」においても、「唯一の統治主体としての政府」という想定は見直されることになる。しかし、ガバナンスの主体についてみれば、前者がガバナンス主体に対して中立的であるのに対し、後者の参加を重視するガバナンス論では、市民社会の役割が積極的に肯定される。

　ここで強調しておかなければならないことは、NPMに代表される市場志向の改革は、ガバメントからガバナンスへの変化の「原因」(ネットワーク・ガバナンス)であり、参加志向のガバナンスの立場からは、「対抗すべきもの」と位置づけられている点である。市場志向の改革は、福祉国家の財政危機を起点とした政府部門の非効率という限界に対して「市場メカニズム」を活用する解決策であり、規制緩和や政府が行ってきたサービスの民営化を通じて政府部門を効率化していこうという戦略である。したがって、こうした改革は「非効率な政府」に対する解決策を提示したが、すでにみたように公共サービスの主体を分断化させ、バラバラになった公共サービスを再統合化するという課題を生み出した。また、そもそもこうした改革において重視されたのは、公共サービスの「効率性」の側面であったから、「参加」や「熟議」の不足を解消し、民主主義や市民によるコントロールを強化するものではなかった。さらに、市場メカニズムは資源配分の効率性を重視するメカニズムであるから、そのことによって信頼に基づいたパートナーシップを構築するということは難しい(西山、2007)。例えば、民間委託において効率性を追求する場合に重視されるのは、効率性(費用)であり、そこでの「熟議」や主体間の「協働」は重視されない。すなわち、「公共空間を専門家の独占物

から解放し、市民社会において共治の構造を構築するためには、効率重視の制度設計では十分とは言えない」のである（武智、2004：9）。

以上の検討を踏まえ、本研究では、政府の統治主体としての能力の喪失を背景に、相互に依存する多様なアクター間の交渉と調整を通じて公共的なルールや秩序の形成を目指す体制を「ネットワーク・ガバナンス」、そしてそうした場における市民社会（ボランタリーセクターや市民）の参加を重視する立場を「参加志向のガバナンス」と定義することにする。

第4節 小括

本章は、ガバナンスが注目される背景に着目しながら、福祉国家の変化の中で提起された「新しいガバナンス」をネットワーク・ガバナンスと参加志向のガバナンスと規定し、本研究におけるガバナンス概念を明確化した。

まず、ガバナンスが注目される背景には、「政府の統治主体としての能力の喪失」という共通した背景があることを確認し、新しい「ルールと集合行為の条件の創出」が求められていることを述べ、こうした変化をみる視点として、ヒエラルキー、市場、ネットワークという公共的な活動や資源の配分を方向づける3つの調整様式を導入した（第1節）。

福祉国家の危機やグローバル化の進展によって、公共セクターの改革が求められ、1980年代以降、NPMに代表される市場志向の改革が推し進められた結果、公共政策の主体は多元化した。ヒエラルキー、市場、ネットワークというガバニングの様式に着目してこうした変化をみれば、経済危機に端を発した福祉国家の危機やグローバリゼーションの進展による政府の機能低下（＝ヒエラルキーという調整能力の相対化）が、市場の積極的な活用（＝市場という調整の様式の活用）という変化を生み出したが、市場という調整

様式の活用は、その結果として公共サービス提供主体の分断化を招いた。ガバナンスが注目される背景には、こうした1970年代後半以降の先進諸国に共通する政府の機能不全と、市場志向の改革の結果としての政府の空洞化といわれるような状況があったことを指摘した。

市場志向の改革の結果、公共政策を担うことになった多様な主体は、政策全体の目的よりもそれぞれの組織の目的を最大化するインセンティブがあり、市場メカニズムでは複数の機関がパートナーシップを組んで協働するインセンティブが働かない。そこで、こうした多様な主体によるネットワークを調整し、統合していくことがガバナンス論の背景となり、また課題となっていることをみた（第2節）。他方で、福祉国家のパターナリズムやインフレキシビリティに対して、市民社会やその担い手である市民およびボランタリーセクターの公共空間における役割を強調する立場からは、市民やボランタリーセクターがガバナンス主体として参加すること、またこうした主体のエンパワメントがもう一方のガバナンス論の背景であり、また課題となっていることも確認した（第3節）。

以上の検討を踏まえ、本研究では、政府の統治主体としての能力の喪失を背景に、相互に依存する相補的で多様なアクター間の交渉と調整を通じて、公共的問題の解決を図るための体制を「ネットワーク・ガバナンス」、そしてそうした場における市民社会（ボランタリーセクターや市民）の参加を重視する立場を「参加志向のガバナンス」と定義することを示した。

次章では、本章で定義したネットワーク・ガバナンスと参加志向のガバナンスが、本研究が対象とするイギリスにおいてどのように実際の公共セクター改革の中で展開されているのかについて論じる。

第2章

ブレア政権のガバナンス改革
連結政府とパートナーシップ組織

　本章では、本研究が対象とする1997年以降のイギリスにおいて、多様な主体が参加し、それを公共的な目的に統合していくようなガバナンス改革がどのように展開されたのかを詳述する。以下では、まず、ブレア政権の政策理念である「第三の道」の基本的な考え方を示し、特にボランタリーセクターとの関係を例にその変化を明らかにする（第1節）。次に、ブレア政権のガバナンス改革を分断化したサービス供給主体や、市民・ボランタリーセクターを調整し、統合していく政策理念である「連結政府」という概念を中心にまとめ、地方自治体レベルでのその展開を「パートナーシップ組織」と「参加」に焦点を当てて、地方自治体改革との関連でその内容をまとめる（第2節）。また、特に本研究における重要な概念である「パートナーシップ組織」について、日本で慣用的に用いられているパートナーシップ概念との違いに留意して定義する（第3節）。最後に、ブレア政権全体のローカル・ガバナンス改革の方向性を示し、変化の全体像を明確化する（第4節）。

第1節

第三の道とは何か

　前章で論じたように、政府の統治主体としての能力の喪失を背景に、分断

化した多様な主体間の調整や統合と公共サービスの決定や実施への市民の参加がガバナンス改革の課題となっており、こうした課題を解決するための公共政策の枠組みが必要とされるようになっている。それは山本が指摘するように、「ある問題を解決するという課題に直面した場合、そのための知識も、資源も、能力も、あるアクターが単独ですべてに対応できるわけではない」のであり、「複数のアクター間でおこなわれる相互行為としての討議の過程で、物事が決定されていかなければならない」（山本、2005：79）ということを前提とする。すなわち、公私の様々な主体が相補性を認識しながら、公共的な意思決定を行っていくという決定のパターンを前提とした公共政策の枠組みと制度設計が課題となっているといえよう。

　こうした認識から導かれる公共セクターの新しい制度設計は、1980年代からはじまったNPMを中核とした「第一の公共セクター改革」と比較して、「第二の公共セクター改革」（second wave of reforms）（Ling, 2002：615）とか、ガバナンスへの転換の「第二段階」（笠、2006a：5）と呼ばれている。換言すれば、NPMが公共政策の主体を外部化し、市民を顧客とみなす改革であったとすれば、多元化した公共政策の担い手を包摂し、市民が政策過程に参加する公共セクター改革である。したがって、「連結政府」（joined-up government）、「ワンストップ政府」、「サービスの統合化」といったキーワードに代表されるように、第一の改革の結果としてバラバラになった公共政策の主体を調整し、市民社会に代表される新たなアクターを包摂していくことが中心的な課題となる（Bevir, 2009：12；Davies, 2008：81；Bogdanor, 2005）。

　ブレア政権が、こうした意味での「第二の公共セクター改革」（換言すればガバナンス改革）に対して、熱心に取り組もうとしたことには異存がないと思われる。なぜなら、18年間の野党暮らしの中で、公共サービスにおける国家の役割を強調する従来の労働党の考え方を維持したままでは政権に復帰できないことが次第に明白になり、結果として労働党は国家中心のガバナンス（福祉国家）への回帰（これをブレアは「オールド・レイバー」と呼ぶ）でもなく、保守党の市場中心のガバナンスとも異なる新しいガバナンス改革

のビジョン（第三の道）を示さざるを得なくなったからである。この労働党の新しいビジョンのリーダーとして登場したのが、トニー・ブレアであった。

実際に、1990年代に入ると市場メカニズムの活用を重視した改革が、次第に行き詰まりをみせるようになっていった。特に、イギリスでは、サッチャー改革によって失業率が高位のまま推移し、社会的・経済的不平等が拡大するとともに公共サービスの劣化が目立つようになっていた（阪野、2002：164；山口、2005：10）。こうした市場メカニズムに基づいた改革への不満に加え、長期政権への飽きも重なって、1997年の総選挙において労働党は、地滑り的な勝利によって政権に復帰することになった。ブレア党首は、小さな政府を目指し福祉国家の解体を掲げる保守党とも、旧来の大きな政府を目指し福祉国家を維持しようとする労働党とも異なる「第三の道」を政策理念とし、福祉国家を「現代化」（modernization）[1]することを公約にこの選挙を戦った（Blair, 1998b）。

それでは、政権復帰した労働党は、「第二の公共セクター改革」にどのように取り組んだのだろうか。本研究は、ブレア政権のガバナンス改革の全体像をとらえ、そのガバナンスの変化を論じることが目的ではない。そこで、本研究に関連する範囲に限定して、こうした諸課題に対してブレア政権がどのような理念に基づいて、どのような公共セクター改革を行ったのか、また、それはガバナンスという視点からどのように評価できるのかについて検討する。

1 第三の道の基本的な考え方

ブレア政権が掲げた「大きな政府か小さな政府か」、「政府か市場か」という二分法を乗り越える「第三の道」とは何か。この問題には、従来の基幹産業の国有化や、一国内での階級闘争を前提とした福祉国家の建設といった旧来の社会民主主義を価値の多様化やグローバル化といった環境変化の中で、どのように「現代化」するかという極めて政治学的な問いを含んでいるが、

本研究ではこうした点については深入りしない[2)]。また、第三の道の保守党政権との継続性や逆にその独自性をめぐっては、様々な議論が戦わされているが、ここでは、すべての公共政策の領域における第三の道の特徴を示すことが目的ではないため、こうした議論の詳細には立ち入らない[3)]。

ここでは、第三の道が、どのような価値観に基づいて、どのような政治を目指したのかについて、ルグランの示した4つの点を第三の道の特徴として、他の研究やブレア自身の著作なども参照しながら概観しておくことにする。

ルグランは、ブレアの第三の道が、保守党の新保守主義と従来の労働党の社会民主主義と明確に異なる「第三の道」といえるのか、それとも温厚なサッチャリズムもしくは、現実を見据えた社会民主主義に過ぎないのかを問うている（Le grand, 1998：26）。そして、ブレア政権の政策の特徴は「コミュニティ、アカウンタビリティ、責任と機会」（community, accountability, responsibility and opportunity）であり、その頭文字をとって 'Cora' とまとめ、それは保守党とも従来の労働党とも異なる第三の道といえると結論づけている（*ibid*）。

まず、第三の道の特徴としてルグランが重視するのが、「コミュニティの重視」である。政権復帰後に、スコットランドやウェールズ、北アイルランドへの分権、ロンドン地方庁の復活と市長公選制の導入が矢継ぎ早に発表され、地方分権を推進する姿勢が明確にされた。こうした点は、保守党の中央集権的な志向とは大きな違いといえる（阪野、2002）。また、コミュニティの重視は第三の道が、競争原理を至上とする極端な個人主義と福祉国家の給付への依存にともに否定的であり、協働（co-operation）や協議（consultation）、パートナーシップを重視していることとも無関係ではない。コミュニティは、保守党政権が重視した市場と従来の労働党が重視した国家に対置する形でその重要性が語られており、ブレア自身も20世紀の左翼の大きな誤りは、「国家が市民社会を代替できる」と考えたことであり、「コミュニティやボランタリー部門の活動を抑制せず強化していくこと」が重要であると述べている（Blair, 1998b:4）。さらに、単に抑制しないだけではなく「活発なコミュニティやボランタリー組織を擁護し、必要ならばパートナーを組

んで新しいニーズに対応できるよう」にするために、国家はそれを押し上げる力（enabling force）となるべきであると指摘している（*ibid*：14）。換言すれば、国家と市場ではなく、市民社会、ボランタリーセクター、コミュニティを「第三の」主体として認識し、その役割を重視していこうとすることに独自性を見出しているのである。

　ルグランが第2の特徴とするのは「アカウンタビリティの重視」である。地方自治体だけではなく、ボランタリー組織も含めたあらゆる公共サービス提供機関は、サービスを提供するコミュニティに対して説明責任を負うという点が強調された。地方自治体に関する白書「現代の地方政府―人々とともに」（DETR, 1998）では、地方自治体がコミュニティに対して説明責任を果たしていくための組織改革の提案（公選市長の導入など）と同時に、直接民主主義的な方法を拡大すること（例えば、市民陪審や熟議パネルなどの活用拡大）が示唆されている（*ibid*：38）。すなわち、間接および直接民主主義の双方における市民の関与を高めることで、公共サービスのアカウンタビリティを向上させていくことが重視されている。同時に、公共政策の実施においては、成果を監査する中央政府の権限強化が強力に進められている。公共サービス提供機関に対して、一定の自由や柔軟性を持たせる一方で、達成すべきターゲットを提示し、それが達成できない場合に中央政府が厳しく介入するという姿勢は、ブレア政権のあらゆる公共政策に共通する姿勢である（近藤、2008：117；笠、2006a：12、教育や医療について Le Grand, 1998）。このように中央政府によるパフォーマンス（成果）の管理と、その達成度合いに応じた厳しい対応（サンクション）という形でアカウンタビリティを確保するという姿勢が貫徹している。こうした中央集権的な姿勢が、コミュニティを重視するという姿勢と共存しているところが、ブレア政治の特徴の一つでもある。

　ルグランが指摘する第三の道の特徴の第3の点と第4の点は、それぞれ表裏の関係である。すなわち、市民自身の「責任」（responsibility）と結果ではなく「機会」（opportunity）を重視するという姿勢である。ブレアは、「新しい政治の主要な価値観として、機会の均等に光を当てる」とする一方

で、「われわれが享受する権利は、われわれが負うべき義務と表裏一体をなす」とし、「責任を伴わない権利と機会は利己主義と欲望をはびこらせる」(Blair, 1998b：4)と述べ、「機会の均等」と「責任」を強調し、従来の社会民主主義的な考え方とは明確に距離を置いている。また、ブレア政権のブレーンの一人とされる「第三の道」の著者であるギデンズも、平等を「包含」(inclusion)、不平等を「排除」(exclusion)と言い換え、包含とは社会の全構成員が形式的にではなく日常生活において保有する「市民としての権利・義務、政治的な権利・義務」を尊重することであると述べ、保有する資源の平等化には否定的である（Giddens, 1998=1999：174)。したがって、「包含」を進めるためには、給付による所得再分配よりも、就労や教育の機会を提供することが重視される。ブレア政権は、例えばミーンズテストを伴う福祉国家の給付が、働くことよりも給付に依存するという「給付のわな」のために受給者の自立を妨げ、尊厳を奪っており、むしろ社会的排除を作り出している、と従来の社会民主主義的な価値とは異なる価値観を打ち出した。給付に頼らなければ生きていけないことこそが問題であり、こうした社会的給付の受給者を就労へとつなげ、福祉国家への依存を断ち切ることの重要性が強調された。長期失業者や、ひとり親家庭、障害者を対象とした就労促進政策である「ニューディール」プログラムは、教育や職業訓練を含めた「機会」を長期失業者に提供する一方で、こうした機会を拒否する場合、給付が停止される場合もあるという意味では、義務が強調されるようになった（永田、2003；2009a)。また、最低賃金制度の導入や、就労家族税控除（Woking Family Tax Credit）の導入など、就労することが収入につながる「機会」も提供され、「福祉から就労へ」(welfare to work)が強調された（阪野、2002：167)。ギデンズは「社会的投資国家」(Giddens, 1998=1999：168)という用語を用いているが、こうした福祉国家再編の方向性は、給付を受け続けることではなく、就労への機会の提供という投資を通じて、従来の福祉国家の「税―給付システムによる所得再分配」を縮小していこうという戦略である（近藤、2007：55)。近藤は、こうしたブレア政権の福祉国家の転換を「税―給付システムを通じた従来型の所得再分配ではなく、またサッチャー

改革にみられたような再分配政策への真っ向からの否定でもなく、教育や職業訓練などサービス供給による『投資』『機会の再分配』への再分配観の転換」と位置づけ、「従来型の福祉国家の発想に基づいた『縮小─維持』という一元的な二項対立を超えた福祉国家像」を描くことが可能になったと指摘している（近藤、同上書：56-57）。

以上の検討からもわかるように、ブレアは市場メカニズムを無条件には重視しない。それと同じように、従来の労働党のような公共セクターへの特別な思い入れもない。ストーカーは、こうしたブレアの態度を「公共支出に対する偏見もない代わりに、それに対する特別な支持もない」（Stoker, 2004：60）と要約している。ルグランは、こうしたブレアの態度に、明確な「現実主義」（pragmatism）をみている。ブレアが好んで使うのは、「重要なことは『何が機能するかである』（what works）」（小堀、2005：136）であり、ストーカーが指摘するように保守党が「効率性」を強調したのに対し、労働党は「効果性」（effectiveness）を強調する（Stoker, 2004：60）。したがって、政府が直接サービスを提供する必要もないが、必ず民営化される必要があるというわけでもない。重要なのは「誰がそれを供給するか」ではなく、「ど

図表 2-1　第三の道の特徴

	従来の左翼	第三の道	新保守主義
アプローチ	平等主義者	投資者	規制撤廃論者
成果	平等	包含	不平等
市民権	権利	権利と責任	責任
福祉の混合経済	国家	公私協働、市民社会	民間
様式	命令とコントロール	協働・パートナーシップ	競争
支出	高い	現実的	低い
給付	高い	低い？	低い
アカウンタビリティ	中央政府	両方？	市場
政治	左派	中道左派？ ポスト・イデオロギー	右派

出所：Powell（1999：14）に基づいて一部修正した。

のような成果がもたらされるか」ということになる。このことからストーカーは、労働党の第三の道は、イデオロギーを重視せず、公共サービスの運営と政治に対してより現実的なアプローチを採っていることが重要な要素であるとしている (*ibid*: 59)。

以上のような第三の道の特徴をまとめたのが、図表2-1である。本研究では、コミュニティ、アカウンタビリティ、機会と責任（Cora）に加え、現実主義が「第三の道」の特徴であり、それ以前の保守党政権および従来の労働党との違いであると考えておくことにしたい。

2 第三の道と市民社会
労働党のボランタリーセクター政策の変化を事例として

前節で検討した第三の道の基本的な立場を踏まえ、ここではその中で市民社会、特にボランタリーセクターがどのように位置づけられているかを確認しておきたい。本研究は、ローカル・ガバナンスにおける参加を対象としており、市民社会やボランタリーセクターがブレア政権の公共政策全体の中でどのように位置づけられているのかを明らかにしておくことは重要だと考えるからである。

ボランタリーセクターへの期待は、労働党政権になって突然に表れたものではなく、保守党政権においても、ボランタリーセクターへの期待は大きかった。単純化していえば、福祉国家の危機といわれる状況で、小さな政府が称揚され、民営化によって多くの政府の資金がボランタリーセクターに流入することになった。ルイスは、1990年に発表された「効率性の精査」(Efficiency Scrutiny of Government Funding of the Voluntary Sector) と題するレポートを保守党政府の公私関係の変化に対する宣言として重視している。このレポートで重視されているのは、端的にいえば「経済効率性」であり、契約を通じたボランタリーセクターへの資金をコスト削減という視点から正当化する内容であった (Lewis, 1999: 266)。

このように、保守党のボランタリーセクターへの期待は、公共サービスを

政府よりも安い費用で行うというサービス供給主体としての期待であった。もちろん、ボランタリーセクターに対するサービス供給主体としての期待が高まり、資金が流入することは、その成長にとって積極的にとらえることもできる。しかしながら、イギリスのボランタリーセクターは、すべてではないにしても、そのようには考えなかった。ボランタリーセクターの「声」を取りまとめる全国組織であるNCVO（National Council for Voluntary Organizations）に設けられたニコルス・ディキンを委員長とする独立委員会（ディキン委員会）は、政府の資金が無制限に拡大することは、ボランタリーセクターの独立性やその独自性を損なう危険性があることを表明したのである（NCVO,1997）。委員会は、政府からいわれたことをそのまま行う代理人（エージェント）では、ボランタリー・アクションが他のセクター（政府や市場）に対して本来持っているとされる「良さ」が失われてしまうという危機意識に基づいて、政府に対して両者が対等なパートナーであることを認識するよう勧告した。つまり、「経済効率性」という保守党政府のセクターへの期待に対して、セクターは、その「社会・政治的な」役割を強調した（Lewis,1999：266；NCVO,1997：55）。

　以上のように、保守党政権下でのボランタリーセクターは、「サービス供給」を政府に代わって行う主体としての役割が期待されていた。それに対して、セクターの側からは、セクターが政府のエージェントとなってしまい、セクターが本来持つ「社会的・政治的な役割」が損なわれるという危機感が表明された。

　それでは、「第三の道」がそれまでの労働党とも保守党とも異なる政治哲学であるとすれば、そこで期待されるボランタリーセクターの役割はどのように変化しているのだろうか。ここでは、それを労働党やブレアが示した文書から検討してみたい。

　まず、市民社会やボランタリーセクターの位置づけは、かつての労働党のそれとは明確に異なっている。それは、ブレアの以下のようなコメントに表れている。

20世紀の左派の重大な過ちは国家が市民社会を代替できると考えたことである。(中略) 新しい政治に求められる課題は、政府の役割は機会を与える力 (enabling force) であり、コミュニティとボランタリー組織の成長と新しいニーズへの取り組みをパートナーシップによって促進していくことである (Blair, 1998b：4)

従来の左翼は国家が市民社会を包摂すべきであると主張し、新保守主義者たちは社会的義務の領域から国家が撤退するなら自動的に市民活動が活発になると信じている。第三の道は政府の限界を認めるが、政府がボランタリーセクターとの新しいパートナーシップを鍛え上げる必要性を強調する点では政府の役割の重要性を認識している。教育、医療、ソーシャルワーク、犯罪抑止、子どものケアといった領域で、機会を与える政府 (enable government) は、市民社会を弱めるのではなく強化し、家族やコミュニティがより良い成果をあげることができるよう支援する。ボランティア、学校の管理、養子縁組、公衆衛生、若者の犯罪などどれをとっても政府とボランタリーセクター、個人が協働していかなければならない。新しい労働党の課題は、こうしたパートナーシップの範囲と質を強化していくことである (*ibid*：14)。

以上の引用に示したように、「古い労働党」は、市民社会に対して否定的であったが、それは「20世紀左派の重大な過ち」であると総括されている。つまり、福祉国家が拡大していけば市民社会の領域は次第に縮小していく、またはそれが望ましいとする伝統的な左派の見解が排除される。

社会的な課題を政府だけで解決することには限界があることをブレア政権は認めるが(「古い」労働党との決別)、市場に任せておけば解決できるとする考え(新保守主義)には同意できない。そこで、「第三の道」で必然的に期待されるのが、市民社会、そして、その具体的な担い手と想定される「第三のセクター」(third sector)、すなわち、ボランタリーセクターである。しかし、市民社会に単純に期待するだけではない。政府の役割は直接サービスを提供することではなく、「機会を提供すること」(enabler)であり、「パー

トナーシップ」を作り出していくことであるとされている。こうした基本的な認識に基づいて、第三の道においては、社会的な課題を市民社会とのパートナーシップによって解決するという施策が重視されることになった。保守党政権との違いは、このパートナーシップという考え方であり、ボランタリーセクターを政府のサービス供給の「エージェント」ではなく、「パートナー」であると認識するところにある。

次に、ブレア政権が、パートナーである市民社会やボランタリーセクターに対して具体的に何を期待しているのかについてみておきたい。

> 団結した社会を達成するために、ボランタリーセクターとのパートナーシップは労働党の政策の中心的な位置づけである。ボランタリー・アクションやボランティアという行動は、市民権やコミュニティを再構築するために欠くことのできないものである（Labour Party, 1997：1）。

> ボランタリー組織やコミュニティ組織はコミュニティに住む個人が自らのコミュニティの発展に貢献することを可能にし、市民権を促進し、コミュニティ意識（sense of community）を再構築することを助け、政府の目的である包含的な（inclusive）な社会を作り出すことに重大な貢献をしている（Blair, 1998b：3）。

以上のように、ボランタリー組織に期待されている役割は、「市民権の促進」、「コミュニティの再構築」そして、「包含的な社会」への貢献である。こうした期待は、ボランタリーセクターに対する「コミュニティの再生」への期待と言い換えてもよいだろう。ここでも、ボランタリーセクターへの期待をサービス供給の側面に限定していた保守党との違いが表れている。このように、労働党は福祉国家を拡大させていけば、ボランタリーセクターの役割が小さくなるという従来のセクターに対するスタンスを大きく転換させ、ボランタリーセクターとのパートナーシップをその政策の中心に据えるようになった。同時にその期待は、保守党政権とは異なり、単なる政府の代替と

してのボランタリーセクターではなく、参加を通じたコミュニティ再生という新たな役割であるという点に注目しておきたい。

第2節 政府の現代化と連結政府・パートナーシップ

「第二の公共セクター改革」においては、空洞化したと指摘される政府が、再び多様な公共サービスのかじ取りを担い、分断化された公共サービスを連結し、多様な主体を公共的な目的に向けて包摂していくことが大きな課題となることを指摘した。こうした課題に対して、ブレア政権は第三の道の基本理念に基づいた公共セクター改革を「現代化」(modernization) と呼び、そのプログラムの中で、連結政府 (joined-up government)[4] という考え方を前面に出して多様な主体によるパートナーシップを重視したガバナンス改革を推進していくことになった。

1 政府の「現代化」と連結政府というアイディア

ボグダノールは、オックスフォード英語辞典で連結政府が「政府の省庁や出先機関の間で社会的排除や貧困問題のような政策の展開や実施を、包括的かつ統合された方法で調整することを目指した政治的戦略」と定義されていることに触れながら、政府の省庁や出先機関だけではなく、ボランタリー組織や民間企業が組織の壁を越えて共通の目標に向かって機能することであると定義している (Bogdanor, 2005:1-2)。また、サービスの調整という問題は公共政策の長年のテーマであるとしても、この概念がはじめて用いられたのが1997年であり、概念自体は新しいものであることにも触れている

(*ibid*)。

　こうした統合化や調整が注目されるのは、NPM 改革などによって分断化された多様なサービス供給主体や省庁間の縦割りを統合していく必要性が強く認識されているからである。ボグダノールは、社会的排除のように問題の原因を明確にすることが困難で、合意ができないためにその解決が容易でないような問題を「やっかいな問題」(wicked issues) と呼び、こうした問題は伝統的な省庁の縦割りや NPM では解決できないと指摘している (*ibid*：6)。なぜなら、NPM のアプローチでは、「やっかいな問題」は、他の省庁や出先機関にたらい回し (dumping) にされる危険性があるからである。例えば、「成果」として成績順位を公表しなければならない教育機関は、成績の悪い生徒を排除しようとするが、そのことは結果として若年犯罪を増加させるかもしれない。若年犯罪の増加は、社会全体としてみれば不利益であるが、それは教育機関の「成果」には影響しない (*ibid*：8)。換言すれば、NPM の問題は、縦割りの省庁や出先機関が成果によって管理されるようになったことで、それぞれの業績は改善されるようになったものの、社会全体の目的には関心が示されないという点にある。新谷はこれを「システム全体の目標達成へのインセンティブよりも個々の組織の業績達成のインセンティブが強いから生じるのであり、調整問題の発生は市場志向政策の意図せざる帰結」とまとめている (新谷, 2004：35)。したがって、省庁横断的な問題に対しては、統合されたアプローチが必要になり、「連結」が公共セクター改革の主題となっているのである。また、連結は、ボグダノールが指摘しているように、省庁間だけではなく、他の組織との境界を超えるものであり、さらには垂直的（例えば中央政府と地方自治体）な関係も含みながら一体的な行政を目指す概念であるといえるだろう。こうした統合を通じて想定されている利点としてポリットは、第 1 に、複数の政策の効果が相殺しあっている場合にそれをとり除くこと、第 2 に希少な資源の有効な利用、第 3 に、特定の政策領域やネットワークにおける異なるステークホルダーが結合することで、シナジーが生まれること、第 4 に、市民に対して切れ目のないサービスへのアクセスを保障できること、を指摘している (Pollitt, 2003：35)。

サービスの調整や統合化、包括化といった問題は、イギリスだけの問題ではなく、イギリスと同様にNPM改革に熱心に取り組んだ国では共通した課題となっている。しかし、そうした中でもイギリスは、ブレア政権が「連結政府」を政策目標として明示的に掲げ、政府の改革に取り組んでいる（新谷、2004：33；Newman, 2001：104；Ling, 2002；Davies, 2009）。1999年3月に発表された白書「政府の現代化」（Modernising Government）の序文で内閣府大臣のカニングハムは、「サービス供給方法を改善するために、政府の全部門が協働する必要がある。私たちは連結政府を必要としている。私たちには統合された政府が必要である」（Prime Minister and Minister for the Cabinet Office, 1999：5）と述べ、白書では政府の現代化の目的が①政策形成がより連結し、戦略的であることを担保すること、②公共サービスの提供者にではなく、利用者に焦点が当てられること、③質が高く効率的な公共サービスを提供すること、の3点であることを確認している（*ibid*：6）。換言すれば、利用者中心であること、サービスの質と効率性を重視することとともに、連結政府の確立は政府の現代化の中心的な課題（新谷、2004：33）となっている。

　以上のような連結政府という考え方について、ニューマンは、ブレア政権のガバナンス改革が、市場やヒエラルキーではなくネットワークによる調整に基づいたガバナンスを志向していることの「象徴」（Newman, 2001：108）であるとし、近藤は「ネットワーク型ガバナンスへの志向を顕著に示している」と指摘している（近藤、2008：109）。それは、このアイディアが競争入札や準市場、購入者と供給者の分離、エージェンシー化といった効率性重視のNPM改革（＝保守党政権）からの変化として労働党政権の独自性を示しているからに他ならない。

　それでは、多様な主体を横断的に統合していくアイディアは、本研究が対象とする地方自治体レベルでどのように具体化されることが想定されているのだろうか。次節では、連結政府の地方自治体レベルでの展開を検討し、ブレア政権の地方におけるガバナンス改革の方向性を明らかにする。

2 地方自治体の「現代化」
地方自治体における連結政府の具体化

1 ── 地方自治体の現代化

　保守党政権と異なり、ブレア政権は地方分権と地方自治体の役割を重視する姿勢をみせていた。そうした姿勢は、ともに住民投票の結果に基づいて実施されたスコットランド、ウェールズ、北アイルランドへの分権化の推進やロンドン地方庁の再設置などに表れている。スコットランド、ウェールズ、北アイルランドでは議会が設置され、ロンドン市でも市長選が実施されて二層制が復活し、ともに一定の権限が移譲されることになった。一方で、本研究が対象とするイングランドでは、スチュワートが指摘するように、中央政府は労働党支配の地方自治体を含めてその能力に対して疑問を持っていたといわれている（Stewart, 2003：3）。地方自治体の問題として、白書は次のように指摘している。

　　往々にして、これまで地方自治体の議員や公務員たちは、どのようなサービスを提供すべきか決定するのは自分たちであるというパターナリスティックな見方をしてきたし、その基準は、サービス提供者としての地方自治体に何がふさわしいかであり、国民の利益は二の次となってきた。限りある資源の中からどのように工夫するかという視点よりも、安易に支出し、課税することを解決策とする文化が依然として存在している。
　　さらに、地方自治体と地域の重要なパートナーであるビジネスやボランタリー組織、他の公共サービス提供機関との関係は、強固なものでなく、効果的でもなかった。そのような地方自治体にコミュニティをうまく導いていくことを期待することはできない。悪くすると、この内向き志向の文化は、腐敗や不正につながるものである（DETR, 1998：para1.10-1.11）。

　このように、政府は、地方自治体の役割を重視する一方で、地方自治体に

は「内向きの文化」という大きな問題があるとみていた。そのため、政府が期待するような役割を地方自治体が果たすためには、地方自治体を「現代化」しなければならないということになる。また、スチュワートが指摘するように中央政府は、地方自治体の役割を強化することを重視しているが、それは従来の地方自治体を支持しているわけではなく、新しく生まれ変わった地方自治体を前提にその役割を強化するということである。さらに、「生まれ変わらない」地方自治体に対しては強い姿勢で臨むことも宣言されている（Stewart, 2003：4-5）。

ブレア政権の第1期、第2期の地方自治体改革は、1998年に発表された白書「現代の地方政府　人々とともに」（DETR, 1998）を踏まえた1999年、2000年の地方自治法改正、また、2001年に発表された白書「地域リーダーシップの強化と公共サービスの高品質化」（DTLR, 2001）を踏まえた2003年の地方自治法改正など、矢継ぎ早に行われていった。ストーカーは、労働党の地方自治体改革プログラムには、①国の規制や監査に合わせて地方自治体が自己改革していくことを強調した「成果による管理のシステム」（ベストバリューや包括的行政評価システムの導入）、②地方自治体のリーダーシップ、効果的な選挙のプロセスや、意思決定におけるアカウンタビリティの向上、市民と協議する能力などを主要なテーマとする「民主主義の再生」（公選市長の提案などを含む選挙制度や地方自治体の機構改革およびコンサルテーションの義務化などの直接民主主義的な手法の導入）、③複雑なガバナンスや多様な機関とのパートナーシップにおける「地方自治体のコミュニティリーダーとしての役割の強調」（地域の多様なパートナーシップにおける地方自治体の役割の明確化と社会、経済、環境の福祉（well-being）の促進における新たな権限の付与）、④「地方財政」の4つの要素があると整理している（Stoker, 2004：63）。

このように、地方自治体の現代化の検討項目（modernization agenda）は多岐にわたり、本節ですべてを論じることはできないが、ローカル・ガバナンスと参加という視点から本研究と関連が深いのは、②の民主主義の再生と③の地方自治体のコミュニティリーダーとしての役割の強調である。そこ

で、ここではブレア政権の地方自治体に対するガバナンス改革のうち上記2点に焦点を当てて、地方自治体レベルでどのように連結政府というアイディアを具現化しようとしているのかについて明らかにしておくことにしたい。

2ーーー 地方自治体における連結政府　パートナーシップの強化

　1998年の白書は、次のように述べて地方自治体がパートナーシップの中心となって地域の福祉（well-being）を促進していく役割を果たすことを要請している。

　　効果的な地域のリーダーシップは、現代の地方自治体の心臓部である。地方自治体はその地域の社会、経済、環境における福祉（well-being）を促進する義務を負うことになる。地方自治体は、その他の公組織、民間やボランタリー組織そして地域住民と協働してその義務を履行することになるだろう。領域横断的な問題に対して、地方自治体がパートナーシップを形成し、社会的包摂を促進する権限が強化されることになる（DETR, 1998：para2.2）。

　換言すれば、地方自治体の役割とされているのは、直接的なサービス提供ではなく、領域横断的（cross-cutting）な「やっかいな問題」（wicked issue）を多様な主体から構成されるパートナーシップによって解決していくリーダーとしての役割である（「コミュニティ・リーダーシップ」の役割）。
　白書を受けて改正された2000年の地方自治法では、地方自治体が上記のような役割を果たしていくために、「社会、経済、環境の福祉の促進」という新しい権限を付与して、その権限を拡大した[5]。また、同法ではコミュニティ戦略（Community Strategy）と呼ばれる計画の策定を地方自治体に義務づけた[6]。コミュニティ戦略は、地方自治体がリーダーシップを発揮して、一貫した政策とサービス提供を多様な公共サービス提供機関とともに計画していく戦略として位置づけられている（Darlow et al., 2009：118）。コミュニティ戦略の策定は、後述する地域戦略パートナーシップの役割とされたため、地方自治体はその他の公組織、民間企業、ボランタリーセクター

の代表とともに、地域全体の戦略を策定してくことになった。そのため、戦略の策定は、それ自体が連結政府を地域レベルで実現するための主要なツールの一つと位置づけることができる（ibid）。

　さらに、2001年の白書は、次のように指摘して、地域レベルにおける多様なサービス提供主体の統合化を地域戦略パートナーシップが中心になって進めていくという方向性を明確にしている。

　　近年では、中央政府も地方自治体も、パートナーシップの成功が重要であるという認識を深めている。保健医療、犯罪、教育、交通、住宅、地域の環境といった私たちが直面するもっとも困難な問題群を解決していくために、私たちは公共セクター、民間セクター、ボランタリーセクター、そしてコミュニティ自身の貢献を強化していかなければならない。サービス提供者が協働していかなければ、本当の意味での市民中心のサービスを達成することはできないであろう。
　　特に、私たちは効果的な地域戦略パートナーシップの設立を進めていく予定である。地域戦略パートナーシップは、地域におけるサービス供給の統合されたアプローチを発展させ、政策の優先順位に対してより連結して取り組むためのカギとなる要素である（DTLR, 2001：para2.30-2.31）。

　このように、市民中心のサービスを提供していくために、そして特に、領域横断的で「やっかいな問題」を解決していくためには、地方自治体がサービス供給主体としてではなく、コミュニティのリーダーとなって多様な主体の協働を促し、パートナーシップを形成することで解決していくという方向性が明確になっている。また、先に述べたコミュニティ戦略は、地域戦略パートナーシップにおいて協議されることになったため、地方自治体レベルで連結政府を具体化するのは、多様な主体から構成される地域戦略パートナーシップという場であり、コミュニティ戦略の策定を通じて長期および短期の戦略を共有していくことになった。なお、地域戦略パートナーシップについては、第3章4節で詳細に論じるが、ここでは地方自治体における連結政府を実現するためのカギとなる機関としてその設立が推進されていることを

3 ── 民主主義の再生
直接民主主義と代議制民主主義の強化と参加の重視

　本章第1節でみたように、第三の道においては、コミュニティが市場や政府とともに重要な役割を果たすことが中心的な柱となっている。そのため、そのもっとも身近な舞台である地方自治体における参加を活性化していくことは地方自治体の現代化の大きな課題の一つとされている。

　確かに、保守党政権においても、市民は公共サービスの顧客、消費者としての選択権を行使することで、公共サービスに影響を与えていくことが重視されていた[7]。ブレア政権では、こうした保守党政権の顧客・消費者としての市民という認識を引き継ぎながらも、民主主義の主体としての市民という側面が強調されるようになった。

　地域民主主義に関して、ブレアは、以下のように述べて代議制民主主義と直接民主主義が矛盾するものではなく、前者を基本としながらも後者の方法によって補完していくことを当初からイメージしていた。

　　市民が自分たちに影響を与える意思決定に参加できるような新しい方法を見出すことによって、民主的な推進力を強化していく必要がある。これまであまりにも長い間代議制民主主義と直接民主主義との関係には間違った対立が持ち込まれていた。真実は、成熟した社会においては、（市民の）代表が人々の意見を十分に考慮に入れて、人々の生活に影響する重要な決定に関して公共の議論を促進することで、よりよい決定が下せるということである（Blair, 1998b：15）。

　こうした考えに基づいて民主主義の再生の方向性として、1998年の白書は2つの方向性を示した。

　第1の方向性は、既存の代議制民主主義を再生することである。すでにみたように、政府は地方自治体があまりに「内向き」であり、それが低投票率

をはじめとする市民の不活発な参加の原因となっていると考えていた[8]。そこで、これまでの地方自治体で採用されてきた「委員会システム」に代わる新しい政治構造を採用すること[9]や、選挙制度改革などが提案された。白書を受けた2000年の地方自治法改正では、地方自治体は①直接公選首長と内閣、②リーダーと内閣、③直接公選首長とカウンシルマネージャーの中から一つを選択することが義務づけられた[10]。しかし、実際には、大半の自治体が、委員会システムと親和性の高い「リーダーと内閣」の仕組みを取り入れ、政府が期待していた公選市長の導入は主流とはならなかった。

　第2の方向性は、直接民主主義的な手法を積極的に取り入れ、市民が参加する機会を増やすことである。1998年の白書では、選挙以外にも市民が参加するための効果的なツールを開発する必要があると指摘し（DETR, 1998：para.4.3）、公聴会やコンサルテーションペーパーといった伝統的手法に加えて、新しい方法が開発されなければならないとしている（*ibid*：para.4.5）。また、「コンサルテーション（協議）と参加がすべての地方自治体の文化に埋め込まれること」、そしてそれが、「それぞれの自治体の責任において着手されること」を求めた（*ibid*：para.4.6）。つまり、地方自治体の内向きの文化を、市民の「協議と参加」が当然となるような参加型の文化に変えていかなければならないということが強調された。

　これを受けて、1999年の地方自治法改正で導入されたベストバリュー（Best Value[11]）や2000年の地方自治法改正で導入された前述のコミュニティ戦略において、コンサルテーションが義務化された[12]。コンサルテーションの方法については、法律で具体的に言及されることはなく、それぞれの地方自治体の判断にゆだねられているが、政府の委託で実施された調査によれば、1998年から2002年の間で、地方自治体が行う直接民主主義的な市民参加の方法はその量と幅を拡大させている（Lowndes et al., 1998；ODPM, 2002）。いわゆる伝統的手法（パブリックミーティング、協議文書）だけではなく、顧客志向の手法（サービス満足度調査、苦情や提案のスキーム）や熟議を重視した手法（インタラクティブなウェブサイトの構築、市民パネル、フォーカスグループや住民投票、市民陪審）が幅広く採用される

ようになっている。調査は、2001年度において一つの地方自治体が平均して10.5の異なる参加手法を活用しており、述べ1400万人が参加していると推計している（ODPM, 2002：21）。このように、地方自治体では、白書の提案や、コンサルテーションの義務化などを通じて、意思決定やサービスの提供方法について市民を関与させる取り組みが進展している。

　もちろん、こうした参加の実質については、多くの問題が指摘されており（Barnes et al., 2007：29）、それについては第4章において詳しく検討するが、ここでは、ブレア政権の方針として、直接的および間接的方法によって市民が政治に関与することの重要性が強調されていることを確認しておきたい。すなわち、コミュニティの役割を重視し、市民が地域の公共的な意思決定に多様な形で参加することを促進するという第三の道の考え方が、地方自治体の現代化においても重要視されているということである。保守党政権では、市民が顧客や消費者として「選択」することが強調されたが、ブレア政権では市民は選択するだけではなく、「つくる」（maker and shaper）主体でもあるという認識（Cornwall and Gaventa, 2001）に基づいて、直接民主主義と代議制民主主義を矛盾あるものとするのではなく、ともに強化していくという方向性が示されたといえよう。

第3節　連結政府を具体化するためのパートナーシップ組織

　これまでみてきたように、ブレア政権は、地方自治体改革において連結政府と市民の参加を「現代化」の重要項目として推進している。特に領域横断的な問題を解決し、多様な主体と協働していくためには、パートナーシップを組む必要があり、それが「連結政府を実現するためのカギ」であるとされている。実際に、パートナーシップは「新しい労働党の社会政策のビジョ

ンの中心」(Bochel and Bochel, 2004：132) であり、多様なステークホルダーが協働することを動機づけるメカニズム (Skelcher et al., 2005：574) として、社会サービスや教育、医療、そして地域再生の領域で積極的に活用されるようになっている (Lowndes and Skelcher, 1998：313-314; Lowndes and Sullivan, 2004; Southern, 2002：17; Geddes, 1997：8-9; Entwistle et al., 2007; Booth, 2005：258; Taylor, 2007：298; Wilson, 2000：45; Pearson and Craig, 2001：118-119)。したがって、パートナーシップの形成は、労働党が連結政府というアイディアを地方自治体レベルで具体化するためのもっとも重要な政策手段であるといえるだろう。

　しかしながら、パートナーシップという用語は、多用されているにもかかわらず、明確に定義されているとはいえない概念である (Sullivan and Skelcher, 2002：5; Southern, 2002：18; Atokinson, 1998, Bevir, 2009)。特に、イギリスのローカル・ガバナンス改革の文脈におけるパートナーシップ概念は、日本で慣用的に用いられているパートナーシップ概念とは異なると思われるので、以下では、政府の現代化の文脈で用いられているパートナーシップ概念を整理しておきたい。

　上記のようなローカル・ガバナンス改革で用いられるパートナーシップをラウンズらは、①公組織、民間企業、ボランタリーセクターの代表がメンバーとなり、②明確に定義された目標と共有されたビジョンの促進に向けて、それぞれの資源を共有しながらともに行動し、③明確な組織としてのアイデンティティを持つ組織形態のこと、と定義している (Lowndes and Skelcher, 1998; Southern, 2002：18)。また、サリバンらはパートナーシップと契約 (contract) やネットワークという類似概念との違いについて、パートナーシップは比較的長期にわたる多様な機関間の交渉を前提とする点で契約とは異なり、また、各機関が公式に共有された目標に合意しているという意味では、ネットワークとも異なっていると指摘している (Sullivan and Skelcher, 2002：5-6)。そして、公共政策としてのパートナーシップは、公的資金を活用した多様な機関間での事業推進となるため、そのアカウンタビリティを確保するためにも公式なパートナーシップの理事会を設けることが

必要になると指摘している（*ibid*：6）。

このように、イギリスのガバナンス改革の文脈において用いられているパートナーシップ概念は、日本で一般的に「行政と市民のパートナーシップ」という場合に用いられているような主体間の協力関係を意味する概念とは異なる意味で用いられている。つまり、本研究におけるパートナーシップとは、多様な機関がメンバーとなり、理事会のような意思決定機関における交渉を通じて目標やビジョン、資源などの共有に公式に合意した組織のことである。このように、イギリスでは、理事会のような意思決定機関を中心とした組織に地方自治体、地域でサービスを提供している公組織、民間企業、ボランタリー組織の代表、地域住民が参加し、決定と実施に加わっていくことをパートナーシップと呼んでいる。こうしたパートナーシップの用例は、日本での慣用的な用例とは異なるように思われるため、以下では誤解を避けるために「パートナーシップ組織」と呼ぶことにする[13]。

さて、このパートナーシップ組織は、パウエルらが指摘するように、ネットワークや協働、組織間の連携といった様々な言葉と結びつけられて論じられることが多い。しかし、ガバナンスの調整様式としてのネットワークと組織構造としてのパートナーシップ組織は異なるものである（Powell and Exworthy, 2002：16）。例えば、特定のアクターが圧倒的な力を持つ場合、複数のアクターから構成されたパートナーシップ組織であっても相補性は認識されず、ヒエラルキーが支配的な原理となることがある。したがって、パートナーシップ組織は、公私の複数の組織から構成され、多様なアクターが公共的決定を行っていくことを目指す政策枠組みであるが、それはガバナンスの様式としてのネットワークとイコールではない。パートナーシップ組織における参加の問題は、本研究の焦点であり、その問題については第4章で先行研究を整理する。

第4節 ブレア政権のローカル・ガバナンス改革の方向性

　以上の議論を踏まえ、ここでは、戦後イギリスにおけるローカル・ガバナンスを3つの時代に区分して類型化しているストーカーの議論（Stoker, 2004：11-12）に沿って、ブレア政権のローカル・ガバナンスの方向性を整理しておく。ストーカーは、ガバナンスを「ルールと集合行為を創出する条件」であるとし、複雑な環境の中で多様な主体が、社会の方向性と秩序をどのように創出していくのかを問うている。そして、これを実現するためのローカル・ガバナンスの類型を、「戦後福祉国家における地方自治体モデル」、「NPMモデル」、「ネットワーク化されたコミュニティ・ガバナンスモデル」という3つのモデルに類型化している（図表2-2）。

　「戦後福祉国家における地方自治体モデル」は、代議制民主主義に基づいて投票で正統性を付与された議員とその多数派政党によって管理された行政官僚が、ルールと集合行為の条件を創出していくというモデルである。このシステムにもっとも適合的なガバナンスの様式は、ヒエラルキーであり、供給主体としては公的セクターが重視される。政府間関係は、垂直的であるが、福祉国家のプログラムを地方自治体が実行するという意味では協調的な関係であるともいえる。換言すれば、このモデルは従来の労働党（old labour）が依拠してきたローカル・ガバナンスのモデルであり、ブレア政権においては、その「内向きの文化」が批判の対象となった。

　第1章でみたように財政危機を契機として、「戦後福祉国家における地方自治体モデル」は変化を余儀なくされる。そこで、新たなガバナンスのモデルとなったのが「NPMモデル」である。NPMモデルは、サービスの供給量（インプット）だけでなく、そうしたサービスが経済的かどうか、また顧客の満足度を高めるものかどうかというアウトプットを重視する。したがっ

て、このモデルでは、ガバナンスの様式として市場メカニズムが重視される。サービスの経済性と顧客満足を高めるための方法として、サービスの実施が政治のコントロールから解放され、エージェンシー化に代表されるように外郭団体のマネジャーなどに移譲される。政府間関係は、プリンシパル—エージェント関係が基本となり、サービスの実施主体は成果指標によってコントロールされることになる。こうした改革の基本的な立場は、サッチャー政権に代表されるような政府への不信であり、公共サービスはエージェンシーや民間企業、ボランタリー組織によって提供されることが望ましいとされた。地方自治体が直接提供する場合でもあっても、中央政府と成果指標について契約を結び、それに基づいてコントロールされる。すでにみたように、ブレア政権は、こうした個々の省庁や部局、出先機関の業績達成を過度に強調したことが、サービスの分断化につながったことを問題視し、連結の必要性を強調した。

　以上の2類型は、それぞれ1978年以前の地方自治体、サッチャー政権以降の保守党時代の地方自治体に対応している。そして、ストーカーは、ブレア労働党政権におけるローカル・ガバナンスのビジョンを「ネットワーク化されたコミュニティ・ガバナンス」と呼び、地方自治体に期待される役割も変化していると論じている。図表2-2に沿ってこのモデルを検討しておこう。

　すでにみたように、第三の道という政治理念は、政府か市場かというイデオロギーよりも「現実主義」（pragmatism）を強調する。そのため、どのくらいの資源を投入したかが重視される「戦後福祉国家モデル」とも効率性という観点からアウトプットを管理する「NPMモデル」とも異なり、どのような「効果」（effectiveness）を得られるかが重視される（ガバナンスの主要な目的）。こうした労働党の姿勢は、次のような「政府の現代化」白書の一節に端的に表れているといえるだろう。

　　われわれは、幅広い利用者との協議や、ベンチマーキング、開かれた競争によってあらゆる中央政府や地方自治体のサービスと活動を見直す。焦点は、過程ではなく結果（end results）におかれる。納税者にとって最良の質（best

図表2-2　ローカル・ガバナンスのモデルと特徴

	戦後福祉国家の地方自治体モデル(Elected local government in post-war setting)	NMPモデル(Local government under New Public Management)	ネットワーク化されたコミュニティ・ガバナンス(Networked community governance)
ガバナンスシステムの主要な目的	福祉国家の枠組みの中で投入(inputs)を管理し、サービスを供給する。	投入と(inputs)とアウトプット(outputs)を経済効率と顧客への応答を保証するために管理する。	市民がもっとも関心を持っている問題に対処するために大きな効果(effectiveness)を発揮することを目指す。
支配的なイデオロギー	専門職主義と政党の党派性	マネジリアリズム(managerialism)と消費者主義	マネジリアリズム(managerialism)と地域主義(localism)
公共の利益の定義	政治家および専門職によって定義され、市民の関与は少ない。	個人の選好の集計であり、顧客の選択によって定義される。	市民の選好は、複雑な相互作用のプロセスから生み出される。
アカウンタビリティのモデル	代議制民主主義に基づく。すなわち、選挙での投票によって付託された政治家が、政治家によって統制された官僚制によって実施する。	政治とマネジメントの分離。政治は、方向性を決定するが、実務は管理者に移譲される。	選挙で選出されたリーダー、公共サービスのマネジャー、主要なステークホルダーが、コミュニティの問題や効果的なサービス供給のメカニズムを追求する。
サービス提供のシステム	階層化された省庁もしくは自己規制的な専門職	民間企業セクター、契約を結んだ公共サービス提供機関	多様な選択肢の中から現実的な観点で選択される。
公共サービスのエートス	公的セクターが独占し、すべての公的セクターは公共サービスのエートスを備えている。	(非効率で自らの権益を拡大しようとする)公的セクターのエートスへの不信。	単一のセクターが独占するとは考えない。共有された価値によって関係を維持していくことが本質だとみなされる。
上位の政府との関係	提供するサービスにかかわるそれぞれの中央政府省庁とのパートナーシップが重視される。	中央政府との間で成果に基づいて契約し、成果指標を対照しながら実施する。	地方(regional)、国、ヨーロッパのそれぞれのレベルで、複雑かつ複合的に展開される。交渉と柔軟性が重視される。

出所：Stoker（2004：11）に基づいて一部修正した。

quality）と支出に見合う価値（value for money）を保障することが目的になる（Cabinet Office, 1999：41）。

「ベンチマーキング」や「競争」、「支出に見合う価値」（value for money）といった保守党政権下で重視されてきた価値も引き続き重視する一方で、「幅広い利用者との協議」や、「最良の質」といった労働党が重視する観点がミックスされている。保守党政権が導入した強制競争入札は廃止したものの、地方自治体は「戦後福祉国家における地方自治体モデル」に回帰するわけではなく、サービスの質を改善するためのコミュニティリーダーとしての役割を果たすことが強調された。2000年の地方自治法の改正では、コミュニティ戦略の策定を義務づけると同時に、新たな権限を付与することを通じて一定の権限移譲を進めるなど、地方自治体が「かじ取り」の役割を果たすことが明確にされた（地域主義）。

また、選挙で選ばれた議員の役割は重要であるとされるが、現在のシステムは内向きの文化であるとして否定的にとらえられている。そのため、選挙制度や行政機構の再編が行われ、公選市長制の導入促進など市民に対して明確に説明責任を果たせるような仕組みの導入を促している。さらに、労働党政権の特徴は、こうした代議制民主主義を強化するだけでなく、これまでみたように、直接民主主義的な手法も重視していることである。保守党が重視した顧客や消費者としての市民に加えて、決定や実施に直接参加する民主主義の主体としての市民の役割も強調された。したがって、何が公共の利益であるかは、政治家や専門職のみが決定するのではなく、また、単純に顧客としての市民の要求を積み上げたものでもなく、多様な主体間での協議を通じて生み出されるという立場をとる（公共の利益の定義）。

市民に対する地方自治体のアカウンタビリティ（説明責任）が、選挙によってのみ果たされるわけではないことは、顧客の役割を重視した保守党も同様であった。サービスの決定と執行が分離され、顧客は実際のサービスを改善するために意見を表明することが期待されるようになった。労働党は、こうした考え方をさらに進め、市民や団体がサービスの内容だけでなく、政策決

定に参加することを強調し、コンサルテーション（協議）を重視した。このように、コミュニティ・ガバナンスのモデルでは市民に対する説明責任が選挙によってのみ果たされるとは考えられておらず、多様な形態の参加と説明責任が模索されるようになっている（アカウンタビリティのモデル）。

さらに、ブレア政権は、「誰がサービスを提供すべきか」という問いに対して、市場か政府かというイデオロギーではなく、「現実的な観点」を重視するという特徴がある。保守党のような公共セクターへの不信がない代わりに、従来の労働党のようにそれに対する特別な思い入れもない（Stoker, 2004：60）。したがって、誰がサービスを供給すべきかよりも、現実的な観点から選択肢が用意されることが重視される（サービス供給のシステム）。同じ理由から、公共サービスのエートスを「単一のセクターが独占するとは考えられない」（公共サービスのエートス）。

最後に、戦後の福祉国家モデルで想定されていた中央政府が決定し、地方自治体が実行するという政府間関係のモデルは、複雑化・複合化しているとされる。民営化やエージェンシー化によって地方自治体以外の政策実施主体が増加することで、公共政策の全体像を中央政府と地方政府との関係のみでとらえることはできなくなってきている。さらに、地方自治体レベルもしくは小地域のレベルでの政策実施主体として、多様な主体が関与する「パートナーシップ」が重視されるようになり、地方自治体レベルにおける政策過程も複雑化している。また、地方自治体に対する欧州連合（EU）のような超国家機関の影響も無視できなくなっており、そうした意味でも上位の政府との関係が、複合化・複雑化していることが前提とされるようになっている（*ibid*：19-20）。

第5節

小括

　本章では、1997年以降のイギリスにおけるガバナンス改革について、その基本的理念（第三の道）を踏まえ、特に地方自治体レベルでの展開に焦点を当てて、「現代化」と「連結政府」という第三の道を具体化するためのアイディアが、地方自治体レベルではパートナーシップ組織という形で具体化していることを示し、ブレア政権のガバナンス改革の方向性を明らかにした。

　まず、ブレア政権の「第三の道」の特徴がコミュニティ、アカウンタビリティ、機会と責任（Cora）および現実主義にあることを示し、それらが保守党政権および従来の労働党との違いであると規定した。また、労働党のボランタリーセクターに対するスタンスの変化を事例として、ブレア政権が効率性よりも市民社会の役割およびその参加とパートナーシップを重視していることを明らかにした（第1節）。

　次に、市民社会を含めた多様な主体が参加し、多元化した公共サービスを再び統合していくためのブレア政権の戦略として、「連結政府」というアイディアが採用されていることを示し、それを自治体レベルで具体化するための政策枠組みとして、地方自治体が中心となってパートナーシップを形成し、領域横断的な問題を解決していくこと、また、そうした場への市民の参加が、地方自治体の「現代化」と呼ばれる改革プログラムの中で強化されていることをみた（第2節）。

　さらに、連結政府を実現するための「パートナーシップ」という政策枠組みは、日本で慣用的に用いられているパートナーシップ概念とは異なっていることを指摘し、本研究で用いるパートナーシップ組織を「多様な機関がメンバーとなり、交渉を通じて目標やビジョン、資源などの共有に公式に合意した、理事会のような意思決定機関を持つ組織」と定義した（第3節）。

最後に、ブレア政権のローカル・ガバナンス改革の方向性を、Stoker (2004)の「戦後福祉国家の地方自治体モデル」、「NPM モデル」、「ネットワーク・コミュニティガバナンスモデル」という 3 つのモデルに依拠して確認した（第 4 節）。

　以上のような検討から、ブレア政権は、政府を含めた多様な機関が関与し、協働しながら政策の決定と実施を行っていくという多様な主体間のネットワークおよびそうした協働への市民社会の参加を重視したガバナンスへの変化を志向しているということができる。もちろん、ストーカーが指摘するように、「ネットワーク化されたコミュニティ・ガバナンス」という労働党のローカル・ガバナンスのモデルは、実現しているモデルではなく、労働党のビジョンであり、政策の方向性を示すものであって、それが実際にどのように実現しているかという検証が必要である。

　一方、このような連結と参加に基づいた政策の推進は、これまで統治の主体として考えられてこなかったアクターがガバナンスに登場することを意味しており、これまで政策過程において重要な役割を期待されてこなかったアクターに新しい機会が生まれることになった（Taylor, 2007：297）。これまで重要な役割を期待されてこなかったアクターとは、コミュニティであり、この場合のコミュニティは、そこの居住する一人ひとりの住民や住民が作る組織（コミュニティグループ、ボランタリー組織や社会的企業など）のことである。

　ブレア政権は、コミュニティが「運転席に座る」ことを政策の柱とし（Blair, 1999；SEU, 2001：19）、一人ひとりの市民が政策形成過程に参加し、また実施においてもボランタリー組織とのパートナーシップを重視することを明確にしている（Giddens, 1998=1999；Elstub, 2006：18；Somerville and Haines, 2008：64）。テイラーは、数年前には想像もできなかったような市民参加が進展していると述べ、「大転換」（sea change and watershed）、「後戻りのできない変化」（the genie is out of the bottle）と表現する一方で、こうした新しい空間が、管理の新たな手法であるとか、ガバナンスのゲームのルールは、政府の権力によってコントロールされてい

るという議論を紹介している（Taylor, 2000a：190）。

　はたして、第二の公共セクター改革として推進された連結政府という政策理念やそれを実現するためのパートナーシップという組織形態は、コミュニティが運転席に座り、政策過程を変化させていくことを可能にしたのだろうか。次章では、こうした問いを検証するために、本研究が対象として選択した近隣再生政策と呼ばれる政策の詳細を明らかにし、ブレア政権のガバナンス改革をより具体的な政策の中で検討する。

〈第2章脚注〉

1) 現代化（modernization）という用語は、ブレア政権が自らの公共セクター改革を総称する言葉として用いているが、ストーカーは、第1に労働党が古い労働党（old labour）とは違うことを示す「新しさ」や「斬新さ」と、第2に労働党が公共サービスの「変化」と「改革」にコミットする姿勢を示すために用いられている用語であると指摘している（Stoker, 2004：49）。換言すれば、特別なイデオロギーに基づいた用語ではなく「新しさ」と「変化」を表現し、過去にとらわれずに改革にコミットする姿勢を表した用語であるといえる。

2) 例えば、こうした議論については近藤（2007）、山口・小川・宮本（2005）などを参照。

3) 例えば、保守党政権との継続性を強調する議論としては、Lund（2008）；Driver and Martell（1999）などを参照。また、個別政策について論じたものとしてNHSに関しては、伊藤（2006）、雇用政策について阪野（2002）、公共政策全体については、Savage and Atkinson（2001）などを参照。

4) joined-up government は定訳がない。例えば、金川（2008）は「一体型政府」、君村（2003）は、「連携政府」、谷藤（2001）と新谷（2004）は、「連結政府」と訳している。ここでは、谷藤、新谷らに従って、joined-up government を「連結政府」と訳した。

5) そもそもイギリスの地方自治体は、法律により個別に授権された事務以外は処理できない。授権された範囲を超える行為は、権限逸脱の法理（Ultra Vires）によって違法とされる。その意味で「地域社会及び住民の福祉の増進に関する3分野（経済、社会福祉、環境）の政策を一定の制約化で自由に実施し得る」とした2000年の地方自治法の改正は、大きな変化であるといわれている（笠、2006b：65-69）。

6) 政府のガイドラインによれば、コミュニティ戦略の目的は、「コミュニティの生活の質を高め、地域の経済、社会、環境における福祉を改善するための取り組

みを通じて、持続可能な発展を達成することに貢献すること」であり、「①コミュニティがその思いやニーズ、優先順位を表明できるようにすること、②地方自治体、公組織、民間組織、ボランタリー組織の行動を調整すること、③現在及び将来のこうした組織の活動に焦点をあて、それらがコミュニティのニーズや思いに効果的に対応できるようにすること、④適切な場合には、地域の目的、ゴール、優先順位を広域、全国及びグローバルな目標と関連づけて地域及び広域における持続可能な発展に貢献すること」が目標であるとされている。また、その内容には、①達成すべき具体的なアウトカムに焦点化した長期的なビジョン、②長期的なアウトカムを達成するための短期的な優先順位と活動からなるアクションプラン、③アクションプランを実施するためのコミットメントとそのための提案、④アクションプランの実施をモニタリングするための取り決め、から構成されることになっている（DETR,1999b：2-3）。なお、現在は「持続可能なコミュニティ戦略」(Sustainable Community Strategy)といわれるようになっている。

7) その象徴とされるのが、1991年に導入されたシティズンチャーター（Citizens Charter）である。シティズンチャーターでは、公共サービスの6つの基本原理として、①明確な基準を設定すること、②サービスのユーザーに対する情報提供と公開性、③ユーザーとの定期的な協議と選択、④礼儀正しく、有用であること、⑤簡易な苦情処理の手続き、⑥価格に見合う価値（value for money）が確認された（Pollitt,1994：9）。

8) イギリスでは地方議会議員選挙の投票率は極めて低く、1999年の地方議会議員選挙では、32％以下であり、最低だったウィガン（Wigan）では18.3％であった（Shaw and Davidson,2002：2）。

9) イギリスの地方自治体では、日本とは異なり、審議・議決権と行政の執行権がともに議会にあり、この唯一の統治機関である議会が自治体を運営してきた。また、あらゆる事柄を本会議で決定することは難しいため、実質的な決定は各種「委員会」(committee)で行われる。こうした仕組みが「委員会方式」(committee system)と呼ばれている。

10) ただし、人口が85,000人未満で二層性を採用している地域のディストリクト（一層目の自治体）や住民投票で否決された場合は、委員会システムを引き続き採用することができる。

11) 労働党は、保守党政権下で導入された強制競争入札を廃止したが、コストと同時に質が重要であることを強調し、経済性、効率性、効果性の基準で自治体のパフォーマンスを厳しく評価する姿勢を打ち出した。具体的には、1999年の地方自治法によって、地方自治体に、ベストバリューパフォーマンスプラン（Best Value Performance Plan）による業績測定（毎年）と、自治体の全事業につい

て 5 年間の間で施策の見直しを行う「ベストバリューパフォーマンスレビュー」（Best Value Performance Review）の策定を義務づけた。また、検査人（Best Value Inspector）による外部評価も制度化され、自治体のサービスが段階的に評価され、改善可能性の評価とともに公表されるようになった（Wilson and Game,2002：339）。

12) コンサルテーション（consultation）とは、幅広い関係者から意見を聴取することである。監査委員会はこれを「決定を導くための対話のプロセス」（Audit Commision,1999）と定義しており、単なる意見聴取というよりもその過程における対話や参加、相互性などが重視されている。

13) 例えば、日本で「自治体とNPOのパートナーシップ」という場合は、両者の「協力関係」の程度を示している（永田、2006b）。パートナーシップ組織は、こうした組織間の関係を示す概念ではなく、多様な機関から構成された目標や資源を共有する組織の形態のことをいう。

第3章 イギリスにおける近隣再生政策の展開と政策構造

　本章では労働党政権の連結政府とパートナーシップの推進というガバナンス改革の方向性を踏まえながら、本研究が対象とする近隣再生政策の内容を明確にすることを目的とする。まず、これまでの地域再生にかかわる政策の概要をまとめ（第1節）、次に、ブレア政権の近隣再生政策について、その内容および構成を1997年から2001年までとそれ以降に区分して詳述し（第2節）、近隣再生政策の全体像を示す（第3節）。最後に、近隣再生政策全体における本研究の対象である地域戦略パートナーシップとコミュニティ・ニューディールの位置づけを明確にし、その概要を示す（第4節）。

第1節 イギリスにおける地域再生政策の展開（1997年までの展開）

　本節では、ブレア政権の近隣再生政策の位置づけを明確にするために、1997年以前の都市や地域の再生を対象とした政策（ここでは地域再生政策という）の展開について、特に本研究の焦点であるパートナーシップ組織と市民およびボランタリーセクターの役割に留意しながらその変遷をまとめる。

1 地域再生政策の萌芽
　都市における実験の時代とその転換点

　イギリスでは、小地域を対象とし、当該地域の住民を巻き込んで貧困問題を解消していくための取り組みに長い歴史を持っている。戦後のスラムの一掃や再開発に引き続いて、1960年代半ば以降は、特定のエリアを対象に、限定された期間の中でサービスの調整やコミュニティの能力を高めるためのプログラムが次々と導入された（Lawless, 1986：37；Lepine et al., 2007：4；Lupton, 2003：123）。

　ローレスは、こうした都市政策が推進された背景として、①都市における失業の増加、②貧困の再発見、③移民の増加による人種問題、④特定地域に集中する問題への関心の高まりといった要因に加え、⑤少ない予算で政治的に求心力のあるプログラムを実施することが可能であり、政治家にとっても魅力的であったこと、⑥中央政府が地方自治体の政策に介入することが可能であること、という要因を挙げている。いずれにしても、福祉国家の発展にもかかわらず、特定の地域で教育、健康、住宅といった問題が集中的かつ複合的に現れていることが問題視されるようになっていった[1]。こうした背景から、内務省（Home Office）や、環境省（Department of Environment）が主導する様々なインナーシティに焦点を当てたプロジェクトが実施されるようになった。代表的なプロジェクトとしては、アーバン・プログラム（Urban Programme）、包括的コミュニティプログラム（Comprehensive Community Programmes）、コミュニティ・ディベロップメント・プロジェクト（Community Development Project）、インナー・エリア・スタディ（Inner Area Studies）などがあった。図表3-1は、これらのプログラムをその焦点（プロジェクトの実施、サービスの調整、調査）に分けて整理したものである。

　これらのプログラムは、いずれも「政策」というよりは「実験」として位置づけられており、アドホックに取り組まれてきたため、一貫した政策意図が欠如していたことが指摘されている（Lawless, 1989：5）。こうした「実

図表3-1　1960年代後半に導入されたインナーシティを対象とした政策

焦点	プログラム名	導入年	担当省庁
プロジェクトの実施	アーバン・プログラム (Urban Programme)	1969年 (1977年)	内務省 (環境省)
サービスの調整	包括的コミュニティプログラム (Comprehensive Community Programmes)	1977年	内務省
調査	コミュニティ・ディベロップメント・プロジェクト (Community Development Projects)	1969年	内務省
	インナー・エリア・スタディ (Inner Area Studies)	1972年	環境省

出所：Lawless（1986：40）を参考に筆者作成。

験」の段階から、都市を対象とした「政策」への大きな転換点となったのは、1977年の白書「インナーシティの政策」（Policy for the Inner Cities）とそれを受けたインナー・アーバン・エリア法（The Inner Urban Areas Act）の施行であった（Her Majesy's Statutory Office, 1977；Higgins et al., 1983：62；Lawless, 1986：71）。

ここでは、そうした変化を1969年に開始されたアーバン・プログラム（Urban Programme）を例として具体的にみておくことにする。アーバン・プログラムは、当初、劣悪な住宅事情や人種問題を背景に、「特別な社会的ニーズのある自治体」に対して、地方自治体が実施する地域再生事業にかかる経費の75％を政府が補助金として支出する制度であった。このプログラムは、地方自治体レベルでの様々な都市再生活動の活性化に焦点を当てていたため、地方自治体はこのプログラムを活用して、ボランタリーセクターなどが行う地域活動を支援していた（Lawless, 1986：44；Lawless, 1989：6）。しかし、プログラムの達成目標や評価方法が明示されず、体系的な評価がなされなかったため、地域再生政策へのインパクトは限定的だったとヒギンズは指摘している（Higgins et al., 1983：75）。つまり、このプログラムでは、地域単位でパートナーシップを形成することや、中央政府の省庁間もしくは、地方自治体の範囲における公共サービス提供主体の間の調整といったことはほとんど問題とされず、中央政府から交付される補助金を地方自治体が地域

の活動やボランタリー組織に助成するプログラムであった。

1977年の白書に基づいて、アーバン・プログラムにはいくつかの変更[2]が加えられることになったが、本研究との関連で重要なのは、対象となる自治体をその優先度から、「その他の自治体」（other districts）、「プログラム自治体」（programme authorities）、「パートナーシップ」（partnership）の3区分に類型化し、もっとも支援の優先順位が高い「パートナーシップ」に指定された7エリアでは、中央政府、地方自治体、保健当局（Health Authority）やボランタリー組織などから構成され、中央政府の大臣が委員長を務める「委員会」を設立し、地域再生に取り組むようになったことである（Lawless,1989：41-42）。このように、1977年の白書に伴う改革で注目されるのは、地域再生が政策化されたことと同時に、その実施において「パートナーシップ」を形成して実施するという形態をはじめて採用したことである。このパートナーシップは、中央政府と地方自治体とのパートナーシップが重視されており、これ以降の地域再生において登場するパートナーシップ概念とは異なるものであるとはいえ、すでにこの時点で地域再生における政府間および機関間の連携や協働が課題として認識されていたことは注目される。

一方、ボランタリーセクターや市民は、この政策の中でどのような役割を期待されたのであろうか。初期のアーバン・プログラムでは、ボランタリー組織は補助金を受けてプロジェクトを実施するという役割を期待されていたが、新たな枠組みの中では委員会との関係が焦点の一つとなった。ローレスは、パートナーシップの委員会とボランタリーセクターとの関係は必ずしも良好とはいえなかったと指摘している（Lawless,1986：83）。主な批判はパートナーシップの構造に向けられ、例えば、重要な決定は委員会の中で内密に行われ、決定がなされた後で短期間のコンサルテーションが行われるだけであるとか、委員会からの情報提供の不足、官僚的な対応といった不満があったと指摘されている（ibid：84）。また、アーバン・プログラムの補助金のうち、ボランタリーセクターへの配分は全体の10％程度といわれており、それもセクター側の不満となっていたという。しかし、一部の自治体で

は、委員会のメンバーとしてボランタリーセクターの代表が参加したり、小地域単位にサブ委員会を設立し、地域のボランタリーグループがプログラムの内容に直接的な影響を及ぼすことを可能にするといった取り組みもみられた(ibid:84)。その意味で、アーバン・プログラムにおける「パートナーシップ」という取り組みは、サッチャー政権時代に一時停滞するものの、1990年代以降の地域再生政策の内容を先取りし、ボランタリーセクターのガバナンスへの参加という要素を持ち合わせていたという点にも注目しておく必要がある。

2 サッチャー政権下の地域再生政策 市場への信頼と政府への不信

1977年の白書で提案された新しいアーバン・プログラムのアプローチは、1979年の保守党政権下でも継続されたものの次第に縮小し、1980年代の地域再生の重点は、民間企業主体の開発へと移っていくことになった。その特徴は、都市開発公社（Urban Development Corporation）が土地を購入して開発し、それを民間企業に売却することが中心の「不動産・民間企業中心」といわれるアプローチであり、パートナーシップはもとより地方自治体の役割やコミュニティの参加も軽視されていたと指摘されている（Booth, 2005; Imrie and Raco, 2003：3）。

サッチャー時代においても大都市部の地方自治体は、労働党が地方議会において与党である場合が多かった。ヘベットは、労働党支配の地方自治体の問題について、区域内に広範囲に土地を所有する地方自治体が、自らの住宅市場における独占的な地位を維持し、支持基盤である労働組合の影響もあって非伝統的な雇用形態の参入を歓迎しない方針をとったため、結果的に、都市の人口減少と失業者の増大に対応できないばかりか、かえってそれを促進し、高い比率の遊休地と非効率な利用が蔓延していたと要約している（Hebbet and Deas, 1997：18）。

サッチャー政権は、以上のような大都市の問題が、他の様々な問題と同様

に、市場メカニズムを貫徹させることで解決できると考えた。そこで、労働党支配の地方自治体を地域再生政策から排除し、新たな機関を設置することが解決策と考えられることになった（Jones and Evans, 2008：36；Mossberger and Stoker, 1997：383；Lawless, 1989：89）。この地方自治体に代わる地域再生の新たな「担い手」として設立されたのが、都市開発公社である。都市開発公社は、1980年「地方自治・計画・土地法」（Local Government, Planning and Land Act, 1980）に基づいて特定の地域を対象とし、存続期間が定められた公社として14の都市で設立された。

都市開発公社による地域再生とそれまでの地域再生との大きな違いは、都市開発区域（Urban Development Area）として指定された区域については、公社に対し「開発計画を策定し、開発許可を与える」権限が付与されたことである。つまり、地域再生における地方自治体の権限を縮小し、それを都市開発公社という外郭団体に委譲したことになる。

この公社による地域再生が、「不動産中心の地域再生」（property-led regeneration）と呼ばれるのは、公社がおおむね次のような手法で事業を行っていったからである。まず、公社は遊休地を買い上げ、開発計画を策定し、計画に基づいてインフラ整備を行う。そして、その整備した土地を民間事業者に売却し、利益を上げ、その利益によってさらなる開発を図っていくという手法である。こうした手法による地域再生は、へベットらが指摘しているように、狭い対象地域に対して大規模な資金を集中的に投入したことで、低迷する不動産市場に強いインパクトを与え、投資額以上の民間投資を引き出すことに成功した（Hebbet and Deas, 1997：23）。

しかしながら、不動産開発と市場メカニズムの活用を中心に据えたサッチャーの地域再生モデルには、次のような批判が加えられた。

第1に、都市開発公社は外郭団体であり、その開発に民主的な正統性が担保されていないことである。つまり、都市開発公社の人事や予算、開発計画は、中央政府によってトップダウンで決められたものであり、すでに指摘したように当該地域で民主的に選出された政府の役割が軽視されることになった[3]。ただし、保守党政府の認識では、地方自治体にそもそもの問題があり、

それを迂回（bypass）した地域再生政策を実施することが都市開発公社の目的であったから、こうした結果はむしろ当然であり、意図したことでもあった。

　第2に、都市開発公社は、民主主義的正統性が担保されていないだけではなく、地方議会や、国民保健サービス（NHS）、教育機関といった公的機関とのパートナーシップ、対象地域の住民の参加といった取り組みを重視しなかった。例えば、ローレスはロンドン・ドックランズ開発公社が公共サービスの提供機関（自治体や教育、医療）との協働に全く前向きではなかったことを指摘している（Lawless, 1989：87）。

　第3に、「社会的な側面」の軽視である。都市開発公社による地域再生は、「トリクル・ダウン」、すなわち、経済開発によって地域が発展すれば、結果としてそれはその地域の住民にも利益を及ぼすことになる、という想定に基づいて行われた。そのため、実際に雇用が創出されたとしてもそれはそこに住む住民のための雇用ではなく、職業訓練やコミュニティの参画、能力形成（capacity building）といったことは重視されなかった（Jones and Evans, 2008：59）。例えば、ローレスは、ロンドン・ドックランズ地区では、1981年から87年の間に1万件以上の新規の雇用が生まれたにもかかわらず、地域の失業率は増加したこと、また、新たに建設された住宅の多くが持家用で貧困者用の住居をほとんど生まなかったことを指摘している（Lawless, 1989：90）。

　以上のような保守党、特にサッチャー時代の地域再生は、市場への強い信頼と、政府（この場合は、地域再生の主体としての地方自治体）への強い不信を特徴としている。結果として、商業的な成功と同時に、地域住民や当該自治体の軽視を招くことになった。それが同じ保守党のメジャー政権における地域再生政策のシフトをもたらすことになる。

❸ メジャー政権下の地域再生政策
地域再生へのパートナーシップの導入

1990年代に入ると、様々な批判に応える形で、経済的な側面に偏った地域再生政策が見直されるようになり、地方自治体とコミュニティが、地域再生における協議のテーブルのメンバーとして再び重視されるようになった（Taylor,2000a：252）。

この新しいアプローチの先駆けとなったのが、1991年に導入された「シティチャレンジ」（City Challenge）であり、パートナーシップ概念を大きく転換させたと評価されている（Sullivan and Skelcher,2002：61；Davis,2002：169；Jones and Evans,2008：59）。シティチャレンジにおいては、1980年代には地域再生から排除されてきた地方自治体が、再び中心的な役割を果たすことが明確にされ、再生の実施を「セクターを横断したパートナーシップ」が主体となって行うことが義務づけられた。こうした点は、都市開発公社を中核とした地域再生にはみられなかった特徴であり、当該地方自治体の役割の再評価だけでなく、当該地域の住民を重視する新たな視点が生まれた。

一方で、市場メカニズムを重視する保守党の特徴として、「チャレンジファンド」という形態が採用され、対象地域の決定が競争入札によって行われたため、支援の必要性よりも質の高いプログラムへの配分が重視された。これは、「支出に見合う価値」（value for money）を重視する保守党の政策の継続を表すものであり、地域再生資金の獲得を目指して自治体間の競争を促すという狙いがあった（Lund,1999：280；Foley,1999：7）。

このように、シティチャレンジは、競争入札によって「最小のコストで最大の価値」を実現できる地域を指定するという意味では、保守党政権の市場メカニズムを重視する考え方を反映していた。他方、サッチャー政権下の地域再生とは明らかに異なる側面、すなわち、対象地域の入札条件として、地方自治体が中心となって民間企業だけでなくボランタリーセクターもメンバーとなったパートナーシップの構築を義務づけるというブレア政権にも引

き継がれる地域再生の新たな展開を内包する政策であった。シティチャレンジのこうした2つの側面は、市場メカニズムの活用という面からみれば、ブレア政権との断続性を、一方、ボランタリーセクターとのパートナーシップを入札条件に取り入れたという意味では、ブレア政権との連続性を指摘することができる。

　シティチャレンジは、1994年で終了し、他の地域再生関連予算とともに、単一再生予算（Single Regeneration Budgets）と呼ばれる地域再生プログラムに引き継がれた。単一再生予算は、複数の省庁が地域再生に拠出する補助金（シティチャレンジもこれに含まれていた）を統合したものであり、新しい地域再生の「フラッグシップ」プログラムと言われた（Davis, 2002：169）。同時に、1994年には中央政府の機関として、全国10の広域地方（regionという[4]）ごとに地方政府事務所（Government Office for Region）が新たに設置され、環境省、運輸省、通商産業省、雇用省の出先機関の業務を統括するとともに、インナーシティを対象とした予算が統合された（高寄、1996：89）。

　以上のように、シティチャレンジ以降の地域再生のプログラムは、競争入札という保守党の価値と同時に、パートナーシップによる実施という地域再生の新たな常識を定着させたということができる。前者については、インナーシティの問題を抱えながらも資金を獲得できない地域が出るといった問題が指摘された[5]。このように、競争的地域再生資金は、結果として地域間格差を拡大し、単一再生予算はまさにそれが「単一」であるがために、入札に成功しないと地域再生資金が受け取れないという問題点があった。

第 2 節
近隣再生政策の政策構造
地域再生へのブレア政権の取り組み

　以上のように、1960年代の後半以降、荒廃した地域を対象とした様々な取り組みが試行されてきた。しかしながら、これらの取り組みに共通しているのはエリア、期間、課題を限定して中央政府が支援することであり、その効果が疑問視されることも多かった（Lawless, 2006）。実際、近年では「最悪の近隣（worst neighbourhood）」と言われるような貧困と失業、高い犯罪率、破壊行為の横行、無秩序、機能しない公共サービス、健康の悪化などが複合的に現れている近隣地区の問題が一層顕著になっており、問題は改善されるどころかますます悪化していると指摘されている（Lupton and Power, 2005；Imrie and Raco, 2003：4）。こうした状況に対するブレア政権の対応は、近隣再生政策という一貫した政策を確立し、連結とパートナーシップを重視した地域再生における第三の道を目指すことであったといえる。以下では、ブレア政権の地域再生政策のうち、本研究で対象とする近隣再生政策の政策枠組みを、これまでの地域再生政策との違いに留意しながら明らかにする。

1　地域再生に対するブレア政権の取り組みの概要

　本研究が対象とする「荒廃した近隣地区」（deprived neighbourhood）の「再生」を目的とした政策は、ブレア政権において「近隣再生政策」（Neighbourhood Renewal Policy）と総称されている。この政策で対象となる「荒廃した近隣地区」とは、一般的な意味での「近隣」ではなく、政策の単位としての近隣地区、すなわち、地方議会の選挙区（ward）のことで

ある。イギリス全体では 10,661 の選挙区があり、平均約 5,500 人から構成されている[6]。以下、近隣地区もしくは近隣という際には、特に断りのない場合、この単位のことをいう。

政策単位としての近隣地区が注目されるようになったのは、「どこに住んでいるか」によって許容できない格差が広がっているという認識が前提になっている。こうした格差を示す指標[7]は改定が重ねられているが、例えば 1998 年の時点で「もっとも荒廃している」とされる 44 の地方自治体の死亡率はその他の自治体と比較して 30％高く、失業率は 6 倍高かった。また、窃盗数は 3 倍多かったとされている（SEU, 2001：12）。近隣再生政策とは、こうした荒廃する近隣地区に居住する人々の状況を改善し、それ以外の地域の人々との「格差」を解消することを目的とした一連の政策のことである。

ブレア首相は、はじめての野外でのスピーチをアリスバーリー[8]で行ったことに象徴されるように、荒廃する近隣地区の問題に大きな関心を払っていた。政府内で省庁を超えた連結されたアプローチによってこうした問題に対処していくために、1997 年に内閣府内（Cabinet Office）には「社会的排除局」（Social Exclusion Unit）が設置された[9]。1997 年に行われた社会的排除局創設の狙いについての次のスピーチには、社会的排除の問題に対するブレアの認識がよく表れている。

　政府がよりいっそう一貫した行動をとることがカギになる。社会的排除の問題、すなわち、学校における諸問題、仕事の不足、犯罪といったことを個人の日常生活のレベルでみれば、相互に関連していることは明らかである。しかし、これまで政府は問題を分断して、異なるパッケージによって対応しようとしてきた。多くの地域では、数十の機関や専門職がそれぞれのベストを尽くしているものの、相互に調整や連携もなく仕事をしてきた。連結している問題には、連結した解決策が必要である（Joined up problem demand joined up solution）。（中略）社会的排除局は、こうしたアイディアを実現するための大きな第一歩である（Blair, 1997）。

ブレアのこうした姿勢は、労働党政権が掲げる第三の道の基本的な考え方を社会的排除の問題に反映したものということができる。つまり、保守党による市場志向の改革の結果として、公共サービス提供主体間の調整と連携が不足していることを批判し、政府のリーダーシップに基づいた相互の調整や連携、すなわち連結によって問題を解決していくという姿勢が明確にされている。こうした近隣再生の第三の道を実現するために、中央政府レベルで各省庁を横断し、社会的排除に取り組む部署として創設されたのが社会的排除局であった。

こうして近隣再生政策の「新しいアイディア」をまとめることになった社会的排除局は、1998年に今後の近隣再生政策の方向性を示すものとして、「イギリスを一つに：近隣再生の国家戦略（以下「戦略」と略記）」（SEU, 1998）を発表する。

「戦略」は、近隣再生政策に関して次の3つの方向性を示した。第1は、社会的排除の問題やその原因を解消するための中央政府レベルの社会政策を推進すること、第2は、「地域を限定した政策（Area Based Initiatives）」[10]を継続および導入すること、第3は、両政策で不足する点について、包括的な政策や仕組みを精査することである（SEU, 1998：78）。

第1の「中央政府レベルの社会政策」とは、「福祉から就労へ」（welfare to work）を基本理念とする若者の長期失業者や、ひとり親家庭などを対象としたニューディールと呼ばれる一連の就労支援政策や最低賃金制度の導入のことであり、直接的に地域を対象とした政策ではない。第2の「地域を限定した政策」としては、後述するコミュニティ・ニューディール（New Deal for Communities）をはじめとしたブレア政権の初期の近隣再生政策を特徴づける様々な政策が発表された。第3の方向性は、地域を限定した政策だけでは、社会的排除の問題は解決できないという批判に応えるために、政府全体の公共サービスそのもののあり方を見直すことである。具体的には、18の「政策検討チーム」[11]が設置され、省庁横断的に荒廃した近隣地区に対する様々な政策を検討し、その結果を踏まえて政府が「戦略」の「アクションプラン」を策定するというものである。政策検討チームの検討結果

は1999年12月に出そろい、翌2000年には「アクションプラン」のためのコンサルテーションレポート（SEU, 2000）が発表され、大規模なコンサルテーションが実施された。そうした結果を踏まえ、2001年に「戦略」の「アクションプラン」として「近隣再生への新たな取り組み－国家戦略アクションプラン（以下アクションプランと略記）」（SEU, 2001）が発表された。

ラプトンは、ブレア政権の近隣再生政策を、政権復帰した1997年から2000年までと「アクションプラン」が発表されて新たな近隣再生政策の枠組みの全体像が示される2001年以降に区別している（Lupton, 2003：141）。本章でも、続く2.において、労働党が政権復帰してからアクションプランが発表されるまでの「地域を限定した政策」を中心とした近隣再生政策の第1期について詳述し、3.において2001年に発表されたアクションプランの内容を踏まえて構築された近隣再生政策の全体像を検討する。

2 近隣再生政策の展開（1）
実験としての「地域を限定した政策」

すでにみたように、労働党による近隣再生の取り組みは、1997年に設置された社会的排除局がリードした。社会的排除局は「戦略」の発表以後、公共サービス全体のあり方を見直すために政策検討チームを発足させ、その見直しに着手していたが、その間は「荒廃した地域を好転させることが期待できるアイディアを実際に試みる」（SEU, 1998：54）ことを目的に、様々な「地域を限定した政策」を実施した（Lupton and Power, 2005：120；Imrie and Raco, 2003：19）。すなわち、こうした諸政策は、社会的排除の問題を根本的に解決する政策として導入されたというよりは、公共サービス全体の改革において「何が機能するのか」（what works）を試みる実験として位置づけられていた。これらは、大きく包括的な地域再生のプログラムと、医療、教育、雇用といった特定のテーマに限定したプログラムに分類することが可能である（図表3-2を参照）。

前者の包括的な地域再生プログラムに分類されるのは、単一再生資金とコ

図表 3-2　ブレア政権による「地域を限定した政策」の概要

プログラム	指定数	開始年	対象エリア
単一再生資金ラウンド 5、6 (SRB round5 and 6)	65	1994	市域もしくは近隣地区
コミュニティ・ニューディール (New Deal for Communities)	39	1998	1,000〜4,000 世帯の小地域
教育アクションゾーン (Education Action Zones)	73	1998	学校群
健康アクションゾーン (Health Action Zones)	26	1998	地方保健当局のエリア
都市における優秀さ (Excellence in Cities)	58	1999	複数もしくは一つのディストリクト(基礎自治体)
雇用ゾーン (Employment Zones)	15	2000	人口 48,000 人までの複数もしくは一つのディストリクト(基礎自治体)
シュア・スタート (Sure Start)	520	1999	400〜800 人の 0 歳〜4 歳までの子どもの住む小地域。

出所:Lupton and Power(2005:121)などを参考に筆者作成。

ミュニティ・ニューディールである。すでに述べたように(本章第 1 節 3.)、単一再生資金は、保守党政権時代から継続するプログラムであるが、労働党はこれにいくつかの修正を加えて 2002 年まで継続した[12]。一方の同じく包括的地域再生プログラムでもあっても、本研究で対象とする「コミュニティ・ニューディール」(New Deal for Communities)は、労働党独自の「地域を限定した政策」として導入された。単一再生資金やそれまでの地域再生プログラムとコミュニティ・ニューディールとの大きな違いは、コミュニティが主体となることが明確にされており、対象がより小地域(対象エリアは 1,000〜4,000 世帯)であること、期間が 10 年間という長期にわたること(単一再生資金は 7 年)、またその額がそれまでと比較して巨額であったこと(39 地域への 10 年間の補助金の総計は約 20 億ポンド)などである。なお、コミュニティ・ニューディールの詳細については後述する。

後者の特定のテーマに限定したプログラムとしては、教育、健康・医療、雇用に関してそれぞれ、教育アクションゾーン(Education Action Zones)、健康アクションゾーン(Health Action Zones)、雇用ゾーン

(Employment Zones)と呼ばれる「ゾーン」政策が導入された。それぞれの詳細をここでは取り上げないが、重要なことはこれらのプログラムが、荒廃した地域とそうでない地域における健康、教育、雇用の諸指標の格差を解消するという「戦略」で示された近隣再生政策の一環として取り組まれているという点である。また、各プログラムにおいて共通しているのは、指定された地域において多様な主体から構成される「パートナーシップ組織」の設立とその組織が「アクションプラン」を策定し、当該地域におけるそれぞれの領域(健康、教育、雇用)に関する社会的排除を解決していくという設計になっている点である。

例えば、「健康アクションゾーン」は、プライマリケアトラストをはじめ、地方自治体やボランタリー組織、コミュニティグループ、民間企業がパートナーシップ組織を形成することで、健康に関する格差を是正するための戦略に合意し、それを実施していくことを目的とした「地域を限定した政策」であり、「パートナーシップがこうした目的を達成していくための重要な手段」であるとされている(DoH, 1997)。1997年に第1期の入札が開始され、翌1998年4月に11のエリアが指定された。さらに、1999年4月には、第2期の入札が行われ、15のエリアが指定され、合計で26のエリアが健康アクションゾーンの指定を受けた。指定されたエリアは、パートナーシップ理事会(partnership board)を設立し、コミュニティが参画していることを示さなければならない。また、パートナーシップは達成すべきターゲットが示された「実施計画」(implementation plan)を策定し、それを評価する仕組みを明確にすることが求められた(Powell and Moon, 2001)。

また、教育アクションゾーンも、荒廃した地域における教育水準を向上させるための革新的な実践を実験するための地域を限定した政策である。指定された地域でプログラムの実施主体となるのは、初等学校、中等学校、障害児学校の学校群と地方教育当局(Local Education Authority)、親、民間企業、ボランタリー組織が連携して設立する「教育アクション・フォーラム」(Education Action Forum)と呼ばれる非営利の法人である。アクション・フォーラムは具体的な達成目標(ターゲット)を明示したアクションプ

ランを策定し、プログラム・ディレクターと呼ばれる責任者が、プログラムの実施に責任を持つことになった（Halpin et al.,2004：76）。1998年に第1期の入札によって25のアクションゾーンが指定され、翌年には第2期の58地域が指定された。第1期の各フォーラムへの補助金は75万ポンドで、25万ポンドが民間企業などのパートナーから調達することが期待されている。第2期の補助金は、50万ポンドに減額されたが、25万ポンドまでが民間企業等からの支援額とマッチングファンド方式で支出されることになったため、最大75万ポンドが政府から支出される。アクションゾーンの当初の期限は3年間であったが、2年間の延長が認められ、第2期の1ゾーンを除いてすべてのゾーンへの助成が5年間行われた。

以上のように、「地域を限定した政策」は、ブレア政権の第三の道の特徴である連結政府とパートナーシップを健康や教育という分野において具体化する政策であるといえる。他にも荒廃した地域の教育プログラムである「都市における優秀さ」（Excellence in Cities）や、4歳までの子どもに対する支援のための地域を限定した政策である「シュア・スタート」（Sure Start）などでもこうした点は共通している[13]。

これらの地域を限定した政策に共通する特徴は、多様な利害関係者、コミュニティや民間企業がパートナーシップ組織を形成し、アクションプランを策定して、具体的なターゲットを定め、指定地域において実験的な取り組みを協働で推進していくという政策のデザインにある（Powell,2001；Halpin et al.,2004；Lupton and Power,2005：120）。

しかし、地域を限定した政策に対しては、その効果に様々な批判も向けられるようになっていた。例えば、ヘースティングスは地域を限定した政策の問題点として、①荒廃した近隣の問題を改善することに対して、部分的な効果しかあげておらず、一部の人の状況を改善するにとどまっていること、②それぞれのプログラムが孤立してしまっていること、③簡単には解決しない荒廃地域の問題は、次々と地域を限定した政策を生み出し、結果として取り組みの乱立を招き、「パートナーシップ疲れ」（partnership fatigue）と言われるような現象が生じていること、④プライマリケアトラストのような公

共サービス提供機関は、地域を限定した政策が乱立することで、それへの関与に時間を取られ、本来事業の実施に影響が生じることや、逆に公共サービス提供機関が本来行うべきことを覆い隠してしまうという問題があること、⑤地域を限定した政策は「内向き志向」であり、荒廃する地域の根本原因に取り組むことに失敗していること、などを指摘している（Hastings, 2003：86）。

ヘースティングスの批判は、地域を限定した政策そのものへの本質的な批判（例えば、①や⑤がそれに当たる）と、地域レベルでの運用上の問題（特に②～④はそれに当たる）が含まれている。前者については、社会的排除や荒廃する近隣地区の問題を構造的にとらえる必要性、すなわち、失業や、教育格差、犯罪や反社会的行為の増加といった問題は地域を限定した政策によって改善できるものではなく、国家レベルでの社会政策によって対応しなければ解決できないという批判が繰り返しなされている（例えば、Oatley, 2000, Chatterton and Bradley, 2000）。しかし、構造的な解決と小地域を対象とした政策は単純な二者択一の問題ではなく、相互に補完的であるとの前提に立てば、地域を限定した政策の課題は、それぞれのプログラムが孤立し、様々なプログラムが同一地域で展開されることによるパートナーシップ疲れや、特別な政策ではなく、本来その地域でサービスの提供を展開している公共サービス提供機関の質を向上させること、といったことであろう。特に、「連結」を掲げたはずのブレア政権が、地域を限定した政策を増殖させることで、ますます地方自治体レベルでの組織や機関の連携が妨げられるようになっているという批判は、大きな矛盾とみられるようになっていた[14]。

3 近隣再生政策の展開（2）
2001年以降の近隣再生政策の全体像

ここでは、2. で論じた「地域を限定した政策」を中心とした近隣再生政策の第1期を経て、より包括的な政策が展開される2001年以降の近隣再生政策の第2期の取り組みを検討する。

1 ── 中央省庁レベルでの取り組みの概要

　当初の近隣再生政策は「地域を限定した政策」がその中心であり、コミュニティ・ニューディールや前政権から引き継いだ単一再生資金といった包括的なプログラムと問題領域を限定したプログラムから構成されていた。しかし、すでに述べたように、こうしたプログラムは、あくまでも「実験」として位置づけられており、アクションプランの発表された2001年以降は、全国・広域地方・地方自治体・近隣地区のそれぞれのレベルでの役割が明確にされ、より一貫性のある近隣再生政策が展開されることになった。

　「アクションプラン」は、近隣再生政策のビジョンを「10年から20年の間にいかなる人もどこに住んでいるかによって重大な不利益をこうむることがないようにしなければならない」とし、いつの時代においても一定の人々や地域が相対的に貧しいことはあるとしても、①荒廃した近隣地区のこれ以上の衰退を阻み、反転させること、悪い循環を止めるようにしなければならないこと、②低所得の人々が、他の地域に暮らす人とひどく異なる状態やサービスを享受しなければならないことを当たり前とみなすことはできないこと、③すべての近隣地区が恐怖から自由になり、どこに住んでいようとも家族のための将来を描けるようになるべきであること、④そこに住む人のもっとも優先すべき事柄が、その土地から抜け出すことであるというような近隣地区があるべきではないこと、を確認した（SEU, 2001：24）。そして、こうしたビジョンを支える長期目標として、①荒廃する地区の仕事がない状態をなくし、犯罪を減少させ、健康状態や教育水準を向上させ、住宅と物理的な環境を改善すること、②他の地域のこれらの指標との格差を是正すること、の2点を示した（*ibid*：25）。

　すなわち、あらためて近隣再生政策とは、社会的排除を雇用、犯罪、健康、技能、住宅、環境といった一連の問題が複合的に現れた形態として理解するとともに、一定の格差の存在を肯定しつつ、それが極端になるような状態を望ましくない状態とし、そうした現象が集中的に現れている特定の小地域の状況を改善すると同時に、それ以外の地域との格差を縮小していく政策であ

ることが確認された。

　次に、こうしたビジョンと長期目標は、どのように達成されることが想定されているのか、その政策構造をアクションプランに沿って明らかにしておこう。結論を先取りすれば、それは、各省庁が所管する公共サービス（mainstream services＝以下本来事業という）によって、荒廃した地域の状況を改善することを基本とした政策枠組みを構築することであり、それを補完する実験や先導役として地域を限定した政策を位置づけることであった。

　まず、アクションプランで想定されているのは、これまでのように地域を限定した政策のみに頼るのではなく、各省庁の本来事業を社会的排除の問題を解決していくための中心に位置づけることである。こうした仕組みを具体化するために、各省庁は、2000年の「包括的歳出レビュー」[15]に基づいて、それぞれ荒廃する近隣地区とそれ以外の地域との格差を縮めるためのターゲットを明確にすることになった。歳出レビューとは、1998年に導入された向こう3カ年の公共支出計画のことである。また、歳出レビューで定められた今後3カ年の歳出の上限に基づいて各省庁が実際に行うことを具体的に定めたターゲットは「公共サービス合意」（Public Service Agreements）[16]と呼ばれる。

　つまり、ブレア政権における政府の業績管理は、大まかにいえば向こう3年間の公共支出計画である歳出レビューと、具体的な数値目標に加えて実施の責任主体が明示された公共サービス合意から成り立っている。重要なことは、公共サービス合意の中で近隣再生に関して達成すべきターゲットが明確にされ、中央政府の各省庁が省庁本来の事業として、また、省庁横断的な事業として取り組むような体制を確立したことである。これによって、地域を限定した政策のような試行的な事業ではなく、荒廃する近隣地区の状態を具体的にどう改善するのかが明確にされ、各省庁の公共サービスそれ自体が荒廃した近隣地区の状況を改善することに焦点化される政策枠組みが構築された。さらに、2000年の歳出レビューでは、「歳出レビュー　荒廃した近隣地区への政府の介入に関する省庁横断的レビュー」[17]が発表され、各省庁が「ア

図表 3-3　公共サービス合意のターゲットの例示

分野	中央政府の責任省庁	地方の責任主体	ターゲット
雇用	雇用年金省 (Department for Work and Pension)	Action Teams for Job[18]、雇用サービス	・労働市場が脆弱である30の地方自治体を指定して、就業率を増加させ、それ以外の地域との格差を縮小する。
雇用	雇用年金省 (Department for Work and Pension)	Action Teams for Job、雇用サービス	・2004年までに、障害者、ひとり親、エスニックマイノリティ、50歳以上の人の就業率を増加させ、就業率の平均に近づける。
犯罪	内務省 (Home Office)	CDRP (Crime and Disorder Reduction Partnership)[19]	・2005年までに泥棒の件数を25%減少させ、全国平均の3倍以上の地方自治体をなくす。
教育	教育省 (Department for Education and Skills)	学校と地方教育当局	・2004年までにGCSE[20]において5つ以上の教科でC以上を取る学生の割合をあらゆる地方教育当局のエリアで最低38%以上にする。
保健医療	保健省 (Department of Health)	保健当局、プライマリケアトラスト、地方自治体	・2010年までに平均余命の下位5分位の地域と全体の格差を少なくとも10%減少させる。 ・2010年までに18歳以下の妊娠の割合の高い5分位の地域の数値を最低60%減少させる。それによって、下位5分位と平均の格差を最低26%減少させる。
住宅と環境	環境・運輸・地方省 (Department of the Environment, Transport and the Region)	地方自治体・住宅協会等	・2010年までにすべての公営住宅が、適切な住宅としての基準を満たすようにする。 ・2001年から2004年までの間に基準以下の住宅に居住する世帯の数を3分の1にする。
環境	環境・食糧・農村地域省 (Department for Environment, Food and Rural Affairs)	地方自治体	・荒廃した地域における空気中の一酸化炭素、鉛、二酸化炭素、二酸化硫黄、ベンゼンの濃度を、「全国エアクオリティ戦略」で定める基準以下にする。

出所：Audit Commission（2002）、SEU（2001）を参考に筆者作成。

クションプラン」の目標を達成するためには、地域を限定した政策のような特別な政策ではなく、本来事業の役割がもっとも重要であることが強調された(HM Tresury, 2000b)。なお、近隣再生と関連した2000年の歳出レビューにおける各省庁のターゲットは、図表3-3に例示した。

このような近隣再生政策の成否を左右するポイントの一つは、各省庁の管轄する公共サービスが、荒廃した近隣地区の状況を改善していくために重点化されることを中央政府内で調整していくことである。政府はその役割を社会的排除局から、環境・運輸・地方省（DETR）内に新たに設置する近隣再生局（Neighbourhood Renewal Unit）に担わせることにした[21]。近隣再生局は、各省庁の公務員や、外部のメンバーによって構成され、アクションプランの策定プロセスと同様に、多様なセクターによる「オープン」で「参加型」のアプローチを継続した。また、その役割として①アクションプランに対する中央政府の取り組みを監視および支援する役割、②地域近隣再生戦略（後述）の進捗を監督する役割、③近隣再生に関する補助金を一括して運営する役割、④多様なセクターを導き、集結させる役割、⑤アクションプランにかかわる一連の知識やスキルを推進する役割、⑥アクションプランの成否をモニタリングする役割、⑦アクションプランの実施と成果を評価するための調査を実施する役割、⑧アクションプランを推進するために大臣に対して助言する役割、を担うことになった（SEU, 2001：55-56）。

　次に、それぞれの広域地方（region）レベルでは、地方政府事務所（Government Office for Region）内に近隣再生チーム（Neighbourhood Renewal Team）が置かれた。近隣再生に関して地方政府事務所は、管轄する地域の近隣再生政策の監視、近隣再生に関する補助金の運営、地域の状況の中央へのフィードバックといった役割を担うことになった。

2────地方自治体レベル
地域戦略パートナーシップの近隣再生政策における役割

　荒廃した近隣地区において実際にサービスの実施を担うのは、中央政府の各省庁や地方政府事務所ではない。図表3-3に示したようなターゲットを実際に達成していくためには、地方自治体レベルでこうした政策の実施に責任を持つ主体が必要になる。また、すでに指摘したように、ブレアの就任以降、近隣再生を目指す様々な地域を限定した政策が開始され、それによって多くの地方自治体ではその圏域内で様々なイニシアティブが同時進行で取り組ま

れることになり、「パートナーシップ疲れ」といった問題も生じていた。これはブレア政権以前からの傾向であるが、社会的排除が複合的な事象であることを考えれば、同一の自治体や地域が繰り返し様々な地域再生プログラムの舞台となることはむしろ必然ともいえる。こうした様々なパートナーシップは、それぞれ対象とするエリアが異なっていたり、メンバーが重複するなどの問題があった。

　そこで、地方自治体のレベルで、荒廃した近隣地区に影響を及ぼす様々な機関によって実施される多様な政策を連結し、公共サービス合意に定められたターゲットを達成していくために設置されることになったのが地域戦略パートナーシップである[22]。地域戦略パートナーシップは、多様なパートナーから構成される戦略的パートナーシップであり、それぞれの本来事業を荒廃する近隣地区に向けさせるよう調整するとともに、多様な主体を連結していく役割を担うことになった。

　このように多様な主体を調整し、連結させ、荒廃した近隣地区における政府のターゲットを達成していくために、地域戦略パートナーシップは「地域近隣再生戦略」（Local Neighbourhood Renewal Strategy）と呼ばれる戦略を策定しなければならない。地域近隣再生戦略は、地方自治体内の改善が必要な近隣地区を変化させるためのビジョンや計画について、地方自治体、公共サービス提供機関、ボランタリーセクターが合意し、それぞれの役割を明確にすることが期待されている（DETR, 2001a：25）。また、地域近隣再生戦略には、図表3-4に示したように、優先的に取り組む近隣地区の特定から問題の把握、それを解決するための資源のマッピングと役割分担の合意、実施のモニタリングという一連のサイクルを記載することが求められている（ibid：26）。地域戦略パートナーシップには、この戦略の中に中央政府のターゲットを盛り込み、地域レベルでそれを達成することに責任を持つ役割が期待されることになった。

　また、中央政府は、地域戦略パートナーシップがこうした役割を担うことが可能になるように、近隣再生資金（Neighbourhood Renewal Fund）という補助金を用意し、自治体内に全国でもっとも荒廃した近隣地区が含まれ

figure 3-4 地域近隣再生戦略策定のステップ

ステップ1　優先的に取り組む近隣地区の特定
・もっとも荒廃した10%に入る近隣地区である。
・フロア・ターゲット[23]の目標を下回っている。
・その他の理由から再生の優先順位が高い。

ステップ2　問題を認識し、理解する
・基準となる統計指標は何か。
・地区における主要な問題は何か。
・どのようにそれを変化させるのか。
・問題の原因は何か。

ステップ3　重点的に資源を配分すべき近隣地区の資源の状況とそのマッピング
・ボランタリーセクターを含めた機関が、どのくらいの時間と資金をその地区に投入しているか。
・他の資源は存在するのか。地域再生に関与していないボランティア、建物、施設、コミュニティグループ、ネットワークなど。

ステップ4　何をすべきかについて合意すること
・ターゲットの設定。
・現在のサービス提供の方法を変えること。
・新しいサービスを導入すること。
・サービスを結合したり、調整すること。
・現在のサービスを拡大すること。
などに合意し、責任を明確にする。

ステップ5　合意された行動を実行し、モニターすること
・合意された計画を実施すること。
・成果とそれぞれの機関の働き方をモニターすること。
・リスクと機会を見直し、戦略を見直すこと。

出所：DETR（2001a：26）

る88の自治体にこれを交付することを決定した。近隣再生資金は、荒廃している近隣地区における公共サービスを改善するための資金として地方自治体に交付される使途の制限の緩やかな追加的補助金（top-up）である。ただし、資金を活用した事業主体は、地域戦略パートナーシップのメンバーであり、地域近隣再生戦略に合意していなければならず、地方自治体は毎年度、近隣再生資金の使途について、地域戦略パートナーシップと合意しなければならない。

　すでにみたように、公共サービス合意によって達成されるターゲットは、本来事業、すなわち、各省庁の通常の予算に基づいて実施される事業である。一方、近隣再生資金は使途に制限のない補助金であり、地域戦略パートナーシップは、この補助金を活用して、例えば、荒廃した近隣地区のサービ

スを調整するワーカーを雇用したり、ボランタリー組織や公的サービス提供機関に補助金を支出して、実験的な事業に取り組むことが可能になった（SEU,2001：83）。

3 ── 対象自治体の選定方法

このように近隣再生資金は、荒廃した近隣地区の状況を改善し、政府の目標を達成していくためのものであるから、交付される自治体は「荒廃した近隣地区」を含む自治体でなければならない。したがって、対象地域は、競争入札によってではなく、実際に課題を抱える地方自治体が選定されることになった。その際に活用されたのが、「荒廃指数2000」（Indices of Deprivation 2000 = ID2000、以下「荒廃指数」と略記）であり、補助金の交付対象自治体と配分額は、この指数に基づいて決定された（DETR,2000a）。

荒廃指数は、6つの指標領域（domain）から構成される。6つの指標領域とは、①所得、②雇用、③健康と障害、④教育、技能および訓練、⑤住宅、⑥公共サービスへの地理的なアクセスであり、それぞれの領域は複数のインディケーターから構成されている。このことは、荒廃が複合的な側面から構成されるという前提があることを意味している。

例えば、「所得領域」は①所得扶助の受給世帯数、②所得扶助の受給世帯の子どもの数、③失業扶助の受給世帯数、④失業扶助の受給世帯の子どもの数、⑤家族税額控除（Family Credit）の適用を受けている世帯数、⑥家族税額控除が適用されている世帯の子どもの数、⑦障害者就労給付（Disability Working Allowance）受給世帯数、⑧障害者就労給付受給世帯の子どもの数、⑨カウンシル税の控除や減額を受けている人の数、という9つのインディケーターから構成され、これらの実数を合計し、地区の人口で除して100を乗じたものが所得領域のスコアとなる。したがって、スコアの高い方が「荒廃」が進んでいるということになる[24]。

それぞれ6つの領域ごとに近隣地区レベルでのスコア、もしくは地方自治体レベルでのスコアが順位づけられ、領域ごとにスコアの高い上位50の近

隣地区が一つでも含まれる地方自治体が自動的に近隣再生資金の対象とされることになった。その結果、81の地方自治体が近隣再生政策の対象自治体となったが、1998年の指標では対象となっていた7つの自治体が「移行期特例」として追加され、合計88の自治体が補助金交付の対象となった。

　近隣再生政策は、荒廃した地域とそれ以外の地域との格差の縮小を目指し、またそのための具体的な数値目標を設定している。そこで、改善の必要のある地域を客観的な指標によって同定し、そうした地域に集中的に資源を投下するという手法が選択されたのである。こうした点も、競争入札によって「地域を限定した政策」の対象地域を決定してきた保守党政権とは異なるブレア政権の特徴である。

4ーーー 地域住民とボランタリーセクターの参加

　近隣再生政策の実施にあたっては、地域住民とボランタリーセクターがプログラムの決定と実施に参加していくことが繰り返し強調された。

　ブレアは、「戦略」の序文で次のように述べ、当初からコミュニティ自身が力をつけ、問題解決に関与していくことが近隣再生政策において不可欠であることを強調している。

　　しばしば、多額の資金が建物の修繕や塗り替えに費やされてきたが、そこに住む人々の技能や教育、そして機会への投資がなされてこなかった。多くのことが上から押しつけられてきたが、経験の示すところによれば、コミュニティ自身が力をつけて、改善するための責任を負うことがなければ、成功は生まれない（Blair, 1998a：7）。

「アクションプラン」においても、「コミュニティが可能な限り運転席に座り、デザインや供給に積極的に関わることによって、もっとも効果的な政策介入が可能になる」とされ、近隣再生におけるコミュニティの参加が不可欠であると繰り返し強調されている（SEU, 2001：19）。こうした傾向は、労働党政権になってからの地域再生に関するあらゆる文章や政策にみられる傾

向である（Taylor, 2000a：252）。

　例えば、労働党政権になってからの単一再生資金の第5次募集（round5）のガイドラインは、応募計画が「それぞれのパートナーの役割と貢献が明確であり、コミュニティの心からの（wholehearted）支持を得た強力なパートナーシップ」を備えていることを求め、「政府は、入札の準備と実施においてコミュニティの積極的な参加を保障することが極めて重要だと信じている」と強調している（DETR, 1999a）。また、補助金の10％まではコミュニティの能力形成に使用することができるようになり、地域再生において物理的な環境（ハード）だけでなく、コミュニティの能力形成（ソフト）が重視されるようになった（ibid）。さらに、コミュニティ・ニューディールではパートナーシップ組織へのコミュニティの参画に十分な時間をとることを可能にするために、プロジェクト開始前にコミュニティが参加するための措置に対して予算を使えるようにするなどの工夫がなされた（North, 2003：122）。地方自治体レベルで、公共サービスと地域を限定した政策による様々な「パートナーシップ」を統合していく役割を担うことになった地域戦略パートナーシップにおいても、政府のガイドラインが、地域戦略パートナーシップは「官と民、コミュニティとボランタリーセクターの主要なメンバーが参加した時にはじめて実効性のあるものになる」（DETR, 2001a：12）と指摘し、ボランタリーセクターや地域住民が十分に関与しているということが認められなければ、地方政府事務所は認証しないという姿勢がとられた（ibid）。

　ボランタリーセクターにとっても、労働党政権のこうした変化は、「大転換」（sea change）であり、パートナーシップと参加の強調によって「新しい政治的な空間」への「扉が開かれた」と積極的に評価されている（Taylor et al., 2004：68；Taylor, 2003a：190）。荒廃した地域で活動するボランタリーセクターの全国レベルでの中間支援組織であるアーバン・フォーラム（Urban Forum）は、「アクションプラン」のコンサルテーションに対して「政府によるこれまでにないもっとも影響力が大きく、刺激的な進展」であり、「もっとも印象的なレポート」と評価するとともに、「素晴らしいアイディア、刺激的で想像力に富み、荒廃した近隣地区を転換させるための政策と行動に対

して最良のスタートラインを提供した」（Hill, 2000）と最大限の評価をしている。こうしたセクターの側の評価は、労働党の一連の政策がボランタリーセクターとの関係を重視するものであり、政策過程への参加の扉を開くものであったからに他ならない。

しかし、コミュニティがガバナンスに参加するためには、コミュニティの多様な見解を媒介する構造を発展させることが必要になる（Taylor, 2000b : 1032）。政府は、地域戦略パートナーシップに多様なコミュニティの見解を反映した適切な代表を選出する仕組みとして、地方自治体の範囲にコミュニティ・エンパワメント・ネットワーク（Community Empowerment Network、以下ではコミュニティ・エンパワメント・ネットワークという）と呼ばれるボランタリー組織やグループから構成されるネットワークを構築し、このネットワークが代表選出の役割を果たしていくことを支援した。また、それを支援するためにコミュニティ・エンパワメント・ファンド（Community Empowerment Fund）と呼ばれる補助金が用意された。

政府は、ボランタリーセクターやコミュニティのメンバーが、地域戦略パートナーシップに参加するためには、①荒廃した地区の住民たちが自分たちの意見を表明し、公共サービスの決定に影響を及ぼす機会があることに気づくためのアウトリーチ、②コミュニティのメンバーの多様な見解をまとめるための支援を行うこと、③多様な手段によって問題を認識し、解決策を生み出すこと、④地域戦略パートナーシップへの代表を選ぶこと、⑤地域戦略パートナーシップにおけるコミュニティやボランタリーセクターの代表者に対する支援を行うこと、が重要であり、コミュニティ・エンパワメント・ファンドはこうした支援を行うための補助金であるとしている（Neighbourhood Renewal Unit, 2000 : 3）。すなわち、この補助金はボランタリーな活動を直接支援するためのものではなく、地域住民やボランタリーセクターの代表を地域戦略パートナーシップに選出することを支援するための資金であり、そのための基盤整備に活用されることを目的としたものであった。

補助金の交付対象は、近隣再生資金と同様に88の荒廃した近隣地区を抱える地方自治体である。しかし、重要なのは、この補助金が地方自治体を経

由することなく地域内のボランタリーセクターの中間支援組織に直接交付されたことである。これは、この補助金が地域戦略パートナーシップにおけるボランタリーセクターやコミュニティの代表の底上げを目的としたものであり、そのためには地方自治体から直接交付される補助金でない方が望ましいと判断されたからである。

つまり、政府は、地域戦略パートナーシップへのボランタリーセクターや地域住民の効果的な参加を達成するためには体系的な仕組みが必要であることを認め、そうした仕組みとしてコミュニティ・エンパワメント・ネットワークの創設を財政面から支援した。地方政府事務所は、コミュニティ・エンパワメント・ネットワークを主導する組織と協定を締結し、補助金を交付する。ネットワークの主導組織には、新たな組織を立ち上げる場合と、これまでそうした役割を果たしてきた組織（多くの場合は、地域内のCVS）がその役割を果たす場合があった[25]。また、補助金の使途には、一定の柔軟性が認められており、地域戦略パートナーシップへの参加を効果的に行うための能力形成やインフラ整備、ワーカーの雇用などを行うことが可能になった。ただし、支出にあたっては地方政府事務所との間で支出計画への合意が必要とされた。

さらに、コミュニティ・エンパワメント・ネットワークを主導する組織に

図表3-5　近隣再生政策に関連した補助金の概要

補助金名	概要
近隣再生資金 （Neighbourhood Renewal Fund）	荒廃した近隣地区における公共サービスの調整および改善のために地域戦略パートナーシップに対して交付される補助金。
コミュニティ・エンパワメント・ファンド （Community Empowerment Fund）	地域戦略パートナーシップへのボランタリーセクターおよび地域住民の参画を支援するための補助金。地方政府事務所からボランタリー組織の中間支援組織に直接交付される。
コミュニティチェスト （Community Chest）	地域住民によるセルフヘルプや地域活動、およびその組織化を支援するための補助金。地方政府事務所からボランタリー組織の中間支援組織に直接交付される。

は、コミュニティ・エンパワメント・ファンドに加えて、住民の組織化を支援するためのコミュニティチェスト（Community Chest）と呼ばれる補助金が交付された。これは、ボランタリーセクターのネットワークであるコミュニティ・エンパワメント・ネットワークが、社会的に排除された人々の声を代表していくための第一歩として、そうした人々の組織化が欠かせないと判断されたからである。コミュニティチェストは、対象となる近隣地区において活動する住民グループや小規模なボランタリー組織を対象とした補助金で5,000ポンドを上限に助成される。コミュニティチェストもコミュニティ・エンパワメント・ファンド同様、地方自治体に交付されるのではなく、地方政府事務所からボランタリーセクターの中間支援組織に交付されるという共通点がある[26]。なお、図表3-5は、すでに述べた近隣再生資金を含めた近隣再生政策における補助金の概要である。

第3節 近隣再生政策の政策構造とその全体像

以上の検討を踏まえ、近隣再生政策の政策構造の全体像を明確にしておこう。ラプトンらは、これまで貧困な近隣地区の問題は、そこに住む一人ひとりに対する様々な福祉政策や、地域を限定した政策として取り組まれてきたが、「戦略」と「アクションプラン」によってはじめて「近隣地区」が政策の単位（unit of policy delivery）として登場し、異なる省庁間や政府間の政策構造が統一した形で示されることになったと指摘している（Lupton and Power, 2005：120-122）。換言すれば、戦略とアクションプランは、各省庁の本来事業を貧困な近隣地区へと焦点化させ、地域を限定した政策がそれを補完するという近隣再生政策の構造を明確にした。

図表3-6は、近隣再生政策の全体像を示したものである。中央政府のレベ

第3章 イギリスにおける近隣再生政策の展開と政策構造

図表3-6 近隣再生政策の全体像

中央政府レベル：
- 財務省（Treasury）―公共サービス合意（PSAs）―その他の中央省庁
- 成果指標
- 環境・運輸・地方省＊（DETR）
- 近隣再生局（Neighbourhood Renewal Unit）
- 地域を限定した取り組み（ABIs）NDC、SRBなど

広域地方レベル：
- 地方政府事務所（Government Office for Region）
- 近隣再生チーム（Neighbourhood Renewal Teams）

地方自治体レベル：
- 地方自治体（Local Authority）
- 地域戦略パートナーシップ（Local Strategic Partnership）　参加
- 公共サービス提供機関（プライマリケアトラスなど）　参加
- コミュニティ・エンパワメント・ネットワーク（Community Empowerment Network）　参加
- 地域近隣再生戦略（Local Neighbourhood Renewal Strategy）　策定
- ボランタリーセクター

近隣レベル：
- 荒廃した近隣地区（Deprived Neighbourhood）

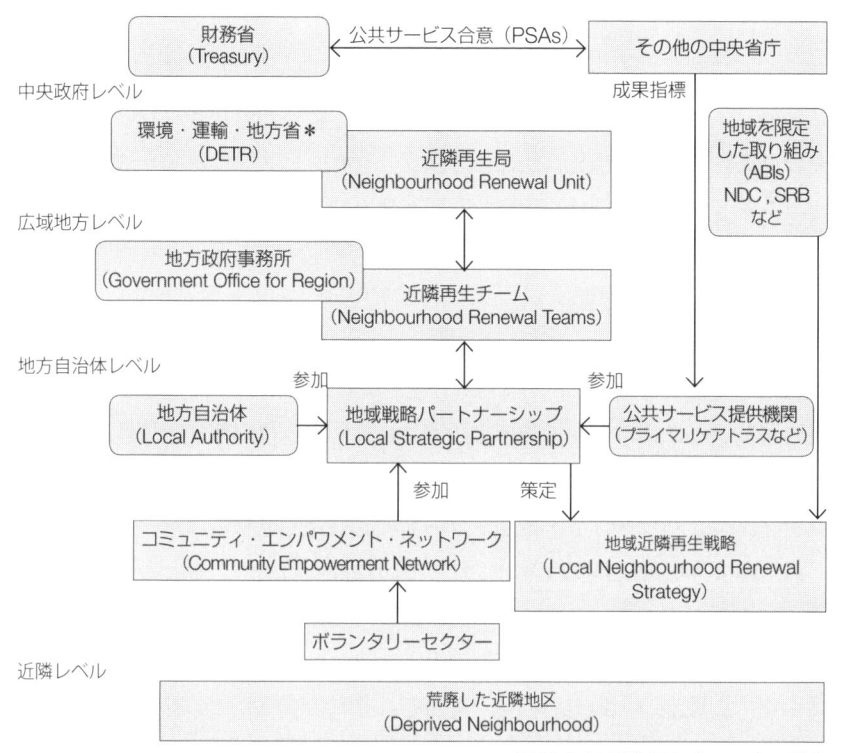

＊2002年より副首相府（ODPM）に移管

ルでは公共サービス合意に基づいて、各省庁が本来事業を荒廃した近隣地区に向けるような仕組みを作り、横断する問題を中央政府レベルで調整する近隣再生局を創設した。広域地方のレベルでは、地方政府事務所内の近隣再生チームが実質的な中央政府の窓口となり、地方自治体レベルでは地域戦略パートナーシップが中央政府のターゲットを地方自治体レベルで調整していく役割を担うことになった。このように、「アクションプラン」によって、長期的なビジョンと目標が示され、短期的なターゲットを、中央政府レベル・広域地方レベル・地方自治体レベルにおいて達成していくための構造がつくられた。すでに述べたように、それ以前に導入された「地域を限定した政策」は、本来事業が荒廃した近隣地区を変化させていくことを補完する役割を担

115

うことになる。

　さらに、それを促進するための補助金として、近隣再生資金が用意され、荒廃した近隣地区を抱える88の自治体に交付された。近隣再生資金は、地域戦略パートナーシップにおいて地域近隣再生戦略が策定されていることが交付の条件であり、地方自治体、多様な公共サービス提供機関、地域住民やボランタリーセクターは、荒廃した近隣地区に対してどのようにアプローチし、その状況を改善していくかという戦略を策定することになった（地域近隣再生戦略）。

　加えて、地域戦略パートナーシップへの地域住民やボランタリーセクターの参加を支援するために、コミュニティ・エンパワメント・ファンドと呼ばれる補助金が準備され、近隣再生政策の対象となる自治体では、地域住民やボランタリーセクターの参加を支援するためのネットワークとして、コミュニティ・エンパワメント・ネットワークの組織化が進められた。

　以上のような近隣再生政策とこれまでの政策との違いをまとめると以下のようになるだろう。

　まず、第1にこれまでの政策との大きな違いは、繰り返し述べてきたように中央・広域地方・地方自治体・近隣それぞれのレベルでの首尾一貫した政策構造が構築されたことである。第2に、上記の点と関連して、戦略的で包括的なアプローチが採用されたことである。特に地方自治体のレベルでは、対象となった88の自治体に対して、地域戦略パートナーシップという公組織、民間企業、ボランタリーセクターから構成される戦略的な意思決定機関の設置が義務づけられた。地域戦略パートナーシップは、様々な問題に対して、複数の機関が戦略的に協働していくための主要なツールであり、近隣再生の中核的な機関として位置づけられた。また、地域戦略パートナーシップが「近隣再生戦略」を策定し、これが近隣再生資金の交付条件となった。第3に、公共サービス合意によって各省庁が実際に何を達成するのかという「ターゲット」が明確にされ、近隣再生について誰が、何を、いつまでに達成するのかが明確にされた。第4に、政策の主要な焦点は、地方自治体のエリアであり、荒廃指数によってもっとも「荒廃している」とされた88の地

方自治体が政策の対象となった。対象地域の選定は、競争入札ではなく、ニーズに基づいて行われるようになり、特に、客観的な指標がエリアの選定に用いられていることが特徴である。最後に、地域住民やボランタリーセクターの役割が重視されるようになった。地域戦略パートナーシップや、コミュニティ・ニューディールにおいては、「コミュニティが運転席に座る」ことが強調され、地域戦略パートナーシップへのボランタリーセクターや住民の参加を支援するための「コミュニティ・エンパワメント・ファンド」や、コミュニティでの活動を支援するための「コミュニティチェスト」が創設された。このように、「コミュニティ」が参加するための「基盤整備」に対して明確な政策を打ち出し、支援したことは注目される。

第4節 研究対象とする政策の概要
地域戦略パートナーシップとコミュニティ・ニューディール

　前節では、本研究で対象とする近隣再生政策の全体像を検討し、ブレア政権が、中央政府と地方自治体レベルでどのように社会的排除に対する取り組みを進めようとしているのかを明らかにした。ブレア政権の荒廃した地区における社会的排除への取り組みは、少なくとも一貫しており、包括的で政策横断的であることが特徴である。その意味で、第1章で検討したガバナンスの問題、すなわち、政策と実施の分離によって分断化した公共サービスを中央政府の強いイニシアティブ（ターゲットの設定）によって統合するとともに、その実施は地方に広い裁量を与え、多様な主体の参加による決定を重視していくという一見相反する方向性を両立させることで解決していこうとしている。

　いずれにしても、地域レベルにおいては各省庁が責任主体となる「本来事業」が中核となり、地域や期間を限定した実験的な「地域を限定した政

策」がそれを補完しながら地域再生を進めていくという政策構造が明確にされた。また、その実施にあたっては、「パートナーシップ」を形成し、多様な機関が横断する問題に対して統合されたアプローチで解決していくことが「通念」(conventional wisdom) といわれるようになった (Robinson et al., 2005：14)。

　本研究は、こうした「パートナーシップ」への市民およびボランタリーセクター (労働党のいう「コミュニティ」) の参加に焦点を当てることになるが、様々なパートナーシップのうちから、市域レベルでの公共サービスや様々なパートナーシップを統合し、戦略的な意思決定を行っていく「地域戦略パートナーシップ」と、労働党のフラッグシッププログラムとして導入された「地域を限定した政策」の一つである「コミュニティ・ニューディール」を選択し、両政策におけるコミュニティの参加を研究対象とする。以下では、その前提としてそれぞれの政策について詳述し、本研究の対象を明確化する。

1　地域戦略パートナーシップの概要

1ーーー地域戦略パートナーシップの役割と位置づけ

　地域戦略パートナーシップの役割は、近隣再生政策の対象地域として指定されていた地域とそうでない地域で異なる。ここでは、前者に焦点を当てつつ、両者に共通する点についてもその内容を明らかにする。

　まず、地域戦略パートナーシップは、非政府機関 (non-statutory) であり、地方自治体、公的機関、民間機関、ボランタリーセクターが地方自治体の範囲で一堂に結集する機関である。地域戦略パートナーシップについての政府のガイドラインは、その期待される役割を「資源配分の優先順位を決定し、合意された目標のもとで共通のビジョンに向かって問題を解決するために、すべてのサービス供給者が合意して協働すること」(DETR, 2001a) と位置づけ、その役割を第1にコミュニティ戦略を策定すること、第2に地

域近隣再生戦略を策定すること、第3に、地域の諸計画やパートナーシップ、イニシアティブを調整し、様々なパートナーの協議の場として機能すること（パートナーシップのパートナーシップ）、第4に地域公共サービス協定(Local Public Service Agreements)[27]を交渉することと規定した(*ibid*)。

前節でみたように、近隣再生政策の政策構造全体の中でみれば、地域戦略パートナーシップの狭義の役割は、地方自治体のレベルで、荒廃した近隣地区に影響を及ぼす様々な公共サービスや地域を限定した政策を実施していくために設立されたパートナーシップ組織を連結し、公共サービス合意に定められたターゲットを達成していくことである（パートナーシップのパートナーシップ）。そのため、近隣再生政策の対象である88の自治体は、近隣再生資金の交付条件として、地域戦略パートナーシップを設立しなければならない。また、対象となった88の自治体の地域戦略パートナーシップは、近隣再生資金を活用しながら、多様な主体と協働し、もっとも荒廃した近隣地区の状況を改善し、他の地区や全国平均の水準へと近づけるための戦略（近隣再生戦略）を策定する。つまり、近隣再生政策の対象地域では、地域戦略パートナーシップは、多様なパートナーから構成される戦略的パートナーシップであり、それぞれの本来事業を荒廃する近隣地区に向けさせるよう調整するとともに、多様な主体を連結していく役割を担うことになった。

一方、地域戦略パートナーシップは、近隣再生政策の領域だけではなく、政府のガバナンス改革全体においても重要な役割を期待されるようになっている。その端緒となったのは、コミュニティ戦略の策定が地域戦略パートナーシップの役割と位置づけられたことである（DETR, 2001a：5）。コミュニティ戦略は、荒廃した近隣地区だけを対象としたものではなく、その地域全体に関連する計画であり、また、地方自治体の行動のみではなく、地方自治体を含めた多様な主体の行動を定める戦略である。したがって、地方自治体が策定するのではなく、地域の多様な主体から構成される地域戦略パートナーシップが策定することが合理的であるとされた。

さらに、地域協定（Local Area Agreements）という仕組みが導入されることで、地域戦略パートナーシップは、すべての自治体でますます重

要な役割を果たすようになってきている。地域協定は、2003年の政府文書（ODPM, 2003）によって提案された中央政府の各省庁と地方（地方自治体と地域戦略パートナーシップ）との間で締結される3年間の地方における優先順位を定める協定であり、地域で達成すべき優先順位を決定し、各省庁から地方自治体への複数の補助金を一本化[28]してその使途に対して裁量を発揮できるようにするための制度である（ODPM, 2005a：6）。

　具体的にいうと、地域戦略パートナーシップは、地方政府事務所との間で、当該地域において今後3年間で達成すべき成果指標を、地域独自の目標と中央政府の目標を考慮しながら交渉によって決定する。中央政府との交渉の前提として、地域独自の目標が定まっている必要があるが、これはコミュニティ戦略において設定されていることが想定されている。地域協定が、コミュニティ戦略の実施メカニズムともいわれるのはそのためである（*ibid*：7, Urban Fourm, 2006：15）。いずれにしても、地域戦略パートナーシップにおいて多様な主体の協議に基づいてコミュニティ戦略を策定し、その成果指標を中央政府との間で交渉することによって、各省庁からの補助金を柔軟に活用することができるようになるのである。

　一方、成果指標の設定はまったくの自由裁量に任されるわけではなく、当初は「子どもと若者のブロック」、「健康なコミュニティと高齢者のブロック」、「安全で強いコミュニティのブロック」、「経済発展と産業のブロック」の4つのブロックが設定され、それぞれのブロックごとに成果指標の設定と交渉が求められた。地域協定導入後に設立された近隣再生資金の対象となっていない自治体の地域戦略パートナーシップのほとんどが、この4つのテーマ・パートナーシップを設けているのはそのためである。

　また、成果指標はテーマだけではなく、中央政府から義務づけられる指標がある。現在の地域協定では、2007年の包括的歳出レビューによって設定された198の中央政府のインディケーターのうちから、35までの指標を選択し、地域の目標として地域協定に盛り込まなければならない（DCLG, 2007b）。また、子ども、学校と家族省（Department for Children, Schools and Families）が設定する16のターゲットは、地域協

第3章　イギリスにおける近隣再生政策の展開と政策構造

図表3-7　地域協定の枠組み

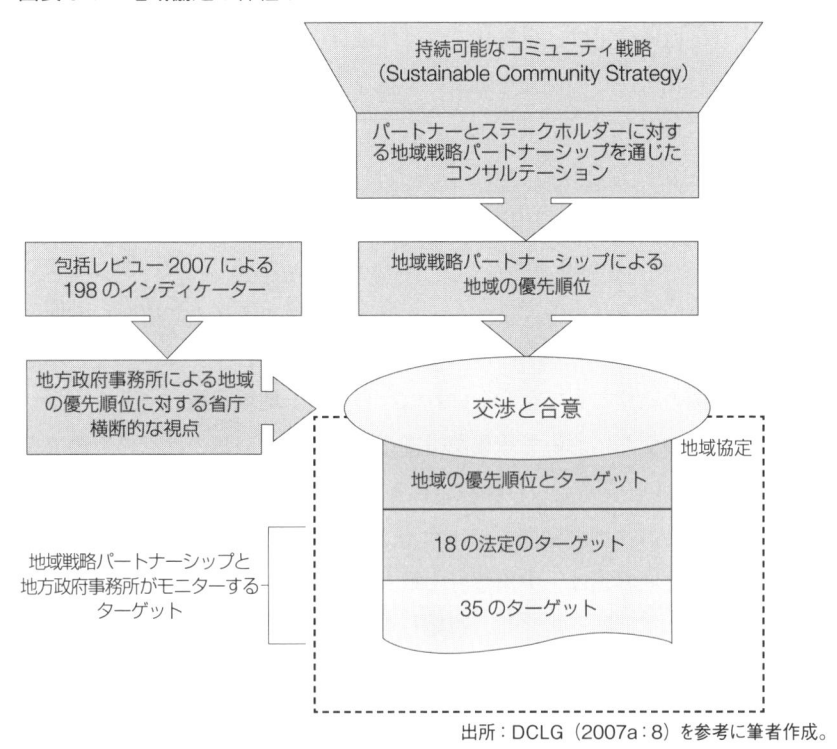

```
                    ┌─────────────────────────┐
                    │ 持続可能なコミュニティ戦略    │
                    │(Sustainable Community Strategy)│
                    └─────────────────────────┘
                              ↓
                    ┌─────────────────────────┐
                    │ パートナーとステークホルダーに対す │
                    │ る地域戦略パートナーシップを通じた │
                    │      コンサルテーション         │
                    └─────────────────────────┘
                              ↓
┌──────────────┐   ┌─────────────────┐
│包括レビュー2007による│   │ 地域戦略パートナーシップによる │
│198のインディケーター│   │    地域の優先順位         │
└──────────────┘   └─────────────────┘
       ↓                     ↓
┌──────────────┐
│地方政府事務所による地域│
│の優先順位に対する省庁 │ ──→   ┌──────────────┐
│  横断的な視点     │         │    交渉と合意      │
└──────────────┘         └──────────────┘
                              │  地域協定
                    ┌─────────────────┐
┌──────────────┐   │  地域の優先順位とターゲット  │
│地域戦略パートナーシップと│─ │                 │
│地方政府事務所がモニターする│ │   18の法定のターゲット   │
│    ターゲット     │   │                 │
└──────────────┘   │    35のターゲット      │
                    └─────────────────┘
```

出所：DCLG（2007a：8）を参考に筆者作成。

定に必ず組み込まなければならないことになっている（図表3-7参照）。

中央政府の設定したターゲットのうち、ボランタリーセクターに関連するものとして例えば、「地域の意思決定に影響を及ぼしていると感じている人の割合」（57％の地域協定に含まれている。Urban Forum, 2009:15）といったインディケーターがある。地域協定では、こうしたインディケーターに対して、現状（baseline）を明確にし、3年間のターゲット（例えば、地域の意思決定に影響を及ぼしていると感じている人の割合を5％増加させる）を設定する。

地域協定は、2004年から21の地域で試験的に交渉が開始され、2006年度からは新たに66の自治体との交渉が開始された。そして、2007年度以降は、イングランドのすべての一層制の自治体と二層制の地域では上位の自治

体が地域協定を締結することになっている。

　このように地域協定は、単純化すれば地域再生に関係した各省庁の複数の補助金を統合化し、その使途を地域の多様な主体と中央政府が協議して決定するという仕組みである。したがって、地方側からみれば、各省庁からの個別の補助金が統合されるため、裁量と自由度が高まると同時に、交渉や評価が地域協定の枠組みの中で一括して可能になるというメリットがある（Gillanders and Ahmad, 2007：744；Urban Forum, 2009：5）。他方、まったく自由裁量に任されるのではなく、達成すべきターゲットを政府との間で合意する必要があり、その交渉は地方自治体が単独で行うのではなく、地域の多様な機関の総意として行わなければならない。地域戦略パートナーシップが地域協定の交渉において重要な役割を期待されているのはそのためであり、2007年には地域協定の目標設定に参加することが義務づけられる主体が法律に明記され、地域戦略パートナーシップの役割が強化されている[29]。このように、地域協定は、中央政府と地方がよりよい公共サービスを提供していくために、官僚制を排除し、連結したサービス供給の枠組みを作り出すための制度であり、地域戦略パートナーシップが決定に関与する財源を増加させ、その役割を大きくしている（Urban Forum, 2006：15）。他方、地方自治体レベルで設定するターゲットを含め、中央政府が業績によって地域を管理するという中央集権的な側面が強いことも特徴である。

　以上のように、近隣再生政策の対象である88の地方自治体においては、近隣再生戦略を策定し、近隣再生資金を活用して荒廃した地域の再生を図ることに加え、コミュニティ戦略の策定と公共サービス合意を締結することが地域戦略パートナーシップの役割とされてきた。さらに、近隣再生資金の対象となっていない自治体を含むすべての自治体で、地域協定の導入に伴って地域戦略パートナーシップが重要な役割を果たすようになってきている。そのため、近隣再生政策の対象となった自治体では近隣再生資金の交付に合わせてその設置が進められたが、それ以外の自治体においても地域戦略パートナーシップの設立が推進されていくことになった。地域戦略パートナーシップは、法的にその設立が義務化されているわけではないとはいえ、地域

の長期ビジョンとしてのコミュニティ戦略を策定し、その実施メカニズムである地域協定を締結することが政府のガイドラインでも強調されている (DCLG, 2008b：15)。そのため、結果としてイングランドのすべての地域が地域戦略パートナーシップを設置している (Urban Forum, 2006：1)[30]。なお、近隣再生資金は、2007年度で廃止されたため、2008年度以降は、近隣再生政策の対象自治体とその他の自治体での地域戦略パートナーシップの役割には大きな違いはなくなっている[31]。

　以上のように、地域戦略パートナーシップとは、地方自治体とは別組織として設立されるパートナーシップ組織であり、多様な主体が協力して目標を設定し（コミュニティ戦略）、近隣再生資金や地域協定に関わる政策を決定し、実施していくことを担う協議の場であるといえる。ただし、地域戦略パートナーシップは法人格を持たず、何らかの契約を直接行うことはできない。そこで、地域戦略パートナーシップの事務は自治体が職員を配置し、地域戦略パートナーシップに属する組織が資金を出し合って体制を整えている。また、計画の策定や近隣再生資金の使途についての最終的な責任主体は地方自治体であり、地域戦略パートナーシップは諮問を受け、合意するという位置づけとなっている。

2 ── 地域戦略パートナーシップの組織構造

　地域戦略パートナーシップの組織構造は、法的に決まった形態が定められているわけではなく、それぞれの地域で多様な形態を取りうる。しかしながら、パートナーシップの理事会（boardとかpartnership executiveなどと呼ばれる）を最高意思決定機関として設置し、そのもとにテーマごとのパートナーシップを配置する形態がもっとも一般的な組織構造である。このテーマごとのパートナーシップ（以下、テーマ・パートナーシップという）は、すでに述べたように地域協定の導入以後は、地域協定のブロックに合わせて設定されている場合も多い（Urban Forum, 2006：3. 例えば、子どもと若者、健康と高齢者、安全、経済発展というテーマ・パートナーシップを設ける）。一般に理事会は各組織の代表者会議のような形態を取り、1～2カ月に1回

程度開かれることが一般的である。一方、テーマ・パートナーシップはそのテーマに関連のある諸組織の実務者が中心となって構成される場合が多い。

地域戦略パートナーシップを事務的に支えるのは、事務局の役割であり、ほとんどの地域戦略パートナーシップが法人格を持たないため、職員は地方自治体が雇用する公務員である場合が多い。しかし、テーマ・パートナーシップは、地方自治体以外の組織が実施の責任主体となっていることも多く、また、複数の組織が資金を出し合うジョイントファイナンスによって職員が雇用されている場合もある。さらに、地域によっては、戦略的な意思決定に幅広い地域住民の声を反映させるために、市域を小地域に分割してその単位ごとにエリア・フォーラムや近隣フォーラムといった名称で住民の声を聞く場を設けている地域戦略パートナーシップもある。

3─── 地域戦略パートナーシップの構造とメンバーコミュニティの参加

地域戦略パートナーシップは地方自治体、公的機関、民間機関、ボランタリーセクターが地方自治体の範囲で一堂に結集する機関であるから、政府のガイドラインは「地域戦略パートナーシップは、公的セクター、民間セクター、ボランタリーセクターを主要なメンバーとしてはじめて効果的に機能する」（DETR, 2001a : 18）として、地域戦略パートナーシップが多様な主体から構成されることを要請している[32]。

とりわけ、本研究との関連で重要なのは、コミュニティの参加である。すでにみたように、地域戦略パートナーシップの取り組みにおいて注目されるのが、地域戦略パートナーシップの設立と併せて、コミュニティ・エンパワメント・ネットワークと呼ばれるボランタリーセクターのネットワークの形成が重要視されたことである。それは、地域戦略パートナーシップという公共的な意思決定過程への参加である以上、コミュニティの代表を適切に選出できるような仕組みが不可欠だからである（Bailey, 2003 : 446）。しかし他方で、コミュニティ・エンパワメント・ネットワークへの補助金が地方自治体に統合されてからは（脚注26参照）、ネットワークへの補助金を打ち切っ

ている自治体もある。また、近隣再生政策の対象でない場合は、そもそもこうした補助金はなかった。したがって、現在はコミュニティ・エンパワメント・ネットワーク以外にもボランタリーセクターや地域住民の参加の方法が模索されている[33]。

　また、地域住民が意思決定に影響を及ぼすために直接参加できる場として、すでに述べたようにエリア・フォーラムや近隣フォーラムといった場を設けている場合や、小地域ごとにパートナーシップを組織して、その代表を地域戦略パートナーシップのメンバーとしている地域戦略パートナーシップもある。

2　コミュニティ・ニューディールの概要

1 ── コミュニティ・ニューディールの役割と位置づけ

　コミュニティ・ニューディールは、近隣再生政策の中では「地域を限定した政策」の一つであり、近隣地区を単位として住民が主体となって設立するパートナーシップ組織が領域横断的な問題を解決していくという小地域でのガバナンス[34]を具体化するための政策である。すでに述べたようにコミュニティ・ニューディールは、近隣再生政策の一角を担うプログラムであるから、当然その目的は「もっとも貧困な『近隣地区』とそうではないはない『近隣地区』との格差を縮小（解消）すること」である（DETR, 1999c）。また、コミュニティ・ニューディールには、近隣再生政策の一部として、全国平均と対象エリアの「格差の縮小」だけではなく、「何が機能して、何が機能しなかったのか」を学ぶための「試験台」(test-bed) という役割が期待されており、新しい取り組みを積極的に実験することが求められている（ODPM, 2005b）。

　対象エリアとしては、1998年にラウンド1として、17の近隣地区が指定され、翌年には22の近隣地区がラウンド2として指定された。したがって、全国であわせて39の近隣地区がコミュニティ・ニューディールの指定を受

けている。対象エリアを選定するにあたって、政府はイングランド内の9つの広域地方（region）ごとに荒廃指数に基づいて対象となる自治体を指定し、当該自治体の中でどの近隣地区を選択するかは、それぞれの自治体の判断に委ねた。つまり、地域バランスとニーズ（荒廃指数）に基づいて対象とする自治体が決定された。対象となった地域の人口は、4,842人（ペイマス、Plymouth）から、20,916人（ハックニー、Hackney）と幅があるものの平均で9,800人である。

　対象地域では、「コミュニティ・ニューディール・パートナーシップ」と呼ばれるプログラムを実際に担う組織を設立しなければならない。パートナーシップは、それぞれの地域の実情を加味しながら「実施計画」（delivery planという。以下実施計画と略記）を策定し、プログラムを実施していく主体となる。パートナーシップは、初期の段階ではコアグループと呼ばれる自治体や関係諸機関、住民やボランタリー組織の代表などから構成される。政府のガイドラインは、「コミュニティに対してアイディアを押し付けることは、機能しないし支持もされない」とし、計画と実施に住民が深く関与しなければ、コミュニティ・ニューディールの成果は持続可能にならない（DETR, 1999c：26）と指摘して、実施計画策定の初期段階から住民が関与することを求めた。

　パートナーシップが設立されると、実施計画を策定するための予算が与えられ、9か月を上限に実施計画を策定する（DETR, 2000b：10）。実施計画には、①近隣地区の詳細な基本データによって明確化された当該地域の問題（問題の明確化）、②測定可能な形での長期的なアウトカム（アウトカムの設定）[35]、③アウトカムを達成するためのプロジェクトや活動（アウトカムを達成するための活動のアイディア）、④短期（1年）および中期（3年）の活動やプロジェクトの計画、⑤プログラム終了後（10年後）の戦略（forward strategy）が記載されなければならない（*ibid*：11）。

　プログラムの期間は10年間で、総額約20億ポンド（約4,000億円）、一地域あたりにすると平均約5,000万ポンド（約100億円）が10年間にわたって交付される。

以上のように、コミュニティ・ニューディールは、近隣地区に設立されたパートナーシップ組織が中心となって近隣再生政策の目標である格差の是正とそのための効果的なアイディアを試行するためのプログラムである。パートナーシップに対しては、長期間にわたり巨額の補助金が交付されるが、まったく自由に補助金を使用できるわけではなく、達成すべきアウトカムや具体的な活動を政府と同意しておかなければならないことにも注意が必要である。

2 ── コミュニティ・ニューディール・パートナーシップの構造

コミュニティ・ニューディール・パートナーシップの理事会とテーマ・パートナーシップ

　パートナーシップ組織の最高意思決定機関は、理事会（board）である。ほとんどのパートナーシップは、理事会のもとに「テーマ・パートナーシップ」、「ワーキンググループ」、「運営委員会」（steering groups）といった具体的なテーマに基づいたパートナーシップを設立している（本研究では、理事会のもとに組織されているテーマごとのパートナーシップを「テーマ・パートナーシップ」と統一する）。テーマ・パートナーシップはコミュニティ・ニューディールが対象とする4領域（失業、犯罪、健康、教育）や、地域独自の取り組みに対応して設けられる場合が多く、それぞれの領域で戦略を策定し、プロジェクトを実行していくのが一般的な形態である。

　また、パートナーシップの運営を実際に担う事務局（スタッフチーム）は、すべてのパートナーシップで設立されており、事務局の長は、事務局長（chief executive）、ディレクター（director）などと呼ばれる場合が多い（ODPM, 2005b：23）。

理事会の構成

　2004年の調査では、コミュニティ・ニューディールの理事会の構成メンバーのうち、「機関代表」が占める割合は44％で、56％は住民の代表であった。機関代表としては、プライマリケアトラスト、地方議会議員、警察、地方自治体、地方教育当局（Local Education Authority）、職業安定所（Job

図表3-8　コミュニティ・ニューディールの理事会構成（機関代表、2004年）

プライマリケアトラスト	37/39
地方議会議員	34/39
警察	33/39
地方教育当局	28/39
地方自治体職員（Local Authority Officers）	27/39
職業安定所	25/39
民間企業、商工会議所（Private/Trade Association）	17/39
その他	17/39

出所：ODPM（2005b：26）を参考に筆者作成。

Centre Plus、本研究では職業安定所という）、民間企業といったコミュニティ・ニューディールのプログラムを遂行していく上で重要なパートナーがパートナーシップの構成メンバーに反映されている（図表3-8）。なお、イギリスの地方議会議員は、日本のような全市を選挙区とするのではなく、選挙区単位で選出されるため、当該地区から選出された地方議会議員がコミュニティ・ニューディール・パートナーシップのメンバーになる場合が多い（ODPM, 2005b：26）。

理事会の選挙

　地域戦略パートナーシップへの代表選出の仕組みとしては、コミュニティ・エンパワメント・ネットワークという仕組みが構築されていることをみたが、コミュニティ・ニューディールにおいては、パートナーシップ組織への代表選出の仕組みとしてコミュニティ選挙と呼ばれる直接選挙が採用されている場合が多い。実際に、39のうち34のコミュニティ・ニューディールでは住民代表を選出するために直接選挙を行っている。また、選挙方法は、通常の議会選挙と異なる工夫がされている場合が多い。例えば、投票できる住民を15歳や14歳まで引き下げたり、郵送による投票を認めることで投票所に足を運ばなくても投票できるようにするなど、様々な工夫がなされている（ODPM, 2005b：24；Shaw and Davidson, 2002：13）。

図表3-9 コミュニティ選挙の投票率

	2001年	2002年	2004年	2006年	2007年	地方議会選挙の投票率（2004年）
Brighton（ブライトン）		15.7	16	16		31
Bristol（ブリストル）	54	—	25	—	30	33
Lambeth（ランベス）	—	24	24	16		32
Lewisham（リュイシャム）	—	16	29	20	—	26
Tower Hamlets（タワーハムレット）	—	27.6	25	—	—	42

出所：DCLG（2008c：26）を参考に筆者作成。

　図表3-9は、本研究の調査対象であるパートナーシップのコミュニティ選挙の結果を示したものである（DCLG, 2008c）。投票率は、2001年のブリストルの結果を除けば16%から29%の投票率となっており、公選議会の投票率とほぼ同じ水準であるか、やや低い地域が多い。こうした投票率を高いとみなすか低いとみなすべきなのかは判断が難しいが、少なくとも公選議会の選挙と同程度の関心と参加を集めていることは事実として指摘できる。

3── コミュニティ・ニューディールの特徴

　以下では、コミュニティ・ニューディールの基本的な原則を確認しながら、プログラムの特徴を明らかにしておきたい（ODPM, 2005b：15）。

　まず、第1の原則は、戦略的変化を達成することである。コミュニティ・ニューディールは、雇用、教育といった単一の目標のためのプロジェクトではなく、荒廃する地域の複合的な問題に横断的に取り組む政策である。具体的には「失業」、「健康」、「犯罪」、「教育」という4つの領域を中心にアウトカム指標が設定され、それぞれのコミュニティ・ニューディールの指定地域では、こうした目標に地域独自の目標を加え、実施計画を策定し、具体的なプロジェクトを実施することを通じて、荒廃する近隣地区を戦略的に変化

させることを目指している。10年間という地域を限定した政策は、イギリスでは前例がなく、長期にわたる戦略的アプローチがコミュニティ・ニューディールの大きな特徴である（*ibid*）。

　第2の原則は、プログラムを推進するパートナーシップ組織を新たに設立することである。すでにみたように、それぞれの近隣地区はパートナーシップ組織を設立する。地方自治体や既存の組織を活用するのではなく、新たに組織を設立してプログラムの実施を担わせるという制度設計になっている点が大きな特徴である。問題の設定や、計画策定に地域や住民がかかわるだけではなく、その実行もパートナーシップ組織が責任主体となり、合意された実施計画を、様々な主体と実施していくことになっている。パートナーシップ組織には、住民の代表に加えて、地域のボランタリー組織や公共サービスを提供している諸機関（具体的には、地方自治体、プライマリケアトラスト、警察、学校、職業安定所など）、民間企業の代表者が参加し、パートナーシップ組織の理事会のメンバーとなる方法が採られる。このように、対象地域に「パートナーシップ組織」を設立させ、プロジェクトの受け皿とするという点は、コミュニティ・ニューディールの大きな特徴の一つである。

　第3の原則は、「コミュニティが参加すること」である。政府は、これまでの地域を限定した政策の失敗の原因の一つは、コミュニティの関与が不十分であったことであり、「何が行われるべきかの決定と実施にコミュニティが参画することが必要なことは既知の事実である」（SEU, 1998：34）という認識に基づいて、プロジェクトの実施においてコミュニティが決定の中心になることを強調している。具体的には、「パートナーシップ組織」の理事会に住民代表を選挙で選出することや、その代表が多数を占めるような工夫をすること、住民がプログラムに参画するための「能力」をつけることに注力することなどが求められている（*ibid*：19）。

　第4の原則は、パートナーとして多様な公的サービスの供給機関を関与させることである。過去の小地域を対象とした開発プログラムの失敗の原因の一つには、公共サービスとの連携や支援不足がある。主要な公共サービス提供機関の関与がなければ荒廃した近隣地区の状態を変化させることは難し

い。すでにみたように、ブレア政権のガバナンス改革のテーマでもある「連結」にみられるように、コミュニティ・ニューディールにおいても主要なサービス供給者との連結とパートナーシップが重視されている。

　第5の原則は、「学習とイノベーション」である。投資額の大きさや、地域を限定した政策としては異例の長期にわたるプログラムであることから、コミュニティ・ニューディールは「(地域再生における)労働党のフラッグシップ」と言われているが、すでに示したように、近隣再生政策において地域を限定した政策は、補完的で実験的な役割として位置づけられている。実際に、39のコミュニティ・ニューディールの対象地域の人口の合計（383,700人）は、貧困地区の人口の20分の1に過ぎない。コミュニティ・ニューディールは対象となる地域を変えるだけではなく、そこでの成果が「すぐれた実践」として他地域へと普及していくことを中心的な狙いとしており、コミュニティ・ニューディールの資金によって、公共サービスの革新的な提供方法を試行し、効果がある場合にはそれを同一自治体や他地域へと広げていくことが求められている。

　このようにコミュニティ・ニューディールは小地域を対象とした開発プログラムであり、その実施を担うのは、それぞれの地域に設立されるパートナーシップ組織である。住民たちは、コミュニティ・ニューディールの資金を活用しながら、他の公的サービス提供機関とともに、様々な実験事業を行うことで地域を戦略的に変化させていくことを目指していくことになる。

第5節　小括

　本章では、イギリスにおけるこれまでの地域再生政策の展開について、特に多様な主体間のパートナーシップと市民およびボランタリーセクターの位

置づけに焦点を当てながら概観した。多様な機関によるパートナーシップは、1970年代の後半にその萌芽がみられ、1980年代のサッチャー政権下でいったん後退するものの、1990年以降、地方自治体を中心に、民間企業やボランタリー組織、市民が参加するパートナーシップによる地域再生が主流になってきていることを述べた（第1節）。こうした政策に共通しているのは、期間と地域、取り組むべき課題が限定された「特別な」政策（地域を限定した政策）として実施されてきたことである。

1997年以降、労働党は内閣府内に設置した社会的排除局を中心に、検討チームを設けて近隣地区における社会的排除への取り組みを協議し、荒廃した近隣地区に対して、地域を限定した政策に加えて、各省庁が所管する本来事業が社会的排除の問題に取り組むような政策構造を確立してきた。前者の地域を限定した政策については、多様な主体によるパートナーシップによって問題解決を図る実験的な取り組みとして位置づけられていることを確認し、その内容を詳述した。また、後者の各省庁が所管する本来事業を近隣再生に向けさせるような政策構造については、中央、広域地方、地方自治体レベルのそれぞれにおける連結と参加のための政策について、その詳細を述べた（第2節）。こうした近隣再生政策の政策構造は、これまでの地域再生を目指した政策と比較して、①首尾一貫した政策構造を確立したこと、②地域戦略パートナーシップに代表されるように、多様な主体を包括する連結をパートナーシップ組織の活用によって戦略的に推進していくアプローチを採用したこと、③中央政府レベルでターゲットを設定し、その実現を求める中央集権的なアプローチを採用したこと、④対象地域の選択に際して客観的なデータを用いて対象地域を指定するというニーズ主導のアプローチを採用したこと、そして⑤コミュニティが参加することを強調したこと、などが特徴であることを述べた（第3節）。

また、地方自治体のレベルで多様な主体を統合するために設置されたのが地域戦略パートナーシップであり、地域を限定した政策の代表例が、コミュニティ・ニューディールである。本研究で対象とするそれぞれの政策について、近隣再生政策における位置づけとその役割や組織構造などに焦点を当

ててその詳細をまとめた（第4節）。特に両政策とも、多様な主体から構成されるパートナーシップ組織を形成し、当該地域の住民やボランタリーセクターがそのメンバーとして重要な役割を果たすことが想定されていることを示した。

〈第3章脚注〉

1) 教育に関しては、Central Advisory Council for Education (CACE) (1967)、社会サービスに関して Seebohm (1968)、住宅に関して Hollan (1965) など様々な報告書の中でこうした問題が指摘された。

2) その他の変更点として、プログラムの範囲がそれまでの社会的なプロジェクトに加え、経済的な問題に対するプロジェクトも対象とされるようになり、総合的な地域再生プログラムとなったこと、それに伴いプログラムの予算が大幅に増額され（3000万ポンドから1億2500万ポンド）、所管が環境省（Department of Environment）に移管されたこと、があった。

3) 都市開発公社を所管したのは、環境省（Department of Environment）であり、都市開発公社の人事も環境省が中心となって決定された。例えば、ロンドン・ドックランズ地区の都市開発公社の議長は、4代とも民間企業の社長が就任した。

4) ここでいう「広域地方」(region) とはイングランドを9つの地域に分けたエリアのことで、この単位に地方政府事務所（Government Office for Region）が置かれている。1994年当時は10の地方に分かれていたが、1998年にマージーサイド（Merseyside）が北西地方（North West）に合併されて、現在は9つとなっている。なお、地方政府事務所は地方自治体ではなく中央政府の省庁の出先機関であり、日本における都道府県とは異なる。

5) 例えば、シティチャレンジではブリストルが一度も資金を獲得できなかった。また、単一再生資金では、3回までの申請ではほぼ同じような社会・経済状況にあるニューカッスルとレスターで前者が約10億ポンドを獲得した一方、後者は約1億ポンドしか獲得できなかった（Jones and Evans, 2008：60）。

6) Office for National Statistics のホームページ（http：//www.statistics.gov.uk/default.asp）より引用。

7) 後述するように、「荒廃」を示す指標として、荒廃指数（Indices of Deprivation）と呼ばれる指数が用いられ、その程度は数量的に示される。

8) アリスバーリー（Aylesbury）は、南ロンドン・サザック区内の大規模な公営住宅密集地域であり、しばしばインナーシティ問題の象徴的な場所として取り

上げられる地域である。

9) Social Exclusion Unit は、2005年5月に副首相府（Office for Deputy Prime Minister = ODPM）に移管された。副首相府は、2002年5月に地方自治体と地方（Region）政策に関する事務を「環境・運輸・地方省」(Department of Transport, Local Government and the Regions = DETR）から引き継いで独立した省となった。その後、2006年5月に「コミュニティと地方政府省」(Department for Communities and Local Government = DCLG）に改組されている。また、社会的排除局の機能は、社会的排除タスクフォース（Social Exclusion Task Force）として内閣府（Cabinet Office）に引き継がれている。

10) Area Based Initiatives（ABIs）と呼ばれる特定の近隣地区や地方自治体を対象とした政策やプログラムのことであり、本研究では「地域を限定した政策」と表記する。

11) 18の政策検討チーム（Policy Action Team）は、①人々が仕事に就く、②「場所」を機能させる、③若者の将来、④サービスへのアクセス、⑤政府をより良く機能させる、という5つのテーマのもとに、さらにいくつかのサブテーマを設定し、それぞれに主導する省庁と責任大臣が定められた。この政策検討チームには、中央省庁の公務員だけでなく、地方自治体、その他の公組織、企業やボランタリーセクター、貧困な地区で活動する多様な人が関与し、1999年12月までにそれぞれが政策提言をまとめた。政策検討チームによる政策提言それ自体が、ブレア政権の「連結」の姿勢を示すものであり、中央政府レベルでのパートナーシップによるガバナンスの端緒となっていることは注目される。

12) 単一再生資金は、入札によって対象地域が決定される地域再生プログラムであったが、労働党は、新たな入札において資金全体の80％をもっとも荒廃した50の自治体に配分決定し、プログラムの焦点を荒廃した地域に限定した。

13) 一方、雇用ゾーン（Employment Zones）には、こうした「パートナーシップ」の形成やコミュニティの参加という要素はない。高失業率に悩む15のエリアを指定し、職業安定所が失業給付を受けている長期失業者に対し提供するプログラムで、2000年から実施された。

14) 例えば、労働党内からも元国防大臣のピーター・キルフォイルが、「連結」が実現しておらず、「ゾーン症」(zone-it is）であると批判したり、地方自治体協会の事務局長も、多くのイニシアティブが重なり合っており、異なる圏域を対象としているため、同じ地域でいくつものパートナーシップが乱立している状況を批判している（Wintour, 2000）。

15) Spending Review 2000。ブレア政権以前もイギリスの予算は、国・地方・国有企業を含めた公共部門全体の3年〜5年程度の中期支出計画に基づいて運用さ

れてきた。ブレア政権は、これを中期の新たな戦略的予算フレームである「包括的歳出レビュー」（Comprehensive Spending Review）という仕組みに置き換えた。これは、政府全体の目的（①持続可能な経済成長と雇用の拡大、②公正な機会の促進、③効率的で近代的な公共サービスの提供）の達成に各省庁のプログラムがいかに貢献できるかという点から、「省庁の目的・政策・歳出計画のゼロベースでの包括的なレビュー」を行うものであった（稲継、2001：30）。1998年7月には、1999年度から向こう3年間の各省庁の全体的な計画と歳出に関する政府の新しい戦略的アプローチとして「英国における公共サービスの近代化：改革のための投資　包括的歳出見直し」（Modern Public Services for Britain：Investing in Reform Comprehensive Spending Review：New Public Spending Plans 1999-2002）と題する白書が発表された。なお、1997年度と1998年度の両年度については、保守党政権下ですでに定められた歳出計画を踏襲し、政権運営を行った。

16) 公共サービス合意は、政府が国民に対してどのようなサービスを提供し、誰が責任を負うのかを明らかにするものである。2000年の包括的歳出レビューによって協議されたのは、翌2001年から3年間にわたる公共サービス合意であり、約160のターゲットが設定されるとともに、4つの政策領域においては、省庁横断的なターゲットが設定され、省庁間の水平的調整手段として用いられた（HM Treasury, 2000a）。

17) 正式には、SR2000 Government Interventions in Deprived Areas (GIDA) Cross-Cutting Review という。

18) Action Team for Job は、個別カウンセリングなどを通じて長期失業者などの失業率を改善させるために、労働市場が脆弱であるとされた地域に設立された。

19) CDRPは、地方自治体単位で設立される警察、地方自治体、地域住民によるパートナーシップで、それぞれの地域の目標を定めた戦略を策定することになっている。一般的には、それぞれの地域の地域戦略パートナーシップのテーマ・パートナーシップとなっていることが多い。

20) General Certificate for Secondary Education の略。通常16歳で受験する全国統一試験で、A*からGまでのグレードで評価される。中学卒業時に大学進学過程に進むためには、C以上を5科目以上取得することが求められる。

21) 2002年より、副首相府（ODPM）に移管。2006年5月のODPMの廃止に伴い「コミュニティと地方政府省」（Department for Communities and Local Government）に移管された。

22) 地域戦略パートナーシップは、後述する近隣再生資金の交付条件として、対象となった88の地方自治体に設置が義務づけられた。しかし、後述するように（本

章第 4 節)、現在ではほとんどの自治体で地域戦略パートナーシップが設立されている。いずれにしても、当初は、近隣再生政策の実施主体としての地域戦略パートナーシップとそうではない地域戦略パートナーシップとではその役割は異なるものであった。

23) フロア・ターゲット (floor targets) は、「下限」、つまり最低基準のターゲットという意味である。コミュニティと地方政府省 (当初は、副首相府) の公共サービス合意のターゲット 1 (PSA1) は、「社会的排除と近隣再生に各省庁とともに取り組み、各省庁が公共サービス合意のフロア・ターゲットを達成することを支援する。2010 年までに測定可能な形で、健康、教育、犯罪、失業、住宅における荒廃した地域とその他の地域との格差を縮小する」であり、それぞれの領域の具体的な数値目標は、各省庁が設定・実施している。この PSA1 に示されたターゲットをフロア・ターゲットという (詳細は ODPM, 2004d を参照)。

24) ID2000 のそれぞれの計算方式は、DETR (2000a：42) を参照。

25) CVS (Council for Voluntary Service) は、名称は様々だがイングランドのほとんどの自治体でボランタリー・アクションやコミュニティの活動を支援する中間支援組織として設立されており、地域内のボランタリー組織の声を代表する中間支援組織である。本研究では、CVS と略記する。

26) 両補助金は、2001 年から 3 年間の期限で交付された。その後、これらの補助金は、単一コミュニティプログラム (Single Community Programme) として統合された。さらに、2005 年度から「安全で力強いコミュニティ資金」(Safer and Stronger Communities Fund) に統合され、後述する地域協定が導入されてからは、「安全で強いコミュニティ」ブロックの一部に統合された (金川、2008：137-142 を参照)。ボランタリーセクターの側からみて重要だったのは、ボランタリー組織の中間支援組織に直接交付されていた補助金が、地方自治体との交渉の中で獲得する性格へと変化したことである。

27) 地域公共サービス協定とは、政府と地方自治体との間の協定である。2000 年度に 20 の自治体がパイロット自治体として選定され、2001 年度から実施された。協定の期間は 3 年間で、対象自治体には開始時に補助金 (pump priming grant) が交付され、さらに業績の達成度合いに応じて自治体の年間予算の 2.5％までの報償補助金 (performance reward grant) が交付される。対象自治体は少なくとも 7 つの公共サービス合意のターゲットを盛り込まなくてはならず、残りは地方独自のターゲットを設定して交渉することができる (DCLG, 2008a：5-6)。また、2004 年度からの第 2 ラウンドは、後述する地域協定と統合されてその報償要素 (reward element) となった (ibid：8)。

28) 地域協定に統合される補助金は、ODPM, 2005a：ANNEX A に示されている。

29) The Local Government and Public Involvement in Health Act 2007。また、同法は、すべての一層制の自治体と二層制の場合は上層の自治体が、2008年度から地域協定を締結することを義務づけ、地域協定の締結においては、地方自治体が中心的な役割を果たすことを規定した。
30) 二層性を採用している地域（two-tier areas）でも、政府はカウンティとディストリクトがともに地域戦略パートナーシップを設立し、相互に調整することを期待していた（DCLG, 2008b：16）。
31) 近隣再生資金は2008年度からはWorking Neighbourhood Renewal Fund（WNRF）と呼ばれる荒廃した近隣地区の雇用に焦点を当てた補助金に置き換わっている。WNRFも近隣再生資金同様、荒廃指数によって交付される自治体が決定される。対象となった自治体では、地域戦略パートナーシップにおいて雇用問題を優先課題として取り組み、地域協定に雇用に関するターゲットを盛り込むことが求められる（DCLG and DWP, 2007）。
32) 議会の議長、リーダー、市長などの参加は2006年の調査でも2008年の調査でもそれぞれ99％、94％であり、ほとんどの地方自治体で議員のトップもしくは公選市長制をとる場合は市長がメンバーとなっている。すなわち、選挙で選出された議員の代表が参加している。同じく行政職員は91％、94％が地域戦略パートナーシップのメンバーになっている。また、プライマリケアトラスト、警察はほぼ100％、職業安定所が72％、53％となっている（DCLG, 2009）。
33) ボランタリーセクターの中間支援組織の代表は、近隣再生政策対象地域で94％、それ以外の地域でも91％が地域戦略パートナーシップの理事会メンバーとなっている。ボランタリー組織のメンバーが同じく59％、69％、コミュニティネットワークが71％、25％、住宅協会が63％、57％、宗教団体が59％、58％、住民団体が59％、58％、エスニックマイノリティの代表が59％、30％、近隣フォーラムが51％、31％、その他のボランタリーセクターの代表が12％、39％と多様な代表が地域戦略パートナーシップに選出されていることがうかがえる。（DCLG, *ibid*）。
34) 小地域でのガバナンスは、「近隣ガバナンス」とか「コミュニティ・ガバナンス」といった用例があるが、イギリスでは「近隣」（neighbourhood）という用語が用いられることが多いため、本研究でも近隣ガバナンスということにする。
35) 政府のガイドラインは、アウトカムが失業、健康、犯罪、教育という4つの主要なテーマに焦点を当てることを求めており、4つの主要なテーマが実施計画に盛り込まれない場合は、政府に対してその理由を説明することを求めている（DETR, 2000b：14）。

第4章 ガバナンス空間への参加とパートナーシップ組織

　多様な主体の統合と市民の参加という課題に対して、イギリスでは、ブレア政権が第三の道という政治理念のもと、連結政府という政治的目標を掲げ、パートナーシップ組織という政策手段を活用していることを指摘した。前章でみたように、パートナーシップ組織は、多様な公共サービスの提供主体だけでなく、市民やボランタリーセクターを政策過程に包摂し、連結政府を実現するためのガバニングの手法であると位置づけることができる。しかし、市民やボランタリーセクターがパートナーシップ組織のメンバーとなることが保障されたとしても、そのことによって自動的にこうした主体のパートナーシップ組織における影響力が高まるとは限らない。

　そこで、本章ではまず、ガバナンス空間という概念を導入し、本研究が対象とするローカル・ガバナンスの枠組みを明確にする（第1節）。次に、ガバナンス空間を組織化するパートナーシップ組織の類型を参加との関連で明らかにし、本研究が対象とする「戦略パートナーシップ」と「近隣パートナーシップ」という2つの類型の特徴を市民の参加という視点から説明する（第2節）。そして、本研究が対象とする「地域戦略パートナーシップ」と「コミュニティ・ニューディール」をガバナンス空間という枠組みの中に位置づける（第3節）。こうした検討を踏まえ、パートナーシップ組織への市民やボランタリーセクターの参加における問題点について先行研究をレビューし、実際にどのようなことが問題として指摘されているのかを、パートナーシップ組織内の市民・ボランタリーセクターと他のアクターとの関係をめぐる①パートナーシップ組織内の問題、参加する市民の問題を中心とした②参画主体と

しての市民、パートナーシップ組織と上位の政府との関係についての③中央政府との関係、という3つの視点に整理した（第4節）。

第1節 ガバナンス空間

　ガバナンスは、公共政策の様々なレベルに適用することが可能である（マルチレベル・ガバナンス）。「グローバル・ガバナンス」は、国境を越えたレベルでの国家間のガバナンスであるが、例えば「環境問題」、「社会保障」といった政策領域の「グローバル・ガバナンス」を想定することができる。社会保障に関するグローバル・ガバナンスでは、多国籍企業やNGO、各国政府に加え、国際労働機関（ILO）や欧州連合（EU）などが主要なアクターとして想定されるだろう。こうした様々なレベルでのガバナンスのうち、本研究が対象とするのは、ローカルな水準におけるガバナンスであり、これをローカル・ガバナンスと呼ぶ。

　図表4-1は、本研究におけるローカル・ガバナンスの位置づけを図示したものであり、図中Cが本研究の対象とするローカル・ガバナンスの空間を表している。

　以下では、図表4-1に沿って、本研究が対象とするローカル・ガバナンスの位置づけを説明する。

　まず、民主主義国家において、公共政策は代議制民主主義の枠組みに基づいていて決定・実施されることが原則である。すなわち、市民は選挙によって代表を選び、選挙を通じて選ばれた代理人が民意を代表して議会を構成し、政策を決定するとともに、行政がその実施を担う（図中①のルート）。したがって、市民は選挙という間接的な方法によって政策過程に影響を及ぼし、決定に参加することになる。

図表 4-1　ガバナンス空間のモデルとローカル・ガバナンスの位置づけ

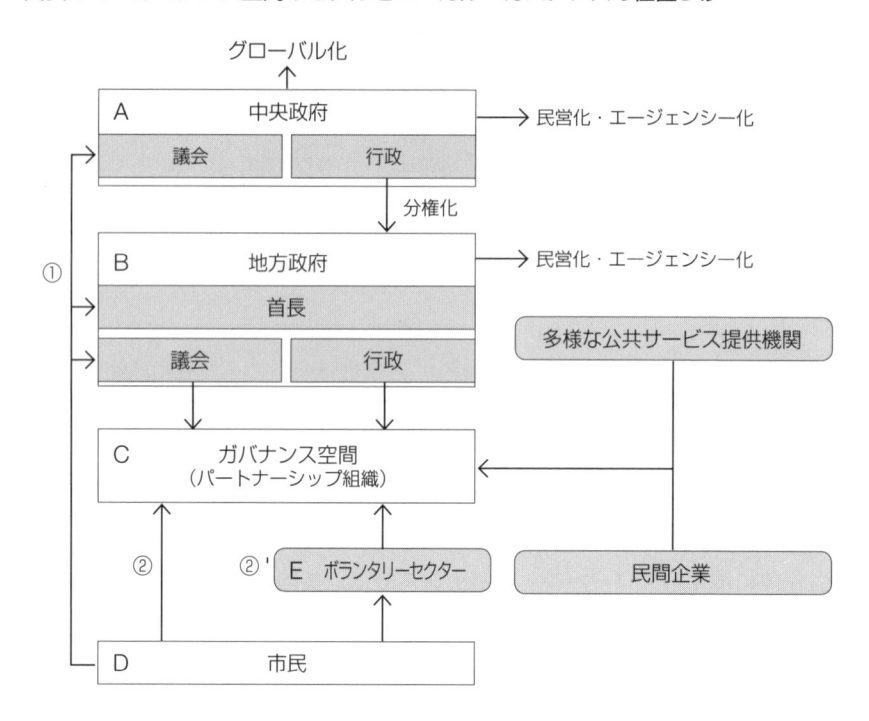

```
                    グローバル化
                       ↑
        ┌─────────────────────────┐
        │ A    中央政府            │ → 民営化・エージェンシー化
    ┌──→│ ┌───────┬───────────┐  │
    │   │ │ 議会   │   行政     │  │
    │   │ └───────┴───────────┘  │
    │   └─────────────────────────┘
    │              ↓ 分権化
    │   ┌─────────────────────────┐
    │   │ B    地方政府            │ → 民営化・エージェンシー化
    │ ┌→│ ┌──────────────────────┐│
①   │ │ │         首長           ││
    │ │ ├──────────────────────┤│   ┌──────────────────────┐
    │ │ │ 議会   │   行政       ││   │ 多様な公共サービス提供機関 │
    └→│ └───────┴───────────┘  │   └──────────────────────┘
      │ └─────────────────────────┘              │
      │       ↓              ↓                   │
      │   ┌─────────────────────────┐           │
      │   │ C   ガバナンス空間        │←──────────┘
      │   │    (パートナーシップ組織) │←──────────┐
      │   └─────────────────────────┘           │
      │        ↑         ↑                      │
      │       ②       ②' ┌──────────────┐   ┌──────────────┐
      │              ┌──→│ E ボランタリーセクター │   │   民間企業    │
      │              │   └──────────────┘   └──────────────┘
      │   ┌────────┐ │         ↑
      └───│ D 市民  │─┘
          └────────┘
```

　ところが、すでに述べたように、近年ではこうした代議制民主主義による弊害が様々な形で批判されはじめ、①のルートへの不信が高まっている（例えば、投票率の低下はそうしたことを表している）。そこで、代議制民主主義を補完するために、直接民主主義的な参加の道が模索されるようになってきている。こうした直接的な参加の方法には、多様な方法がありうるが、本研究ではパートナーシップ組織という形で組織化されたガバナンスの空間に市民が直接もしくはボランタリー組織という中間集団を介して参加することを対象とする。図中Cは、政策過程が地方政府（議会と行政）から外に出され、空間として存在していることを示している。すでに序論でも述べたように、この空間は公共的な意思決定をめぐって多様な主体が相互作用する空間である。

　ガバナンス論では、NPM改革などの結果として、多様化した公共サービ

ス供給主体の統合が課題とされている（図中では民営化、エージェンシー化とした）。1980年代以降の公共セクター改革では、このように外の主体への「権限移譲」が積極的に進められた。また、公共的問題の解決に何らかの関心を持つ市民が、直接もしくはボランタリー組織やコミュニティグループなどの活動を通じて参加すること（②および②'）も、ガバナンスの主体として市民社会に期待する立場から重要視されるようになっている。

　そこで、ローカルな水準で多様なサービス供給主体と、市民やボランタリー組織を包摂するような制度設計が求められる。パートナーシップ組織は、このような課題に対応するために、外に出された政策空間を組織化し、ガバニングするための手法の一つであるといえる。すでにみたように、イギリスではローカルなレベルにおいて、社会的排除のような複雑な課題に対処するために、多様な主体がパートナーシップ組織に参加して解決していくという手法を重視している。こうして、ガバナンス空間には多様な公共サービスの供給主体、民間企業、市民、ボランタリー組織、そして地方自治体の行政職員や、地方議会議員が参加し、協議を通じて公共的な問題の解決を目指すことになる。こうした空間は、すでに述べたように様々なレベルで形成されうるが、本研究で対象とするのは地方自治体もしくはそれよりも狭域のレベルにおけるこうした空間である。ここではこうした空間を「ガバナンス空間」と呼ぶ。

　本研究は、以上のようにパートナーシップ組織という形で組織化されたガバナンス空間を研究対象とし、パートナーシップ組織への市民の参加に焦点を当てる。そして、市民が直接、もしくはボランタリー組織を通じてこうした空間のメンバーとなることで、これまで政策過程から排除されてきた市民が実際に力を得て、政策過程に参加できるようになっているのか、言い換えれば、影響力を行使できるようになっているのか、を分析の対象とする。

第2節 参加とパートナーシップの類型

本研究では、ガバナンス空間を組織化する政策枠組みとしてパートナーシップ組織を位置づけているが、パートナーシップ組織を組織化する場合、その目的や圏域によって、参加する市民の役割や位置づけは異なるものになることが予想される。サリバンらは、パートナーシップ組織を「戦略パートナーシップ」、「特定のサービス提供に特化したパートナーシップ」、「近隣パートナーシップ」の3つに分類しており（Sullivan and Skelcher, 2002）、ここではこの分類に従って、パートナーシップ組織の類型と参加との関係について明確にしておく（図表4-2）。

まず、「戦略パートナーシップ」の類型は、市域を対象とし、戦略的な意

図表4-2　パートナーシップ組織の類型と参加

	戦略パートナーシップ	特定のサービス提供に特化したパートナーシップ	近隣パートナーシップ
参加の形態	代表	直接参加（サービス利用者）	代表と直接参加
市民との近接性	遠い 参加を支援し、保障するための基盤が必要	近い	近い
権限の範囲	広範囲（市域）	特定のサービスの改善	当該地域の福祉（wellbeing）全般
市民の位置づけ	市民は多様なステークホルダーの一部として参加する。	利用者は、サービスの供給者とともに主要なステークホルダーとなる。	市民はもっとも主要なスタークホルダーの一つとなる。参加者の多数を占める場合も多い。
具体例	地域戦略パートナーシップ	各種のアクションゾーン	コミュニティ・ニューディール

出所：Sullivan and Skelcher（2002：59）に基づいて一部修正した。

思決定を行うためのパートナーシップ組織である。対象が広域であることから、一人ひとりの市民が参加することは現実的ではないため、参加の形態として一人ひとりのニーズをボランタリー組織など団体の代表が、「代表」する形態が採られることになる。市域という広域を対象とするため、協議される内容は一人ひとりの市民からは「遠く」なり、参加を担保するための仕組み（例えば、市民やボランタリーセクターの代表を選出するための中間支援組織への支援や整備）が必要になる。ボランタリーセクターの代表は、様々な公的セクターや民間企業などの代表とともに、こうした決定に参加していくことになる。具体例としては、本研究が対象とする「地域戦略パートナーシップ」が挙げられる。

次に、「特定のサービス提供に特化したパートナーシップ」は、特定の政策領域においてその関係者が集まり形成されるパートナーシップ組織であり、そのため、市民、特に特定のサービスに強く影響される利用者や当事者、関係者がメンバーとして参加することになる。具体例としては、前章で示したブレア政権が次々と打ち出したゾーン政策（教育ゾーン、健康ゾーン）などが典型例である。

最後に、「近隣パートナーシップ」は、小地域において当該地域の複合的な問題を協議し解決していくためのパートナーシップ組織のことをいう。当該地域にもっとも利害を持つのは、そこに住む住民であるから、住民はもっとも主要なステークホルダーであり、パートナーシップ組織の構成メンバー（例えば理事会）でも住民代表が多数となるよう工夫する場合が多い。パートナーシップの焦点も市域（戦略パートナーシップ）や、特定のサービス（特定のサービス提供に特化したパートナーシップ）ではなく、特定の小地域の多様な課題の改善に当てられる。具体例としては、本研究で取り上げる「コミュニティ・ニューディール」がある。

以上のように、同じパートナーシップ組織であっても、それぞれの類型によって、市民が影響力を行使する対象（市域・特定のサービス・近隣）が異なり、それに応じて参加の形態や権限の範囲、市民の位置づけも異なるものとなる。

本研究では戦略パートナーシップの類型を、ボランタリー組織を通じた参加（組織・団体を通じた参加）の事例として、また、「近隣パートナーシップ」の類型を組織・団体を通じた参加ではない直接的な参加の事例としてそれぞれ研究対象とした。「特定のサービス提供に特化したパートナーシップ」を取り上げない理由は、本研究が市民の影響力を行使する対象として一定の地理的な圏域に着目しているからである。市域と近隣を対象とする両類型を対象とする理由は、市域における代表を通じた参加の形態と小地域における直接的な参加の形態という参加の形態の異なる両類型を検討することで、市域と小地域という2つのローカル・ガバナンスにおける参加を検討できると考えられるからである。

第3節　本研究が対象とするガバナンス空間

　本研究が対象とするガバナンス空間は、前節で示した戦略パートナーシップの類型例である地域戦略パートナーシップと、同じく近隣パートナーシップの類型例であるコミュニティ・ニューディールである。ここでは、それぞれの政策をガバナンス空間という視点から再考し、ガバナンス空間のモデルに位置づける。

■1　地域戦略パートナーシップとガバナンス空間

　本章第1節で導入したガバナンス空間のモデル（図表4-1）を地域戦略パートナーシップの当初の制度設計にあてはめたものが、図表4-3である。図表4-1と同様、中央政府をA（中央政府の出先機関である地方政府事務所は、

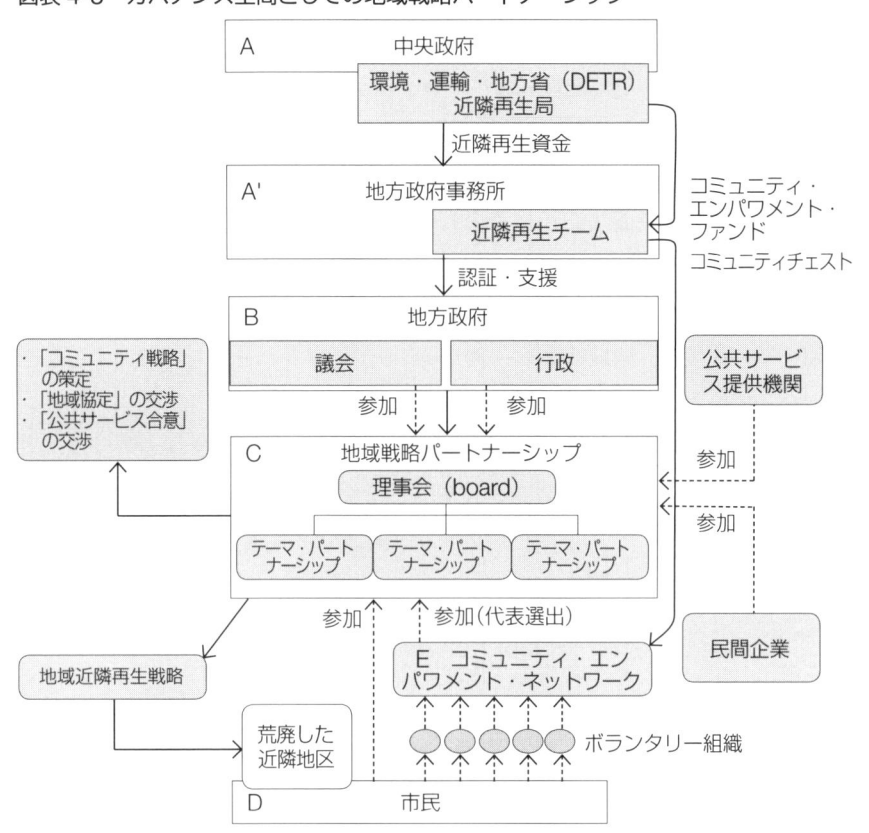

図表 4-3　ガバナンス空間としての地域戦略パートナーシップ

A　中央政府
環境・運輸・地方省（DETR）近隣再生局
↓近隣再生資金
A'　地方政府事務所
近隣再生チーム
→コミュニティ・エンパワメント・ファンド
　コミュニティチェスト
↓認証・支援
B　地方政府：議会／行政
→参加
C　地域戦略パートナーシップ
　理事会（board）
　テーマ・パートナーシップ／テーマ・パートナーシップ／テーマ・パートナーシップ
公共サービス提供機関→参加
民間企業→参加
E　コミュニティ・エンパワメント・ネットワーク
　参加（代表選出）
ボランタリー組織
D　市民
荒廃した近隣地区
地域近隣再生戦略
・「コミュニティ戦略」の策定
・「地域協定」の交渉
・「公共サービス合意」の交渉

A'としてある）、地方政府をB、ガバナンス空間をC、市民をD、ボランタリーセクターの代表を選出するコミュニティ・エンパワメント・ネットワークをEとしてある。

すでにみたように（第3章第4節）、地域戦略パートナーシップは、理事会と複数のテーマ・パートナーシップによって組織化されるガバナンス空間である（図中C）。地方政府、公共サービス提供機関、民間企業、市民やボランタリー組織は、それぞれの代表をこの空間に参加させ、社会的排除の問題を中心とした公共的な意思決定を行う。

点線で示した矢印は、地域戦略パートナーシップへの参加を示している。

市民やボランタリー組織はコミュニティ・エンパワメント・ネットワークに参加し（ボランタリー組織やコミュニティのネットワーク）、そこから何らかの仕組みに基づいて地域戦略パートナーシップへの代表が決定される（コミュニティの代表）。また、近隣再生政策の対象地域では、荒廃した近隣地区から代表が選出される場合もある。地域戦略パートナーシップは、独立した組織であるから地方自治体そのものではなく、議会（地方議会議員）や、行政（職員）も地域戦略パートナーシップに参加する。また、職業安定所や、プライマリケアトラスト、警察など多様な公共サービス提供機関の代表や民間企業の代表も、地域戦略パートナーシップのメンバーとして参加することになっている。

　こうして多様な主体によって構成される地域戦略パートナーシップは、当該地域における公共サービスの達成目標を協議し、これをコミュニティ戦略としてまとめ、その財源について中央政府と協定を結ぶ（地域協定の締結）という役割を期待されている。また、近隣再生政策の対象自治体は、区域内に「荒廃した近隣地区」を抱えており、そうした地区と他の地区の格差を解消していくための戦略を「地域近隣再生戦略」（Local Neighbourhood Renewal Strategy）として策定する。その際に財源として活用することが想定されていたのが、中央政府から交付される近隣再生資金である。近隣再生資金をどのように活用するかは、地域戦略パートナーシップで協議され、議会に諮問され決定される。一方、コミュニティ・エンパワメント・ファンドやコミュニティチェストといった補助金は地方政府事務所を通じて、コミュニティ・エンパワメント・ネットワークを主導する中間支援組織に対して直接、交付される。

　さらに、地域戦略パートナーシップが形成するガバナンス空間は、完全に独立したものではなく、前章で示したように中央政府（近隣再生局）と地方政府事務所（近隣再生チーム）が近隣再生政策の対象となる地方自治体の地域戦略パートナーシップを支援および監督する構造になっている（AおよびA'→C）。

第4章 ガバナンス空間への参加とパートナーシップ組織

❷ コミュニティ・ニューディールとガバナンス空間

　同じように、ガバナンス空間の理念型をコミュニティ・ニューディールにあてはめたものが、図表4-4である。図表4-3と同様、中央政府をA（中央政府の出先機関である地方政府事務所は、A'としてある）、地方政府をB、ガバナンス空間をC、市民をDとし、ここでは市民の代表を選出するコミュニティ選挙をEとしてある。

図表4-4　ガバナンス空間としてのコミュニティ・ニューディール

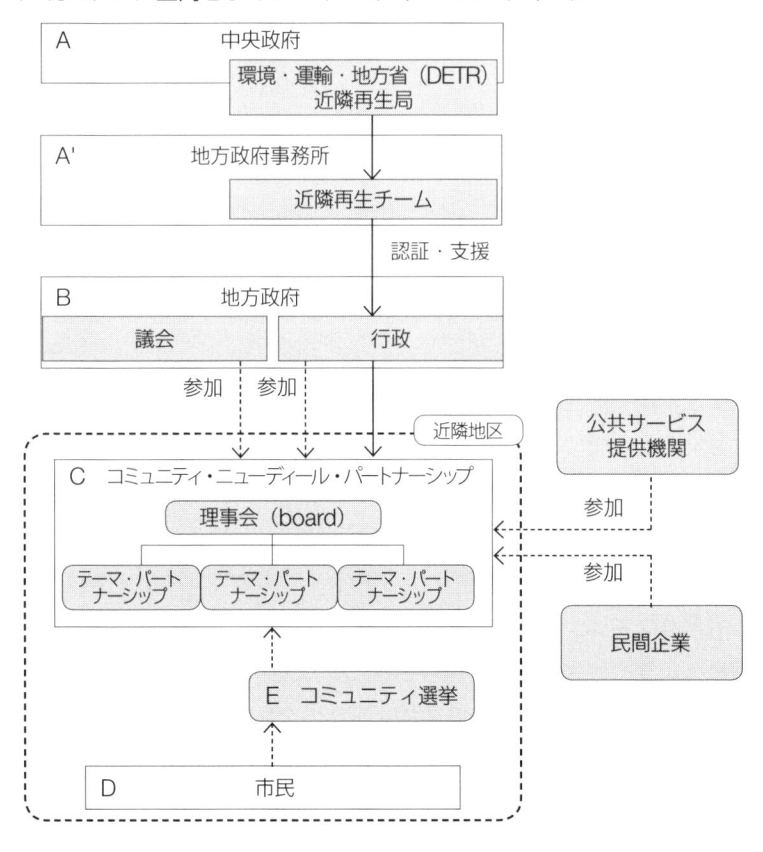

第3章で詳述したように、コミュニティ・ニューディールは、対象地域を10年という長期間にわたってパートナーシップ組織が戦略的に変化させていくプログラムである。また、パートナーシップ組織は住民が参加し、主体となるとともに、多様な機関との共同参加によって設立される。
　ガバナンスが展開される場は、地域戦略パートナーシップとは異なり、近隣地区である。パートナーシップ組織には、地域戦略パートナーシップ同様、多様な機関と住民が参加する。多くの場合、住民の代表はコミュニティ選挙を通じて選出される。また、地方政府の代表者や当該近隣地区選出の地方議会議員も機関代表として、理事会やテーマ・パートナーシップのメンバーとなる。さらに、多様な公共サービス提供機関や、当該地域で営業する大小の民間企業の代表も、パートナーシップ組織のメンバーとして参加する。
　コミュニティ・ニューディールの資金は、地方自治体が責任主体（accountable body）として管理するが、その使途についての決定は、理事会が負うことになっている（補助金の流れは図中に実線の矢印で示した）。理事会は、社会的に排除された近隣地区と他地区との格差を是正していくための実施計画を策定し、10年というスパンの中で交付される補助金を活用し、住民自身が行う活動を活発化させ、他の公組織のサービスを改善していくことを目指すことになる。
　また、コミュニティ・ニューディールが形成するガバナンス空間は、完全に独立したものではなく、前章で示したように中央政府（近隣再生局）と地方政府事務所（近隣再生チーム）がパートナーシップ組織を支援および監督する構造になっている（AおよびA'→C）。
　以上のように、地域戦略パートナーシップもコミュニティ・ニューディールも多様な主体が、公共的な意思決定（地域戦略パートナーシップの場合は、戦略の策定や優先して取り組むべき政策の決定、コミュニティ・ニューディールの場合は、近隣地区で行う多様な事業の全体）に関与する「ガバナンス空間」である。それぞれは、「戦略パートナーシップ」と「近隣パートナーシップ」の類型を代表しており、前者は市域における代表を通じた参加の形態（コミュニティ・エンパワメント・ネットワーク）、後者は小地域における直接

的な参加の形態（コミュニティ選挙）を採っている。本研究は、この２つのガバナンス空間を研究対象とするが、その中でも、これまで公共政策の「受け手」としての地位にとどまっていた市民や、そうした市民を公共空間へと媒介するボランタリー組織がこの空間の中で影響力を行使することが可能になっているのか、を考察することが目的である。テイラーは、パートナーシップ組織への参加は、市民が自らの生活や地域を管理する可能性を高めるとし（Taylor, 2003：190）、バーンズらは、市民の政治システムへのアクセスのチャンネルが拡大し、「対話」の機会が促進されるようになる可能性を指摘している（Barnes, Newman and Sullivan, 2007：1）。つまり、パートナーシップ組織は、ガバナンスが行われる「場」をその参加者に対して開くということを意味している。こうして開かれた場に市民やボランタリーセクターが参加することで、市民やセクターにとっては自らの地域や生活に影響を与える決定に関与するチャンスが拡大することになる。換言すれば、このような変化は、これまでのように政府が垂直的に統治する形態（ヒエラルキー）から、ボランタリーセクターや市民を含むネットワーク内の多様なアクターとの協働に焦点を当てたガバナンスへの変化を表しているということができる（Newman et al., 2004：204；Lowndes and Skelcher, 1998：313）。

しかしながら、こうして開かれたチャンスは本当に市民やボランタリーセクターにとって現実のものとなっており、自らの地域や生活に影響を与えるような公共政策の問題についての討議に対等な立場で参加することを可能にするのだろうか。パートナーシップ組織のメンバーとなることで、それぞれのアクターは相互依存性を認識し、本当に対等な立場で協議を行い、信頼に基づいて決定を下していくことが可能になるのだろうか。そこで、次節では、市民やボランタリーセクターの立場からみたパートナーシップ組織への参加における問題点を先行研究から検討していきたい。

第4節 パートナーシップ組織への参加とその問題点

すでに述べたように、本研究は、これまで政策過程から排除されてきた市民が直接、もしくはボランタリー組織を通じてガバナンス空間に参加することで、実際に政策過程における権力を共有することが可能になっているのか、言い換えれば、政策過程に影響力を行使できるようになっているのか、を明らかにすることを目的としている。確かに、理念上、パートナーシップ組織は、伝統的な行政や市場メカニズムを活用した諸政策と比べて、より「包含的」(inclusive)であると想定されている一方、実際にはそうしたことが保障されているわけではなく「コミュニティの参加」の現実には様々な問題も指摘されている（Lowndes and Sullivan, 2004：51；Mayo and Taylor, 2001）。パートナーシップ組織によって開かれた「新しい機会」をめぐる様々な論点を検討した先行研究をレビューした結果、パートナーシップ組織への参加をめぐる問題は、大きく①パートナーシップ組織内におけるアクター間の関係をめぐる問題（パートナーシップ組織内の関係）、②参加する市民およびボランタリーセクターの問題（参画主体としての市民）、③パートナーシップ組織に対する中央政府の介入やコントロールの問題（中央政府との関係）に整理することができた。以下では、それぞれについて先行研究をレビューした結果を示し、パートナーシップ組織への参加をめぐる問題を明らかにする。

1 パートナーシップ組織内の関係

ガバナンス空間の組織化の形態としてのパートナーシップ組織の特徴は、

政策過程を新たなアクターに対して開くことである、と規定した。すでにみたように、複雑化した社会においては、政府がすべての公共的な問題の解決を単独で担うことは不可能になっている。そこで、政府は複雑な問題を解決していくために複数のアクターに依存しなければならず、同時に多様な主体の様々な資源を調整していくことが求められている。ガバナンス論では、こうした政府の役割の変化を「漕ぎ手からかじ取りへ」として定式化してきたが、パートナーシップ組織は、このような相互に依存し合うアクターが公共的な問題の解決をめぐって協議し、それぞれの資源を交換し合いながら公共的な問題を解決していくことを目指す枠組みである。したがって、パートナーシップ内でのアクター間の関係は、対等であることが想定されている。なぜなら、パートナーシップ組織内でのアクター間の関係が対等でなければ、空間のガバナンスは、相互依存に基づいた資源の交換ではなく、より大きな力を持っているアクターを中心としたヒエラルキーに基づいて行われることになるからである（Somerville and Haines, 2008：63）。しかし、多くの論者は、こうしたパートナー間の互酬性に基づいた対等な関係を無条件に前提とすることはできないと指摘し、過去数十年の経験の中で、パートナーシップ内における権力の欠落、権力構造へのアクセスの不足といった問題が、繰り返し現れていることを強調している（Mayo and Taylor, 2001：39；Southern, 2002：21；Lowndes and Sullivan, 2004：61；Sullivan and Skelcher, 2004：173-175）。

　パートナーシップ組織内におけるボランタリーセクターと他のパートナーとの関係について、テイラーは、資源面で劣位にあるセクターが、ガバナンス空間においても「周辺的な内部者」（peripheral insider）とならざるを得ず、真のパートナーとして意思決定に参画しているとはいえないという見方を紹介し（Taylor, 2000b：1022；Craig et al., 2004）、地域戦略パートナーシップにおけるボランタリーセクターの役割を検討した西村も、個々のボランタリー組織は資金獲得力および人材・組織などの基盤が弱いため、地域戦略パートナーシップにおけるボランタリーセクターは、資金を提供することができる公的組織や民間企業よりも発言力が弱くなり、そのため「発言力が

資金力の水準に依存する」(西村、2007：64)と結論づけている。

 このように、パートナー間の対等性が、パートナーシップに貢献できる資源の保有量に依存しているとすれば、市民やボランタリーセクターが、パートナーシップ組織において対等なパートナーとして役割を果たしていくために交換できる資源の量がその条件ということになり、特に資金面が重要であるということになる (Dargan, 2009：308)。このようにみると資金面で劣位にある市民やボランタリーセクターは、パートナーシップ組織における意思決定に影響を及ぼすことに限定的な役割しか果たすことはできず、政策過程に影響力を及ぼすことも困難なようにみえる。参加は、既存の権力関係を固定化し、再生産するものにすぎないのだろうか (Taylor, 2000b：1023)。

 しかしながら、相互に依存し合う資源は資金だけとは限らない。例えば、テイラーは、市民やボランタリー組織が影響力を行使していくための資源として、専門的知識、技術的助言、情報や政策実施の保障といった例を挙げている (Taylor, 2003b：106)。また、小規模なグループであっても、例えば政府や大規模な組織がアクセスすることが難しいグループにアクセスできるという資源を持っていることで、パートナーシップ内の組織と「連合」(alliance) を組んで影響力を行使することが可能であると指摘している (*ibid*；Taylor et al., 2004：72)。さらに、地域住民は、住民が地域の問題をどのように感じ、何が機能して何が機能しないのか、どのように問題に取り組んでいけばよいかといった暗黙知 (tacit knowledge) をパートナーシップの場に提供することができる (Mayo and Taylor, 2001：50)。このように、市民やボランタリーセクターは資金面だけでなく、自らの持つ交換可能な資源を強調することで、ガバナンス空間において影響力を行使できる可能性がある。

 また、テイラーやロビンソンらが指摘するように、社会的に排除されている人々やグループの参加には、「時間がかかる」。そのため、コミュニティの参加のためにはコミュニティの声を反映させるための「組織化」と「能力の形成」のための支援が不可欠である (Taylor, 2000b：1022；Robinson et al., 2005)。つまり、コミュニティの代表と行政や専門職との間の資源のア

ンバランスを解消していくためには、時間をかけて能力の形成を支援していく必要があり、そうした点を考慮に入れなければ、パートナーシップは既存の権力関係を反映したものになってしまう恐れがあるということになる。

　一方、ボランタリーセクターと政府との関係を対等なものにしていくための異なる角度からの取り組みとして、イギリスではコンパクト（Compact）と呼ばれる協定を政府と締結することによって両者の対等な関係性を担保する動きが広がっている。全国レベルでは、労働党が政権に復帰した直後から交渉が開始され、1998年に政府とボランタリーセクターとの間で「コンパクト」が締結された[1]。同時に、多くのボランタリー組織にとって両者の関係が実際に問題になるのは、ローカルなレベルであることから、地方自治体や公共サービスの提供機関とボランタリー組織がローカル・コンパクトを締結することで、両者の間に基本的なルールを設定し、パートナーシップを促進していくことが推奨されることになった（LGA, 2000）。このような協定は、パートナーシップにおけるセクターの参加や位置にどのような影響を及ぼしたのだろうか。クレイグらの初期の調査（Craig et al., 1999）では、ローカル・コンパクトに対する地方自治体の関心は高いものの、地方自治体以外の公共サービス提供機関の関心がそれほど高くないことや、それまでの関係が良好であり、対話の蓄積がある地域ほどローカル・コンパクトの締結が進んでいること、アウトカムと同時に策定のプロセスが重要であること、などが指摘されている。また、クレイグらの継続的な調査では、地方自治体を舞台に様々なボランタリーセクターとの協働を条件づけられた政策が推進された結果、コンパクトがあまり必要とはみなされていないことや、少数民族のグループなどがコンパクトの協議に十分参加できていないことが指摘されている（Craig et al., 2002：18-19）。さらに、クレイグらは近年の調査で、コンパクトは権力のバランスを変化させるようなインパクトを持ち得ないという否定的な意見とともに、次のような権力関係を変化させる可能性に言及している（Craig et al., 2005：41）。第1に、コンパクトの締結プロセスにおいてボランタリーセクターの貢献に対する注目度が上がることで、対等な関係を促進できる可能性があること、第2に、ボランタリーセクターの役割

と責任のみならず、他のセクターの役割と責任が明確化されることでパートナーシップが強化されること、である（*ibid*）。

2 参画主体としての市民

パートナーシップ組織への参加をめぐる問題として、パートナーシップ組織内の関係だけでなく、ガバナンス主体としての市民やボランタリーセクターの問題に焦点を当てたものが、「参画主体としての市民」である。しばしば、市民やボランタリーセクターの参加は、無条件に「よいこと」とされる傾向があるが、市民が参加することが必ず良い結果をもたらすとは限らない。例えば、今村は、市民やボランタリーセクターがガバナンスの主体として期待される能力を果たしうるのか、という「参画主体の能力」が問題になると指摘している（今村、2002）。参画主体の能力は、市民やボランタリー組織の代表者のみが問われることではないが、他方で市民やボランタリー組織の代表が参加することが、必ずしも良い結果をもたらすわけではないという指摘を考慮に入れるならば、市民とボランタリー組織の代表のガバナンス主体としての能力について検討しておかなければならない。

松田は、一般的な市民参加について論じる中で、こうした参画主体としての市民について、「市民参加の主体である市民自身についての考察が欠かせない」（松田、2008：36）と指摘し、参加する主体である市民について、①「市民」の範囲の問題（すなわち、代表性の問題）、②市民参加に際して市民が直面する様々な参加に伴うコストの格差の問題、③市民参加に必要な市民の能力の問題を取り上げている。サリバンも、市民の能力が多様な要因から構成されるとし、市民がパートナーシップにおいて能力を発揮していくためには、「時間や金銭的な欠如」への支援が必要であると指摘している（Sullivan and Skelcher, 2002：171）。そこで、本研究では、参加に伴うコストの格差の問題を市民が能力を発揮する前提ととらえ、市民の能力の問題に含めて検討することにする。以上のことから、本研究では参画主体としての市民に

ついて、特に代表性の問題と参加に伴うコストの問題を含めた市民の能力の問題について先行研究を検討しておくことにしたい。

1 ── 市民とは誰か　代表性の問題

　代表性の問題とは、参加しているのは「どの市民なのか」(which citizens?) という問いでもある (*ibid*：165)。市民やボランタリーセクターがガバナンス空間で影響力を行使していく前提として、その代表が適切に選出されていなければ、その決定も正統性のあるものとはみなされない。換言すれば、代表性が適切に確保できなければ、限定された一部の市民のみが政策過程に影響力を行使しているという批判を受けることを免れない。

　松田は、市民参加と市民について、「政策策定には、多様な市民の利益、意見、ニーズが反映されること、すなわち代表性の確保が求められる」(松田、2008：36) とし、市民の「代表性」の問題を指摘している。このことは、ガバナンス空間に「誰が参加しているのか」という問題であり、「代表となった市民は本当に市民の幅広い利益や意見、ニーズを代表しているのか」、また「(個人の関心や利害ではなく) 代表として意見を述べ、決定に参加しているのか」という問題である (Bochel, 2006：16；Lowndes and Sullivan, 2004：61)。同様のことは、ガバナンス空間において「市民の声」を代表しているとされるボランタリーセクターの代表にもいえる (Taylor et al., 2004：72)。このように、代表性の問題は、市民やボランタリーセクターの代表のように投票によって選出されていない主体が政策過程に参加する以上、当然起こりうる問題であり、「民主的正統性の問題」(金川、2008：155) もしくは、「アカウンタビリティと代表性」および「代表の正統性」に対する疑問ということができる (Bochel, 2006：16)。

　具体的には、コミュニティの代表が、しばしば「いつものメンバー」(usual suspects) に限定され、必ずしも社会的に排除されている人々を代表していない場合が多いことが指摘されている (Taylor, 2000b：1028)。ラウンズらも、パートナーシップにおける「組織の代表によって様々な個人が代表できる」という想定は、「新しいコーポラティズム」に陥る危険性がある、と

指摘している (Lowndes and Sullivan, 2004：60)。

　また、コミュニティの利益は相反することのほうが多いはずであり、メイヨーは「もしコミュニティが同一性のある集団にみえるのであれば、それは力のある声だけに耳を傾けているから」(Mayo et al., 2001：1) であると述べている。テイラーとウォーバトンは、ボランタリーセクター内でのパワーバランスにも注意を払う必要性に言及し、ディンハムは対立する利益によってコミュニティ内での「派閥争い」が起こっていると指摘している (Taylor and Warburton, 2003：331；Dinham, 2005：308)。つまり、コミュニティは同質ではなく、差異と潜在的な分裂 (人種、エスニシティ、ジェンダー、障害、年齢、階級、セクシャリティ、住宅所有の形態) のリスクを抱えている (Robinson et al., 2005：17；Foley and Martin, 2000：486；Mayo and Taylor, 2001：48)。そのため、コミュニティの代表は、必ずしもコミュニティ全体や社会的に排除されているあらゆる人を代表しているわけではなく、同時に、コミュニティの多様で、時に対立する利益を「コミュニティの意見」として代表していかなければならない困難を抱えることになる (*ibid*：49)。

　さらに、こうした代表性の問題は、パートナーシップと公選議会との関係の問題でもある。スチュワートは、パートナーシップが伝統的な代議制民主主義と対立する可能性を指摘し (Stewart, 2005：162)、サリバンは、代議制民主主義が参加型民主主義によって補完される必要性については広く合意されているとしても、そのバランスが明確になっておらず、緊張が生じる可能性に言及している (Sullivan, 2001：9)。ロウやフォーリーらも、正統性のあるコミュニティの代表は自分たちであると考えている公選議会の議員が、意思決定から排除されることを恐れて、コミュニティの代表を脅威に感じる可能性があると指摘している (Rowe, 2007：53；Foley and Martin, 2000：487)。

　以上のように、ガバナンス空間への参加においては、参加者の正統性が問題となり、民主的な正統性を主張する代議制民主主義との緊張が問題になる。特に、代表がパートナーシップ組織のメンバーになることで、参加が実現するという想定は誤りであり、ラウンズが指摘するような「新しいコーポラティ

ズム」、すなわち、参加が特定の特権的な市民に限定されてしまうという問題が生じる可能性がある。そのため、こうした代表が「広くコミュニティの利益を理解し、それを代弁しているのか」という点、そして「アカウンタビリティ」が重要な課題となるといえるだろう。

そこで、こうした問題を解決していくためには、コミュニティの代表とコミュニティを結びつける基盤を整備することが重要になる。ラウンズとサリバンは、「コミュニティや利用者の代表者とされる人は、実際に誰を代表しているのか、どのような説明を求められるのか、どのように意見を集約するのか、どのように異なる選好を調停するのか」と代表性の問題を指摘し、「コミュニティの代表と彼らが代表しているコミュニティとを結びつける基盤が存在していない」とコミュニティの代表とコミュニティを結びつける「基盤」の重要性を指摘している（Lowndes and Sullivan, 2004：61）。

多様な価値観や組織から構成されるボランタリーセクターが、ガバナンス空間に代表を送り出す「基盤」として政府が想定しているのは、すでに述べたように「コミュニティ・エンパワメント・ネットワーク」という仕組みと「コミュニティ・エンパワメント・ファンド」という支援である（Neighbourhood Renewal Unit, 2001）。地域戦略パートナーシップというガバナンス空間に市民が代表を選出するための「ボランタリーセクターのネットワーク」であるコミュニティ・エンパワメント・ネットワークは、多様な市民の利益を媒介するための基盤であり、そのため、ボランタリーセクターの代表性について考える際には、このネットワークがどのように機能しているかを検討することが必要になる。パデューは、コミュニティ・エンパワメント・ネットワークに対する地方自治体や地域戦略パートナーシップの考え方には温度差があることを指摘しているが（Purdue, 2005：125）、多様な利益を媒介するための基盤組織のあり方は、パートナーシップ組織と参加の問題、そして「ボランタリーセクターを通じた参加」の妥当性を検討する意味でも重要であろう。

コミュニティ・ニューディールにおいては、市民の代表をパートナーシップ組織に選出する際に、「コミュニティ選挙」（community election）を実

施し、代表性を担保する工夫をしている場合が多い。しかし他方で、「多様な声」を反映するという意味では、コミュニティ選挙は、代議制民主主義と同じ問題が生じることになる。そのため、特定の市民層（若者や障害者、エスニックマイノリティなど）にはあらかじめ議席（パートナーシップの理事のポスト）を割り当てるといった工夫をしている地域もある（Shaw and Davidson, 2002）。

　以上のことから、コミュニティの代表者である市民が、コミュニティを代表し、政策過程に影響を及ぼすための条件を検討するためには、コミュニティ・エンパワメント・ネットワークや、コミュニティ選挙のような市民と代表を媒介する基盤となる組織や仕組みについて検討することが必要であるといえるだろう。

2 ── 市民の能力

　ここでは、「市民参加に必要な市民の能力の問題」について検討する。松田（2008）は、市民のガバナンス能力の限界を理論的に検討し、次の3点にまとめている。第1に、政策決定に必要な高度な専門知識や情報を市民は持っていないこと、第2に、仮に能力を持っていたとしても、人々は自分たちの当初からの考えや立場と矛盾しないような形で情報を収集したり解釈したりする傾向があり、こうしたバイアスの問題があること、第3に、市民の個人的な選好と社会の公正との間に不一致があること、すなわち、社会的に望ましい選択が、個人の利益の追求によってゆがめられてしまう可能性があるということである。

　まず、政策決定に必要な専門知識についてロビンソンらは、コミュニティの参加は市民こそが「何が最良かをもっともよく知っている」という前提でなされているが、逆に他の地域での取り組みを知ることや、専門知識の裏づけがないと新しい発想や創造性が生まれないと指摘し、それゆえに専門職とのパートナーシップが必要になると論じている（Robinson et al., 2005：18）。

　近年、市民自身の持つ知識や能力を軽視すべきではないことが指摘される

ようになってきている。藤垣は、「科学的合理性」と「社会的合理性」を区別し、多様な利害関係者が公共的な意思決定を行う場合の仕組みとして、科学的な妥当性に基づいた科学的合理性の限界を指摘し、社会的合理性の重要性を指摘している（藤垣、2003：80）。科学技術の知識が、社会的決定における正統性の提供者という役割を果たしてきた時代は、専門家と市民の関係は知識を持つ者と持たない者という一方的でパターナリスティックなものとして語られてきた。しかし、「専門家の思いもよらないような現場の知識が、意思決定のための根拠の提示に役立つということ」があり得るのであり、市民の側の「現場知」が大事であるケースもあることが指摘されるようになっている（同上書）。つまり、市民の側には能力が欠如しているという想定（欠如モデル）そのものが見直されなければならない。藤垣が問題にしているのは科学技術における現場知であるが、地域再生などの領域ではなおのことそこに暮らす市民の現場知が重視されるべきであろう。こうした点も考慮に入れながらなお、市民の側の専門的知識の欠如としてどのような問題があるのかを考えていく必要があるだろう。また、逆にいえば、こうした市民の現場知を活かし、協働していくことのできる専門職が必要になる。テイラーは、パートナーシップにおいて求められる新しいキャリアを確立するためには、専門職にも学習プログラムが必要であることを指摘し、フォーリーらは議員にも同様の視点が求められることを強調している（Taylor, 2000b：1026；Foley and Martin, 2000：486；Robinson et al., 2005：24）

次に、バイアスと個人の利益追求という問題について、ロビンソンらはコミュニティの代表が「彼らがもっとも関心があってよく知っていることに焦点を当てる傾向がある」と指摘し、排除的になったり反動的になったりする可能性や、人種や宗教、セクシュアリティといった問題に対して現代的で進歩的な態度を示すわけではないことに注意を向ける必要性を指摘している（*ibid*：17-18）。

他者との討議を通じてこうした個々人の選好が変化することに新しい民主主義の展望を見出しているのは、熟議民主主義の主張である（第1章参照）。パートナーシップ組織は、一人ひとりの市民が直接的に選好を表明する直接

民主主義と選挙を通じて選好を表明する代議制民主主義との中間的な「権限を委譲された民主主義」(delegate democracy) であるとみることもできる (Lowndes and Sullivan, 2004：62)。個人的な関心やそれに基づいた行動、価値観の対立、コンフリクトが、パートナーシップ組織における協議や相互作用を通じて変容する可能性や条件について注意を払うことは、市民のガバナンス能力を考える上でも重要な視点となろう。こうした選好の変容が起こらないとすれば、パートナーシップ組織によるガバナンス空間は、多様な主体の多様な意見が、バラバラにテーブルに提出されるにすぎなくなってしまう。そして、ガバナンス空間において解決できる問題は、そもそも対立や異論のない問題だけになるか、既存の権力関係を反映した結論となってしまうことになるだろう。

また、以上のような市民の専門的知識の欠如や、バイアス、個人的利益の追求といった問題に対しては、時間をかけた能力形成のための支援が不可欠であることが指摘されている (Pearson and Craig, 2001：133)。市民が、自らの関心や利害、価値観のみに基づいて決定に参加するのではなく、協議の過程で選好を変容させ、コミュニティ全体の利害や排除されている個人および集団を考慮に入れた決定を行っていくためには、どのような能力形成のための支援が必要とされるのかについても注意を払う必要があるだろう。

最後に、市民が直面する様々な参加に伴うコストの格差の問題について検討する。これは、参加のためのコストを考慮に入れた場合、市民の間で参加の機会費用に格差が生じ、結果として一部の市民のみが参加できる状況となることで、政策過程における利益や意見が一部市民のものに限定されてしまうという問題である (松田、2008：38)。ロビンソンらもパートナーシップ組織において、唯一無償のボランティアとして参加するのがコミュニティの代表であり、特に社会的に排除されている地域では、こうしたコストの問題が重要になると述べ、交通手段への配慮、保育の問題や、実費弁償について配慮すべきであると指摘している (Robinson et al., 2005：24)。サリバンらも社会の構造的な格差が、市民の参加に影響していると強調し、育児や差別などへの配慮が不可欠であると述べている (Sullivan and

Skelcher, 2002：171)。すでに指摘したように、こうした配慮がなされない場合、コミュニティの代表は「いつものメンバー」に限定されることになってしまい、パートナーシップ組織内にコミュニティの権力関係が反映されてしまうとか、参加できる資源を持った人のみに政策過程が「開かれる」ことになってしまうという危険がある。

こうした意味で、参加に伴うコストの格差の問題は代表性の問題とも関連しているが、ここではこうしたコストの格差を是正することを、市民が能力を発揮するために必要な支援ととらえ、市民の能力の問題、特に能力形成のための支援と関連させて位置づけることにする。いずれにしても、市民やボランタリーセクターの参加に際して、こうしたコストの格差にどのように配慮しているかは、参加の内容を大きく左右する可能性があるといえるだろう。

❸ 中央政府との関係

パートナーシップ組織への参加をめぐる問題の3点目は、パートナーシップ組織に対する中央政府の介入やコントロールの問題（中央政府との関係）である。本研究で対象とするガバナンス空間は、地方自治体のレベルもしくはそれよりも小地域での公共的な意思決定に関する政策過程を対象としている。すでにみたようにこうした空間内でのパワーバランスは重要な問題であるが、そもそもこうした空間自体に対する外部からの影響力の程度は、空間内での意思決定に大きく影響する。こうした空間がローカルに組織化されている以上、特に問題となるのは「中央政府との関係」である。地域戦略パートナーシップもコミュニティ・ニューディールもともに中央政府のプログラムであり、自己組織的なガバナンス空間ではなく、中央政府の決定から自由ではない。ローカルなガバナンス空間は、常に上位の政府との関係が問題にならざるを得ないのである。

ニューマンは、ガバナンス論でしばしばみられるような「分権化されたネットワークによるガバナンス」という理念型が実現しているとはいえず、政治

的コントロールの「再中央化」(recentralization) の危険性を指摘している (Newman, 2001：163)。また、金川、西村、笠は多くの地域戦略パートナーシップでは、どの事業、どの活動を実施すべきか、という地域課題の優先順位の設定に関して、中央政府の要請と地域の考えとの間に緊張がみられ、両者の整合性を取ることが難しいと指摘し、「強制的あるいはトップダウンのパートナーシップ」が生じており、中央政府の「サービスディバリーのツール」として使われている傾向が極めて強いと指摘している（笠、2006a：12；西村、2007：56；金川、2008：156）。

特に、地域戦略パートナーシップやコミュニティ・ニューディールでは、政府が達成すべき目標を「ターゲット」という形で設定し、補助金の交付に際してその達成を地域のパートナーシップ組織に求めることが多い。テイラーは、こうした強制的なインディケーターが、「どのようにパートナーシップを進めるべきかだけではなく、何が必要なのかということまでもトップダウンで決定してしまうことにつながっている」と批判し (Taylor, 2000b：1024；Taylor et al., 2004：70)、フォーリーらは中央政府が性急な成果を求めることは、コミュニティの参加という理念と矛盾すると指摘している (Foley and Martin, 2000：487)。こうした中央政府の関与について、ニューマンは、パートナーシップの活用は、市民の参加を高めるというよりも、新しい形の国家の統治権力となっているという見方もできると指摘し (Newman, 2001：125)、ライトらは労働党のボトムアップの再開発へのコミットメントは、そのトップダウンの本性と矛盾すると指摘している (Wright et al., 2006：348)。

そのため、パートナーシップ組織が独自に決定できる領域は限定される。そうなると、市民やボランタリーセクターが政策過程に参加し、影響力を行使しようとしても、ゲームのルールはより上位の権威によって決定されていることになる。

フォーリーは「ボトムアップのアプローチと中央政府による目標管理は一致しない」(Foley and Martin, 2000：479) と指摘し、ゲデスは、「トップダウンとボトムアップのバランスが重要である」と指摘している

(Geddes, 1998：92)。換言すれば、こうした論点は、ローカル・ガバナンスに対するメタ・ガバナンス（metagovernance）の問題であるといえる（Jessop, 2002）。メタ・ガバナンスは、ガバナンスのガバナンスであり、この場合は、中央政府の調整機能、特にネットワークのゲームのルールを規定することなどを通じたローカル・ガバナンスの「かじ取り」の機能ということができる（Brvir, 2009：132; Newman, 2005：11）。このように、パートナーシップ組織に対する中央政府の介入とローカルな自律性のバランスもしくは緊張を検討することは、ローカル・ガバナンスのモデルとしてパートナーシップ組織をとらえていくために不可欠な視点である。

4 先行研究のまとめ

　以上のように、パートナーシップ組織という形で新たに開かれたガバナンス空間において、市民やボランタリーセクターが対等なパートナーとして政策過程に参加し、影響力を行使していくことは、パートナーシップ組織のメンバーとなることで自動的に担保されるわけではない。そして、先行研究からは、第1にパートナーシップ組織内における市民やボランタリーセクターの代表と地方自治体をはじめとした多様な公共サービス提供機関との関係が問題となること（パートナーシップ組織内の問題）、第2に、パートナーシップ組織内における他のセクターとの関係だけでなく、市民やボランタリーセクターの代表がガバナンス空間において正統性のある代表として影響力を行使していくためには、その前提として市民やボランタリーセクターの代表の「代表性」が問題になること、また、市民の側の現場知を政策過程に反映し、参加を一部の人に限定させないための「能力」が問題となること（参画主体としての市民）、第3に、ローカル・ガバナンスに対するメタ・ガバナンス、特に中央政府との関係が論点となること（中央政府との関係）、を示した。以上のことから、本研究ではガバナンス空間（パートナーシップ組織）への参加の問題を分析する視点として、パートナーシップ組織内の問題、参画主

体としての市民、中央政府との関係を3つの分析視角として設定し、次章では、それを実証的に明らかにするための具体的な研究設問（リサーチクエスチョン）を含む調査の設計について検討する。

第5節 小括

　本章では、本研究の鍵概念となるガバナンス空間という概念を導入し、本研究が対象とするパートナーシップ組織をガバナンス空間という枠組みの中に位置づけるとともに、そうした場における参加の問題に関する先行研究をレビューした。

　まず、ガバナンス空間という概念を導入し、代議制民主主義による政策過程とは異なる決定の様式が、「第二の公共セクター改革」の結果として生じていることを示した。また、本研究では、「パートナーシップ組織」という形で組織化されたローカル・ガバナンス空間を対象とすることを述べた（第1節）。

　次に、パートナーシップ組織は、様々な形で組織化されうるが、本研究ではパートナーシップ組織が焦点を当てる内容（戦略的・特定のサービス、近隣）から類型化し、市域全体を対象とする「戦略パートナーシップ」の類型と、市域よりも小地域での「近隣ガバナンス」に焦点を当てることを明確にし、参加という視点からそれぞれの特徴を示した（第2節）。また、本研究において対象とする具体的政策（地域戦略パートナーシップとコミュニティ・ニューディール）をガバナンス空間のモデルに位置づけ、ガバナンス空間という視点から再構成した。両者とも多様な主体が、公共的な意思決定に関与するガバナンス空間であり、それぞれが「戦略パートナーシップ」と「近隣パートナーシップ」の類型を代表していることを示した（第3節）。

そのうえで、市民やボランタリー組織は、こうした新しいガバナンス空間におけるメンバーとなって政策過程に影響を及ぼしていく「チャンス」が、従来よりも拡大しているとはいえ、そこで想定される様々な問題について先行研究をレビューした（第4節）。先行研究を分類すると、こうした問題は、大きく①ガバナンス空間（パートナーシップ組織）内の関係、②参画主体としての市民の問題、そして、③ローカル・ガバナンスの空間と中央政府との関係の問題という3つの視点から整理することができることを示した。

以上の検討を踏まえ、次章ではローカル・ガバナンスと参加の問題を実証的に検討していくための調査の目的、調査設計を含むその方法、調査対象などを明確にする。

〈第4章脚注〉

1) 正式には、Compact on the Relations between Government and the Voluntary and Community Sector in England という。全国レベルでのコンパクトの詳細は、永田（2004 および 2007a）を参照。

第5章 調査の目的、方法と対象

第1節 調査の目的

　本章では、調査の方法と対象について詳説するが、それに先立って第1章から第4章までの検討を踏まえつつ、あらためて本研究の目的を整理しておきたい。本研究は、ローカル・ガバナンスという公共的な課題を解決するための決定と実施を行う空間（ガバナンス空間）への市民とボランタリーセクターの参加を主題としている。イギリスでは、ローカルなレベルで、こうした空間が市民やボランタリーセクターに開かれるようになってきている。しかしながら、ガバナンスへの参加は、無条件に市民やボランタリーセクターが公共的意思決定に関与し、影響力を行使することを保障するわけではない（第4章）。そこで、本研究では、こうした変化が、実際に政策過程における市民やボランタリーセクターの影響力を増大させたのか、そうだとすればそれはどのような要因によるものであり、またそうでないとすればその要因は何か。さらに、ローカル・ガバナンスにおいて統治の責任を分有するようになった市民やボランタリーセクターは、十分にそうした統治を担いうる主体としての能力を発揮できているのか。こうした問いに対して、実際にパートナーシップ組織の運営や参加の支援に取り組んでいる職員の視点から、検証することが第1の目的である。また、こうした検証を通じて、市民やボラン

タリーセクターが政策過程に影響力を行使することが可能になるようなローカル・ガバナンスの条件を明らかにすることが第2の目的である。したがって、調査の目的は、上記の研究目的を実証的に明らかにすることである。以下、本章では、調査の方法と対象（第2節）、調査を行った対象地域の概要（第3節）について詳述する。

第2節 調査の方法と対象

1 調査方法　インタビュー調査の選択と手順

まず、データの収集方法として、インタビュー調査を選択した理由を述べる。データの収集方法としては、量的なデータの収集として質問紙調査、質的なデータの収集方法としてはインタビュー、参与観察、文書がある（盛山、2004：58,249）。

質問紙調査を採用しなかった理由は、本研究の対象である地域戦略パートナーシップの場合、対象となる自治体は88自治体、コミュニティ・ニューディールの場合は、39パートナーシップ組織であり、悉皆調査を行った場合でもサンプル数が少なく、回収率を考慮すれば統計的に有意味な分析をすることが難しいこと、また、海外の機関を対象とした調査であるため、調査票の発送や回収に技術的な困難が予想されること、がある。他方、質的なデータの収集方法の中でも、インタビューを主なデータ収集方法として採用した理由は、インタビューには、直接観察できないことを明らかにすることができるという積極的な利点があり、本研究のように、パートナーシップ組織の職員の「認識」を通じて、市民やボランタリーセクターがガバナンス空間に

おいて影響力を行使しえているのかを検討する場合、インタビューイーの考えや認識を直接理解することができるインタビュー調査のほうがデータの収集方法として有効であると考えられたからである。また、消極的理由として、海外の機関を対象とした調査においては、参与観察というデータ収集法は物理的に困難であることもインタビューを選択した理由の一つである。例えば、パートナーシップ組織の理事会に参加することで、市民やボランタリー組織の参加者とそれ以外の参加者との相互作用を直接的に観察・理解することが可能になるが、そうした機会を継続的に得ることは難しいと判断した。以上の理由から、本研究では、インタビューを主要なデータ収集法として採用し、補足的に調査の際などに収集した文書をデータとして使用することにした。

次に、インタビューの実施方法についてである。調査は、2005年9月より2009年3月までの約3年半にわたり、合計7回の訪英によって、地域戦略パートナーシップ、コミュニティ・エンパワメント・ネットワーク、コミュニティ・ニューディールの各組織の職員を対象として行った（詳細は、本節5.を参照）。インタビューは、インタビューガイドを用いた半構造化インタビューを実施した。インタビューの時間は、もっとも短いインタビューで約1時間、平均すると1時間30分程度であった。すべてのインタビューには在英の邦人で、社会福祉の専門家でもある協力者に同行してもらった。これは、データ収集を複数の研究者で行うことを担保すると同時に、筆者にとって母国語ではない外国語でのインタビューであることを踏まえ、インタビュー内容の確認などを補助してもらうという目的もあった。

そして、インタビュー調査の設計について述べる。インタビュー調査の設計は、メイソンの質的なインタビューの手順に従った（Mason, 2002：69-72）。メイソンは、インタビューに先立つ手続きとして、図表5-1に示したような手順を提示している。まず、研究の「大きな」研究設問（big research question）を明確化し（ステップ1）、大きな研究設問を「小さな」研究設問（mini-research question）、すなわち「大きな」研究設問のサブカテゴリーに細分化する（ステップ2）。次に、細分化されたそれぞれの研究設問を、「インタビュートピック」（interview topics）として発展させ、質問項目を

第5章 調査の目的、方法と対象

図表5-1 インタビューの計画と準備の手順

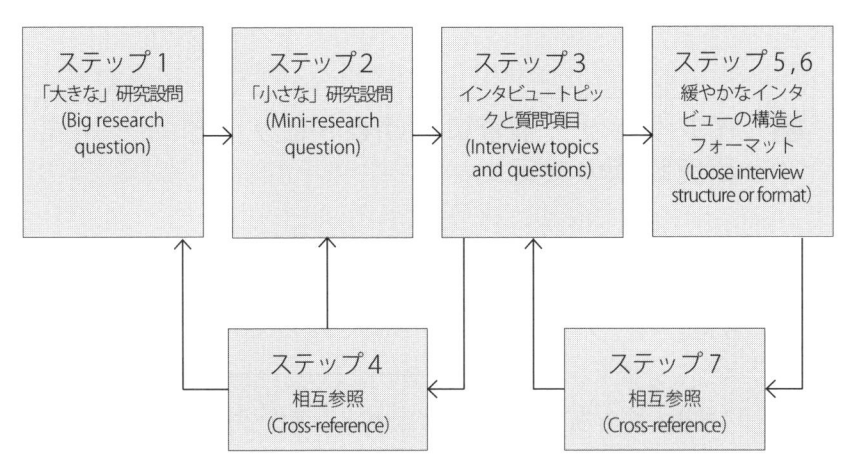

```
ステップ1              ステップ2              ステップ3              ステップ5,6
「大きな」研究設問    →  「小さな」研究設問  →  インタビュートピッ →  緩やかなインタ
(Big research         (Mini-research        クと質問項目           ビューの構造と
question)             question)             (Interview topics     フォーマット
                                            and questions)        (Loose interview
                                                                  structure or format)
         ↑                    ↑                    ↑                    ↑
         │                    │                    │                    │
         │            ステップ4                            ステップ7
         └──────────  相互参照          ←──────────────   相互参照
                      (Cross-reference)                    (Cross-reference)
```

出所：Mason（2002：72）に基づいて一部修正した。

設定する（ステップ3）。また、こうしたトピックとそれぞれのレベルの研究設問を相互参照し、インタビューにおける質問が研究設問に答えるものかどうかを確認すべきであると述べている（ステップ4）。そして、こうした作業を経てインタビューの構造、フォーマットを確定し（ステップ5）、インタビューに標準化された質問項目を盛り込むかなどを検討する（ステップ6）。最後にインタビューのフォーマットや質問が、インタビューのトピックや質問項目をカバーしているか相互参照する（ステップ7）。

本研究では、メイソンのいう「大きな」研究設問（「近隣再生政策によって開かれたローカル・ガバナンス空間は、実際に政策過程における市民やボランタリーセクターの影響力を増大させたのか、そうだとすればそれはどのような要因によるものであり、またそうでないとすればその要因は何か。さらに、ローカル・ガバナンスにおいて統治の責任を分有するようになった市民やボランタリーセクターは、十分にそうした統治を担いうる主体としての能力を発揮することが可能になっているのか」）を前章で検討した先行研究を踏まえ、①パートナーシップ組織内の関係、②参画主体としての市民、③中央政府との関係という3つの「分析視角」から、それぞれについて以下の

169

ように、より「小さな」研究設問に細分化し、インタビュートピックとインタビューにおいて明らかにすべき具体的な項目を確定した[1]。

2 インタビュー調査におけるトピックと研究設問の設定

1 ── パートナーシップ組織内の関係

　前章でみたように、パートナーシップ組織における市民やボランタリーセクターの参加を分析するための分析視角の第1は、「パートナーシップ組織内における関係」である。政府の能力の限界は、多様なアクター間の相互依存に基づいたガバナンスを求めるが、資源面で劣位にある市民やボランタリーセクターは、パートナーシップ内においても対等なアクターとして認められない可能性がある。しかし、同時に政策過程において求められる資源は多様であり、政策的な環境によっては市民やボランタリー組織の持つ「現場知」が、重要な資源として認識されるという可能性も展望されていた。また、ボランタリーセクターと公組織のパートナーとの間では、コンパクトと呼ばれる協定を締結することで、両者の関係の対等性を担保しようとする取り組みも進められており、こうした協定の締結のプロセスにおいてボランタリーセクターへの注目度が高まり、より対等な関係を促進できる可能性があること、パートナーシップにおけるそれぞれの役割を明確化することでパートナーシップを強化することができる可能性があること、といった研究結果があることをみた。

　以上の先行研究を踏まえ、市民やボランタリーセクターが、パートナーシップ組織において他の主体と対等なパートナーとして影響力を行使しえているのかを明らかにするためのインタビュートピックと研究設問として、「(パートナーシップ組織における市民やボランタリーセクターの代表と他の主体との間の) 資源面での不均衡」(資金面での不均衡は、パートナーシップ組織内の関係にどのような影響を及ぼしているのか)、「市民やボランタリー組織

の固有の資源の認識」(市民やボランタリー組織の固有の資源はどのように認識され、それがパートナーシップ組織内の関係にどのように影響を及ぼしているのか)、「両者の関係を規定する協定の影響力」(コンパクトの締結によって関係を規定することは、ボランタリーセクターとその他のパートナーとの間の関係にどのような影響を及ぼしているのか)を設定した。なお、「両者の関係を規定する協定の影響力」は、地方自治体や公共サービス提供機関とボランタリーセクターとの間の協定であることから、地域戦略パートナーシップを対象とした調査のみのインタビュートピックである。

2 ── 参画主体としての市民

　分析視角の第2は、「参画主体としての市民」の問題である。そのうちでも、市民の代表性と民主主義的正統性の問題、そして市民の能力が、ガバナンスにおける参画主体としての市民の問題として課題となっていることをみた。

　まず、代表性の問題については、パートナーシップにおける代表の正統性が問題になることが指摘されており、具体的には、メンバーが固定化される可能性があること(「いつものメンバー」)、コミュニティは一枚岩ではなく、多様でかつ紛争や闘争を含むものであること、それゆえ、コミュニティの代表は、コミュニティ全体を代表しているとは限らず、対立するコミュニティの利益を調停することは困難であること、が指摘されていた。また、民主主義的な正統性を持った決定機関である公選議会や議員(代議制民主主義)との関係についてもその役割分担が明確になっておらず、対立や緊張が生じる可能性があることをみた。そして、こうした問題を解決していくためには、コミュニティの代表とそのコミュニティを結びつけ、代表の正統性を担保するような「基盤」が必要であることが強調されていた。

　そこで、参画主体としての市民・ボランタリーセクターが、パートナーシップ組織内で影響力を行使していく前提として求められる代表性の問題を明らかにするためのインタビュートピックと研究設問として、「代表性の問題」(ガバナンス空間におけるコミュニティの代表性の問題は、どのように認識されているのか)、「代議制民主主義との関係」(代議制民主主義とガバナンス空

間との間の調整はどのように行われているのか)と「代表選出の基盤」(コミュニティの代表を選出する基盤は、どのように機能しているのか)をインタビュートピックと研究設問とした。

次に、市民の能力としては、専門的知識の欠如や、市民自身が排除的になったり、反動的になったりする「バイアス」の問題、コミュニティの代表が個人的な利益を追求してしまう可能性があることなどが指摘されている。また、こうした問題を解消していくためには、時間をかけた能力形成が必要なことや、市民の能力だけでなく、市民と協働する専門職の能力も重要であることが指摘されていた。さらに、社会的に排除されている地域では参加に伴うコスト(実費弁償や、託児など)への支援がなければ、代表としてガバナンスに参加できる市民が限定されてしまうことも強調されている。

そこで、参画主体としての市民・ボランタリーセクターが、パートナーシップ組織において影響力を行使するために必要とされる参画主体としての能力を明らかにするためのインタビュートピックと研究設問として、「市民の能力の問題およびそれに対する支援」(参画主体としての市民の能力の問題は、どのように認識されているのか。また、そうした問題に対してどのような能力形成の支援が行われているのか)、「参加に伴うコストの格差」(市民間の参加に伴うコストの格差は、どのように認識され、そのことにどのような配慮がなされているか)、「専門職の能力」(パートナーシップにおいて求められる専門職の能力は、どのように認識されているか)をインタビュートピックと研究設問として設定した。

3 ── 中央政府との関係

分析視角の第3は、「中央政府との関係」である。ローカルなガバナンス空間は、中央政府の政策と独立して存在しているわけではない。先行研究からは、中央政府のトップダウンなアプローチがパートナーシップ組織の目標や優先順位の設定に影響を及ぼしていることが指摘されている。特に、市民やボランタリーセクターがローカル・ガバナンスに参加し、影響力を高めていくことと中央政府がトップダウンでガバナンス空間における「ゲームの

図表5-2 インタビュートピックと研究設問（パートナーシップ組織内の関係）

インタビュートピック	先行研究の知見とそれに基づいた研究設問
資源面での不均衡	○主な先行研究の知見の要約 資金面で劣る市民やボランタリーセクターは、パートナーシップにおいても周辺的な内部者とならざるを得ない。発言力は、資金力の水準に依存する（Craig et al., 2004；Taylor, 2000b：1022；西村、2007：64）。
	○研究設問（リサーチクエスチョン） ①資金面での不均衡は、パートナーシップ組織内の関係にどのような影響を及ぼしているのか。
市民やボランタリー組織の固有の資源の認識	○主な先行研究の知見の要約 パートナーシップにおけるボランタリー組織の影響力は、専門的知識、技術的助言、情報や、政策実施の保障といった市民やボランタリーセクターに固有の資源を強調することで高まる可能性がある（Taylor, 2003b：106, Mayo and Taylor, 2001：50）。
	○研究設問（リサーチクエスチョン） ②市民やボランタリー組織の固有の資源はどのように認識され、それがパートナーシップ組織内の関係にどのように影響を及ぼしているのか。
両者の関係を規定する協定の影響力 （地域戦略パートナーシップのみ）	○主な先行研究の知見の要約 ボランタリー組織と公組織との間の協定（コンパクト）は、その締結のプロセスにおいてボランタリーセクターへの注目度が上がり、対等な関係の構築を促進する可能性がある。また、ボランタリーセクターや地方自治体、その他の公組織の相互の役割を明確化することで、パートナーシップを強化する可能性がある（Craig et al., 2005：41）。
	○研究設問（リサーチクエスチョン） ③コンパクトの締結によって関係を規定することは、ボランタリーセクターとその他のパートナーとの間の関係にどのような影響を及ぼしているのか。

ルール」を設定することが両立しうるかどうかは、ローカル・ガバナンスと参加を検討する上で重要な課題であるとされていた。

こうした先行研究を踏まえ、ボトムアップに形成されるローカルなガバナンス空間と「中央政府との関係」のインタビュートピックと研究設問として、「中央政府の関与」（中央政府の調整機能、すなわちメタ・ガバナンスはローカルなガバナンス空間の自律性にどのような影響を及ぼしているのか）を設定した。

図表5-3 インタビュートピックと研究設問（参画主体としての市民）

インタビュートピック	先行研究の知見とそれに基づいた研究設問
代表性 （代表性の問題）	○先行研究の知見の要約 （コミュニティの）代表の正統性やアカウンタビリティの確保が求められる（Boche, 2006:16）。コミュニティの代表は、しばしば「いつものメンバー」に限定されがちになる（Taylor, 2000b：1028）、組織の代表によって多様なコミュニティを代表することは難しい（Lowndes and Sullivan, 2004：60）。コミュニティは多様であり、派閥争いや様々な差異と分裂のリスクがあり、コミュニティの代表が多様な利益を調停することは難しい（Mayo and Taylor, 2001：48；Dinham, 2005：308；Taylor and Warburton, 2003：331；Robinson et al., 2005：17；Foley and Martin, 2000：486）。 ○研究設問（リサーチクエスチョン） ④ガバナンス空間におけるコミュニティの代表性の問題は、どのように認識されているのか。
代表性 （代議制民主主義との関係）	○先行研究の知見の要約 パートナーシップが伝統的な代議制民主主義と対立する可能性がある（Stewart, 2005：162）。代議制民主主義と参加型民主主義のバランスが明確になっていない（Sullivan, 2001：9）。正統性のあるコミュニティの代表が自分たちであると考えている公選議会の議員は、意思決定から排除されることを恐れて、コミュニティの代表を脅威に感じる可能性がある（Rowe, 2007：53；Foley and Martin, 2000：487）。 ○研究設問（リサーチクエスチョン） ⑤代議制民主主義とガバナンス空間との間の調整はどのように行われているのか。
代表性 （代表選出の基盤）	○主な先行研究の知見の要約 コミュニティの代表と彼らが代表しているコミュニティとを結びつける基盤が存在していない（Lowndes and Sullivan, 2004）。 ○研究設問（リサーチクエスチョン） ⑥コミュニティの代表を選出する基盤は、どのように機能しているのか。
市民の能力 （市民の能力の問題およびそれに対する支援）	○先行研究の知見 市民やボランタリーセクターの決定は、専門的知識の欠如や、バイアス、自らの利益追求などによってゆがめられる可能性がある（松田, 2008）。コミュニティの代表は、排除的になったり、多様な価値に対して常に進歩的な態度を示すわけではない（Robinson et al., 2005：17-18）。 ○研究設問（リサーチクエスチョン） ⑦参画主体としての市民の能力の問題は、どのように認識されているのか。また、そうした問題に対してどのような能力形成の支援が行われているのか。

インタビュートピック	先行研究の知見とそれに基づいた研究設問
市民の能力 (参加に伴うコストの格差)	○先行研究の知見 市民間の機会費用の格差は、結果として参加できる市民を限定してしまう(松田、2008)。特に社会的に排除されている地域においては、参加の前提に対する様々な配慮が必要になる(Robinson et al., 2005:24; Sullivan and Skelcher, 2002:171)。
	○研究設問(リサーチクエスチョン) ⑧市民間の参加に伴うコストの格差は、どのように認識され、どのような配慮がなされているか。
市民の能力 (専門職の能力)	○先行研究の知見 市民と協働するためには、専門職や議員も変化する必要があり、そのための学習プログラムが求められる(Taylor, 2000b:1026; Foley and Martin, 2000:486; Robinson et al., 2005:24)。
	○研究設問(リサーチクエスチョン) ⑨パートナーシップにおいて求められる専門職の能力は、どのように認識されているか。

図表5-4　インタビュートピックと研究設問(中央政府との関係)

インタビュートピック	先行研究の知見とそれに基づいた研究設問
中央政府の関与	○先行研究の知見 政治的コントロールの再中央化、強制的あるいはトップダウンのパートナーシップ、サービスデリバリーのツール(Newman, 2001;笠、2006a:12;西村、2007:56;金川、2008:156)。中央政府の示すインディケーターによって、パートナーシップの目標設定がトップダウンで決定されることは、コミュニティの参加、ボトムアップの再開発という理念とは矛盾する(Taylor, 2000b; Taylor et al., 2004; Foley and Martin, 2000:487; Wright et al., 2006:348)。
	○研究設問(リサーチクエスチョン) ⑩中央政府の調整機能(メタ・ガバナンス)はローカルなガバナンス空間の自律性にどのような影響を及ぼしているのか。

　以上の議論を整理したものが、図表5-2〜5-4である。また、こうした分析視角、インタビュートピックおよび研究設問に基づいて、本研究のインタビューガイドを作成した。なお、インタビューガイドは、巻末に資料として添付した。

3 調査対象

　本研究の研究対象は、近隣再生政策のうちでも「戦略パートナーシップ」の類型と「近隣パートナーシップ」の類型の代表例である「地域戦略パートナーシップ」と「コミュニティ・ニューディール」である。すでに詳述したように（第3章4節および第4章3節）、地域戦略パートナーシップは、地方自治体のエリアを範囲とし、多様なステークホルダーが戦略的意思決定を行うために組織化されているガバナンス空間である。対象が市域であるため、コミュニティとの近接性は低く、参加は組織を通じた代表性をとる場合が多い。本研究ではこのレベルの参加について、特にボランタリーセクターを介した参加を中心に分析する。また、後者のコミュニティ・ニューディールは一般的に4,000世帯程度の小地域を対象にしたプログラムであり、地域住民の代表が過半数を占めるようなパートナーシップ組織（コミュニティ・ニューディール・パートナーシップ）を組織化し、政府からの補助金を活用しながら地域再生を図るプログラムである。したがって、地域戦略パートナーシップよりも対象とする範囲が狭く、当該地域における包括的な問題を対象とすることになる。本研究では、このレベルでの参加について、特に地域住民の参加に焦点を当てて分析する。すなわち、2つの研究対象は、市域を対象としたガバナンスへの中間団体を介した市民の参加と、小地域を対象としたガバナンスへの地域住民の参加を代表する事例として選択された。

4 調査対象地域の選定方法

　対象地域の選択（サンプリング）については、リッチーらの調査デザイン（Ritchie and Lewis, 2003：78）やメイソンの戦略的サンプリング（Maison, 2002：123）を参考にした。リッチーらによれば、量的調査におけるサンプリングと異なり、質的調査の場合、サンプルは、調査者が明らか

にしたいと考えている中心的なテーマや問題の詳細な説明および理解を可能にするような特徴を備えているという理由から選択される（Ritchie and Lewis, 2003：78）。こうしたサンプリングは、合目的的（purposive）サンプリングとか、判断（judgment）サンプリングと呼ばれている。

本研究の調査対象地域のサンプリングは以下の手順により行った。

まず、近隣再生政策を対象とした研究であるため、対象となる地方自治体は近隣再生政策の対象地域である必要がある。調査開始時点（2005年9月）において近隣再生政策の対象となっていた自治体は、88自治体であった。その中でも、コミュニティのガバナンスへの参加の促進および阻害要因を明らかにし、市民やボランタリーセクターが主体となったガバナンスの条件を明らかにするという本研究の目的から、そのモデルとなるような自治体を選択することが必要であった。

そこで、調査対象地域の選択にあたって、ビーコンカウンシルスキームを参照した。ビーコンカウンシル（Beacon Council）とは、特定のテーマに関して優れた実践を行っている自治体をモデル自治体として認証する2000年から開始された制度である。毎年、独立した審査委員会がテーマを設定して、地方自治体の応募を審査し、最終的に大臣によって「ビーコン」の称号が付与される（Improvement and Development Agency, 2005）。2004年のテーマの一つに「コミュニティに近づく」（Getting Closer to Communities）があり、ロンドンのクロイドン区とタワーハムレット区が受賞している。このテーマは、地域戦略パートナーシップへの市民やボランタリーセクターの参加が評価の対象となっており、両区はそれについての全国における「ビーコン」（道標）、つまりモデルとなる自治体に位置づけられているということになる。また、現実的に考えれば、88の自治体のすべてにおいてインタビュー調査を行うことには限界があったため、パットンのいう利便性の基準（Patton, 1990）を考慮し、調査対象地域をロンドン近郊に大まかに限定した。

その結果、以下の観点から、対象自治体を38に限定した。まず、地域戦略パートナーシップのモデルとしてクロイドン区を位置づけ[2]、ケースス

ディを行った（永田、2006c）。また、タワーハムレット区についても同様の理由から調査対象とした。その後、地域住民の参加を検討するために、コミュニティ・ニューディールを研究対象とすることにしたため、それ以降は、近隣再生政策の対象であり、コミュニティ・ニューディールの対象でもある自治体を選択することにした。そのため、対象自治体は38に限定された[3]。

また、すでに述べたように調査期間の制約から、調査対象地域はロンドン周辺で選択することとし、ロンドンの一層制の自治体である区（33区）とイングランドの南西（South West Region）および南東地方（South East Region）の自治体から調査対象を選択した。

この基準に沿った対象地域は、ロンドンではブレント（Brent）、ハックニー（Hackney）、ハマースミス（Hammersmith and Fulham）、ハーリンゲイ（Haringey）、イズリントン（Islington）、ランベス（Lambeth）、リュイシャム（Lewisham）、ニューハム（Newham）、サザック（Southwark）、タワーハムレット（Tower Hamlets）の10の区、南西地域では、ブリストル（Bristol）とペイマス（Plymouth）の両市、南東地域ではサウザンプトン（Southampton）とブライトン（Brighton）の両市の合計14自治体であった。

タワーハムレット区は、先に述べたような理由から、調査対象地域とした。また、クロイドン区における調査で、サザック区とランベス区は、コミュニティ・エンパワメント・ネットワークが廃止され、地域住民やボランタリーセクターの代表選出に異なる方法を用いていること、また、リュイシャム区ではコミュニティ・エンパワメント・ネットワークの活動が活発であるとの情報を得ていたので、優先的に交渉し、結果的にこの3区を調査対象とした。そのため、ロンドンでは、クロイドン区、タワーハムレット区、ランベス区、サザック区、リュイシャム区を調査対象とした。また、ロンドン以外の調査対象地域としては、南西地方、南東地方のそれぞれでもっとも人口規模が大きく、中心的な都市であるブリストル市とブライトン市を選択することにした。

以上のように、サンプリングはいわゆる合目的サンプリングを基本としつ

つも、期間の限られた海外での調査であり、移動の制約等の理由から、利便性も一つの基準とした。したがって、対象地域が厳密にイングランドの地域戦略パートナーシップやコミュニティ・ニューディールを代表しているとはいえない。しかしながら、上記のような基準から本研究の目的であるローカル・ガバナンスへのコミュニティの参加を検討するために適当な自治体を選択することができたと考えている。

　最終的に調査対象地域となった7つの自治体は、図表5-5に示した通りである。なお、すでに述べたように、最初に地域戦略パートナーシップの調査対象として選択したクロイドン区のみが、コミュニティ・ニューディールの対象地域ではないため、コミュニティ・ニューディールについては6つのパートナーシップ組織が対象となった。すべての自治体は、近隣再生資金の対象であり、地域協定のパイロット自治体でもある。また、荒廃の度合いを示す自治体全体の荒廃指数は、第3位と非常に高いタワーハムレットから125位のクロイドンまで幅があるが、近隣再生資金を受けた自治体は、必ず全国で10％に入る荒廃した近隣地区を抱えている点で共通している。

5　インタビュー対象者の選定と概要

　図表5-6に示したように、インタビューは、対象地域の地域戦略パートナーシップの事務局職員、コミュニティ・エンパワメント・ネットワークの事務局職員（サザック区では、ボランタリーセクターの中間支援組織の事務局職員）、コミュニティ・ニューディールについては、パートナーシップ組織の事務局職員を対象に実施した。インタビュー対象者は、こちらから役職を指名することはなかったが、事前に調査項目を送り、そうした内容に適切に回答できる職員を選定していただくように依頼した。その意味では、「事象や対象に対する必要な知識と経験を持ち、インタビューにおいて質問に回答することのできる立場」（Flick, 1995=2002：88）にある対象者が選択できたと考えている。不十分であると思われる点や、確認すべきことがあれば後日

図表 5-5　調査対象地域の特徴

対象地域	近隣再生資金	コミュニティ・エンパワメント・ネットワーク	ビーコンカウンシル[*1]	コミュニティ・ニューディール	ID2004の順位[*2]	地域協定のパイロット自治体[*3]
Brighton（ブライトン）	○	○	—	○	79	◎
Bristol（ブリストル）	○	○	—	○	64	△
Croydon（クロイドン）	○	○	○	—	125	○
Lambeth（ランベス）	○	—	—	○	19	△
Lewisham（リュイシャム）	○	○	—	○	39	○
Southwark（サザック）	○	—	—	○	26	△
Tower Hamlets（タワーハムレット）	○	○	—	○	3	○

調査対象地域の降順は、アルファベット順

*1　2004年のテーマ Getting Closer to Communities の結果。
*2　自治体レベルでの荒廃指数の全国での順位。順位が高いほど、荒廃が進んでいることを意味している（ODPM, 2005c）。
*3　◎は、2004年から開始されたラウンド1の対象自治体、○は、2006年から開始されたラウンド2の対象自治体、△は、2007年から開始されたラウンド3の対象自治体を示している。

電子メールなどで回答してもらった。

　図表5-6に示したように、地域戦略パートナーシップに関しては、7つの自治体の地域戦略パートナーシップの事務局職員に対して合計8回のインタビューを実施し[4]、コミュニティ・エンパワメント・ネットワークについては、4組織の事務局職員に対して5回のインタビューを実施した[5]。また、現地でのインタビュー調査が調整できなかったブリストルとブライトンのコミュニティ・エンパワメント・ネットワークについては、リサーチクエスチョンに対する回答をメールでしてもらうことができたため、分析のデータに加えた[6]。また、コミュニティ・ニューディールに関しては、6地域のパートナーシップ職員に対して、合計8回のインタビューを実施した。

第5章 調査の目的、方法と対象

図表5-6 インタビュー対象組織の一覧

対象地域	地域戦略パートナーシップ	コミュニティ・エンパワメント・ネットワーク	中間支援組織(CVS)	コミュニティ・ニューディール
Britton（ブライトン）	○ 2020 Community Partnership	△ Brighton and Hove Community and Voluntary Sector Forum		○ Eb4U
Bristol（ブリストル）	○ The Bristol Partnership	△ Voscur		○ Community at Heart, Bristol NDC
Croydon（クロイドン）	○ Croydon Strategic Partnership	○ Croydon Community Network	○ Voluntary Action Croydon	－
	○ Healthy Croydon Partnership[7]			
Lambeth（ランベス）	○ Lambeth First	－	× Lambeth Voluntary Action Council	○ Clapham Park Project
Lewisham（リュイシャム）	○ Lewisham Strategic Partnership	○ Voluntary Action Lewisham Lewisham Community Network		○ New Cross Gate, NDC
Southwark（サザック）	○ Southwark Alliance	－	○ Southwark Action for Voluntary Organisations = SAVO	○ Aylesbury, NDC
Tower Hamlets（タワーハムレット）	○ Tower Hamlets Strategic Partnership	○ Tower Hamlets Community Empowerment Network	－	○ Ocean, NDC

調査対象地域の降順は、アルファベット順

* ○は、調査の実施を示す。
* △は、現地でのインタビューが実施できず、メールによってリサーチクエスチョンへの回答を得たことを示す。
* ×は、調査拒否。
* －は、該当なし。

図表 5-7　インタビュー実施対象者と実施時期（地域戦略パートナーシップ）

	機関名（機関名・自治体名）	インタビュー対象者の役職	実施時期
1	Healthy Croydon Partnership（ヘルシークロイドンパートナーシップ・クロイドン）	Healthy Croydon Partnership Manager	2005 年 9 月
2	Croydon Strategic Partnership（クロイドン戦略パートナーシップ・クロイドン）	Head of Regeneration	2006 年 2 月
3	2020 Community Partnership（2020 コミュニティパートナーシップ・ブライトン）	2020 Community Partnership Manager	2006 年 2 月
4	The Bristol Partnership（ブリストルパートナーシップ・ブリストル）	Development Officer Community Engagement Worker	2006 年 7 月
5	Southwark Alliance（サザックアライエンス・サザック）	Southwark Alliance Partnership Officer Community Involvement Manager	2007 年 3 月
6	Lewisham Strategic Partnership（リュイシャム戦略パートナーシップ・リュイシャム）	Service Manager – Strategy, Community Services	2007 年 9 月
7	Tower Hamlets Strategic Partnership（タワーハムレット戦略パートナーシップ・タワーハムレット）	Interim Director of Tower Hamlets Partnership	2007 年 9 月
8	Lambeth First（ランベスファースト・ランベス）	Head of Partnerships, Policy& Inclusion	2009 年 3 月

降順は、調査実施時期順

なお、図表 5-7、5-8、5-9 には、機関の名称、対応者の役職、実施時期を示した。

6　データの分析方法

すべてのインタビューの内容は、同意の上で録音し、逐語録を作成した。また、インタビューにおいては、記録用紙に記録を取り、インタビュー終了後に気がついたこと、重要だと思われる点について協力者とも確認した。

図表5-8　インタビュー実施対象者と実施時期
（コミュニティ・エンパワメント・ネットワーク）

	機関名（機関名・自治体名）	インタビュー対象者の役職	実施時期
1	Croydon Voluntary Action（クロイドンボランタリーアクション・クロイドン）	Chief Executive	2005年9月
2	Croydon Community Network（クロイドンコミュニティネットワーク・クロイドン）	Community Involvement Manager	2006年9月
3	Lewisham Community Network（リュイシャムコミュニティネットワーク・リュイシャム）	Director	2007年3月
4	Tower Hamlets Community Empowerment Network（タワーハムレットコミュニティ・エンパワメント・ネットワーク・タワーハムレット）	Head of Community Empowerment Network	2007年3月
5	Southwark Action for Voluntary Organisations = SAVO（サボオ・サザック）	Area Outreach Officer	2007年3月

降順は、調査実施時期順

　質的データの分析は、コーディングにより主要なテーマとパターンをみつけることからはじまる（Coffey and Atkinson, 1996：121）。そこで、参加を支援する側の事務局職員の認識を質的に分析し、共通した課題を抽出し（コーディング）、それに基づいて市民とボランタリーセクターの参加に対する認識や評価について、参加を支援する職員たちに共通するテーマやパターンを検討していった。

　分析は、次のように演繹的なアプローチと帰納的なアプローチを併用した。まず、第4章4節および本節2．で示したように「パートナーシップ組織」への市民やボランタリー組織の参加についての先行研究とインタビュー調査におけるトピックおよび研究設問を踏まえて、最初にデータ分析のためのアウトラインを設定し、大まかなコードリストを作成した。しかし、分析の過程で当初のコードリストでは想定していなかったコードや、概念カテゴリーが発見された場合には、それを分析視角の中に追加していった。こうした「分析視角→データ→分析視角…」をそれぞれのインタビューデータについて繰

図表 5-9　インタビュー実施対象者と実施時期（コミュニティ・ニューディール）

	機関名（機関名・自治体名）	インタビュー対象者の役職	実施時期
1	Community at Heart （コミュニティアットハート・ブリストル）	Community Development Worker	2006年7月
2	Eb4U （イースト・ブライトン・フォーユー・ブライトン）	Eb4U Neighbourhood Manager	2006年9月
3	New Cross Gate NDC （ニュークロスゲート・リュイシャム）	Communication & Marketing Officer	2006年9月
4	New Cross Gate NDC （ニュークロスゲート・リュイシャム）	Community Development Co-ordinator	2006年9月
5	Aylesbury NDC （アリスバーリー・サザック）	Business & Partnership Support Co-ordinator	2007年3月
6	Ocean NDC （オーシャン・タワーハムレット）	Community Development Manager	2007年3月
7	Ocean NDC （オーシャン・タワーハムレット）	Project Support Officer	2007年3月
8	Clapham Park Project （クラッパムパーク・ランベス）	Chief Executive Programme Manager	2009年3月

降順は、調査実施時期順

り返し、最終的なコードリストを作成した（この点は佐藤、2008：106-107を参考にした）。

　分析の手順としては、繰り返し逐語録を読み、コーディングを行い、3つの分析視角とその下位項目について、それぞれ逐語録やインタビュー時のメモ、関連する文書を参照し、文章化していった。それを繰り返すことで、コードを階層化して、職員の認識を構造化した。それぞれのコードには、インタビュー時のデータを入力していった。結果的に、3つの分析視角は、大枠として維持し、その下位項目についてはインタビューの結果から明らかになった新たなコードを参考に一定の変更を加えた。

　以上のようなデータの分析はすべて筆者が行ったが、すでに述べたようにインタビューには協力者に同行してもらい、データ収集における妥当性を確保することを試みた。なお、コーディングと階層化には質的データの分析ソフトであるMAXQDA2007を用いた。コーディングと階層化の作業は、笠

原（2004）、萱間（2007）、三浦（2009）を参考にした。

第3節 調査対象地域の概要

　ここでは、本研究の調査対象地域の特徴および地域戦略パートナーシップ、コミュニティ・エンパワメント・ネットワーク、コミュニティ・ニューディールの状況を簡潔にまとめる。

　地域戦略パートナーシップに関しては、各地域とも各セクターの代表者からなる理事会と近隣再生戦略やコミュニティ戦略で定めるターゲットを達成していくために各セクターの上級（senior level）の管理職や実務者から構成されるテーマ・パートナーシップによって組織されることは共通している。通常、テーマ・パートナーシップごとに主導機関（lead agency）が明確にされ、そのテーマに関するターゲットの達成に責任を持つ。主導機関は、地方自治体とは限らず、例えば、健康に関連したテーマの場合は、国営医療の第1次医療を担うプライマリケアトラスト、犯罪に関連したテーマは警察、住民の参加や関与についてのテーマはCVSといったように、それぞれのテーマに適した機関が責任主体となっている場合が多い。また、その他の共通点として地域戦略パートナーシップは、法人格を持たない諮問機関であり、直接職員を雇用することはできないため、事務局のスタッフは地方自治体が雇用した職員が担っている点が挙げられる。

　また、地域戦略パートナーシップへのコミュニティの代表の参加については、地域によって多様な仕組みを構築していたが、大きくは、ボランタリー組織の中間支援組織であるCVSなどを基盤としたボランタリーセクターのネットワーク（コミュニティ・エンパワメント・ネットワーク）が代表を選出するという形態と、市民を直接組織化し、そこから代表を選出するという

方法を採用している地域があった。

　コミュニティ・ニューディールのパートナーシップ組織は、各地域とも住民の代表と地方自治体、プライマリケアトラスト、警察、学校など公組織の機関代表から構成される理事会とその地域で重視するテーマごとのパートナーシップから構成されている点では共通していた。いずれの地域でも職員が採用され、プロジェクトの実施を支援している。職員の多くは、パートナーシップが雇用した職員であるが、地方自治体から出向しているものもいた。パートナーシップ組織の職員の詳細な実態は不明であるが、今回インタビューを実施した対象者では、地方自治体から出向している職員が1名いた（Aylesbury）。なお、以下の各地域の概要はすべて調査実施時点のものである。

1 ブライトン市（City of Brighton and Hove）

　ブライトン市は人口約 247,817 人のイングランド内部の南東地方（South East）最大の都市である[8]。ロンドンの南、85 キロに位置し、イギリス海峡に面したリゾート地として観光客も多い。政治的には調査実施時には労働党が支配政党であったが、2007 年の選挙で保守党が少数与党ながら市政を運営することになった。21 の近隣地区のうち2つが全国でもっとも荒廃した 10%の近隣地区に含まれる。

　ブライトンの地域戦略パートナーシップは、「2020 コミュニティパートナーシップ」（2020 Community Partnership）と呼ばれ、①民間企業代表6名、地方自治体（議員を含む）7名、ボランタリーセクター 11 名、その他の公的セクターが6名の合計 30 名で構成される理事会と、② 12 のテーマ・パートナーシップから構成されている。それぞれのテーマ・パートナーシップは、コミュニティ戦略の重点課題と対応しており、関連する地方自治体、公共サービス提供機関、ボランタリーセクターのメンバーから構成され、それぞれがターゲットを設定し、協働してそれを達成していくことになってい

る（2020 Partnership, 2006）。また、地域戦略パートナーシップのテーマ・パートナーシップの一つとして、議員、自治体、警察、ボランタリーセクターなどから構成される「近隣再生グループ」（Neighbourhood Renewal Group）が置かれ、全国で10％以内に入るもっとも荒廃した2つの地区を含む優先的に改善すべき13の小地域を特定し、それぞれの地域で住民も参画して策定したアクションプランに基づいて近隣再生を進めている（2002 Partnership, 2002）。

地域戦略パートナーシップへのコミュニティの代表選出は、中間支援組織である「コミュニティ・ボランタリーセクターフォーラム」（The Community and Voluntary Sector Forum）が担っている。フォーラムは500団体以上がメンバーとなっており、毎年の選挙によって72人の代表を32の様々なパートナーシップに選出している（Brighton & Hove Community and Voluntary Sector Forum, 2009）。

ブライトン市でコミュニティ・ニューディールの対象となっているイースト・ブライトン（East Brighton）は、人口約16,809人、世帯数6,663の3つの選挙区を部分的に含むプロジェクトのために人工的に設定されたエリアであり、ブライトン市の2つのもっとも荒廃した近隣地区を部分的に含んでいる。イースト・ブライトンの住民のほとんどは白人の労働者階級で、地域には公営住宅が集中しており、教育水準が低く、失業や10代の妊娠、犯罪の脅威といった問題が市や全国平均と比べて著しく高いという問題を抱えていた。

このような複合的な問題を抱えたイースト・ブライトンは、コミュニティ・ニューディールのラウンド1として指定され、2000年4月に10年間のプロジェクトがスタートした。イースト・ブライトンでコミュニティ・ニューディールのプロジェクトを遂行していく組織として設立されたのが、Eb4U（East Brighton for You）というパートナーシップ組織である。Eb4Uの理事会は、9名のコミュニティ選挙で選出された地域住民と8名の機関代表の合計17名から構成されている。機関代表は、自治体職員、プライマリケアトラスト、教育関係（2名）、警察、国会議員、地方議会議

員、民間企業の代表者（2名）である。理事会のもとには、「雇用・教育」（Employment & Education Steering Group）、「環境」（Environment Steering Group）、「健康」（Health Steering Group）の3つのテーマごとの運営委員会（steering group）が組織され、プロジェクトの遂行と評価を担っている（East Brighton for You, 2005a, b）。

❷ ブリストル市（City of Bristol）

　ブリストル市は、人口約380,615人のイングランドでは6番目、南西地方（South West）では最大の都市である。また、白人以外の比率が11.9％と、ロンドン以外では比較的高い比率となっている。もともとは貿易港として栄えた港町であるが、近年では航空宇宙産業、金融やハイテク産業が盛んである。政治的には、長く労働党が市政を担当してきたが、近年では自由民主党が政権を担当している。23の地区のうち5つの近隣地区が全国で10％以内に入るもっとも荒廃した近隣地区に該当し、20％以内に入る近隣地区も5地区ある。

　ブリストルの地域戦略パートナーシップは、「ブリストル・パートナーシップ」（Bristol Partnership）と呼ばれ、①民間企業代表4名、公的セクター10名、ボランタリーセクターや各地区の住民の代表13名の合計27名から構成される理事会と、②近隣再生ワーキンググループ（Neighbourhood Renewal Group）、子どもと若者（Children and Young People's Partnership）、安全（Safer Bristol Partnership）、健康と福祉（Health and Wellbeing Partnership）、繁栄（Prosperous and Ambitious Partnership）の5つのテーマ・パートナーシップから構成されている（Bristol Partnership, 2004）。

　近隣再生は、理事会のもとに置かれた近隣再生ワーキンググループと、対象となる10の地区で組織化された「パートナーシップステアリンググループ」（Partnership Steering Group）が中心となって推進されてきた。近隣

再生ワーキンググループが、それぞれの地区への近隣再生資金の配分やプロジェクトの評価を行い、各地区で組織化されたステアリンググループがターゲットを達成するためのサービスの実施を担うという構造になっている。近隣再生ワーキンググループは、10の地区の代表、公的機関の代表などから構成され、実質的に近隣再生資金の配分を決定する場となっているが、最終的な決定は理事会で承認される必要がある。

また、地域戦略パートナーシップにボランタリーセクターの代表を選出するコミュニティ・エンパワメント・ネットワークはブリストルの中間支援組織であるVoscurが担っており、地域戦略パートナーシップの理事会をはじめ様々なパートナーシップへの代表を選挙によって決定している。Voscurは、360の組織・グループがメンバーとなり、地域戦略パートナーシップの各構造に代表者を選出している（Voscur, 2009）。

ブリストルのコミュニティ・ニューディール対象地域は、バートンヒル、ローレンスヒルと呼ばれるエリアを中心としたブリストル東部の人口5,299人、世帯数2,753の地域である。プロジェクト対象地域の中心であるバートンヒルは、もともと重工業や繊維産業に雇用される労働者階級の居住地として、19世紀初頭から開発された地域である。第二次世界大戦後のスラム一掃によって、大規模な公営住宅が建設されることになったが、それは住民が望んだことではなく、強制撤去などにより住民は分散し、「コミュニティの魂が引き抜かれた」（Community at Heart, 1999：10）。その後、移民の増加などによりエスニックマイノリティの割合も増加し、ブリストル全体の繁栄から取り残されたエリアといわれている。

コミュニティ・ニューディールはラウンド1として指定され、2000年からプログラムがスタートした。このエリアで、コミュニティ・ニューディールのプロジェクトを遂行していくための組織として設立されたのが、コミュニティ・アット・ハート（Community at Heart）というパートナーシップ組織である。コミュニティ・アット・ハートの理事会は、12名のコミュニティ選挙で選出される住民代表と、8名の機関代表の合計20名から構成され、理事会のもとに犯罪（Community Safety）、教育（Education）、雇用とビ

ジネス (Employment and Business)、健康 (Health)、住宅 (Housing) の5つのテーマに加えて、人種差別への取り組み (Tackling Racism)、芸術とメディア (Arts & Media)、スポーツ (Sport)、若者のプログラム (Young People)、地域開発 (Community Development) を地域独自のテーマとして定めている。それぞれのテーマ・パートナーシップも住民の代表と機関代表によって組織され、テーマごとのアウトカム指標と戦略を策定する。それぞれのテーマ・パートナーシップには、テーマ・コーディネーターと呼ばれる専門職員が配置され、目標達成を管理するとともに、10年間のプログラム終了後に実験的に取り組まれたそれぞれの事業が、本来事業として継続していくように取り組むことになっている (Community at Heart, 2004：62)。

3 リュイシャム区 (London borough of Lewisham)

リュイシャム区は、テムズ川の南東に位置する人口248,922人のインナーロンドンの区の一つである。他のインナーロンドンの区と同様、エスニックマイノリティの割合が高い(43％)。18の地区のうち4つの地区が全国でもっとも荒廃した10％の近隣地区に含まれる。また、2002年より区長の直接公選制が導入されており、2期続けて労働党の区長が区政を運営している。

2001年に設立された地域戦略パートナーシップは、「リュイシャム戦略パートナーシップ」(Lewisham Strategic Partnership) と呼ばれ、①民間企業代表2名、議員4名、公的セクター7名、ボランタリーセクターの代表4名の合計17名から構成される理事会と、②成人 (Adult Strategic Partnership)、子どもと若者 (Children & Young People Partnership)、経済発展 (Economic Development & Enterprise Board)、安全 (Safer Lewisham Partnership)、力強いコミュニティ (Stronger Communities Partnership) の5つのテーマ・パートナーシップから構成されている。各テーマ・パートナーシップは、テーマに関連した多様な団体から構成され、

ターゲットを設定し、コミュニティ戦略の目標を達成していくことになっている。

　コミュニティ・エンパワメント・ネットワークは、リュイシャム区のCVSであるボランタリー・アクション・リュイシャム（Voluntary Action Lewisham）内に2002年に設立され、独立した事務所を持ち、専任の職員を雇用してパートナーシップへのセクターの代表選出を担っている。約500の組織・グループがメンバーとなり、地域戦略パートナーシップ、5つのテーマごとのパートナーシップに代表を選出してきた[9]。

　リュイシャム区のコミュニティ・ニューディール対象地域は、ニュークロスゲート（New Cross Gate）と命名されたリュイシャム区内の人口約8,047人、世帯数3,498の2つの選挙区から構成されるコミュニティ・ニューディールのために人工的に設定されたエリアである。ロンドン中心部から近く、また交通の便も良いという好立地にもかかわらず、区内でも失業率が高く（区全体の失業率が8.2％に対して、10.3％）、戦後に建設された大規模な公営住宅を中心とする典型的なインナーシティ問題を抱える地域である。

　コミュニティ・ニューディールはラウンド2として指定され、2001年からプログラムがスタートした。プログラムを担う組織として、「ニュークロスゲートNDC」（New Cross Gate NDC）が設立され、理事会は9人のコミュニティ選挙で選ばれた住民の代表と8名の機関代表の合計17名から構成されている。理事会のもとには、コミュニティ・ディベロップメントと人種（Community Development and Achieving Race Equality）、失業（Tackling Worklessness）、健康（Improving Health）、教育（Raising Educational Achievement）、犯罪と安全（Tackling Crime and Community Safety）、住宅（Improving Housing and the Physical Environment）の6つのテーマ・パートナーシップが置かれ、それぞれのテーマごとにアウトカム指標が設けられ、様々なプロジェクトが実施されている。

4 ランベス区（London borough of Lambeth）

　ランベス区は、人口266,169人のインナーロンドンの区の1つであり、人口の38％を少数民族が占め、特にカリブ系の黒人（Black Caribbean）が12％、アフリカ系の黒人（Black African）が11.6％とイギリス国内でも黒人の比率が高い自治体の一つであり、区内では130の言語が話されているといわれるように民族構成が多様であることが特徴である。政治的には労働党が区政を運営している。もっとも荒廃している近隣地区として、21の地区のうち、3地区が近隣再生政策の対象となっている。

　地域戦略パートナーシップは、ランベス・ファースト（Lambeth First）と呼ばれ、①後述する住民の代表であるコミュニティ・アドボケイト2名、ボランタリーセクターの代表1名を含む16名から構成される理事会と、②健康と福祉（Health and Wellbeing）、子どもと若者（Children and Young People's Strategic Partnership）、経済発展（Economic Development）、安全（Safer）という4つのテーマ・パートナーシップから構成されている（Lambeth First, 2009）。

　また、ランベス区では、コミュニティ・エンパワメント・ネットワークをランベス区のCVSであるランベス・ボランタリーアクションカウンシル（Lambeth Voluntary Action Council）が担っていたが、現在は、コミュニティ・アドボケイト（Community Advocates）というプログラムを採用している。コミュニティ・アドボケイトは、市民に対して3日間のトレーニングプログラムを提供し、その人材の中から地域戦略パートナーシップの理事会、テーマ・パートナーシップの代表を選出していくというプログラムである。運営しているのは、同じくランベス・ボランタリーアクションカウンシルであるが、ボランタリーセクターの代表を選出するのではなく、あくまでも地域の問題に関心のある市民一人ひとりの資格でプログラムに参加し、代表になっていくという形をとっている。

　ランベス区のコミュニティ・ニューディール対象地域は、クラッパムパー

ク（Clapham Park）と呼ばれる区北部の人口7,262人、3,184世帯の地域である。人種もランベス区同様、多様であり、住民のうちアフリカ系の黒人が18％、カリブ系の黒人が12％を占めている。ガーディアン紙の記者ポリー・トインビーのルポルタージュ「ハードワーク」の舞台にもなったイギリスでももっとも劣悪な状況にあるといわれる公営住宅密集地の一つである（Toynbee, 2003＝2005）。

　コミュニティ・ニューディールは、ラウンド2として指定され、2001年からプログラムがスタートした。クラッパムパークでコミュニティ・ニューディールのプロジェクトを遂行していく組織として設立されたのが、「クラッパムパークプロジェクト」（Clapham Park Project）というパートナーシップ組織である。クラッパムパークプロジェクトの理事会は、10名の住民と7名の機関代表の17名から構成される。理事会のもとには、コミュニティの安全（Community Safety）、企業・雇用とトレーニング（Business, Employment & Training）、健康と福祉（Health & Social Care）、教育と若者（Education & Youth）という4つのテーマが設定され、それぞれが住民、機関代表、専門職によって構成されている。コミュニティ選挙は、2002年、2004年、2006年と実施されてきたが、2008年以降は、プロジェクト終了に向けた移行期にふさわしい人材の確保と理事会の安定性を考慮して実施されていない（Clapham Park Project, 2008）。

5　サザック区（London borough of Southwark）

　サザック区は、テムズ川南のロンドンブリッジ駅から南に広がる人口244,866人のインナーロンドンの区の一つである。タワーハムレットと同様、ドックランズの再開発によって巨大なビジネスセンターを抱えながらも、長く貧困問題を抱えている地域である。21の近隣地区のうち、14がもっとも荒廃した10％に含まれる。政治的には、長く労働党が市政を担当してきたが、2006年の選挙以降は、自由民主党と保守党が連立を組んで区政を担当して

いる。

　サザック区の地域戦略パートナーシップは、サザック・アライエンス（Southwark Alliance）と呼ばれ、①ボランタリーセクターや住民の代表、各公的機関の代表、各テーマ・パートナーシップの代表31名から構成される理事会と、②健康（Healthy Southwark）、若者（Young Southwark）、安全（Safer Southwark）、雇用タスクグループ（Employment Task Group）、企業タスクグループ（Enterprise Task Group）、強力なコミュニティタスクグループ（Stronger Communities Task Group）という6つのテーマ・パートナーシップが置かれている。また、近隣再生政策の対象となる14の地区を含めた優先的に取り組むべき16の近隣地区を6つのエリアに分け、それぞれが地域住民を主体としたエリア・フォーラムを形成してアクションプランを策定し、近隣再生に取り組んでいくことが想定されている（Southwark Alliance, 2002）。

　サザックのコミュニティ・エンパワメント・ネットワークは補助金の終了とともに廃止され、地域戦略パートナーシップには同区内のボランタリーセクターの中間支援組織から代表が選出されている（31名中5名）。その大きな理由は、中間支援組織が複数存在しており、他市区のように一本化されていなかったことで、コミュニティ・エンパワメント・ネットワークがコミュニティの代表を選出する機能をうまく果たせなかったことである。そのため、現在（調査時点）では、住民の代表を「アクティブ・シティズンズ・ハブ」（Active Citizens Hub）と呼ばれるプログラムによって選出する仕組みを作り、8名の住民が地域戦略パートナーシップの理事会メンバーとなっている。このプログラムは、ボランタリーセクターの中間支援組織の一つ、サザック・ボランティアセンター（Southwark Volunteer Centre）が区から委託を受けて運営しており、地域戦略パートナーシップの理事会やテーマ・パートナーシップといった様々なレベルへの参加を希望する市民に対してトレーニングを行っている。ただし、代表は、こうした人材の中から地域戦略パートナーシップの事務局の職員が面接を行って、区内の地区間のバランスなどを考慮して決定される。サザックのCVAであるSAVO（Southwark

Action for Voluntary Organisations)[10]は、サザックボランタリーセクターフォーラム（Southwark's Voluntary Sector Forum）と呼ばれるネットワークを運営しており、地域戦略パートナーシップの代表はこのフォーラムからも選出している。

　サザックのコミュニティ・ニューディール対象地域は、アリスバーリーと呼ばれるサザック区内の人口7,557人、世帯数2,902の大規模な公営住宅群である。1963年に建設がはじまったアリスバーリーの公営住宅群は老朽化しており、エスニックマイノリティの比率が高く社会的排除が集中的に現れている地区である。トニー・ブレアが首相としての最初の野外スピーチにこの場所を選び、社会的排除局の創設を含めた社会的排除への取り組みを宣言したことからもわかるように、これまでもしばしば社会的排除のシンボルとして取り上げられてきた。コミュニティ・ニューディールはラウンド1として指定され、2000年からプログラムがスタートしている。

　アリスバーリーでは、理事会の住民代表の選出に、ほとんどのコミュニティ・ニューディールで行われているコミュニティ選挙を実施していない。しかし、理事会への住民代表の選出は、4つの公営住宅のブロックごとの居住者組合（Tenants and Residents Association）がそれぞれ4名の代表を選挙によって選出している（Aylesbury NDC, 2006）。理事会は、この16名の住民代表と8名の機関代表の合計24名から構成されている。理事会のもとには、コミュニティ・エンパワメント（Community Empowerment）、コミュニティの安全（Community Safety）、経済活動（Economic Activity）、教育（Education）、健康（Health）、居住環境（Physical Environment）、若者（Youth Practitioners）の6つのワーキンググループが置かれている。ワーキンググループは住民、テーマに関連した専門職、ボランタリー組織とパートナーシップの専門職から構成され、それぞれが成果指標を設定して活動している。

6　タワーハムレット区
(London borough of Tower Hamlets)

　タワーハムレット区は、ロンドン中心部の東、イーストエンドと呼ばれるテムズ川の北側に位置する人口約196,106人のインナーロンドンの区の一つである。戦前からドックランズの労働者や、多くの移民が居住する貧困地域であったが、近年も一つを除いたすべての地区がもっとも荒廃した10％の近隣地区に含まれるイギリス国内でも社会的排除が集中的に現れている自治体の一つとなっている。人種も多様であるが、戦後は特にバングラディッシュ系住民が急増した。南アジア系住民が人口の3分の1強を占め（36.6％）、イギリスのバングラディッシュ系住民の4分の1はタワーハムレットに集住しているといわれている。一方、再開発されたドックランズ地区は、世界的金融資本の本社や高層ビルが立ち並ぶビジネスセンターとなっており、区内での格差が激しくなっている。

　タワーハムレット区の地域戦略パートナーシップは、「タワーハムレット・パートナーシップ」（Tower Hamlets Partnership）と呼ばれ、①8つの小地域単位に設置されたローカル・エリア・パートナーシップ（Local Area Partnership＝以下LAP）、②コミュニティ戦略を策定するためのコミュニティプラン・アクショングループ（Community Plan Action Groups）、③それぞれのセクターの代表に、LAPとコミュニティプラン・アクショングループの代表を含めた戦略的意思決定に責任を持つパートナーシップ・マネジメントグループ（Partnership Management Group）の3層から構成されている（Tower Hamlets Partnership, 2002）。

　タワーハムレットでは、17の近隣地区のうち一つを除いたすべての地区が近隣再生政策の対象となっているという特徴がある。そこで、地域戦略パートナーシップは、すべての地区を近隣再生政策の対象とし、区内を2～3の近隣地区から構成される8つの地区に分け、それぞれにLAPを設立し、各LAPが各地区のアクションプランを策定して近隣再生に取り組むという体制を採っている。

コミュニティプラン・アクショングループは、他地域でいうテーマ・パートナーシップにあたり、①安全（Living Safely）、②福祉（Living Well）、③繁栄（Creating and Sharing Prosperity）、④学習とレジャー（Learning Achievement and Leisure）、⑤公共サービス（Excellent Public Services）という5つのテーマごとに関連する公共サービス提供機関、民間企業、ボランタリーセクターの代表から組織され、中央政府の示すターゲットを最低限の達成目標とした上で、地域住民の意見も聞きながらそれぞれのテーマごとに達成すべき優先順位や数値目標を合意していく。また、パートナーシップ・マネジメントグループは、他地域でいう理事会にあたり、LAPの代表（4名）、コミュニティプラン・アクショングループの代表（5名）、ボランタリーセクターの代表（2名）、宗教に基づいたコミュニティ組織の代表（2名）などを含む24名のメンバーから構成され、LAPおよびコミュニティプラン・アクショングループの活動を統括する。

タワーハムレットは、ロンドンで唯一CVSが存在しない区であるが、2004年に、タワーハムレットコミュニティ・エンパワメント・ネットワーク（以下THCENと略記）が設立され、代表選出の役割を担っている。THCENは、390の組織・グループがメンバーとなり、地域戦略パートナーシップの各層に代表を選出している。

タワーハムレットのコミュニティ・ニューディール対象地域は、オーシャン地区と呼ばれる人口7,401人、世帯数2,416のエリアである。戦後の復興時に建てられた古い公営住宅が密集した地域であり、公営住宅居住者の割合が67％と非常に高い。タワーハムレット区全体にいえることであるが、ロンドンのシティやドックランズ地区といったビジネスセンターと近接しているにもかかわらず、公営住宅が密集し、貧困率の高い典型的なインナーシティである。オーシャンの特徴は、特にアジア系の人口が地区全体の54.7％であり、なかでもバングラディッシュ系住民が多く、人口全体の50％以上を占めている特徴的な地域である。

コミュニティ・ニューディールは、第1ラウンドとして指定され、2000年からプログラムがスタートした。理事会には、14人の選挙で選出された

住民代表と、2名の地方議会議員、4名のコミュニティグループの代表と4名の公的セクターの代表の合計24名から構成されている。近隣再生（A Place to Be Proud of）、教育（A Place to Learn）、雇用（A Place That Work）、健康と福祉（A Place That Care）、芸術、スポーツと文化（A Place to Enjoy）、安全（A Place That Is Safe）、居住環境（A Place to Live）の7つのテーマが定められ、それぞれに成果指標が設けられている。

7　クロイドン区（London borough of Croydon）

クロイドン区は、ロンドンの中心部から南へ20キロにある人口約330,587人のロンドンの区のうちので2番目に人口の多い区である。民族が多様で、黒人（13.33%）、アジア系（11.31%）の比率が高い。一方で、13万人が通勤するイギリス南東部の経済の中心でもあり、自治体内での格差が大きい。2006年の地方選挙で保守党が多数となり、市政を運営している。また、もっとも荒廃している近隣地区として、24の地区のうち2つの地区が近隣再生政策の対象地域となっている。

クロイドン区の地域戦略パートナーシップは、クロイドン戦略パートナーシップ（Croydon Strategic Partnership）と呼ばれ、①ボランタリーセクター、民間企業、地方自治体からそれぞれ5名の代表者によって構成され、全市的な戦略策定の役割を担う理事会、②10人のメンバーから構成される「代表者グループ」（Chief Executive Group）、③9つの分野別に組織された「テーマ・パートナーシップ」とそのサブグループから構成されている（Croydon City Council 2005）。

理事会は区議会の議長が議長となり、副議長はそれぞれのセクターの代表のいずれかから選出される。代表者グループは月に1回のペースで開催され、公的機関6名、ボランタリーセクター2名、民間企業2名がメンバーとなっている。代表者グループの役割は理事会を支援し、コミュニティ戦略の実施や後述するテーマ・パートナーシップの責任者の定期的な会合を組織し、各

テーマ・パートナーシップの調整やアドバイスをすることで、それぞれのテーマ・パートナーシップがバラバラにならないよう、全体としての調整を図ることである（Croydon City Council 2005）。また、クロイドンでは9つのテーマ・パートナーシップ（健康、安全、生涯学習と教育、環境、文化、住宅、子どもと若者、アクセスと平等、社会的包摂）があり、それぞれのパートナーシップは、そのテーマに関する自治体や公的機関の管理職クラスの職員、ボランタリーセクターの代表等から構成され、責任者（マネジャー）が置かれている。

クロイドンのコミュニティ・エンパワメント・ネットワークは、「クロイドン・コミュニティ・ネットワーク」と呼ばれ、340の組織、グループがメンバーとなり、14のネットワークを束ねるボランタリーセクターの「ネットワークのネットワーク」となっている。14のネットワークには、BME（Black and Minority Ethnic）フォーラム、子どもと若者のネットワーク、高齢者のネットワーク、ゲイ、バイセクシャル、トランスジェンダーのネットワークなど、多様なネットワークがあり、地域戦略パートナーシップやそのテーマ・パートナーシップに代表を選出しており、すべて含めると30人以上の代表を地域戦略パートナーシップに選出している（Croydon City Council, 2008）

なお、すでに述べたようにクロイドン区にはコミュニティ・ニューディールに指定されている地域はない。

第4節 小括

本章では、本研究における調査の目的、方法、対象を明確にした。
まず、ローカル・ガバナンスにおける市民とボランタリーセクターの参加

の問題を実証的に明らかにし、市民とボランタリーセクターがローカル・ガバナンスに関与し、公共的な意思決定に影響力を行使していくための条件を明らかにするという本研究の目的をあらためて確認した（第1節）。

　次に、調査方法について、データの収集方法としてインタビュー調査を選択した理由、実施方法、インタビュートピックおよび研究設問とその設定方法、インタビュー実施の手順、調査依頼の方法を示し、また、サンプリングの方法、データの分析方法を明示した（第2節）。

　具体的には、①調査方法としては、地域戦略パートナーシップ、コミュニティ・エンパワメント・ネットワーク、コミュニティ・ニューディールの各組織の職員を対象として、主にインタビューガイドを用いた半構造化されたインタビューによってデータを収集すること、②インタビューガイドは、先行研究を踏まえて3つの分析視角を設定し、それぞれについてメイソンが示した手順に従って、インタビュートピックと研究設問を設定したこと、③調査の対象自治体の選定は、本研究の目的に照らした合目的的なサンプリングを基本とし、その基準を示すとともに、利便性の基準を用いたこと、④インタビュー対象者の選定にあたっては、事前に調査項目を送付し、「事象や対象に対する必要な知識と経験」を持った対象者を選定したことを示した。さらに、データの分析方法としては、すべてのインタビューについて逐語録を作成し、それをもとに参加を支援する事務局職員の認識を質的に分析すること、先行研究を踏まえて作成した分析のアウトライン（分析視角）に基づいて、インタビューデータから新たな概念カテゴリーが発見された場合にそれを加えていくという演繹的なアプローチと帰納的アプローチを併用することを述べた。

　最後に、第3節では、調査対象地域となった7つの地域について、当該地域の特徴、地域戦略パートナーシップの概況、「コミュニティ」の代表を選出する方法、コミュニティ・ニューディールの概況を示した。

〈第 5 章脚注〉

1) なお、「大きな」研究設問、「小さな」研究設問といった呼び方は、日本では一般的でないため、以下では、メイソンのいう「大きな」研究設問を、本研究では「研究目的」と呼び、「小さな」研究設問を「研究設問」と呼ぶことにする。
2) 第 1 回目の調査（2005 年 9 月）において調査が可能であったクロイドン区を最初の調査対象地域とした。
3) コミュニティ・ニューディールの対象地域として、39 の自治体が選ばれたが、1 つの自治体（Norwich）は、近隣再生資金の対象ではなかった。
4) クロイドン区では、地域戦略パートナーシップを担当する職員とテーマ・パートナーシップの 1 つであるヘルシー・クロイドン・パートナーシップ（Healthy Croydon Partnership）の責任者である職員にそれぞれインタビューを実施した。
5) クロイドン区では、コミュニティ・エンパワメント・ネットワークを担当する職員と CVS の事務局長にそれぞれインタビューを実施した。
6) ランベス区においてもボランタリー組織の中間支援組織へのインタビューを複数回試みたが、多忙を理由に実施できなかった。
7) Healthy Croydon Partnership は、クロイドンの地域戦略パートナーシップのテーマ・パートナーシップの 1 つである。
8) 以下すべて人口は、2001 年の国勢調査（census）の結果である。出所はすべて Office for National Statistics が提供する Neighbourhood Statistics（http：//www.neighbourhood.statistics.gov.uk/dissemination/）である。
9) 調査後の 2008 年 3 月にコミュニティ・エンパワメント・ネットワークは廃止され、現在はボランタリー・アクション・リュイシャム（VAL）がその役割を担っている。
10) 現在は、コミュニティケアフォーラムというボランタリー組織と合併し、コミュニティアクションサザック（Community Action Southwark）という。

第6章

地域戦略パートナーシップとコミュニティの参加

　本章では、地域戦略パートナーシップにおけるボランタリーセクターを通じた参加に焦点を当てて、第4章で検討した分析視角とそれを踏まえて作成したインタビューガイドに沿ってインタビューを行い、結果を分析した。分析の視点は、主にボランタリーセクターを介した市民の参加に焦点を当てたが、地域戦略パートナーシップの場合でも、市民が直接参加する事例もあり、それについて言及されることもあったため、戦略的な意志決定への一人ひとりの市民参加についても分析に加えた。

　図表6-1は、地域戦略パートナーシップとボランタリーセクターの参加について、分析視角として想定していた3つのカテゴリー（①パートナーシップ組織内の関係、②参画主体としての市民、③中央政府との関係）に基づいてインタビューデータのコーディングを繰り返し行うことで、階層的なツリー構造に整理したものである（方法については、第5章を参照）。

　3つのカテゴリーのサブカテゴリーは、それを構成するインタビューのデータから構成されており、本章では図表6-1の構成に従って、インタビューデータを示しながら調査の結果を示す。各節で取り扱う内容も図表6-1に示した通りである。

　なお、以下調査データから引用する場合、（インタビューイーを示す記号、インタビュー調査のテープ起こしをしたデータの段落番号）という形で表記する。インタビューイーを示す記号は、図表6-2の通りである。

第6章 地域戦略パートナーシップとコミュニティの参加

図表6-1 地域戦略パートナーシップとコミュニティの参加

第1節 パートナーシップ組織内の関係
- 関係全般における対等性の認識
- 対等な関係を難しくしている要因
  - 資金面での不均衡
  - 公組織の行動規範
- 関係を変化させている要因
  - 現場知の認識
  - 協定による関係の規定
    - 関係の基盤の構築
    - 影響力の欠如とセクター間の合意
  - パートナーシップの利益の認識
  - 中央政府の政策

第2節 参画主体としての市民
- コミュニティの代表性
  - 代表選出の基盤の機能
  - 代表性の問題
    - メンバーが限定されること
    - セクターの多様性の反映
    - 団体の利益の優先
    - 別な方式の模索
  - 戦略的決定レベルにおける住民の代表の役割
  - 代議制民主主義とパートナーシップの関係
  - 広範囲な参加の方法の追求
- 参画主体としての市民の能力
  - 住民の代表とパートナーとの知識のギャップ
  - 小地域での住民の参加
  - 公的サービスを提供するセクターの能力

第3節 中央政府との関係
- 中央政府の介入の影響
  - 参加に伴うコストの格差
- ボランタリーセクターへの影響

203

図表 6-2　調査対象者と引用記号

機関名（種別・自治体名）	役職	引用記号
2020 Community Partnership（LSP・ブライトン）	2020 Community Partnership Manager	Brighton
Brighton and Hove Community and Voluntary Sector Forum（CEN・ブライトン）	Director	Brighton CEN
Croydon Strategic Partnership（LSP・クロイドン）	Head of Regeneration	Croydon
Croydon Voluntary Action（CVS・クロイドン）	Chief Executive	Croydon VA
Croydon Community Network（CEN・クロイドン）	Community Involvement Manager	Croydon CEN
Healthy Croydon Partnership（LSP・クロイドン）	Healthy Croydon Partnership Manager	Croydon Health
Lambeth First（LSP・ランベス）	Head of Partnerships, Policy& Inclusion	Lambeth
Lewisham Strategic Partnership（LSP・リュイシャム）	Service Manager–Strategy, Community Services	Lewisham
Lewisham Community Network（CEN・リュイシャム）	Director	Lewisham CEN
SAVO（CVS・サザック）	Area Outreach Officer	Southwark CVS
Southwark Alliance（LSP・サザック）	Southwark Alliance Partnership Officer Community Involvement Manager	Southwark
The Bristol Partnership（LSP・ブリストル）	Development Officer Community Engagement Worker	Bristol
Tower Hamlets Strategic Partnership（LSP・タワーハムレット）	Interim Director of Tower Hamlets Partnership	Tower Hamlets
Tower Hamlets Community Empowerment Network（CEN・タワーハムレット）	Head of Community Empowerment Network	Tower Hamlets CEN
Voscur（CEN・ブリストル）	Director	Bristol CEN

調査対象者の順序は所属機関のアルファベット順で表記

第 **1** 節

パートナーシップ組織内の関係

　本研究では、パートナーシップ組織の意義を、ガバナンス空間を組織化し、多様な主体に公共的意思決定をゆだねることであると規定した。こうした変化の背景には、公共的問題が複雑化し、政府による単独での問題解決が難しくなっているという認識があり、パートナーは、公共的問題の解決に向けて相互に依存し合うという前提がある。しかしながら、こうした相互依存は、実際にパートナーシップ内に根づいているのだろうか。先行研究では、特に市民やボランタリーセクターが、資源や専門的知識の面で他の大規模な公共サービス提供主体と比較して劣っており、実際は決定への影響力を十分に発揮できていないのではないかという懸念があることが指摘されていた。そこで、まずパートナーシップ組織内でのボランタリーセクターや市民と地方自治体や他の公共サービス提供機関との関係に焦点を当てて、インタビュー調査の結果を示すことにしたい。

1 関係全般における対等性の認識

　まず、地域戦略パートナーシップにおけるボランタリーセクターと他のセクターとの関係について、すべてのパートナーシップの担当者たちは、関係は極めて対等であると認識している点で共通していた。

　代表的な見解として、ランベスの担当者は、ボランタリーセクターが「**対等なパートナー**」であり、形式的に他のパートナーとなんら変わることがない、という点を強調している（**引用1**）。また、リュイシャムの担当者は、戦略的な意思決定、サービスの提供や計画といった様々なレベルにおいて、

図表6-3　関係全般における対等性の認識

引用番号	引用
引用1	ボランタリーセクターは政府の政策枠組みの一部であり、パートナーシップの構造の中に組み込まれています。彼らは、対等なパートナーで、他のパートナーが行うのと全く同じように決定に関与しています（Lambeth, 104）。
引用2	ボランタリーセクターは単に役に立つというだけでなく、サービスの供給、計画化、コミュニティの声のフィードバックに実際に関与しています。ですから、私が言いたいのは、私たちが行うすべてのことについてボランタリーセクターが重要であるという実感があるということです（Lewisham, 150）。
引用3	すべてのテーマ・パートナーシップを含めてボランタリーセクターの代表者が参加しています。サービスの供給だけでなく、戦略的な決定においても明らかに影響力を持つようになっています（Southwark, 238）。
引用4	地域戦略パートナーシップは、いくつかの点でボランタリーセクターがすべてのパートナー（例えば、プライマリケアトラスト、警察、消防や救急サービス）に影響を及ぼしていくことに関与しやすくしています。それは単に地方自治体だけではありません（Bristol CEN, 34）。

「**私たちが行うすべてのことについてボランタリーセクターが重要であるという実感**」（**引用2**）があると述べている。このように、地域戦略パートナーシップの担当者たちは、ボランタリーセクターが対等なパートナーであるということについて、それを自然なこととしてとらえているように思われた。

また、こうした対等性は、パートナーシップの理事会だけではなく、テーマ・パートナーシップといった地域戦略パートナーシップの下位構造においても同様であると強調されていた。例えば、サザックの担当者は、「**すべてのテーマ・パートナーシップを含めてボランタリーセクターの代表者が参加**」していることを強調し、サービスの供給だけでなく、戦略的な決定においても影響力を持つようになっていると述べている（**引用3**）。ボランタリーセクターの側からも、地域戦略パートナーシップは、地方自治体だけでなく、メンバーである多様な公組織に対して影響を与えることを可能にする場として認識されている（**引用4**）。

このように、パートナーシップの職員の間では、ボランタリーセクターはパートナーシップにおいて、他のパートナーとの間で極めて対等な関係を築いているという認識が確立しているということができる。

❷ 対等な関係を難しくしている要因

　以上のように、地域戦略パートナーシップの職員は、ボランタリーセクターの代表が対等なパートナーとして、戦略的意思決定に参加していることを強調していた。しかしながら、こうした認識にもかかわらず、調査の結果からは、資金面での不均衡と公組織の行動規範という2つの要因が対等な関係を難しくしている要因として示唆された。

1 ── 資金面での不均衡

　先行研究では、資金面での不均衡が、対等なパートナー関係を難しくしていることが指摘されていた。この点について、本調査の結果からは、次のように指摘されていた。

　確立しているはずの対等な関係は、ボランタリーセクターに対する補助金や委託が打ち切られたりするような事態になった時に「**はっきりとした問題となって平等でないという感覚**」が表れることになる（引用5）。それは、ボランタリーセクターがパートナーシップにおいて対等に協議しているはずのパートナーから、資金を得ているからである（引用6）。そもそも、ボランタリー組織は、その存立を環境に強く依存する組織であるから、他組織に対する資源の依存性が高い。その資源を依存する組織と対等な立場でパートナーシップのテーブルにつくことは、時に難しい問題を引き起こすのである。また、しばしば特定の助成金や委託金が、プロジェクトの継続や組織の存立にかかわることもあるため、「**他のパートナーとの間で緊張**」（引用6）が生じることもある。一方で、セクターの側からみれば、こうしたことは自分たちの資金以外のパートナーシップへの貢献が「**正当に評価されていない**」（引用7）と映っている。「**しばしば不平ばかり言っているようにみられてしまう**」（引用8）のもそのためであろう。

　一般に、非営利組織が他組織から資金の提供を受けることは、必然的に非営利組織に対する資金提供者のパワーを生む（小島、1998：18）。組織間関

図表 6-4　対等な関係を難しくしている要因―資金面での不均衡

引用番号	引用
引用5	(本当の意味で対等であるということは)大変難しいことです。確かに理論的には「イエス(対等である)」ということです。そして、それは本心ですが、しかし彼らが「不平等だ」と感じることもあることは避けられないでしょう。実際、資金が途切れるような場合には、それがはっきりとした問題となって、平等ではないという感覚を持つことになるのです(Lambeth, 142-144)。
引用6	ボランタリー組織は(地域戦略パートナーシップなどで)自分たちの隣に座っているパートナーから資金を得ているので、ボランタリー組織とその他のパートナーとの間で緊張がある場合があります。なぜなら、われわれはボランタリーセクターの代表の組織の利害に直接関係するような内容を協議するかもしれないからです(Bristol, 243)。
引用7	(パートナーシップにおいて対等ではないのではないかという指摘に)私たちは、資金をパートナーシップにもたらすことができないために、私たちの貢献が正当に評価されていないと感じることがあります(Bristol CEN, 40)。
引用8	しばしば、彼らは他の主体と比べて(資金的に)豊かではないと感じています。彼らは、いつも資金のやりくりに四苦八苦しており、しばしば不平ばかり言っているようにみられてしまうのです(Bristol, 244)。

係論では、他組織への依存を「組織は組織にとって他組織の資源が重要であればあるほど、また組織がそれ以外から必要とする資源を獲得できなければできないほど、他組織に依存している」と考える(山倉、1989：93)。したがって、組織の他組織への依存は、①他組織が保有しコントロールしている資源の重要性と②他組織以外からの資源の供給可能性の関数である、とされる(山倉、同上書)。このような見方を前提とすれば、ボランタリー組織は、資金という組織の存立にかかわる重要な資源を他のパートナーに依存している場合が多く、したがって、資金という重要な資源を依存する他のパートナーと対等な関係を結ぶことは難しいということになる。

　しかしながら、ここでいう「資源」とは、資金に限定されない。そこで、先行研究にもあるようにボランタリー組織が他の組織と比して、パートナーシップにどのような固有の貢献をすることができるのかが重要になる。パートナーシップが成立するのは、繰り返し指摘しているようにパートナーが相補性を認識し、パートナーシップの利益を認識しているからである。ボランタリー組織が、一方的に利益を得るだけのパートナーであれば、パートナー

シップにおいて対等な関係を構築し、政策過程に影響力を行使していくことは困難であろう。こうしたボランタリー組織のパートナーシップにおける固有の貢献がどのように認識されているかについては、次節で検討する。

2── 公組織の行動規範

　権力構造が変化しない要因には、資金面の不均衡や依存だけではない要因も示唆された。それは、公組織の態度や文化といったものである。

　例えば、パートナーシップが形成されることで同じテーブルで議論できるようになったことは評価できても、公組織は**「話を聞いてはくれるが、聞いたことに反応してくれない」**（引用9）。公組織は自らの行動規範、すなわち、ものの見方や考え方、仕事の進め方といったことを変えようとはせず、パートナーであるボランタリー組織に対してそれに合わせることを要求していると感じられている（引用10）。コミュニティの代表が影響力を行使していくためには、もっと早い段階での参加が必要であると指摘されているのも、公組織が一定の結論や枠組みを決定してからコミュニティの代表を関与させる傾向があるからである（引用11）。

　公組織が、自らの基準によってパートナーシップを運営し、その基準によってしかパートナーの貢献を測ることができないとすれば、公組織の本来事業を変化させることはできず、ボランタリーセクターの貢献も公組織にどれだけ貢献できるかによって評価されることになってしまう。ボランタリーセクターを**「安い選択肢」**（引用12）としてしか評価していないと感じられるのは、公組織が、費用の削減という基準でボランタリーセクターを評価しており、その他の価値を評価しようとしないからであろう。こうした態度が支配的になれば、パートナーシップは、公組織の価値への編入の場となってしまい、ボランタリーセクターの価値は、公組織の基準にどれだけ適合するかによって評価されることになってしまう。このように、公組織がこれまでのやり方や、その行動規範を全く変えようとしない場合、パートナーシップにおいてボランタリーセクターが公組織と対等な関係を築き、政策過程に影響力を行使していくことは極めて難しくなるといえるだろう。

図表 6-5　対等な関係を難しくしている要因—公組織の行動規範

引用番号	引用
引用9	実際のところ、両者の関係の問題は「われわれ」と「彼ら」の問題でした。これまでは、不満があればデモをしたり、請願してきたものが、パートナーシップの結果、同じテーブルに座って、「それは十分ではない」ということができるようになったのです。またそうすることへの合意もあります。それは実際、大変効果的です。ただし、地方自治体は話を聞いてはくれますが、聞いたことに反応してくれません。それが問題です（Tower Hamlets CEN, 93-98）。
引用10	（関係は悪くないとしたうえで）私はただ、役所はいつも「支配的」になりがちだと感じています。それは彼ら自身がそういう世界で仕事をしているからです。彼らは彼らの行動規範をすべての人の行動規範のモデルにしてしまうのです。彼らは、エンパワメントの言葉の意味はよく理解しているのですが、心や精神、行動にそのモードが染み付いてしまっているのです（Lewisham CEN, 160-161）。
引用11	完全に解決されていないと私が考えているのは、適切な時点でコミュニティの代表を関与させるということです。例えば、戦略的な計画の策定において、コミュニティの代表が関与する時点では、影響を及ぼすには遅すぎるような場合があります（Croydon CEN, 184）。
引用12	彼らはボランタリーセクターを安い選択肢（cheep option）とみていて、（セクターの持つ）深い価値を受け入れようとはしていないのです（Lewisham CEN, 136-137）。

3　関係を変化させている要因

　次に、パートナーシップ組織内の関係を変化させている要因について、調査の結果をみていきたい。調査の結果からは、現場知の認識、協定による関係の規定という分析視角としても検討した要因に加え、パートナーシップの利益の認識と、中央政府の政策がその要因として示唆された。

1── 現場知の認識

　資金面での不均衡にもかかわらず、住民やボランタリーセクターが他のパートナーと対等な立場で公共的な意思決定に関与していく場合、パートナーシップ内における資金以外の資源が、どのように認識されているかが重要になる。パートナーシップ組織の職員は、関与が難しい（hard to reach）といわれるグループやサービスを利用する人々との「近さ」と表現されているような資源を、ボランタリーセクターのパートナーシップに対する固有の

貢献として認識していた。

　例えば、ボランタリーセクターが「**市民の視点から、世界を理解するという点において非常に優れて**」いるのは、市民と「**近い所**」にいるからであると認識されている（引用13）。「草の根に近いところ」で活動するボランタリーセクターは、公組織が市民のニーズに適切に反応するために、貴重であるとも認識されている（引用14）。こうしたボランタリー組織が持っている「**知識や経験**」（引用15）という独自の資源を「現場知」とするならば、ボランタリー組織の現場知は、パートナーシップ組織内において貴重な資源として認識されていた。

　ボランタリーセクターのこうした資源が、パートナーシップ組織内において重要な資源として認識されている理由は、次のように解釈できるだろう。まず、地方自治体や、プライマリケアトラスト、職業安定所、警察などの公共サービスの提供機関には、「関与が難しい」人々が、コンサルテーションや、直接的な参加の機会を通じて、意思決定に影響を及ぼすことを支援することが求められている。また、荒廃した地域における雇用や健康水準、犯罪数、教育において、達成すべきターゲットが提示され、それを実現していなければならない。しかし、こうした機関は、多くの専門職を雇用する確立された組織である一方、荒廃した地域において社会的に排除された人々を意思決定に関与させ、地域を変化させていくための知識や経験を持ち合わせておらず、そのターゲットとなるグループに対してアクセスすることは簡単ではない（そのため、関与が難しい＝hard to reachと呼ばれる）。一方、ボランタリーセクターは、例えば少数民族や多様な宗教的背景を持った人々などの「関与が難しいグループ」のネットワークや、高齢者や障害者といった特定のサービスを利用する人たちのネットワークを組織化しており、公共サービスがアクセスしようとしている人々に対して日常的に支援を行っている。そのため、パートナーシップ内では、社会的に排除されている人々を組織化していることから生み出される知識と経験が、貴重な資源として認識されることになる。

　例えば、ボランタリー組織の現場知は、「**可能な限り広範囲な対象の参加**

図表6-6　関係を変化させている要因―現場知の認識

引用番号	引用
引用13	ボランタリーセクターは、市民の視点から世界を理解するという点において非常に優れています。なぜなら、彼らは市民に近い所にいて、文化や家族、経済状況にまつわる様々な困難を理解することができるからです（Lambeth, 126）。
引用14	ボランタリーセクターは、より草の根に近い所で仕事をすべきです。それはパートナーシップにとって大変貴重です。私たちは、地域のニーズに敏感でなくてはなりませんが、そのための方法は、可能な限り広範囲な対象の参加を保障することであり、ボランタリーセクターとコミュニティセクターはそれを達成するために必要なのです（Tower Hamlets, 249）。
引用15	ボランタリーセクターのパートナーシップに関連したもう一つの役割は、知識と経験です。コミュニティには、特定のマイノリティを代表しているグループや、宗教に基づいたグループなどがあり、ボランタリーセクターはタワーハムレットにおけるこうしたコミュニティについて、私たちが支援することを助け、またいろいろと情報を提供してくれるのです（Tower Hamlets, 190）。
引用16	ボランタリーセクターが関与するようになることで、得られる利益ははっきりしています。もし、サービスのターゲットとなっている特定のグループにアクセスしたいと思ったら、ボランタリーセクター内のコミュニティグループやボランタリーグループと協働することでそれが可能になるのです（Croydon, 205）。
引用17	私たちは、特定のコミュニティに浸透する（infiltrate）ことが大変困難なのですが、ボランタリーセクターは、特定のコミュニティに対する理解においてわれわれよりも優れており、それゆえ、地方自治体が直接それを行うよりもボランタリーセクターに委託する方が良い結果を期待できるのです（Southwark, 228-229）。
引用18	私たちは、多くのボランタリー組織に、近隣再生資金を通じたプロジェクトの実施を委託しています。ですから、彼らは、地域戦略パートナーシップに参加し、コミュニティやボランタリーセクターにフィードバックする役割を担うと同時に、プロジェクトを実施することで、自治体を助けています（Southwark, 214-215）。
引用19	中央政府の様々なアジェンダに関して、彼らは明らかに対等なパートナーであり、主要なパートナーです。中央政府は、サードセクターと協働する場面を本当に重視するようになっており、サービス供給に関与することが非常に多くなっています（Lewisham, 150）。

を保障」（引用14）する場合や、社会的に排除された「**特定のグループにアクセス**」（引用16）する場合に不可欠であると同時に、こうしたコミュニティに対して理解のあるボランタリーセクターにプロジェクトの実施を委託することで、公組織が実施するよりも「**委託する方が良い結果**」（引用17）をもたらす場合があると認識されている。

　以上のように、ボランタリーセクターの持つ「現場知」は、パートナーシップにおいて独自の資源として認識されている。公共サービス提供機関にとっ

ては、ボランタリーセクターと協働することで、社会的に排除されたグループにアクセスすることや、こうしたグループの参加を保障することが可能になること、また、「**プロジェクトの実施**」（引用 18）においても「**サードセクターとの協働**」（引用 19）が重視されるようになっている。

2 ── 協定による関係の規定（ローカル・コンパクト）

　コンパクトは、公組織とボランタリー組織の関係を規定し、関係の基本原則について合意する協定である。ここでは、協定によって関係を規定することが、「パートナーシップ組織内の関係」を変化させ、ボランタリーセクターが政策過程に影響力を行使していくことにどの程度有効であり、関係者はそれをどのように認識しているかについて検討する。

　まず、本研究が対象としている地域戦略パートナーシップでは、地方自治体だけでなくパートナーシップに参画する他の公共サービス提供機関もコンパクトに調印していた。しかし、ローカル・コンパクトが「パートナーシップ組織内の関係」を規定するツールとしてどのような有効性を持ちうるかについては、評価が分かれる点もあった。地域戦略パートナーシップの事務局側では、コンパクトについて「関係の基礎」を規定するものであり、また、協定書それ自体よりもその策定プロセスにおける相互理解の促進や、プロセスそのものを通じた双方の能力形成といった交渉過程における成果をおおむね肯定的にとらえる傾向にあった。他方、ボランタリーセクターの側からは、コンパクトの「影響力」が欠如していることや「セクター間の合意」がコンパクトの前提として必要であることが指摘された。

　肯定的な評価として、コンパクトが常に立ち戻るべき「**関係の基礎を提供するもの**」（引用 20）であり、「**原則を共有すること**」（引用 21）であることが指摘されていた。こうした評価は、関係の基礎としてコンパクトの存在そのものを重視する考え方であり、そのため日常的に言及されたり、パートナーが常に文書化されたコンパクトを携帯しているわけではないとしても、ボランタリーセクターとパートナーとの関係を確認しておくことに価値があるという認識を示している。また、「**交渉のプロセス**」（引用 22）において、

パートナーがお互いを理解し合い、関係を構築していくことに価値を見出す意見もあった。コンパクトの存在そのものと同時に、締結のプロセスを重視する考え方は、中央レベルでのコンパクトにおいても強調されていたことである（永田、2004：62）。

　以上のように、地域戦略パートナーシップの事務局サイドでは、「**母親とアップルパイ**」（引用23）、すなわち、それは「疑いなく価値を認めるもの」と認識されており、コンパクトによって両者の関係の基礎が確立し、また、その交渉過程を通じて相互の理解が促進されていると評価していた。

　しかし、こうした協定はあくまで関係の基礎であり、また、多様な組織から構成されるセクターと一律に協定を結ぶことが、どれだけ実効性を持つのかという疑問も残る。ボランタリーセクターの代表者からは、コンパクトを否定しないまでも、その有効性や前提に懐疑的な意見もみられた。特に、コンパクトにもっとも否定的だったのは、地方自治体やその他の公共サービス提供機関と非常に良好な関係を築いていることを強調しているクロイドンのCVSの事務局長だった。彼によれば、コンパクトは「**スタートとしては重要**」であるが、実際にボランタリーセクターに資金をもたらすものではなく、具体的に影響力を行使する場面を増大させるわけではない（引用24）。したがって、そのことに労力をかけるよりも、コミュニティ戦略の策定や、地域戦略パートナーシップといった場において、具体的な影響力を行使する方が有益であるという（引用24）。そのため、この事務局長は、自身もかかわったコンパクトと他の政策、例えば地域戦略パートナーシップ、コミュニティ戦略の策定、近隣再生政策を比較して、コンパクトには「**多大な労力をかけるべきでない**」（引用24）と結論づけている。つまり、コンパクトはスタートに過ぎず、政策過程において影響力を行使していくためには、実際に資源と結びついた場に参画することを優先すべきであると認識していた。

　他方、そもそも他の主体と合意する前に、「**ボランタリーセクターとコミュニティセクター同士の合意**」がなく、セクターとしての体裁をなしていないことも指摘されていた（引用25）。こうした認識から、タワーハムレットではボランタリーセクター、コミュニティセクター同士のルール、合意を定め

図表6-7 関係を変化させている要因―協定による関係の規定

●関係基盤の構築

引用番号	引用
引用20	みんなが印刷されたコンパクトの合意文書を常に携帯しているということはないでしょうが、それは期待を規定し、両者が（特にボランタリーセクターとコミュニティセクターが）時に立ち返って、「これはコンパクトで合意されたことだ」ということができるのです。これは、しなければならないことであり、私たちの関係の基礎を提供しているという意味で、私は有益だと考えています（Lewisham, 173）。
引用21	原則を共有することは、私たちすべてにとって意味のあることです。私たちすべてがボランタリーセクターの行う仕事に価値を見出し、それをサポートすべきであると言っています。それは、地方自治体だけでなく、警察なども同じです。そして、ボランタリーセクターが様々な形で資金を獲得しやすくしています（Bristol, 273）。
引用22	コンパクトは、それで終わる単なる文書ではないのです。それは協定を分担するプロセスであり、そしてその交渉のプロセスは、貴重なものであるとともに、お互いに引き出したい関係の良い部分が何であるかについて理解し始めることなのです。ですから、（ローカル・コンパクトの）ガイドラインもプロセスそれ自体を能力形成として活用するようにアドバイスしています（Tower Hamlets, 230）。
引用23	もし誰かとコンパクトについて話せば、彼らは（コンパクトを）「母親とアップルパイ」（motherhood and apple pie.）というのではないでしょうか（Brighton, 250）。

●影響力の欠如とセクター間の合意

引用番号	引用
引用24	コンパクトをもつことは有益です。しかし、コンパクトに多大な労力をかけるべきではありません。なぜなら、資源や政治的な影響力といった重要なことは、別な政策、例えばコミュニティ戦略の策定、といったところにあるからです。（中略）コンパクトの性格は、文章上の合意といったようなものに過ぎません。（中略）コンパクトはスタートとしては重要ですが、それは資源があり、政治的影響力のある、より実態がある具体的なイニシアティブと結びついている必要があるのです（Croydon CVS, 51）。 コンパクトは参考資料やフレームワークとしては有益ですが、特定の分野における進展に関しては、私は、コンパクトではなく地域戦略パートナーシップを使います（Croydon CVS, 194）。
引用25	問題は、ボランタリーセクター同士の合意がないことです。では、どうしてわれわれはコンパクトを（地方自治体などと）締結できるでしょうか。ボランタリーセクターの中で合意がない以上、そもそも「セクター」は存在しないのです。ですから、コミュニティ・エンパワーメント・ネットワークでは、ボランタリーセクター間の相互理解のための協定作りを進めたのです（Tower Hamlets CEN, 39）。

た協定書を作り、他主体との協定のための前提作りに取り組んでいた。

このように、ローカル・コンパクトは、関係の基礎、フレームワークを定めるという意味で、両者の関係の参照点となっており、スタートラインとしての意義を認めることができるだろう。しかしながら、ボランタリーセクターの側からみれば、合意文書が存在していることそれ自体に意味があるわけで

はない。現実的に考えれば、実際に政策決定の場に参加し、資源を獲得していくことに直接影響しない原則の確認は、あくまでスタートラインに過ぎないということになろう。また、そのスタートラインに立つセクターが本当に存在するのかという問題もある。その意味で、タワーハムレットにおけるボランタリーセクター同士の協定というアイディアは、セクターの共通性を明確にするという意味で有効な取り組みであると思われる。さらに、本調査からは、パートナーシップの職員がコンパクトをおおむね肯定的にとらえているのに対し、どちらかといえばボランタリーセクターの側は、より実質的に影響力を行使できる参加を求めていることも示唆された。なお、ボランタリーセクターの多様性の問題は、ボランタリーセクターの代表性についての結果において再度検討することになる。

3── パートナーシップの利益の認識

　関係を変化させている要因として、本研究を通じて示唆されたのは「パートナーシップの利益の認識」を共有しているかどうかである。つまり、地域戦略パートナーシップでいえば、社会的排除の問題を解決していくために、多様な主体が力を出し合うことの利益を実感として感じることができれば、両者の関係はより対等なものとなっていく可能性があるということである。

　そもそも、パートナーシップは単一の主体では、複雑で領域横断的な問題を解決することが難しいことから考えだされた公共政策を実施していくための仕組みである。そう考えれば、「**相互の強み**」を認識することは、パートナーシップに参加する多様な主体が、相互に依存し合っていることを認識することでもある（引用26）。こうした相補性をパートナー同士が認識し、「**多くの人が協働を経験**」することで、「**その利益**」を実感し、積み重ねていくこと（「**パートナーシップの歴史**」）が重要である（引用27）。また、パートナーシップは、「**信頼**」（引用28）によって支えられているが、それは組織やセクターのレベルだけでなく、「**個人的なレベルでの信頼と相互の敬意**」を蓄積していくことでもあり、そのためにはパートナーシップが「**共通のビジョンと共通の目的**」を持つことが必要になる（引用29）。このように、パート

第6章 地域戦略パートナーシップとコミュニティの参加

図表6-8 関係を変化させている要因―パートナーシップの利益の認識

引用番号	引用
引用26	平等というのは、同じということではありません。ですから、私たちはお互いの強み（mutual strength）と相互の発展を認識するべきなのです（Tower Hamlets, 193）。
引用27	ここでは長いパートナーシップの歴史があって、多くの人が協働を経験していますから、その利益が何であるかも理解しています。私が担当しているHealthy Croydonも地域戦略パートナーシップ以前からあったパートナーシップを基にしているのです。調査をしながら多くの教訓を学習してきたことが、地域戦略パートナーシップにも生かされていると考えています（Croydon Health, 131）。
引用28	うまくいっているパートナーシップを支えているのは、信頼であるということがよく理解されていて、組織間やトップレベルのコミットメントを得るための個人間の信頼を構築するために過去何年にもわたって努力が重ねられてきました。地域戦略パートナーシップで苦労している地域は、信頼が醸成されておらず、高官たちのコミットメントに欠け、しっかりとした構造がつくられていません（Croydon Health, 131）。
引用29	個人的な関係を避けることはできません。私たちは、それぞれの組織のチーフエグゼクティブと仕事をするのです。彼らはそれぞれの専門職のトップの人々で、その組織をリードしています。彼らには、それぞれの優先課題があって、時にそれは変えることが難しいこともあり、それぞれが対立することもあります。それゆえ、個人的なレベルで信頼と相互の敬意を醸成し、共通のビジョンと共通の目的に向けて一つにしていくことが、私の役割なのです（Lambeth, 27）。
引用30	実際のところ、両者の関係の問題は「われわれ」と「彼ら」の問題でした。これまでは、不満があればデモをしたり、請願してきたものが、パートナーシップの結果、同じテーブルに座って、「それは十分ではない」ということができるようになったのです。またそうすることへの合意もあります。それは実際、大変効果的です。ただし、地方自治体は話を聞いてはくれますが、聞いたことに反応してくれません。それが問題です（Tower Hamlets CEN, 34）。
引用31	（パートナーシップによる決定について）私たちはまだはっきりとした見解を示すことはできません。私たちの仕事は、グレイエリアです。私たちは、何の基準も持っていません。私たちは、シンプルに、少なくとも大多数のメンバーが合意に達するまで、協議を続けるしかないのです（Lambeth, 81）。

ナーシップが機能するためには、参加者の間に信頼が醸成されていることが必要であり、そのためには一定の時間も必要であるといえる。

　以上のように、パートナー同士が共通する目的の達成に向けて、相互の「強み」を認識し、協働の経験を積み重ねていくためには、パートナーシップという場を通じて、「**同じテーブルにつく**」ことで「われわれ」と「彼ら」という関係を、「私たち」という関係に変化させていくことが第一歩である（**引用30**）。ボランタリーセクターの側からみれば、同じテーブルの上で、特定の問題について協議する場が制度化されたことは、政策過程にアウトサイ

ダーとしてではなくインサイダーとして参加することが可能になったという意義がある。デモや請願は政策過程の外から影響力を行使しようとする戦略であるが、地域戦略パートナーシップでは内部者として、つまり、他のセクターと対等なパートナーとして政策過程に影響力を行使していくことができる。もちろん、指摘されているように、そうした場ができたからといって、実際に関係が変化するとは限らない。しかしながら、そうした不満の一方で、今回インタビューを行ったコミュニティ・エンパワメント・ネットワークの職員たちからは、実際の政策過程に関与しているという自信も感じられた。前節で引用したクロイドンのCVSの事務局長が、コンパクトにそれほど意味がないと考えるのも、実際に影響力を行使する場が存在するようになっているからであるとも考えられる。

　以上のことから、ボランタリーセクターが影響力を行使していくためには、同じテーブルで協議することを通じて、パートナーとの間で個人的なレベルの信頼関係を積み重ね、協働の利益を理解していくことが重要であることが示唆された。そのためには、少なくとも場を共有するということが出発点として重要であり、「われわれと彼ら」の関係を「私たち」すなわち、パートナーという関係に変えていくために、そうした場において「**協議をし続ける**」ことが重要であるといえる（引用31）。

4ーーー中央政府の政策

　最後に、地域戦略パートナーシップにおけるボランタリーセクターとその他の公共サービス提供機関との間の関係を変化させている要因として、中央政府の政策が大きく関係していることが示唆された。「ボランタリーセクターを政策形成過程に関与させなければならない」もしくは、「コンパクトを推進しなければならない」といった中央政府の強い意向があり、地方自治体に対してそうした環境を実現することを様々な形で促していることは、第2章、第3章でみた通りである。

　クロイドンのCVSの事務局長は、地方自治体レベルでの変化の要因の一つとして、「**労働党の政策**」を挙げており（引用32）、地域戦略パートナーシッ

第6章 地域戦略パートナーシップとコミュニティの参加

図表6-9 関係を変化させている要因—中央政府の政策

引用番号	引用
引用32	労働党の政策がなかったとしたら、公的セクターがボランタリーセクターとこれほど協働するような推進力はなかったでしょう（Croydon, 420）。
引用33	政府はボランタリーセクターが大きな役割を果たすこと（much, much bigger role）について、とても（very, very）熱心です。その理由の一つは、地方議会選挙の投票率が33%から34%くらいしかなく、60%の人は投票しないことがあります。そこで、意思決定により多くの人を関与させていくために、政府はボランタリーセクターを関与させることが重要だと考えているのです（Bristol, 274）。
引用34	ボランタリーセクターは、政府のアジェンダの中で主要なパートナーとなっています。（中略）第三セクターは、サービスの供給、サービスの計画、地域の声を公的機関にフィードバックすることなどに深く関与するようになってきています。ですから、ボランタリーセクターが私たちの行うすべてのことにおいて非常に重要なパートナーであるというのが本音（real feeling）です（Lewisham, 150）。

プの職員たちもそのことを強調している（引用33）。そのことが、必然的にボランタリー組織がパートナーシップの中でより大きな役割を果たすことを可能にしているといえる。また、中央政府のセクターに対する期待は、引用33と34にみられるように、セクターの参加を促進することで、多様な市民の参加を促進するという期待と、サービスの供給における期待とがある。

　中央政府と地域戦略パートナーシップとの関係は、第3節でより詳細に検討するが、ここではパートナーシップの職員やコミュニティ・エンパワメント・ネットワークの職員が関係変化の要因の一つとして、中央政府の政策を重視していること、またその期待には参加の媒介組織としてのセクターとサービス提供主体としてのセクターがあることを確認しておきたい。

4　小括

　第1節では、地域戦略パートナーシップにおける「パートナーシップ組織内の関係」について、調査の結果を示した。ボランタリーセクターは、地域戦略パートナーシップというガバナンス空間の中で影響力を行使することが可能になっているのか、という問いに対して、ガバナンス空間において影

響力を高めていると考えられる要因を「関係を変化させている要因」、また、それを難しくしている要因を「対等な関係を難しくしている要因」として整理した。これまで示してきたような結果からみても、一般的にいえばリュイシャムの担当者の次のような見解が、地域戦略パートナーシップの事務局の一般的見解であるといえるだろう（**引用 35**）。

図表 6-10　地域戦略パートナーシップ事務局のボランタリーセクターに対する見解

引用番号	引用
引用 35	パートナーシップの理事会や、テーマ・パートナーシップに深く関わっていくことで、彼ら（ボランタリーセクター）は非常に大きな影響力をもつようになっていますし、A氏[1]は違う考えをもっているかもしれませんが、少なくとも理論上は、影響力を高める様々な手段を手にしているといえます（Lewisham, 150）。

　少なくとも以前と比べて、ボランタリーセクターはパートナーとして同じテーブルに座り、決定をともに行っており、影響力を行使することが可能となっている。その理由として、本節の結果からは、第 1 に「ボランタリーセクターの固有の資源の認識」、第 2 に「協定による相互の関係の規定」、第 3 に「パートナーシップの利益の認識」、第 4 に「中央政府の政策」といった諸要因が影響していることが示唆された。

　他方、影響力を行使していくことを難しくしているのは、先行研究でも示されていたような「資金面での不均衡」に加え、自治体や公共サービス提供機関の考え方や働き方を変化させることの難しさ（「公組織の行動規範」）が影響していることが示唆された。

第 2 節　参画主体としての市民

　すでにみたように、地域戦略パートナーシップは、荒廃した地域の再生か

ら、地域全体を持続可能にしていくための戦略の策定、またそれを具体化するための政策の優先順位と数値目標を定め、それを政府と交渉するという極めて重要な役割を担っている。そうした極めて重要な決定であればこそ、そこに参加しているメンバーの正統性を確保することは重要な課題となる。

　こうした正統性は、選挙という市民の付託を経ないで代表となっているボランタリーセクターや住民の代表にも当然問われることになる。代表に何らかの正統性がないとすれば、一部の特権的な代表のみが政策過程に影響力を行使できることになってしまうからである。しかし他方で、代表性の問題を指摘するだけでは、ガバナンスの議論は進展しない。代表性がガバナンスの決定的な問題であるとするならば、代議制民主主義を強化するしかなく、ガバナンスを論じる必要はないからである。ガバナンスは、そもそも多様な主体による決定を肯定することであり、そうであれば、代表性の問題をどのように考え、克服していくかはガバナンスにおける市民の参加を考える上で、大きな論点である。また、そのことは公選議会という市民の付託を受けた決定機関と地域戦略パートナーシップのようなガバナンス空間での決定との間の関係を整理することの必要性を提起しているともいえる。

　さらに、参画主体の能力としては「市民の能力」が問われる。ガバナンス空間に参加し、重要な公共的決定を行うボランタリーセクターや市民の能力を疑問視する声にどのように応えていくのかも、ガバナンスにおける市民の参加を考える上での大きな論点の一つであろう。

　そこで以下では、まず、代表性の問題について、次に市民の能力について、インタビューの結果から地域戦略パートナーシップやコミュニティ・エンパワメント・ネットワークの職員たちの認識を検討していきたい。

1 コミュニティの代表性

1ーーー 代表選出の基盤の機能

　先行研究においては、代表性の問題として、「コミュニティの代表と彼らが代表しているコミュニティとを結びつける基盤」の重要性が指摘されていた（Lowndes and Sullivan, 2004：61）。そこで、地域戦略パートナーシップにおいても、コミュニティを代表しているボランタリーセクターの代表とコミュニティを結びつける基盤（インフラ）がどのように機能しているのかという点から検討をはじめたい。

　政府が、地域戦略パートナーシップというローカル・ガバナンスの制度設計を進めていくにあたって、ボランタリーセクターや市民をはじめとした「コミュニティ」の代表性を担保するための仕組みとして期待したのが、コミュニティ・エンパワメント・ネットワークである。すでに述べたように、政府は、地域戦略パートナーシップにボランタリー組織や市民の代表が参加することを支援するネットワークの形成を後押ししてきた。具体的には、2001年度から3カ年にわたり、ボランタリーセクターの責任団体に対して直接コミュニティ・エンパワメント・ファンドを交付した（ただし、近隣再生政策の対象となっている88の地方自治体に限定）。したがって、ボランタリーセクターの代表性は、このネットワークの有効性や評価が大きく関連する。イギリスでは、日本の社会福祉協議会のような法に規定された中間支援組織がなく、一般的にはCVS（Council for Voluntary Services）と呼ばれるボランタリーセクターの中間支援組織が各自治体単位に組織化されている（CVSについては、第3章脚注25も参照）。CVSの活動は地域ごとに多様であり、また設立の経緯や時期なども多様である。コミュニティ・エンパワメント・ネットワークの設立にあたっては、当該地域のCVSが補助金の受け皿となり、ネットワークを形成することが多かったが、それまでのネットワークの組織化の程度や、能力、考え方には大きな違いがあったといわれている。ま

た、コミュニティ・エンパワメント・ファンドは、3年間の期限付きであり、その後の財政的な支援は地方自治体に交付される別な財源にゆだねられた。そのため、2004年度以降は、ネットワークに対する財政的な支援を打ち切った自治体や、別な形に切り替えた自治体もあった（Urban Forum, 2008：4-5）。本研究におけるインタビューの結果では、ランベス区、サザック区がコミュニティ・エンパワメント・ネットワークへの補助金を支出しておらず、別な方法で地域戦略パートナーシップへの代表選出を行っていた。

　それでは、コミュニティ・エンパワメント・ネットワークは、ボランタリーセクターの代表選出の機能をどのように果たしてきたのだろうか。調査の結果からは、ネットワークがコミュニティの代表を選出する基盤として機能するためには、多様なコミュニティを組織化し、ネットワークの傘としてコミュニティの多様性をカバーすると同時に、民主的な代表選出の方法を確立し、選出された代表の役割と責任を明確にしておく必要があることが示唆された。

　例えば、タワーハムレットは多様な人種から構成されており、それぞれの民族に応じた組織化が重視されている（**引用36**）。人種構成が多様なロンドンのような地域では、コミュニティの代表を選出する場合、出身民族に着目した組織化が重視されている。もちろん、人種だけではなくサービスの利用者で作るコミュニティケアフォーラムといったサービス利用者に焦点を当てた組織化や、障害者、女性、高齢者、若者といった属性による組織化、地理的なコミュニティ（近隣地区単位の住民のフォーラムなど）も重視されており、調査を行ったいずれの地域もこうした複数のグループがメンバーとなって、コミュニティ・エンパワメント・ネットワークが構成されている（「**ネットワークの傘**」**引用36**）。こうした代表選出の基盤として、ネットワークが機能するためには、クロイドンのネットワークの職員がいうように、そもそもネットワークが「**セクターのあらゆるレベルとセクターの多様性を実際にカバー**」していることが条件となる（**引用37**）。つまり、コミュニティを代表するためには、ネットワークが、様々な「関心に基づいたコミュニティ」と「地理的なコミュニティ」をカバーしていることが条件であり、そうでな

図表6-11 コミュニティの代表性―代表選出の基盤の機能

引用番号	引用
引用36	私たちは区内でもっとも多様なネットワークです。ネットワークは区内のコミュニティに基づいて形成されています。ですから、バングラディッシュ人、ソマリア人、中国人、ベトナム人、ポーランド人などのネットワークの代表がメンバーになっています。私たちが行っているのは、もし「コミュニティ」があればネットワークを形成することを支援して、その代表をコミュニティ・エンパワメント・ネットワークに選出してもらうことです。ですから、CENはネットワークの傘なのです。(中略)私たちは区内の人口やニーズをみながら、組織をつくることを支援します。私たちの役割は人々を直接支援することではなく、彼らが自分たちでできるようにエンパワメントしていくことなのです(Tower Hamlets CEN, 19-20)。
引用37	戦略パートナーシップの構造の成功は、「代表」がセクターのあらゆるレベルとセクターの多様性を実際にカバーしているかどうかによると思います(Croydon CEN, 152)。
引用38	地域戦略パートナーシップへの代表は、メンバーとなっている550の組織から選出されます。私たちはメンバーに対して、代表の候補となる人の推薦を依頼します。(中略)推薦の期間は1ヶ月です。こうしたプロセスによって、選出された代表の役割が、彼の組織を代表することではなく、全メンバーを代表していることを明確にすることができるのです。候補者がそろった段階で、私たちは投票を行います。投票フォームがすべてのメンバー組織に送付されてそれぞれのパートナーシップに選出したい代表を選びます。(中略)すべての代表は、少なくとも5％(つまり約28)の得票が必要です(Brighton CEN, 3)。
引用39	Voscurはメンバーに対して毎週メールで広報をし、2か月に1回ニュースレターを出しています。代表は、重要な情報があれば、それを活用します。総会ではレポートを準備します。今年は、ビデオによるレポートをユーチューブでもみることができるように、ウェッブサイトで公開しています。代表は、しばしばセクターの意見を短期間で求められる時があるので、インターネットを活用してメンバーの意見をできるだけ早く聴取できるようにしています(Bristol CEN, 7)。

ければ適切にコミュニティの代表を選出できないということである。

また、通常は、様々なパートナーシップにおいてコミュニティの代表が求められている場合には、そのことがメンバーに告知され、代表を選出するための選挙が行われる。そして、その代表はネットワークのメンバーに対して、報告（フィードバック）を求められるのが一般的である。例えば、ブライトンでは、メンバーとなっている550もの組織による「投票」によって代表を選出しており（引用38）、ブリストルではメールニュースやニュースレター、インターネットなどを活用して、フィードバックを行い、同時にセクターの意見聴取を行っている（引用39）。さらに、ブライトンでは、ネッ

トワークの代表に対するマニュアルが準備されており、役割、責任、実費弁償に対する方針などが明記されている（Brighton and Hove Community and Voluntary Sector Forum, 2008）。

このように、コミュニティの代表を選出する基盤には、多様なコミュニティが組織化されていることを前提に、それをカバーするネットワークの存在と、ネットワーク内で民主的な代表選出やフィードバックの方法を確立し、その役割と責任を明確にすることが重要であるといえる。

2 ── 代表性の問題

一方で、コミュニティ・エンパワメント・ネットワークという代表選出の基盤の機能に対して、パートナーシップの職員は、いくつかの懸念を持っている（代表性の問題）。それは、メンバーが限定されること、セクターの多様性を反映することが難しいこと、代表が所属する団体の利益を優先してしまうこと、そしてこうした問題のため、ネットワークにはコミュニティの代表を選出する基盤としての機能を期待できないこと、に整理できる。以下それぞれについてみていきたい。

代表性の問題──メンバーが限定されること

ボランタリーセクターの代表に対して、いつも同じ人が代表となる傾向や、組織の長が形式的に選出されることの問題点を指摘する声があった。その結果、コミュニティ・エンパワメント・ネットワークは、「**『代表』とはいえない『代表』**」を選出してきたと評価する職員もいた（引用40）。また、この問題は、インタビューの中でしばしば「**いつものメンバー**」（usual suspect）という表現で語られていた（引用41）。もちろん、ブリストルのパートナーシップの職員が述べているように、「**新しい人を送り出す努力をしている**」（引用41）ことを認めているパートナーシップ職員も多く、戦略的な意思決定には一定の能力が必要であるという前提で、「**いつも違う人に来られても困る**」（引用42）という意見もあった。

一方、ボランタリーセクターの側は、代表性の問題を軽視すべきであると

図表6-12 コミュニティの代表性―代表性の問題―メンバーが限定されること

引用番号	引用
引用40	コミュニティ・エンパワメント・ネットワークが行ってきたのは、私の見方ですが、全く「代表」とは言えない「代表」を送り出してきたということです。結局、区全体の多様性や様々な課題を表明する人物ではない人が、理事会のメンバーになってしまっていたのです（Lambeth, 157）。
引用41	（ボランタリーセクターの代表は）同じ人になる傾向があります。彼らは新しい人を送り出す努力を熱心にしています。例えば、Voscurは、事務局のスタッフではなく理事会のボランティアを代表として送り出しています。（代表性の問題は）答えるのが難しい問題です。彼らは努力しています。ええ、努力しています（Bristol, 265）。
引用42	「いつものメンバーがいつもの場所にいる」と嘆く人がいますが、私に言わせれば、それは悪いことではないのです。私は、例えば2年ごとに違う人に来られても困ります（Brighton, 171）。
引用43	（ボランタリーセクターがいつものメンバーになるという意見について）同じことが議員や他の機関にも言えます。例えば、議員は高齢で、白人の退職した男性がほとんどです。到底、市の人口を反映しているとは言えません（Bristol CEN, 29）。
引用44	（代表性がないという意見について）それはややアンフェアだと思います。議員には熱心な人もいますが、多くの議員は50代から60代の白人男性なのです（Lewisham CEN, 140）。

はしていないが、地方議会議員の多くも中高年の白人男性に偏った「いつものメンバー」であり、ボランタリーセクターの代表にだけそうした批判があるのは「アンフェア」であるとも感じている（引用43、44）。

代表性の問題―セクターの多様性の反映

次に、ボランタリーセクターの代表についての懸念として、「セクターの多様性」が理由として挙げられる。セクターの多様性は、前節でのコンパクトの議論とも重なるものであるが、そもそも単一のセクターが存在するのか、ボランタリーセクターが一つのセクターとして声を上げていくことが可能なのか、といった問題である（引用45）。おそらくこのことは、私たちが日本で想像している以上に困難なことである。例えば、サザックには、1,600のグループがあるといわれており（引用49）、インナーロンドンでは、多様な人種が暮らし、100以上の多様な言語が話されている。また、全国規模で活動する団体、その支部、草の根のグループ、セルフヘルプグループ、主にサー

図表6-13　コミュニティの代表性—代表性の問題—セクターの多様性の反映

引用番号	引用
引用45	ボランタリーセクターはとても非常に巨大（huge）です。ですから、私たちは、あらゆる範囲のボランタリーセクターを地域戦略パートナーシップに代表していくことは不可能だといっているのです。それぞれの組織にはそれぞれの経験があり、それを発揮することが重要なのです。その経験を唯一の（ボランタリーセクターの）声であるとみせかけることが重要なのではありません。彼らが本当の意味でセクター全体を代表することなど不可能なのです（Lambeth, 146-147）。
引用46	（ボランタリーセクターには）戦略的なパートナーとしてのボランタリーセクター、サービス供給者としてのボランタリーセクター、そして小規模なコミュニティや住民組織から、アドボカシー組織、全国規模で展開する大規模組織、さらに、社会的企業や生活協同組合、相互扶助組織までを含む多様な形態があって、ボランタリーセクターは単一のセクターではないというのが真実なのです（Lambeth, 106-107）。
引用47	一つのボランタリーセクターというのは、極めて難しい問題です。なぜなら、それは神話かもしれませんが、ワーカーとしての私には必要な幻想といってもいいかもしれません。（中略）私は、「セクター」があると信じる必要がありますし、信じるふりをする必要があります。なぜなら私は会議の場で、これがボランタリーセクターの見方であると、その代弁者として声を上げていかなければならないからです（Lewisham CEN, 129-131）。ボランタリーセクターは、極めて脆弱です。その強さは、一緒になって一つの声として声をあげていくことでしか達成できないのです（Lewisham CEN, 152）。
引用48	ボランタリーセクターは多様である一方、特にパートナーシップの中で公的機関がボランタリーセクターをどのように扱うかを巡っては共通する課題をもっています（Bristol CEN, 24）。
引用49	われわれが注意してみておかなければならないのは、多様な団体を関与させるための構造であり、誰と協議をしたのかということです。彼らが、代表したり、主張したり、テーブルに着いたとき、彼らは（その代表している）グループと適切に協議をしているのか、ということです。例えば、サザックには1600ものグループがありますから（Southwark, 254）。
引用50	サザックでは（ボランタリーセクターが）とても複雑です。例えばクロイドンでは、一つのCVSが中心となっています。サザックではコミュニティケアフォーラム、ボランティアセンター、SAVOが独立しており、時には方向性が一致しません。推測ですが、パーソナリティとかセクターのあり方を巡る見解の相違といったことが原因です。いずれにしても、コミュニティ・エンパワメント・ネットワークは全くうまくいきませんでした（Southwark CVS, 298）。
引用51	おそらく同じエリアで活動しながらお互いに競い合う（中間支援の）組織が多すぎて、競合する利益が多いのです。（中略）こうしたことは、自治体よりもボランタリーセクターにとって問題です。自治体はわれわれのうちの一つと合意すればよいので、こうした分裂は自治体にとっては好都合なのです（Southwark CVS, 331-335）。

ビス提供を行う組織からアドボカシーを中心に活動する組織まで、規模や形態、内容を考慮に入れれば、現実的にそのネットワーク化というのは、非常に困難なように思われる（引用46）。

　もちろん、セクターの側では、多様性を認めつつも、ボランタリーセクターには公組織との関係をめぐって「**共通する課題**」（引用48）があり、その点については一致することが可能であるとする意見や、こうした現状を認めつつ、セクターには代弁者が必要であり、そのためにセクターとしてふるまうことは、「**必要な幻想**」（引用47）であるとする意見もあった。

　しかしながら、セクターが分断されている場合には、一つのセクターとしてまとまることが極めて難しくなる。サザックのCVSの職員は、サザックの中間支援組織が規模の大きな3つの組織に分断されており、「**方向性が一致しない**」（引用50）ことを挙げ、このことが原因で、代表選出の基盤としてのコミュニティ・エンパワメント・ネットワークが機能しなかったと指摘している。また、このことは地方自治体を利することはあっても、ボランタリーセクターの側にとってはマイナスであるという見解を示している（引用51）。

代表性の問題——団体の利益の優先

　「セクターの多様性の反映」の問題は、代表を選出する際の問題であるが、決定が何らかの利害関係によって偏ってしまうという「団体の利益の優先」という問題は、選出された代表がコミュニティやセクター全体の利益ではなく、所属する団体の利益を優先してしまうという問題である。「資金面での不均衡」でもみたように、パートナーシップにおいては、ボランタリーセクターに直接利害が関係するような事柄が議題となる場合がある。その際に、セクターの代表が、パートナーシップ全体の利益やセクターおよびコミュニティ全体の利益ではなく、自らが所属する団体の利益を優先してしまうような可能性がないとはいえない。

　実際に、リュイシャムではボランタリーセクターの代表が、ある入札に関わる情報を他のメンバーに伝えず、自分たちが入札に参加してしまうという

第6章 地域戦略パートナーシップとコミュニティの参加

図表6-14 コミュニティの代表性―代表性の問題―団体の利益の優先

引用番号	引用
引用52	テーブルの上にお金があると、人はある種の反応をしてしまいます。ビジネスや政府の代表であれば、閉鎖的であっても構いませんが、コミュニティの代表である場合は、それに巻き込まれてはいけないのです。みんながそれをみています。ごく最近起こったことですが、代表が自ら入札に参加し、それは大きな金額だったのですが、彼らはそのことを誰にも言っていなかったということがありました（Lewisham CEN, 71）。
引用53	セクターの代表が自分自身の団体のために行動してしまうことがないか、という質問の答えは確かにイエスです。そうした危険性は常にあります。しかし、代表になったらギブアンドテイクの原則も大切です。私は、何かを与える代わりに何か得るものがあることは悪いことではないと思っています。代表になることは、ある種の知識や情報にアクセスできるというメリットがあって、それは個人的もしくはその団体にとって有益になるかもしれません。それは悪いことではありません。組織が発展すればそれはよいことです。私たちは、代表の行うべきことを文章化したり、代表の責任を明確にする努力をしています（Croydon CEN, 76）。
引用54	ビジネスセクターにも同じような（代表性の）問題があり、ボランタリーセクターよりも難しいといえるでしょう。商工会議所の代表が、ビジネスセクターを代表しているのかということです。そして、ビジネスマンであるということは、特定の利益があるということでもあります。結局、すべての人がテーブルの上に何らかの（自分たちの関心のある）議題をもって集まっているのです（Southwark, 264）。

問題があったという（引用52）。しかし、クロイドンのネットワークの職員は、そうした問題がないとは言い切れないとしながらも、セクターの代表としての責任をしっかりと果たした上で、一定の利益を団体が得ることは肯定している（引用53）。「代表選出の基盤の機能」でみたように、コミュニティ・エンパワメント・ネットワークのほとんどは、選出する代表に対して、その責任を明確にし、また、他のメンバーに対するフィードバックの機会を義務づけるなど、様々な工夫を行っていた。したがって、代表選出にあたって代表が代表としての意識を持つような仕組み（例えば、選挙）を行い、かつ、フィードバックの機会を設けるなど代表としての行動を確認していく機会を作っていくことが重要であるといえるだろう（引用38、39）。逆にいえば、コミュニティを代表していることを単なる倫理性に任せるのではなく、代表であることの責任と役割を明示し、それを担保するための仕組みを構築することが、こうした問題を防ぐためには有効であるといえる。

また、地方議会議員も選挙によって民主的な正統性を担保されているとは

いえ、それぞれが関心のある領域を持っている。また、「団体の利益」を優先することへの懸念については、民間企業の代表のほうがその危険性が高く、ボランタリーセクターよりも代表性を担保することが難しいという指摘もあった（引用54）。換言すれば、「すべての人がテーブルの上に何らかの議題をもって集まってくる」（引用54）のであり、自らの団体の利益のみを考えるような行動は論外としても、ボランタリーセクターの代表のみが所属団体の利益を優先する傾向があるわけではないという点にも留意する必要があるだろう。

代表性の問題―別な方式の模索

　上記のようなボランタリーセクターの代表性についての問題（メンバーが限定されること、セクターの多様性を反映することが難しいこと、所属団体の利益が優先されてしまう恐れがあること）から、コミュニティ・エンパワメント・ネットワークという代表選出の基盤をあきらめて別な方法を模索しているのが、ランベスとサザックである。

　ランベスの担当者は、コミュニティ・エンパワメント・ネットワークから選出される代表には代表性が乏しく、コミュニティやボランタリー組織の多様性を反映していないと評価している。そのため、ランベスではコミュニティ・エンパワメント・ネットワークに代えて、「コミュニティ・アドボケイト」（Community Advocates）という新しい仕組みを導入している。これは、ボランタリーセクターの中間支援組織であるLVAC（Lambeth Voluntary Action Council）が3日間のコースを実施し、それを修了した市民がネットワークを作り、そのネットワークから市民の代表2名を選挙によって地域戦略パートナーシップ理事会のメンバーに選出する仕組みである。コミュニティ・エンパワメント・ネットワークの代表が団体の代表であったのに対し、市民の立場で市民の感覚を活かす代表を選出するという狙いがあるという。

　また、サザックでもコミュニティ・エンパワメント・ネットワークに代えて「サザック・ボランティアセンター」（Volunteer Centre Southwark）というボランタリー組織が「アクティブ・シティズンズ・ハブ」（Active

Citizen's Hub）という仕組みを運営し、ボランタリーセクターの代表としてではなく一人ひとりの市民が戦略パートナーシップに参加するという形態を採っている（Volunteer Centre Southwark, 2008）[2]。両自治体に共通するのは、市民の代表選出をボランタリー組織に委託し、個人としての資格で地域戦略パートナーシップへのメンバーの選出を図っていることである。

ただし、ランベスとサザックは、市民にトレーニングプログラムを提供し、その人材の中から個人の資格として代表を選出している点では同じであるが、大きく異なる点もある。ランベスは、プログラムを修了した人の中から選挙によって代表を選出している一方、サザックのプログラムでは、地域戦略パートナーシップの職員による面接を実施して代表を選出している。市民が、代表を自ら選出するか、代表として選出されるのかは、大きな違いである。サザックの取り組みでは、地域戦略パートナーシップのメンバーとなる市民は、パートナーシップの職員に選ばれた（選別された）市民として参加しているのであって、代表性やその見解の正統性という観点からは、ランベスの取り組みと大きな違いがある。

3 ── 戦略的決定レベルにおける住民の代表の役割

地域戦略パートナーシップは、市域の戦略的意思決定機関であるが、近隣再生政策の実施においては、小地域における参加の場を設けている自治体も多い。また、すでにみたように、地域戦略パートナーシップの理事会などに住民の代表が直接参加している場合もある。こうした住民の代表性について、パートナーシップの担当者たちはどのように考えているのだろうか。

タワーハムレット区は、小地域でのパートナーシップ（LAP、第5章3節6.を参照）において参加者にそもそも代表性を期待しておらず、「**自分自身を代表**」することを求めている（**引用55**）。つまり、小地域でのパートナーシップに影響を及ぼすことはあくまで「**個人としてそこに参加**」（**引用55**）することであり、組織や何らかの社会的カテゴリーを代表して発言することを期待しているわけではないことを強調している（**引用56**）。

同じくサザックでも、住民の代表に代表性を期待していない。サザックの

図表6-15　コミュニティの代表性―戦略的決定レベルにおける住民の代表の役割

引用番号	引用
引用55	(小地域のLAPには) おおむね25人程度の運営グループがあり、彼らが行うべきことはその地域に暮らす様々なタイプのコミュニティの見解を反映することです。ですから、もしたくさんの高齢者が住んでいるエリアであれば、そうした人々の声が運営グループの構成に反映されるべきなのですが、われわれが実際に気にかけているのは、彼らが選挙で選ばれた人々ではなく、いかなる人もグループも代表していないということなのです。彼らは、個人としてそこに参加していて、そのエリアに住むあるタイプの人々なのです。ですから、彼らは自分自身を代表しているだけなのです (Tower Hamlets, 59)。
引用56	LAPにおいてメンバーはグループを代表してそこにいるわけではないのです。なぜなら、例えばソマリア人のグループでいえば、ソマリアにはたくさんの部族や文化があるのです。イギリスでは同じコミュニティに属していると考えられていますが、実際にはコミュニティの中で多くの内紛を抱えていたりするのです。だから、誰かがすべてのソマリア人コミュニティを代表する必要はないのです (Tower Hamlets, 219)。
引用57	(理事会のメンバーになっている住民について) 私たちは彼らを特定のエリアの代表であるとは考えていません。私たちは、バランスには配慮しますが、彼らを人材のプールであるとみなしています。彼らは現場での知識を発揮して、例えば、地域戦略パートナーシップのミーティングで地域の問題について感じていることを表明するのです。彼らはある種の現実性のチェック (reality check) をしているのです (Southwark, 338)。
引用58	結局、パートナーシップに参加するのは、本当の意味でコミュニティの代表というよりは、ある種の実績のある活動家ばかりになってしまいます。彼らは、彼らが代表しているはずのコミュニティからは距離がありすぎます。(コミュニティを代表していない人物が決定に関与しているという) 分断は、パートナーシップ全体の信頼性の問題につながります。一方で、コミュニティ・アドボケイトのようなプログラムのアプローチは、コミュニティへの投資という側面があります。なぜなら、このプログラムは、自分たちのコミュニティに関心のある人々に対するトレーニングを目的としているからです。結果的に、私たちは代表者を選出していますが、もっとも重要なことは、コミュニティに投資をすることです (Lambeth, 175-176)。

担当者は、地域戦略パートナーシップにおける住民のメンバーの役割は、「**現実と照らし合わせてのチェック**」（引用57）であると述べている。また、ランベスの担当者も代表の選出というよりは、住民に対してトレーニングを提供し、決定の場に参加することを「**コミュニティへの投資**」（引用58）ととらえていた。

このように、住民の代表のとらえ方は、コミュニティの代表としての住民というよりは、自分自身の意見を述べる存在としての住民である。こうした見解から導かれるのは、できるだけ多くの人を政策形成の過程に巻き込んで

いくことの必要性である。なぜなら、誰も誰かを代表できず、自分自身しか代表できないとすれば、可能な限り多くの個人を巻き込んでいくしかないからである。一方、タワーハムレット区やサザック区における戦略的意思決定への住民参加に対するこうした方針は、住民は重要な決定を行うというよりは、個人的な見解を表明するに過ぎず、だからこそ代表性の問題を考える必要はない、と解釈することもできる。

4 ── 代議制民主主義とパートナーシップの関係

これまでみてきたように、代表選出のメカニズムと正統性の確保という意味でのコミュニティ・エンパワメント・ネットワークの評価は大きく分かれており、一定の正統性を確保することに成功していると考えられる地域と、別な形での代表選出の仕組みを模索している地域があった。しかし、共通していることは、「代表」として参加する場合には、代表選出のメカニズムと手続きが必要であるという点である。コミュニティ・エンパワメント・ネットワークというメカニズムが機能していないと考えているパートナーシップでも、異なる代表選出のメカニズムが模索されていた。ここでは、こうしたコミュニティの代表と選挙で選出された代表である議員および公選議会との関係とその調整について検討する。調査の結果から、代議制民主主義との関係では、パートナーシップ組織に議員が参加することで民主主義的正統性を確保し、両者を対立するものとみなすのではなく、相互に補完的であるとみなすことが重要であることが示唆された。

まず、地域戦略パートナーシップの問題点としてしばしば指摘されるのが、地域の戦略的意思決定を行っていくための民主主義的正統性がないという点である（例えば、金川、2008）。本来、地方議会議員が行うべき決定を、各セクターの代表が行っていることに対して、懐疑的な見方をする議員が出てくるのも自然であろう。特に、議員からすれば自らの権限を侵しかねない「**脅威と考える人**」や、民主的な「**アカウンタビリティの欠如**」を指摘する声がある（引用59）。そのため、地方議会議員が地域戦略パートナーシップのメンバーとなるだけではなく、代表者には地方議会議員や議会の長を当て、民

図表 6-16 コミュニティの代表性―代議制民主主義とパートナーシップとの関係

引用番号	引用
引用 59	それは的を射た質問です。なぜなら地方議会議員の中には、地域戦略パートナーシップを大きな脅威と考える人がいるからです。彼らは、地域戦略パートナーシップを「アカウンタビリティがない」とみなしています（Lambeth, 105-107）。
引用 60	地方議会議員は、「あなたがたは誰ですか」、「何をしているのですか」、「そこには議員の代表が3名いるだけではないか」、「われわれは何が行われているか知りたい」、「それはわれわれを選出した人々にどのような影響を与えるのか」とパートナーシップについて言うのです。ですから、多少の摩擦がそこにはあるのです（Bristol, 170）。
引用 61	その意味では、民主主義的正統性のある議会の議長が地域戦略パートナーシップの議長も務めることで、民主主義的正統性との明確なリンクがあると言えるのです（Lambeth, 60）。
引用 62	昨年発表された政府の白書（Strong and prosperous communities）では、議員が理事会の長になることがグッドプラクティスであると書かれています。私自身も理事会に民主的な正統性を与えることができると考えています（Lewisham, 45）。
引用 63	（クロイドン議会の）政権が変わる以前、そのことについて一人の保守党の議員と議論したことがあります。彼は、「私は議員で、選挙で選ばれている、なぜこうした代表が必要なのか？」というわけです。これは、いつもの議論なのです。しかし、全国的にみれば彼らが協力し合うべきであるということが受けいれられてきていると考えています。2つの力は、協力し合うべきなのです（Croydon CEN, 172）。要するに、議員と（パートナーシップの）代表者たちは、お互いに補完的だということです（Croydon CEN, 177）。
引用 64	確かに、コミュニティの代表は議員です。しかし、ボランタリーセクターの代表は、協議を豊かにするための異なった見方を提示することができるのです。なぜなら、選挙の過程では、あまり反映されない声を現場のサービス提供者に結びつけることができるからです。また、私たちの代表は、議員が縛られている政党政治の構造とも無縁です（Brighton CEN, 32）。
引用 65	（地域戦略パートナーシップに民主主義的正統性がないのではないかという質問について）それは大変良い質問ですし、その通りです。地域戦略パートナーシップのパートナーには民主的な正統性はありません。地域戦略パートナーシップには対等なパートナーが参加していますが、彼らは組織ではなくて、セクターを代表しています。ブリストルには幾つものグループがあって、例えば、黒人のグループの集まりや、女性のグループの集まりが、パートナーシップに代表を選出するのです。（中略）ですから、彼らは市民の付託を受けてはいませんが、彼らのセクターから代表として選ばれていることには違いないのです（Bristol, 332）。

主的なアカウンタビリティを確保しようとする地域戦略パートナーシップが増えている[3]。今回の調査でも、パートナーシップの議長を市議会の議長が兼ねたり、市長が議長につくといった工夫によって、「**民主主義的正統性とのリンク**」（**引用61, 62**）を明確にし、こうした批判に応えようとするパー

トナーシップが多かった。

　しかし、一方で、民主的な代表性をガバナンス空間で担保しようとすれば、地方議会議員選挙と同様の選挙を行う必要がある。したがって、ガバナンス空間に厳格な民主主義的正統性を要求することは、2つの議会を作ることを求めることと同義になるというパラドックスがある。ガバナンスの背景には、代議制民主主義では多様な意見が反映できないという問題意識がある以上、厳密な民主主義的正統性をガバナンス空間に求めることにはそもそも無理がある。したがって、民主的な正統性が担保された代議制民主主義の空間とガバナンス空間との新たな関係を考えるべきであろう。その前提となるのは、選挙によって代表を選出する代議制民主主義の仕組みだけでは、コミュニティを完全に代表することはできないという認識である。しかしそれは、代議制民主主義を否定することではない。異なる代表選出の仕組みや、選挙という代表選出の方法を補完する仕組みとして直接的な参加の方法が必要であることを認識し、代議制民主主義では反映できない多様な意見を政策過程に反映させていくことが必要なのである。

　クロイドンのネットワークの職員は、両者は「**補完的**」であって、「**協力し合う**」ことができればよいと強調している（引用63）。議員には、民主的な正統性があるが、コミュニティの代表には、「**選挙の過程ではあまり反映されない声**」を提起し、「**協議を豊かにするための異なった見方**」（引用64）を提示するという役割がある。もちろん、ガバナンス空間が民主的である必要がないということではない。ガバナンス空間の中で一定の代表性を担保しつつも、それだけではない正統性やアカウンタビリティを考えていく必要がある。このように、代議制民主主義では反映しきれない多様なニーズをセクターの代表という形で担保するような代表選出の基盤を強化していくことの方が重要な課題であると思われる（引用65）。

5 ── 広範囲な参加の方法の追求

　公選議会にしても、パートナーシップ組織にしてもすべてのコミュニティ

図表 6-17　コミュニティの代表性―広範囲な参加の方法の追求

引用番号	引用
引用 66	コミュニティのあらゆるセクションにアクセスするための唯一の方法などありません。しかしそれは、挑戦の一部であって、だからこそ、人々を巻き込んでいく様々な方法があるのです。それが、例えばオープンイベントを通じて何千人という人を巻きこんだり、決定の過程に実際に関与したい住民のために（LAP での）運営グループを組織したりする理由なのです（Tower Hamlets, 78）。
引用 67	（近隣地区の単位で組織化している）近隣パートナーシップを例にとれば、私たちは、コミュニティグループが必ずしもコミュニティを代表しているわけではないことに気がついています。多くの黒人のマイノリティの暮らしている区の北部では、近隣パートナーシップは盛会ですが、彼らが必ずしもそこに来ているわけではありません。ですから、私たちは、すべての住民にアクセスできているわけではないことを意識し、異なるグループにアプローチする方法について常に考えていく必要があるのです（Croydon, 296）。
引用 68	「代表」となる人と、例えば「銃犯罪」のキャンペーンという特定の問題に強い関心を持っている人との間には、違いがあります。彼ら（後者の特定の問題に関心を持つ人）は大変熱心ですから、私たちは彼らのやる気をそぐようなことはしたくありません。（中略）ここに暮らしている人はみな、他の人と同様にコミュニティに暮らす市民です。ですから私たちは、（参加の）多様なルートをみつけていかなければならないのです（Croydon CEN：140）。

の見解を反映することは難しい。そのため、パートナーシップの職員も、パートナーシップがより多様な見解を反映していくために、多様な参加の方法を試行していく必要性を認識していた。

　例えば、多様なコミュニティの見解を反映させていくための「唯一の方法」があるわけではなく、それぞれの地域や住民の実情にあった多様な方法を模索し、「**挑戦**」する必要があり（**引用 66**）、それは常に完全ではないことを認識しておかなければならないと強調されている（**引用 67**）。このように、どのような代表選出のための仕組みを採用するとしても、コミュニティの多様な見解を政策過程に反映させていくためには、参加の「**多様なルート**」（**引用 68**）を作り出していく絶えざる努力が求められているという認識が示されていた。

　以上のように、ボランタリーセクターや市民の参加によって、地域戦略パートナーシップに多様なコミュニティの見解を反映させていくためには、その代表性が問題になる。また、選挙で選出されている議員からは、市民の付託

のないセクターや市民の代表に対する懐疑もみられる。しかし一方、民主主義的正統性を軽視すべきではないとしても、代議制民主主義に内在する問題に加え、低投票率に顕著にみられるように地方議会のみが多様なコミュニティの見解を反映できるとは考えられていない。ブレア政権が、代議制民主主義を強化すると同時に、直接民主主義的な手法を重視しているのもそのためである（第3章参照）。したがって、あらゆるコミュニティを代表することは難しいことを前提としつつ、多様なコミュニティを適切に代表するための基盤を整備し、それを強化することが必要になっているといえよう。インタビューを行った地域戦略パートナーシップやコミュニティ・エンパワーメント・ネットワークの職員たちは、民主的な代表選出の仕組みである公選議会を基本としながらも、パートナーシップがそれを補完し、より多様な見解を政策過程に反映していく努力を継続していくことが重要であると認識していた。

2　参画主体としての市民の能力

　ボランタリーセクターや市民の代表は、ガバナンスの主体として、他の主体と対等な立場で公共的な意思決定に参加することを求めている。一方で、ボランタリーセクターや市民は、ガバナンス主体として、また、戦略的な意思決定を担っていくパートナーとして、十分な能力を持っていないのではないかという疑念があることも事実である。以下では、こうした参画主体としてのコミュニティの代表の問題がどのように認識されているのかについて、調査の結果を示す。

1── 住民の代表とパートナーとの知識のギャップ

　住民と専門職との間の知識のギャップについては、中間支援組織やボランタリー組織の中から選挙で選出されている代表に対してではなく、個人として参加している住民について言及される場合が多かった。こうした住民の能力について、地域戦略パートナーシップの職員たちは、能力のギャップを埋

めがたいものと感じ、戦略的な意思決定への参加に対して肯定的に評価しているとはいえなかった。他方、こうした知識のギャップは、実は公組織の側にもあり、そうした側面をみることが重要であることも指摘されていた。

まず、住民の代表とその他のパートナーとの知識の差については、「**ギャップ**」がある（引用 69）だけでなく、そのギャップを解消することは難しいと考えられている。一般に、地域戦略パートナーシップでは、地方自治体や公的機関の長が参加し、テーマ・パートナーシップにおいても、高い役職の専門職たちが参加している。こうした人々は、能力や経験があり、住民の代表が「**同じレベルになるのは難しい**」（引用 70）と認識されている。また、こうしたギャップを埋めていくのが、能力を形成するための支援（capacity building）であるが、その有効性についても疑問視されている（引用 70）。その結果、インタビューイーの中には、戦略的なパートナーシップという場が、住民が直接的に参加し、決定していくにはふさわしい場ではないと認識している者もいた。それは、住民にとって「**ハイレベル**」で、結果的に住民たちは、どのように影響を及ぼすことができるか分からず、「**ストレスを感じる**」ことになる（引用 71）。しかもそれは、埋めようのない格差として認識されている。したがって、住民には、ふさわしいレベルで参加してもらうほうが良い、と結論づけられているのである。こうした認識からは、戦略的意思決定の場よりもより実践的な地域での活動のほうが、住民がより影響力も行使できるし、住民自身もそれを望んでいるという結論が導かれる（引用 74、75）。

確かに、多くの住民にとって関心があるのは、地域戦略パートナーシップで協議されるような市域全体の戦略よりも、もっと身近な課題であり、自分たちの生活に直結するサービスのあり方を具体的に変えていくことのほうが重要だと考える人が多いのは事実であろう。市域全体の戦略的な決定に住民の意見を反映させていくためには、多様な住民の意見を代表したボランタリーセクターの代表を選出していくことのほうが、現実的で望ましいといえるかもしれない。

しかしながら、一方でこうしたギャップが、公的セクターの側にもあると

図表6-18 参画主体としての市民の能力—住民の代表とパートナーとの知識のギャップ

引用番号	引用
引用69	大規模な組織の運営に慣れていない個人にとってそれはとても難しいことです。彼らは、大規模な予算を持った重要な意思決定を行う人々とともにテーブルを囲むことになるのです。ですから、しばしばギャップがあります（Lambeth, 137）。
引用70	それ（能力形成のためのトレーニング）は、大変難しいですね。なぜなら、彼ら（住民代表）は、多様な地域から来ていますし、異なるニーズやトレーニングの必要性があるからです。ボランティアセンター・サザックには一般的なプログラムの他に個人に合わせたトレーニングのプログラムも提供してもらっています。しかし、住民のメンバーが自治体の事務局長や、プライマリケアトラストの長と同じレベルになるのは難しいですね。（中略）ですから、彼らが自信をもち、知識を構築するのにトレーニングは有効ですが、知識、経験が（公組織の）トップの人たちと同じようなることは決してないでしょう（Southwark, 122）。
引用71	住民が効果的に（決定に）貢献できるよう保障するための能力形成。これは、大きな挑戦です。そして、パートナーシップにおいて彼らが何かを達成しているという実感を持ってもらうことも大変難しいことです。彼ら（住民の代表）がしばしばストレスを感じるのは、そこで話されていることがとてもハイレベルな話だからです。それは、現場の話ではありません。住民のメンバーは、近隣でのプロジェクトに関与してもらうほうが実際には有効で、彼らに影響力を行使していることを実感してもらえるはずです（Southwark, 358-359）。
引用72	ですから、私たちのチームは彼らが自信を持ち、彼らができる貢献を意思決定の場ではっきりと述べることができるよう支援していきます。ひざを交えて話し合い、彼らが言いたいことを明確にしていく手助けをすることに多くの時間を割いています。ある種の能力形成といえるかもしれません（Lambeth, 138）。
引用73	ギャップがあることは事実ですが、ギャップは、サービス利用者に対する政策や決定が与える影響に対してリアリティを持たない公的機関の側にもあります。ボランタリーセクターの代表は特定の領域で直接何が起こっているかを知っています。（中略）過去十数年の間で広がったパートナーシップは、ボランタリーセクターと公的機関の代表がお互いに理解を深め、良い協働関係を構築してきました。両面をみなくてはいけないのです（Bristol CEN, 31）。
引用74	草の根の地域住民の関心は、実際の彼ら自身の身近な問題なのです。彼らは、犯罪や、道路の清掃、大型ゴミの撤去などについて関心があるのであって、長期的な戦略や政策の発展といったことはあまり重要視していません。（中略）実際には、私の経験から言うと、人々が熱心なのは、（戦略的な決定よりも）小地域でのプロジェクトや活動に関与することなのです（Croydon, 292）。
引用75	確かに、実際のプロジェクトやプログラムにコミュニティを関与させることについてはうまくいっていますが、政策への関与については、それよりも難しいですね（Croydon, 288）。

いう指摘もあった。「ハイレベル」であるはずの専門職たちだけでは、社会的排除の問題や荒廃する地域の課題が、未解決のまま放置されてきたことも事実である。だとすれば、地方自治体や専門職の意識や行動にも変えるべき点があるのかもしれない。したがって、ギャップは、サービスを利用している人や、社会的に排除されている人の現実を知らない「**公的機関の側にもある**」のであり、「**両面をみる必要がある**」ともいえる（引用73）。また、同じパートナーシップの職員でも、ランベスの職員は、パートナーシップにおける知識の格差を認めつつも、パートナーシップの場を能力形成ととらえ、彼らが貢献できるようにエンパワメントすることが必要であると指摘している（引用72）。住民自身が考えていることや、本来持っているはずの現場知を引き出し、それを表明できるようにする支援がなければ、こうしたギャップが放置されたままになり、住民はガバナンスに参画する主体としての能力がないと結論づけられてしまう可能性がある。

2 ── 小地域での住民の参加

住民の直接的な参加については、地域戦略パートナーシップのような戦略的な意思決定の場よりも、身近な小地域における参加のほうが望ましいと考えられていると指摘した。そこで、次に小地域における住民の参加についても、参画主体としての能力という視点から結果を整理したい。小地域レベルで住民参加の構造を採用している地域では、小地域における地域住民の役割について、権限を委譲するというよりは一定の枠組みの中から選択したり、意見を聴取することに重点をおいていた。

例えば、職員たちは、住民が関与することによって、「**重要な議題を外れてしまう**」ことを懸念しており、「**資金が自分たちのプロジェクトに使われるように**」するために参加するのではないかと考えている（引用76、77）。こうした指摘からも、パートナーシップの職員たちが、専門職と比較して住民には「何が重要か」を判断する能力が不足していると判断していることがわかる。そのため、小地域での住民の参加については、あらかじめテーマを定めたり、予算の決定権は留保するなどして、決定する領域を狭めようとし

図表6-19 参画主体としての市民の能力—小地域での住民の参加

引用番号	引用
引用76	われわれは、パブリックミーティングを開いて彼らに「これらがテーマであり、どのようにしていけばよいか、どのように実施していけばよいかについてあなたはどう考えますか」と説明します。住民が意見を述べる機会をつくることで、重要な議題を外れてしまう可能性があり、それを元に戻したりしなければなりませんから、うまくいく場合といかない場合があります。しかし、私が担当しているエリアでは、彼ら（住民）は、インプットの機会をもち、計画に関わるようになっています（Southwrk, 94）。
引用77	彼ら（小地域パートナーシップであるLAP）の仕事は、どのように予算を使うかを決定することではありません。なぜなら、そのようなことになれば人々は、資金が自分たちのプロジェクトに使われるようにするために参加することになるからです。だから私たちは、プロジェクトを委託するのはエリア・ディレクターの役割にしているのです。しかし、ステアリンググループのメンバーの中には、「優先順位を決定し、何が成果であるのかも決めた、しかし予算がどのように使われるかについては決めさせてもらえない。」という異論があります。ですから、緊張があるのです（Tower Hamlets, 166）。
引用78	（LAPの問題は）それがコミュニティ本位（community-centred）か、コミュニティ主導（community-led）かということです。コミュニティ本位は、コミュニティに対して、彼らにとって何が良いことかを示していくこと、コミュニティ主導は、コミュニティ自身が「何が問題か」について発言していくことです。問題は、コミュニティ主導の基盤が整備されつつあるものの、実際の実施が「コミュニティに対して何が問題かを示していく」というコミュニティ本位のアプローチになっていることです（Tower Hamlets CEN, 101）。
引用79	本当の意味でパートナーシップを構築したいと考えるのならば、コミュニティ主導のアプローチを採用すべきです。自治体がコミュニティ主導アプローチをコストがかかると考えるのはばかげています。長期的にみれば、コミュニティ主導アプローチに投資するほうが、コストもかからないのです。カナリーワーフ（*ドックランズの再開発された高層ビル街）のタワーの上から公営住宅をみている人たちの解釈です。（中略）私たちは、転換期にいるのだと思います（Tower Hamlets CEN, 106-107）。

ている。つまり、近隣地区における住民の参加と影響力とは、示された優先順位の中で、それをどう実現するかということに対して意見を述べたり（サザック）、優先順位を決定したり、その優先順位の成果を具体的な数値目標として示すこと（タワーハムレット）であり、予算を含めた権限を移譲しようという意図は感じられない。

こうした方式について、タワーハムレットのコミュニティ・エンパワメント・ネットワークの代表は、「**コミュニティ本位とコミュニティ主導**」という概念で整理している（**引用78**）。まず、コミュニティ本位（community-centered）とは、住民の能力を信頼するというよりは、一定の枠組みを設定し、その中から選択させたり、意見を聴取するというアプローチのことである。一方、コミュニティ主導（community-led）とは、住民自身に財源の使途も含めた権限を委譲することを指している。地域戦略パートナーシップの事務局側のアプローチは、コミュニティ本位のアプローチであり、そうでなければ、住民は重要な問題からそれてしまったり、自分たちの個人的な利益のために予算を使ってしまうと考えられている。他方、タワーハムレットのコミュニティ・エンパワメント・ネットワークの代表は、これからは、コミュニティ主導のアプローチに対して投資すべきであり、そのほうが長期的には費用もかからないと主張している。

このように、現在のところ小地域レベルでの地域住民の参加は、コミュニティ本位のアプローチが主流であり、コミュニティ主導のアプローチとの間には緊張があることが示唆された。

3── 公的サービスを提供するセクターの能力

「知識のギャップ」についての問題は、ボランタリーセクターの代表ではなく、住民がパートナーシップ、特に戦略的なパートナーシップに参加する場合の問題として認識されていた。一方、「サービスを提供するセクターの能力」は、住民ではなくボランタリー組織の問題である。

すでにみたように、ボランタリーセクターへのサービス供給の期待が高まり、そうした機会も増大している。そうした中で、パートナーシップの担当者たちは、ボランタリーセクターも能力形成を進め、「公共サービスを提供できる体制」を整えるべきだと認識していた（引用80、81）。

確かにこうした指摘は、公的な財源によってサービスを提供する以上当然のことである。公的財源に対する説明責任や、組織のガバナンス構造、サービスの質の確保といったことは、あらゆるサービス提供主体に求められることであり、ボランタリー組織のみが例外であることはない。しかし、サービス提供者としての役割ばかりが強調されることで、ボランタリーセクターの独自の役割や貢献が損なわれる可能性にも注意が必要だろう。保守党政権時

第6章　地域戦略パートナーシップとコミュニティの参加

図表6-20　参画主体としての市民の能力―公的サービスを提供するセクターの能力

引用番号	引用
引用80	ボランタリーセクターは、もっと説明責任を果たすようになるべきです。公的なセクターに比べると、彼らには説明責任がありませんでした。彼らは、異なる方法で運営されていて、それが彼らのユニークなところでもあったのですが、しかし公共サービスを提供するのであれば少し変わってもらわないといけないところがあるのです（Tower Hamlets, 187）。
引用81	もし彼らが、（公共サービスを提供するという）役割を引き受けていくのであれば、コミュニティやボランタリーセクターの能力の問題があります。それは、これらの組織は、きちんとしたガバナンス構造があるのか、スタッフがトレーニングされているのか、計画を立てる能力があるのか、といった問題です（Croydon Health, 220）。
引用82	いくつかのボランタリー組織の中には、セクターの独立性が地域戦略パートナーシップに参加することで危険にさらされるのではないかと危惧している人がいます。私たちは、パートナーが快く思わないことであっても恐れることなく、「批判的な友人」としての役割を果たそうとしています。私の考えでは、ボランタリーセクターが直面する大きな危険は、補助金から委託への変化です。このことは、ボランタリー組織が公組織のパートナーに対して、「恩をあだで返す」とみられることを恐れて、自信をもって批判することを難しくするかもしれません（Bristol CEN, 42）。

代に、経済効率性とサービス供給主体としての役割のみが強調され、そうした方向性に対するセクターの反発があったことはすでに述べたが、ブレア政権以降、ボランタリーセクターはサービス供給にとどまらずあらゆる領域でその役割を期待されている。地域内の様々な人種や年齢、イシューに関するグループを組織化し、その声を代弁していくこと（コミュニティの代表としての役割）と、実際にサービスを提供する役割とが両立できるかどうか、また、「『批判的な友人』としての役割」を維持することができるのかといった問題は、古くて新しい問題である（**引用82**）。サービスを提供する能力以上にこうした複雑な役割を両立させていく「能力」が問われているといえるかもしれない。

4 ── 参加に伴うコストの格差

　最後に、ボランタリーセクターや住民の代表が、戦略的パートナーシップに参加していく際の能力に関連して、参加に伴うコストの格差の問題につい

図表 6-21　参画主体としての市民の能力―参加に伴うコストの格差

引用番号	引用
引用 83	彼らは、他の人々（他のパートナー）が持っているような時間を持っていません。例えば、教育長は、秘書が書類をプリントアウトして、誰かが今日の議題について事前に説明し、運転手がここまで送ってくれるわけです。不在の間は、誰かがかかってきた電話を取り次いでくれます。ボランタリーセクターの代表は、こうしたことが一切ないのです。これはとても、とても大きな違いです（Bristol, 251）。
引用 84	私たちは、代表がミーティングに出席するための時間に対して時給 20 ポンドを支払います。これは、彼ら個人に支払われるのではなく、その組織に対して支払われます。交通費や託児にも費用を支払います（Brighton CEN, 21）。
引用 85	私たちは、（セクターの代表に経費を助成するために地域戦略パートナーシップから）旅費や託児にかかる費用の助成を受けています。（例えば）「子どもと若者」（というテーマ・パートナーシップ）の代表には、仕事を休んだ分の手当が出ます。ですから、組織は代表がミーティングに出席している間、別の職員を雇用することができるのです（Bristol CEN, 14）。
引用 86	様々な理由から、すべての人が参加できないことがあります。一つの理由は、ミーティングをどこで行うかです。身近なコミュニティセンターであれば出席できる人も、遠くであればある人にとってはとても困難になります。例えば Bermondesy（地名）でミーティングをすればここからだとバスを二本乗り継ぐ必要があります。どこに住んでいるかによって「関与が難しく」（hard to reach）なることもあるのです（Southwark CVS, 262）。

て取り上げておきたい。ボランタリーセクターの代表が、パートナーシップ組織において、資金の面で他のパートナーと比べて不均衡な状態にあることはすでに指摘した。ここでいう参加に伴うコストの格差は、こうしたボランタリーセクターの資金の不足に加え、時間や労力といった点でも、ボランタリーセクターと他のパートナーとの間には格差があり、それが参加を妨げる要因となっているという問題である。こうした格差はどのように認識され、どのような配慮がなされているのだろうか。

まず、ブリストルのパートナーシップの職員がまとめているように、公組織の代表とボランタリー組織の代表との間には、参加の前提に「とても大きな違い」（引用 83）がある。ボランタリーセクターの代表にとって、特に小規模な組織であればあるほど、パートナーシップの会議に出席するためのコストは、非常に大きなものになる。こうした格差を是正するためにほとんどのパートナーシップでは、交通費の支給といった実費弁償を行う措置をとっ

ている（引用83）。また、代表となる個人にではなく、組織に対して人件費を補償することで、その間に「別な職員を雇用できる」よう配慮しているパートナーシップもある（引用84、85）。

また、ブライトンのネットワークの「経費の方針」（expense policy）では、旅費、育児や介護などのケア、郵便や電話代、4時間を超える拘束の場合には食費などが支払われることや、その方法、様式など、ルールが明確に整えられている（Brighton & Hove Community and Voluntary Sector Forum, 2009）。同様に、ブリストルのパートナーシップでは、生活保護や失業給付を受給しているために、謝礼を受け取れない住民の代表に考慮して、活動した時間を自らのグループに寄付することができるマッチングファンドのような仕組みを採用するといった工夫がなされている。

さらに、開催される場所によって、例えば住民の代表にとっては「**バスを2回乗り継がなければならない**」（引用86）といったことが大きな障壁になったり、障害者のアクセシビリティへの配慮などが必要になる場合もある。サザックのCVSの職員は、高齢者、障害者だけでなく、少数民族の住民は想像している以上に行動範囲が狭いことを指摘し、そのためボランタリーセクターの代表が集まる会議を開く場合には、開催場所を変えることで、区内の様々な団体の代表が参加しやすいように工夫していると述べていた。このように、社会的に排除されている地域の住民の参加には、参加の前提となる条件にも注意を払う必要があることが示唆された。

3 小括

以上のように第2節では、「参画主体としての市民」について、代表性の問題、市民の能力の問題を検討した。

まず、地域戦略パートナーシップにおける代表性を担保するための基盤として、コミュニティ・エンパワメント・ネットワークという代表選出の基盤の機能に対する評価を検討した。そして、こうしたネットワークが機能する

ためには、コミュニティの組織化と「あらゆるレベルの多様性」を確保するための努力および構造が必要であること、また、ネットワーク内で代表選出およびフィードバックの方法と、代表の役割と責任を明確化する手続きが必要であることが示唆された。一方、代表選出の基盤としてのネットワークの機能に対しては、メンバーが限定されることや、コミュニティの多様性を反映させることが難しいこと、さらに、コミュニティの代表であるはずのボランタリーセクターの代表が、団体の利益を優先してしまう危険性があることが指摘されており、そのためネットワークとは別の代表選出の方法を模索するパートナーシップもあった。

　また、戦略的な意思決定のレベルに住民が直接参加する場合には、コミュニティを代表する存在ではなく、自分自身の意見を述べる存在として認識されていた。こうした住民のとらえ方は、住民が重要な決定を行うというよりは、個人的な見解を述べるに過ぎず、だからこそ代表性の問題を考える必要はないという見方が背後にあるのではないかということを指摘した。

　さらに、パートナーシップと公選議会の関係について、議員の中には、パートナーシップの民主主義的正統性に対する懐疑があるものの、パートナーシップが厳密な意味での代表性を追求するのではなく、両者の補完的な役割を認識することが必要であること、パートナーシップと公選議会をリンクさせるために公選議会の長が、パートナーシップの長を兼ねるなどの工夫がなされていることを示した。

　次に、市民の能力については、特に公的機関のパートナーとの間の知識の格差が、埋めがたいものであると認識されており、そのため地域住民にとってのふさわしい参加の場は戦略的パートナーシップの場ではなく、より影響力を行使していくことが可能な小地域であるという指摘があった。そして、そのことは一般的に間違いとはいえないことも述べた。ただし、こうしたギャップは、サービスを利用している人や、社会的に排除されている人の現実を知らない公的機関の側にもあって、両面をみる必要があるということも指摘されていた。また、小地域においても、そこ居住する住民に決定の権限を移譲するというよりは、あらかじめ定められた枠の中で決定に関与させる

という形式が採用されており、これを「コミュニティ本位」と「コミュニティ主導」の緊張として示した。さらに、パートナーシップの職員は、ボランタリーセクターに関して、公的な財源によってサービスを提供する以上、「説明責任」が必要であると考えており、それは当然であるとしても、こうした役割とパートナーシップにおいて「批判的な友人」としてセクターやコミュニティを代表していくことを両立させていくことが重要であると指摘した。最後に、市民が能力を発揮するための前提である参加に伴うコストの格差については、コミュニティの代表と公的機関の代表者との間で資源の格差があることが認識されており、その格差を埋めるために、パートナーシップやネットワークが金銭的もしくは物理的（託児など）な支援をすることが必要であることが示唆された。

第3節 中央政府との関係

　先行研究や近年の政策動向で整理したように、イギリスは他のヨーロッパ諸国に比べても中央集権的な傾向が強く、それはブレア政権になって以降も変化していない。ブレア政権は、中央レベルで設定した数値目標によって地方自治体や公的サービス供給機関を管理するという業績主義を徹底すると同時に、その運用と実施には市民やボランタリーセクターの参加を強力に進めるという政策を推進している。こうした強い中央政府のリーダーシップは、ガバナンス空間を管理し、その自律性を奪うという危険性と同時に、すでにみたようにボランタリーセクターの役割を強化するという点では好影響を及ぼしている面がある（本章第1節3.を参照）。こうしたことを踏まえ、本節では、中央政府のメタ・ガバナンスが地域戦略パートナーシップというガバナンス空間にどのような影響を与えているのかについて、ローカルなガバ

図表 6-22　中央政府との関係―中央政府の介入の影響

引用番号	引用
引用 87	（地域協定の交渉では）中央政府は、あなた方がランベスをもっともよく知っているし、住民もサービスについてよく知っている。だからあなたたちが選択してよい。中央政府は、大まかな枠組みと 198 のインディケーターを提示するのでそのうち 35 を選んで交渉しましょう、と言います。しかし実際はそのようになっていません。（中略）例えば、中央政府は「二酸化炭素の排出削減」をすべての自治体に義務づけようとしています。なぜなら、それが中央政府の優先課題だからです。私たち地方自治体が、その優先順位に対して「それは私たちの優先順位ではない」といったとしても、中央政府はそれをすべきだと主張します。だから、自治体政策に対して、ホワイトホールの政策ありき、ということです（Lambeth, 323）。
引用 88	地域協定の「強いコミュニティ」のインディケーターはばかばかしいものです。例えば、「異なる背景をもつ人々が地域において共存できていると感じる人の割合」といった幅広くどうとでもとれるようなインディケーターなのです。それは確かにいいことかもしれませんが、実際ワーカーが地域に出かけていってそんな話をするのでしょうか？ばかげていると思います（Lewisham CEN, 145）。
引用 89	地域においていつも問題になるのは、私たちが地域の優先順位をどのように合意するかということと同時に、それぞれのパートナーの組織が中央政府から求められている数値目標を達成するための余地を残しておかなければならないということです（Lambeth, 64-67）。

ナンス空間の自律性とボランタリーセクターのパートナーシップ内での位置づけに焦点を当てて、調査の結果を示す。

1　中央政府の介入の影響

　先行研究からは、地域戦略パートナーシップは、「強制的、あるいはトップダウンのパートナーシップ」であり、中央政府の「サービスディバリーのツール」として活用されているとの指摘がなされていた（笠、2006a：12；西村、2007：56；金川、2008：156）。こうした点については、地域協定の交渉などにおいて、地域戦略パートナーシップの達成目標を中央政府がトップダウンで決定してしまうことが実感されていた。例えば、ランベスの担当者は、「**ホワイトホール（中央省庁）の政策ありき**」であり、そのために地域戦略パートナーシップが決定する地域独自の目標が十分反映できないと感

じている（引用87）。また、リュイシャムのコミュニティ・エンパワメント・ネットワークの担当者は、地域協定において設定されるボランタリーセクターの強化に関する目標が、「ばかばかしい」ものであると指摘し、指標そのものの妥当性にも言及していた（引用88）。

さらに、ランベスの担当者が指摘するように、地域戦略パートナーシップでは、中央政府の目標、地域独自の目標に加えて、そこに参加する公組織も所管する中央省庁のターゲットによって管理されており、そうした優先順位の調整が問題となることも指摘されていた。地域戦略パートナーシップで合意される目標（コミュニティ戦略）と中央政府との間で締結される目標（地域協定）に加え、パートナーである各公組織は、それぞれの達成目標も持っているのである（引用89）。

このように、地域戦略パートナーシップも各公組織もトップダウンの業績管理によってコントロールされており、地域独自の目標やその設定への自律性に一定の制約があることがはっきりと認識されていた。

2 ボランタリーセクターへの影響

一方、中央政府の影響は、パートナーシップ組織の自律性を損なうという点だけではないことも示唆された。それは、本章第1節3.で論じたように、中央政府の集権的な傾向が、ボランタリーセクターのガバナンス空間におけるパワーという意味では、プラスの影響を与えているという評価がみられたことである（本章図表6-9も参照）。

こうしたことを象徴する政策が、コミュニティ・エンパワメント・ファンドの交付方法である（第3章参照）。この補助金は、自治体を経由せず、直接、ボランタリー組織の中間支援組織に交付された。そのため、ボランタリーセクターは自治体と交渉することなく地域戦略パートナーシップにコミュニティの代表を送り出すための資金を得ることができた。地方自治体担当者からみれば、こうした中央政府の政策はセクターに対する大きな期待の証左で

図表 6-23　中央政府との関係―ボランタリーセクターへの影響

引用番号	引用
引用 90	（CEN に関して）中央政府は、直接ボランタリーセクターに補助金を支出しました。これは、中央政府が、セクターの発展を望んでいることを公式に表明したものでした。セクターは、地方自治体を経由せずに資金を得ることになったのです（Tower Hamlets, 211）。
引用 91	政府の政策は 2005 年（ブレア政権の 3 期目）頃から変化しています。地域協定が試行され、2001 年の近隣再生戦略のアクションプランにあるような対等なパートナーシップという考えが重視されなくなっているのではないでしょうか。政府は、地方自治体のコミュニティリーダーとしての役割を強調していますが、それは私にとって必ずしも歓迎すべき事態ではないのです。彼らは、地方自治体が強く、自信をもつことを望んでいるようですが、ボランタリーセクターの役割や資源が奪われることを懸念しています（Lewisham CEN, 10）。

あるとみられていた（引用 90）。また、この補助金は単に中央政府の期待の大きさを表しているだけでなく、少なくとも地域戦略パートナーシップへの代表選出について、地方自治体との間で資金の依存関係がなくなったことで、両者のパワーバランスを変化させることになった。しかし、すでに論じたように、この資金は 3 年間の期限付きであり、その後は、地域関係の一括補助金として地方自治体に交付されるようになった。そのため、ネットワークの存廃は、それぞれの地方自治体や地域戦略パートナーシップの判断にゆだねられることになった。リュイシャムのコミュニティ・エンパワメント・ネットワークの担当者は、労働党が地域協定において地方自治体が中心的な役割を果たすことを期待している点を懸念し、労働党のセクターに対する姿勢が変化しているのではないかと考えている（引用 91）。

第 2 章でも述べた通り、労働党は、ボランタリーセクターを自らの政治理念の中心に据えて、その役割を強化してきた。こうした中央政府の姿勢は、ローカル・ガバナンスにおけるボランタリーセクターの存在感や、役割を増大させることに大きく影響してきたといえる。しかしながら、以上のように、中央政府の政策がガバナンス空間におけるボランタリーセクターの役割を強化するという側面がある一方、それはローカル・ガバナンスにおけるセクターの位置が、中央政府の政策によって左右されるということでもある。中央政府の政策変化の影響を受けやすいという意味では、メタ・ガバナンスに影響

力の源泉を依存しすぎることはボランタリーセクターにとってマイナス面も大きいことに留意しなければならないだろう。

3 小括

　第3節では、中央政府によるメタ・ガバナンスの地域戦略パートナーシップへの影響について検討した。

　まず、地域戦略パートナーシップが、地域協定などを通じて中央政府の国家的目標を達成するための手段となっているという指摘は、パートナーシップ組織の担当者にも認識されていた。しかし、労働党政権のローカル・ガバナンス空間に対するメタ・ガバナンスについて、ボランタリーセクターの側からは、肯定的な評価も多かった。その理由は、中央政府の諸政策が、ボランタリーセクターに参加の場を開き、影響力を行使するための機会を作り出したと評価されているからである。例えば、地域戦略パートナーシップへのセクターの参加を支援するためのネットワークに対して中央政府から直接補助金が支出されたことは、こうした姿勢を象徴していると認識されていた。このように、ボトムアップの政策形成の条件が、トップダウンの力によって推進されていることは皮肉であるともいえるが、ガバナンス空間においてボランタリーセクターの存在感が高まっている背景には、こうした「上からの」政策が大きな影響を及ぼしていることが示唆された。ただし、このことはローカル・ガバナンスにおけるボランタリーセクターの存在感が、政府の政策変化に大きな影響を受ける、ということでもあることに留意する必要があることを指摘した。

〈第6章脚注〉

1) A氏は、リュイシャムのコミュニティ・エンパワメント・ネットワークのDirectorの名前。

2) これらの自治体がボランタリーセクターの代表を地域戦略パートナーシップに選出していないということではない。両自治体ともボランタリーセクターの代表は、地域戦略パートナーシップに選出されており、それとは別に「コミュニティの多様性」を代表する仕組みとして、「コミュニティ・アドボケイト」や「アクティブ・シティズンズ・ハブ」を位置づけている。つまり、「コミュニティ」の代表を選出する基盤として、ボランタリーセクターを通じた参加をあきらめ、市民を直接プールし、「コミュニティ」の代表を選出しようという試みである。

3) 政府は当初、地域戦略パートナーシップの理事会の長には、誰がなっても構わないという位置づけをしていたが、地域協定（LAA）などの導入により、地域戦略パートナーシップの権限が強化されることに伴って、できるだけ市長（市長公選を導入している自治体）や議長が長となることが望ましいという考えを示すようになっている（DCLG,2006：95、DCLG,2008b）。

第7章 コミュニティ・ニューディールとコミュニティの参加

　本章では、コミュニティ・ニューディールにおける地域住民の参加に焦点を当ててインタビュー調査の結果を示す。前章と同様に、第4章で検討した分析視角とそれを踏まえて作成したインタビューガイドに沿ってインタビューを行い、結果を分析した。分析の視点は、主にボランタリー組織を通じた参加を検討した前章と比較して、本章では一人ひとりの直接的な住民の参加に焦点を当てる。そのため、前章と比較すると、分析視角のうちでも参画主体としての市民の問題についての考察が、より大きな比重を占めることになった。

　図表7-1は、コミュニティ・ニューディールとコミュニティの参加について、分析視角として想定していた3つのカテゴリー（①パートナーシップ組織内の関係、②参画主体としての市民、③中央政府との関係）に基づいて、インタビューデータのコーディングを繰り返し行うことで、階層的なツリー構造に整理したものである（方法については、第5章を参照）。

　3つのカテゴリーのサブカテゴリーは、それを構成するインタビューのデータから構成されており、本章では図表7-1の構成に従ってそれぞれのインタビューデータを示しながら、調査の結果を示す。なお、以下調査データから引用する場合、（インタビューイーを示す記号、インタビュー調査のテープ起こしをしたデータの段落番号）という形で表記する。インタビューイー

図表 7-1　コミュニティ・ニューディールとコミュニティの参加

- 第1節 パートナーシップ組織内の関係
  - 関係全般における対等性の認識
    - 対等な関係
    - 住民の能力に対する不安
  - 対等な関係を難しくしている要因
    - 実利的・打算的および無関心な態度
  - 関係を変化させている要因
    - 住民主導の組織構造
    - 住民の現場知の認識

- 第2節 参画主体としての市民
  - コミュニティの代表性
    - 代表選出の基盤の機能
      - 多様なコミュニティを関与させる工夫
      - コミュニティ選挙の課題
    - 代表性の問題
      - 個人的な見解との相違の明確化
      - メンバーが限定されること
    - 代議制民主主義とパートナーシップの関係
  - 参画主体としての市民の能力
    - ローカル・ポリテックスと住民の多様性
      - 権力闘争
      - 権力の固定化
    - 個人的な感情
    - 参加に伴うコストの格差
  - 参画主体としての専門職の能力
    - 住民と協働する専門職の能力
    - 能力形成の支援とコミュニティのエンパワメント
      - トレーニングプログラム
      - コミュニティグループの組織化
      - コミュニティグループでの経験
    - コミュニティワーカーの役割

- 第3節 中央政府との関係
  - 中央政府の介入の影響
  - ガイドラインの必要性

図表 7-2　調査対象者と引用記号

機関名 （機関名・自治体名）	役職	引用記号
Aylesbury Estate NDC （アリスバーリー・サザック）	Business & Partnership Support Co-ordinator	Aylesbury
Clapham Park Project （クラッパムパークプロジェクト・ランベス）	Chief Executive （with Programme Manager）	Clapham Park
Community at Heart （コミュニティ・アット・ハート・ブリストル）	Community Development Worker	Community at Heart
East Brighton for You（Eb4U） （イースト・ブライトン・フォーユー・ブライトン）	Eb4U Neighbourhood Manager	Eb4U
New Cross Gate NDC （ニュークロスゲート・リュイシャム）	Communication & Marketing Officer	New Cross Gate1
	Community Development Co-ordinator	New Cross Gate2
Ocean, NDC （オーシャン・タワーハムレット）	Project Support Officer	Ocean1
	Community Development Manager	Ocean2

第1節　パートナーシップ組織内の関係

を示す記号は、図表7-2の通りである。

　まず、「パートナーシップ組織内の関係」として、コミュニティ・ニューディールの実施のために設立されたパートナーシップ組織内における住民の代表と他のパートナーとの関係から検討する。すでにみたように、コミュニティ・ニューディールは、近隣再生政策の一環として、対象となった地域においてパートナーシップ組織を設立し、10年間にわたって地域の領域横断的な問題に取り組んでいくための「地域を限定した政策」の一つである。また、

その実施にあたって政府は、「コミュニティが運転席に座る」こと、すなわち、住民が意思決定の主体となることを強調していた。したがって、ここで問題になるのは、パートナーシップにおける機関間の関係というよりは、住民の代表と他のサービス提供機関との関係である。

1 関係全般における対等性の認識

　パートナーシップ組織内における住民の代表と他のパートナーとの関係について、パートナーシップ組織の事務局職員たちは、住民が対等なパートナーとして意思決定に参加しているという認識（「対等な関係」）を共通して持つと同時に、併せて住民の能力に対する不安を抱いていた。
　まず、パートナーシップ組織における住民と他の公組織のパートナーは対等な関係であるという点について、このことを否定するパートナーシップ組織の職員はいなかった。例えば、パートナーシップにおいて、住民は対等であるというよりも、むしろ最終的な決定権を持つアクターであり（引用1）、「**住民の視点はコミュニティ・ニューディールにとって極めて重要**」（引用2）であると認識されている。
　しかし、パートナーシップの職員たちが、組織構造としての住民主導を強調する一方であわせて言及していたのが、パートナーシップに参加する住民の能力に対する不安である。例えば、コミュニティの代表は、「**理論的にも数字上も…理事会をコントロールしている**」のだが、実際には「**スキルの不足のためそのように機能しているわけではない**」という（引用3）。特にコミュニティ・ニューディールの対象となる地域の住民は、これまで重要な意思決定に関与する経験をほとんど持っていないため、「**能力の形成とそのためのトレーニングが不可欠**」（引用4）であり、したがって、実質的なコミュニティ主導を実現することは、「**本当に困難な挑戦（it's very, very challenging）**」（引用5）で、「**とても難しいプロセス**」（引用6）であると認識されている。オーシャンの職員は、個人的な見解と断りながらも、住民

図表7-3 関係全般における対等性の認識

●対等な関係

引用番号	引用
引用1	(コミュニティ・ニューディールの) 資金をどのように使うかの決定は、理事会によってなされます。決定に際しては、一定の住民の代表が出席していなくてはなりません。「一定」というのは、機関代表よりも住民の方が多いということです。つまり、これは住民がこの資金をどう使うかについて最終的な決定権を持っているということなのです (Community at Heart, 10)。
引用2	あらゆるパートナーは平等で、住民の視点はコミュニティ・ニューディールにとって極めて重要です (Aylesbury, 2)。

●住民の能力に対する不安

引用番号	引用
引用3	コミュニティの代表として10人の住民、コミュニティグループの代表として2名の代表、そして、2人のビジネスの代表、理論的にも数字上もこれらの人々が理事会をコントロールしています。しかしながら、実際はスキルの不足のため、そのように機能しているわけではありません (New Cross Gate2, 53)。
引用4	私たちが頭に入れておかなければならないもっとも重要なことの一つは、もし住民がこの種のプログラムに関与する場合、彼らの能力の形成とそのためのトレーニングが不可欠だということです (Clapham Park, 18)。
引用5	このような(住民主体の)パートナーシップを運営していくことは非常に困難です。なぜなら、住民は、これまで自治体の事務局長や非常に経験も高く学識もあるパートナーの長とテーブルを囲み、仕事をする経験をしたことがないからです。(中略) それは、本当に困難な挑戦なのです (it's very, very challenging) (Eb4U, 304)。
引用6	それはいつもとても難しいプロセスです。個人的な見解ですが、主要な問題の一つは、コミュニティ・ニューディールを立ち上げた時に、われわれが人々(住民)の決定していく能力を考慮に入れなかったことです (Ocean2, 103)。

の能力に限界があることを示唆している。

このように、「パートナーシップにおける住民と機関代表との関係」は、住民がパートナーである公組織と対等であり、さらには主導的な立場であるという公式見解とともに、住民主導のパートナーシップは、簡単なことではないと考えられている。また、その原因としては、「スキルの不足」や「能力形成とそのためのトレーニングが不可欠」という指摘からも示唆されるように、ガバナンスの主体としての住民の能力の問題として考えられている。こうした住民主導のパートナーシップを運営していく住民の能力およびそれに対する支援については、第2節で詳細に検討する。

2 対等な関係を難しくしている要因

　パートナーシップ組織内での関係を難しくしている要因として、コミュニティ・ニューディールで認識されていたのは、「本来事業化」（mainstreaming）を目指す過程で生じる公組織の「実利的・打算的および無関心な態度」と呼べるような要因であった。

　コミュニティ・ニューディールは、住民が小地域における様々な公共的意思決定に影響を及ぼしていくためのプログラムである。そのため、パートナーシップに参画している地方自治体、警察、プライマリケアトラスト、職業安定所といった公組織が、住民とともに公共サービスをどのように変えていけばよいかを協議し、コミュニティ・ニューディールの資金を活用して住民のニーズに合った事業を実験的に実施し、それが効果のあるものであれば継続的に本来事業として実施していくことを目標の一つとしている。調査を行った各パートナーシップ組織においても、プログラム終了後に10年間で行われた様々な実験が、パートナーシップにおいて協働した他機関によって、本来事業として継続されることを目指している。しかし、こうした他機関との関係について、パートナーシップの職員は、「本来事業化」に、「苦心」しており、「まだ達成されていない」と述べている（引用7、8）。実験事業を本来事業化していくことが難しい理由について調査結果をまとめると、一言でいえば、公組織がコミュニティ・ニューディールに対して実利的・打算的であることや、無関心になる傾向がある、という理由を挙げることができる（「実利的・打算的および無関心な態度」）。

　例えば、イースト・ブライトンやコミュニティ・アット・ハートでは実施するプロジェクトが減少し、投入できる資金が減少してくることによって、地方自治体のパートナーシップに対する関心が薄くなってきていることが言及されており、ニュークロスゲートでは、コミュニティ・ニューディールに資金があることで、自治体がその分、地域に対する予算を削減できると考えていることが指摘されている（引用9、10、11）（実利的・打算的）。ま

第7章　コミュニティ・ニューディールとコミュニティの参加

図表7-4　対等な関係を難しくしている要因—実利的・打算的および無関心な態度

引用番号	引用
引用7	パートナー（公共サービス提供機関）の代表が理事会に参加しているもともとの目的は、それぞれの組織がどのように機能するかに対して影響を与えるためでした。それはプログラムの目的の一つですが、まだ達成されていません（Clapham Park, 75）。
引用8	私たちは、コミュニティ・ニューディール資金が終了した後に、様々なプロジェクトを（それぞれの機関の）サービスとして継続させるかどうかについて、議論しています。私たちは、おおむね3年間、プロジェクトに対して支援しますが、現在はこうしたプロジェクトが本来事業によって資金を得ることができるのか、そのプロジェクトの利益が継続するのかについて苦心しているところなのです（Eb4U, 372）。
引用9	私たちの資金や私たちが運営するプロジェクトが減少していくに従って、地方自治体の事務局長は理事会からおりて、より役職の低い人に交代しました。ですから、お金なのです。活用できる資金がある時は関心を示しますが、資金が減少するに従って関心は薄れていくのです（Eb4U, 90-91）。
引用10	パートナーの機関は歴史的に異なる仕事の仕方をしてきました。いくつかの機関は、これは全く私の個人的な見解で組織の公式見解ではありませんが、コミュニティ・ニューディールを本質的な変化のためではなく、お金があることにしか利点を感じていないと思います（Community at Heart, 296）。
引用11	私たちは、この地域を改善するために4500万ポンドの予算をもっています。リュイシャムの行政に関してですが、彼らはその分、この地域での予算を減らすことができると考えているのです。私たちが開発に使えるのは、年間にしたら450万ポンドで、限りがあるということを主張してきたので、少しは変わってきましたが、これでは持続可能ではありません（New Cross Gate1, 74）。
引用12	ほとんどの場合、彼ら（公共サービスの提供者）の貢献が素晴らしいとは言えません。彼らは、大規模な組織ですし、それゆえ私たちは、彼らの何百という仕事のうちの一つに過ぎないのです。大多数のパートナーは、ただ理事会に出席して、いくつかのコメントをし、そして私たちのことを忘れてしまいます（Clapham Park, 75）。
引用13	私たちは、地域戦略パートナーシップの様々なテーマ・パートナーシップなどを通じて地域戦略パートナーシップに関与するようになっています。例えば、（地域戦略パートナーシップのテーマ・パートナーシップである）「安全なランベス」（Safer Lambeth partnership）などです。そこでの決定は、地域戦略パートナーシップ全体にフィードバックされます。こうした場は、地方自治体だけではなく、参加する様々な公組織が、小地域に対してどのようにサービスを提供するかについて、影響力を行使することを可能にしています（Clapham Park, 96）。

た、クラッパムパークでは、パートナーである諸機関にとってコミュニティ・ニューディールは多くの仕事のうちの一つであり、優先順位が低いと感じている（**引用12**）（無関心）。

つまり、パートナーシップに対する公組織の実利的・打算的な考えや、無関心といった要因が、住民が公組織の政策に対して影響を及ぼすことを難し

くしているということがいえる。パートナーである他組織が、地域の問題や住民にとって切実な問題に対してそもそもコミットメントする姿勢をみせなければ、公組織の行動を変化させていくことは難しい。多くの仕事を抱える地方自治体をはじめとする公組織のパートナーの関心や熱意を、対象地域に向けさせていくことの難しさということもできるだろう。地方自治体や公組織の関心を対象地域での取り組みに向けさせるために、クラッパムパークでは、コミュニティ・ニューディールの代表が、地域戦略パートナーシップの各層に参加し、地域全体の政策に影響を及ぼすことで公組織の行動を変化させていくという戦略を採用していた（引用13）。

このように、小地域のガバナンスにおいては、パートナーシップ組織における住民主導が確立しても、公組織のコミットメントを引き出し、行動を変化させることが難しいことが示唆された。地域戦略パートナーシップのようなより上位のガバナンスに参加し、影響力を行使していくという戦略をとっているパートナーシップもあったが、逆にいえば、小地域のパートナーシップにおいて公組織の行動を変化させていくことが難しいことを表しているともいえるだろう。

3　関係を変化させている要因

1────住民主導の組織構造

関係を変化させている要因としては、コミュニティ・ニューディールのプログラムの設計による「住民主導の組織構造」と住民の「現場知の認識」という2つの要因が重要であることが示唆された。

まず、「住民主導の組織構造」について調査結果を要約する。インタビューを実施したいずれのパートナーシップ組織も、組織構造に大きな違いはなく政府のガイドラインに準じた組織構造であった。具体的には、パートナーシップの理事会、テーマごとのパートナーシップ、それに事務職員や専門職から

第7章　コミュニティ・ニューディールとコミュニティの参加

図表7-5　関係を変化させている要因―住民主導の組織構造

引用番号	引用
引用14	資金の使途だけでなく、いかなる意思決定のプロセスも理事会で決定されます。私たちは、理事会の決定なしには、一切のプロジェクトに対して支出することはできません。（プロジェクトへの助成の可否を諮問する）委員会も委員長は専門職ですが、住民が多数になるように構成されています。住民は、委員会でグループに対して助成を行うかどうかを決定します。しかし、最終的な決定は理事会でなされます。（中略）理事会が否決すれば助成はできません（Alysbury, 125-126）。
引用15	住民の代表は、公組織のパートナーから対等なパートナーとして認識されていませんでした。しかし、5年以上経過して、公組織は彼らが奉仕すべきコミュニティを関与させることに熱心になっており、改善されてきています。コミュニティ・ニューディールは地域住民が地域再生プロセスの中心になって、彼らが戦略と資源の配分の決定を行うという政府の実験の一つなのです（Clapham Park, 208）。
引用16	17人の住民がいる理事会が、最終的なすべての決定を行います。（中略）すべての決定は、理事会の承認が必要です。（テーマ・パートナーシップにあたる）ステアリンググループも同じように、多数を占める住民と専門的なアドバイザーから構成されています。（中略）「主導する」（taking control）ということは、住民によるガバナンス、住民による運営、住民による決定ということなのです（Eb4U, 56-59）。

なる事務局という構成である。また、プロジェクト承認のための委員会も必ず設けられており、住民やパートナーである他機関が、コミュニティ・ニューディールの資金を活用してプロジェクトを実施していく場合には、その委員会で審査され、最終的に理事会で承認される。そして、調査を行ったすべてのコミュニティ・ニューディールのパートナーシップ組織では、事務局を除くパートナーシップ組織の決定に関する機関（理事会やテーマごとのパートナーシップ、各種委員会）の構成は、住民の代表が過半数になるような組織構造になっていた。したがって、パートナーシップ組織においては、組織構造上、コミュニティが主導する（community led）ことが確立していた。

それでは、パートナーシップの職員たちは、こうした組織構造をどのように認識しているのだろうか。まず、職員たちは、いかなることも住民が多数を占める理事会で最終的に決定されているという点を強調し、それは住民が資金の使途を最終的に決定することであると述べていた。例えば、理事会やプロジェクトへの助成の可否を諮問する委員会も「**住民が多数になるように構成されている**」こと、「**最終的な決定は（住民の代表が多数である）理事会でなされる**」（引用14）ことが強調されている。また、時間の経過ととも

に住民が主体となることが定着してきていると認識されている（引用15）。このように、パートナーシップの職員たちは、「**住民によるガバナンス、住民による運営、住民による決定**」（引用16）が、組織構造上、担保されていることを強調し、そのことが定着してきていることを感じていた。

以上のことから、コミュニティ・ニューディールは、「住民が影響力を行使する」ためのプログラムであり、設立当初からそのような組織構造になっていることで、住民が主導するという様式が定着しつつあるということができるだろう。

2 ── 住民の現場知の認識

次に、関係を変化させている第2の要因として、住民の代表の「現場知」の認識が挙げられる。コミュニティの現場知や、住民自身が暗黙に知っている知（暗黙知）は、少なくともパートナーシップ事務局職員にとって、重要な資源として認識されており、それが積極的に評価されている。

住民代表のパートナーシップにおける貢献について、パートナーシップの職員たちが共通して強調したのが、そこに居住していること、またそのことによって地域を深く知っているという住民の知（現場知）である。こうした資源があることで、住民は、サービス提供者に対して「**何が機能して、何が機能しないのか**」、「**地域を改善するためにどうすればよいか**」について必要な知識を提供することができる（引用17、18）。さらに、地域に居住する住民とそうではない専門職との間には、問題に対する認識に「**大きな開き**」（引用19）があるが、住民と専門職との間の「**コンフリクト**」こそが「**これまでとは違った挑戦**」であると評価する職員もいた（引用20）。

このように、住民代表がパートナーシップ組織の理事会の過半数を占め、あらゆる決定が理事会によって最終的になされている。また、パートナーシップの職員たちは、住民の現場知が、公共サービスを改善していくために不可欠であることを認識している。

以上のことから、コミュニティ・ニューディールにおいては、プログラムの設計上、住民が影響力を行使できる条件が形成され、また、住民の持つ現

第7章 コミュニティ・ニューディールとコミュニティの参加

図表7-6 関係を変化させている要因―住民の現場知の認識

引用番号	引用
引用17	（住民代表の）独自の貢献は、彼らが実際に再開発しようとしている団地に住んでいるという事実です。彼らは、公組織からサービスを受けていて、そこに住み、コミュニティの施設を活用しています。ですから、何が機能して、何が機能しないのかを私たちに伝えることができます。私たちは、協働することでサービス提供のよりよい方法を模索し、問題に対する解決策をみつけることができるのです（Aylesbury, 423）。
引用18	住民は、地域を深く知っており、そこに住むという直接的な経験をしています。ですから、彼らがサービス提供者に対して地域を改善するためにどうすればよいか、価値あるアドバイスをすることができるということです（Community at Heart、追加調査[1]）。
引用19	コミュニティの代表は、いつも何が起こっているかについて全体的な見方をすることができます。ほとんどの事務局職員はエリアの外に住んでいますから、エリアを完全には経験していません。ほとんどの職員は、夜や週末の地域がどうであるか知りませんし、特に「安全」に関する認識は住民と大きな開きがあります（New Cross Gate2, 194）。
引用20	プログラムを通じて常にコンフリクトがあるのは当然です。もしないとすれば、それはおかしなことです。なぜなら、住民と私たちとの間には不一致があるべきなのです。もし不一致がなければ、議論ができません。議論がなければ、何も変わらないのです。もし住民が、専門職のいうことに何でも「はい、はい、はい」と答えるだけなら、すぐに合意できるでしょう。しかしそれは間違っています。住民が、理事会にもたらすのは、これまでとは違った挑戦であり、地域の知識を付け加えることなのです（Eb4U, 165-166）。

場知が、公共サービスを変化させていく上で重要な資源であると認識されており、それが住民の代表とパートナーとの間の関係を対等なものとしていく要因となっていることが示唆された。

4 小括

関係全般における対等性の認識としては、「あらゆるパートナーは対等で、住民の視点はコミュニティ・ニューディールにとって極めて重要」であるという認識が、すべてのパートナーシップで共有されていた。しかしながら、住民のガバナンス主体としての能力に対する不安も併せて表明されており、それは「困難な挑戦」であると認識されていた。一方、住民の能力に対する

疑問以外にも、公組織の「実利的・打算的および無関心な態度」が、住民が公組織の行動に対して影響力を行使していくことを難しくしていることが示唆された。その理由として、公組織のコミットメントを特定の小地域に対して向けさせることの難しさが挙げられる。パートナーシップが住民主導で運営されているとしても、影響を与える対象である公組織のコミットメントが薄ければ、実際に公組織の政策や行動に影響を及ぼしていくことは難しくなってしまう。なお、住民の能力の問題については、「参画主体としての市民」として、次節で詳しく論じる。

また、関係を変化させている要因として、コミュニティ・ニューディールがそもそも制度設計上、住民が影響力を行使していくためのプログラムであり、組織構造上もそのことが担保されていること、住民の現場知が、価値ある資源として認識され、それが「これまでとは違った挑戦」として認識されていること、を示した。

第2節 参画主体としての市民

本節では、コミュニティ・ニューディールにおける参画主体としての市民について、先行研究に沿って、代表性の問題、参画主体の能力の問題を中心に検討する。また、参画主体としての市民の能力についてコミュニティ・ニューディールの事務局職員は、専門職の能力と併せて言及することが多かった。つまり、参画主体としての市民の能力は、ガバナンスにおける専門職との相互作用の中で規定される側面が大きいということである。こうした意味での「参画主体としての専門職の能力」についても検討する。さらに、市民の能力を高めるためにパートナーシップにおいてどのような支援が行われているかについても詳しく検討する。

1 コミュニティの代表性

1 ── コミュニティ選挙の機能（代表選出の基盤の機能）

　前章でもみたように、パートナーシップ組織においては、「誰が代表になるのか」が問われており、代表選出のための基盤が問題となる。ここでは、小地域における代表選出の基盤の機能を、コミュニティ・ニューディールで採用されているコミュニティ選挙に着目して検討する。地域戦略パートナーシップは、戦略的な意思決定を行うパートナーシップであり、決定の範囲も広いため、市民は多様なステークホルダーの一部として、団体などを通じて代表を選出することが一般的である。それに対し、決定の範囲が狭く、より身近な決定が行われるコミュニティ・ニューディールのような近隣パートナーシップの類型では、ボランタリー組織のような団体を通じた参加ではなく、住民が直接的な参加の機会を得ていることが特徴である（第4章第1節を参照）。

　前章でみたように、地域戦略パートナーシップでは、コミュニティの代表を選出するために、コミュニティ・エンパワメント・ネットワークという基盤組織が構築され、多様なボランタリー組織の中から代表が選出される仕組みが採られており、中間支援組織が重要な役割を果たしていた。一方、小地域において確立した中間支援組織を設立することは難しいため、中間支援組織に代表選出の役割を期待することは難しく、より直接的な代表選出のための基盤を整備する必要がある。そのために、多くのパートナーシップ組織で採用されている代表選出のための仕組みが、コミュニティ選挙である。

　すでに述べたように（第4章）、こうした選挙においては、通常の選挙と比べて郵送方式といった多様な選挙方法の試行、選挙権および被選挙権の引き下げ、マイノリティに対して優先的なポストを用意すること、といった様々な工夫がなされており、一般の地方議会議員選挙よりも投票率の高い地域もあった（Shaw and Davidson, 2002：13）。調査対象のコミュニティ選挙の

図表 7-7　調査対象地域のコミュニティ選挙実施状況

機関名 (機関名・自治体名)	選挙の有 (調査時)	2004/05の 投票率（%）	マイノリティへの配慮
Aylesbury Estate NDC (アリスバーリー・サザック)	×	-	あり（それぞれの居住者組合が選出するパートナーシップ組織の理事は、少なくともエスニックマイノリティ、障害者、高齢者、若者が半数となるように定められている）
Clapham Park Project (クラッパムパークプロジェクト・ランベス)	△	24	―
Community at Heart (コミュニティ・アット・ハート・ブリストル)	○	25	あり（16歳から選挙権および被選挙権）
East Brighton for You (イースト・ブライトン・フォーユー・ブライトン)	○	16	あり（障害者と高齢者には優先的な理事の割り当て制を導入）
New Cross Gate NDC (ニュークロスゲート・リュイシャム)	○	29	あり（14歳から選挙権および被選挙権があり、「10代の理事会」も設けて若者の参加を促している）
Ocean, NDC (オーシャン・タワーハムレット)	○	25	あり（女性に優先的な理事の割り当て制を導入）

△＝これまでは実施してきたが、プログラムの終了に向けてメンバーを変更することで混乱が生じることを避けるという趣旨から、選挙を中止した。
×＝アリスバーリーは、対象地域がすべて公営住宅であり、それぞれの公営住宅には「居住者組合」(resident's association) が組織化されている。住民の代表は、この居住者組合の毎年1回の選挙によって選出される。公営住宅の4つのブロックからそれぞれ4名の代表が選出される。

実施状況は、図表7-7の通りである。

　このように、コミュニティ・ニューディールでは住民の代表を選出する際に、選挙を行うことによって、また、選挙を行わないとしても、一定の代表性を持った組織から民主的に理事を選任することによって（アリスバーリーの場合）、代表性を担保しようとしている。

　コミュニティ選挙については、コミュニティ・ニューディールが代議制民主主義に代わる方法として住民の直接的な参加を重視しているにもかかわら

図表7-8　コミュニティの代表性―コミュニティ選挙の機能

●多様なコミュニティを関与させる工夫

引用番号	引用
引用21	理事会のメンバーには14歳からなることができます。××（人名）は、選出されたとき14歳でした。私たちは、彼を通じてより多くの若者たちと連携していくことができるようになりました（New Cross Gate1, 33-34）。

●コミュニティ選挙の課題

引用番号	引用
引用22	人々がずっと理事会のメンバーとしてとどまるわけではありません。最初の理事会のメンバーは、コミュニティ・アット・ハートで雇用されることになった人（職員は理事会のメンバーになれない）、引っ越しをしてしまった人、仕事に就いて理事会の仕事ができなくなった人、理事会の仕事が自分には荷が重いと考えた人など、ほとんど残っていません。ですから、10年間同じメンバーというわけではないのです（Community at Heart, 759）。
引用23	私たちは、2年前に選挙をやめることにしました。その理由は、現在私たちが、10年間のプログラム終了後に何をすべきか、という大きな決定をしなくてはならない時期にあり、選挙をして新しい理事が、別のアジェンダ（検討課題）をもって選出されることで、今後の計画策定に影響を及ぼすことを懸念したからです。私たちは選挙をやめて任命システムに移行した最初のパートナーシップです。（中略）（理事の）任命パネルは、住民ではなく中央政府や地方自治体から任命された独立した委員から構成されています。（中略）その結果、よりスキルを持った人が理事会のメンバーとなることになりました（Clapham Park, 14）。
引用24	（投票率は）20％前後です。アパシー（無関心）が私たちの行っているすべてのことにつきまとう主要な問題です。人々を家からストリートへと連れ出すことに悪戦苦闘しています。ですから、選ばれるために必要な得票はそれほど多数ではありません。（直近の選挙で）31人が立候補するのですから、競争は激しいですが（New Cross Gate1, 48）。

ず、選挙によって代表を選出することで、代議制民主主義と同じ問題を引き起こすという指摘もあるが（Dinham, 2005：306）、若者や、障害者、高齢者、エスニックマイノリティといった社会的に排除されている人々に対して優先的なポストを設けるクオータ制（割り当て制）を採用することで、こうした人々の声が理事会に反映できるように工夫しているパートナーシップも多かった。また、こうした通常の選挙とは異なる方法を採用することで、「**より多くの若者たちと連携していくこと**」（**引用21**）が可能になるなど、代議制民主主義では反映できない地域の声を理事会に反映させていこうとする工夫もみられる（図表3-3も参照）。

一方、コミュニティ選挙の問題点としては、すでに述べたような代議制民

主主義と同じ参加の仕組みであることへの批判の他に、インタビューからは理事会が不安定になるという問題点が指摘されていた（引用22）。理事が選挙のたびに交代し、常に新しいアジェンダを持った理事が理事会のメンバーになると、長期的な戦略を決定することが困難になる。そのため、ほとんどのパートナーシップでは、2年ごとに選挙を行って、半数を改選するという方法で理事会を安定的に運営できるように工夫していた。また、クラッパムパークではプログラムの終了を控えた移行期には、理事会の安定性が重要になるという理由から、コミュニティ選挙の実施を取りやめ、任命制を導入している（引用23）。このことは、代表性よりも、組織を継承していくためにふさわしいメンバーが必要であるという判断が優先されたことを意味しており、民主的な代表選出とパートナーシップ組織の運営に必要なスキルを持った人材の選出が必ずしも一致しないことを示している。

　もう一点は、「アパシー」（引用24）の問題である。パートナーシップ組織の理事を選出するための選挙の投票率は、公選議会の選挙と大きくは違わない。当該地域の公選議会とは異なる選挙であるから、その投票率が公選議会選挙と大きく違わないことはむしろ積極的に評価すべきことかもしれないが、公選議会選挙と同様の問題がここでも指摘されている。

　いずれにしても、地域戦略パートナーシップ同様に、ガバナンス空間の主体として多様な住民の中から「誰が代表になるのか」という問題は大きな課題となっている。ここでも住民と代表をつなぐ何らかの基盤が必要とされ、コミュニティ選挙という仕組みが採用されている。しかし、この選挙は住民の選好を単純に集計するだけの通常の公選議会選挙とは異なり、マイノリティの代表の声がガバナンス空間に反映できるような工夫も行われていた。しかしながら、組織の継続性を考えると、コミュニティ選挙という代表選出の仕組みが政府の補助金終了後も持続可能な仕組みであるかは、疑問が残ることも示唆された。

2── 代表性の問題

　以上のように、コミュニティ・ニューディールでは、代表性の問題を解決

するために、コミュニティ選挙という代表選出のための仕組みを採用している。それでは、このようにして選出された住民は、多様なコミュニティを代表しているといえるのだろうか。パートナーシップ組織の職員は、住民代表の代表性の問題について、第1に個人的な見解と代表としての見解の相違を明確にすることが難しいこと、第2にメンバーが限定されることを問題として指摘していた。

　まず、「個人的な見解と代表としての見解の相違」について調査結果を要約する。住民は、個人としてではなくコミュニティの代表として、理事会に出席し、公共的意思決定に関与する。そこで表明する意見は、「**個人的な見方ではない**」のであり、あくまで「**住民を代表して**」の見解でなければならない（引用25）。それはしばしば難しいことであると認識されており、パートナーシップの職員たちは、そのことを明確にし、徹底させていかなければ、「**コミュニティ全体の意見を反映させるよりは、自分自身の関心のあることや利益に動かされてしまう**」と感じている（引用26、27）。逆にいえば、常にそのことを問いかけ、確認していくことがパートナーシップの職員の側に求められているということであろう。

　次に、「メンバーが限定されること」の問題である。代表性の問題として地域戦略パートナーシップにおいても問題になっていた「**いつものメンバー**」になってしまうという問題点はここでも指摘されていた（引用28）。実際に、コミュニティ選挙が行われる場合であっても、地域によってはほとんど立候補する人がいない場合もある。もちろん、すでに指摘したように、競争が激しくなればメンバーの流動性が問題になり、選挙のたびにメンバーが交代することになるから、「いつものメンバー」であること自体が問題であるとはいえない。むしろ問題は、コミュニティ選挙のような代表選出の手続きを経ていない代表が、パートナーシップ組織の理事のポストを得ている場合である。例えば、オーシャンでは、コミュニティ選挙で選出される住民とは別に5つの「コミュニティ組織」のポストが地域の団体に割り当てられている。引用29で問題視されているのは、この「団体枠」のことである。これらの団体はいかなる手続きも経ないで理事を選出することになるため、メンバー

図表7-9 コミュニティの代表性─代表性の問題

●個人的な見解との相違の明確化

引用番号	引用
引用25	（理事の）メンバーは他の人々の主張を聞くことに対して非常に前向きになっています。同時に、私たちが徹底させていかなければならないのは、そこでの主張は個人的な見方ではないということです。彼らは、理事会に彼らの個人的な主張を表明しに来ているのではなくて、住民を代表してそこに来ているということです（Aylesbury, 55）。
引用26	多くの個人や団体と協働する際の問題として、彼らが人々を代表して話をしているということを明確にするということがあります。例えば住民が理事会で「イースト・ブライトンの人々はそれを望まない」と発言した場合、私たちは、それはあなたがそれを望まないのか、イースト・ブライトンの住民がそれを望まないということなのかを考えなければなりません（Eb4y, 70）。
引用27	能力のあるコミュニティの代表は、コミュニティの見方を反映させて発言することができます。しかしながら、しばしばコミュニティの代表は、コミュニティ全体の意見を反映させるよりは、自分自身の関心のあることや利益に動かされてしまうのです（New Cross Gate2, 195）。

●メンバーが限定されること

引用番号	引用
引用28	コミュニティの中に広げていくというよりは、実際少数の3人とか4人の人々の中にしか広がらないということがあります。「いつものメンバー」（usual suspects）は、私たちがいつも使うフレーズです。いい表現とは言えませんが、いつもの人々なのです（Eb4U, 225）。
引用29	それはとても難しいプロセスです。個人的な見解ですが、主要な問題の一つは、コミュニティ・ニューディールを立ち上げた時に、われわれが人々（住民）の決定をしていく能力を考慮に入れなかったことです。実際に起こったのは、コミュニティの中で力のある人が（理事の）役職について、それが固定化してしまったことです。彼らは、そこに固定化して、そしてそれを変化させることが難しくなってしまいました。こうした伝統の中でそれを変化させることは大変困難です。ことに、彼らが選挙で選ばれているわけではない場合、理事会の中で当然の地位となってしまうのです（Ocean2, 103）。

が固定化してしまうのである。この場合の「いつものメンバー」は、代表性を担保する仕組みを通していない代表であるため、何らかの手続きを経て代表になった住民と比較しても代表としての正統性が弱い。ただし、公組織の代表もそうした意味での代表性はなく、コミュニティグループの代表が、所属団体の代表としてではなく、住民のニーズをよく知る立場としてパートナーシップに参加しているのであれば、「機関代表」としてこうした地位は問題にされないはずである。その意味で、パートナーシップの職員は、理事

会のメンバーである５つのコミュニティグループの代表が、住民の代表としても、サービス提供機関の代表としても期待された役割を果たしておらず、自分自身が所属する団体の利益のために行動していると考えている。また、こうした態度を変化させることもパートナーシップ運営の重要な課題であるが、それは困難であると認識されており、パートナーシップを組織化する際にこうした問題を考慮に入れなかったことが問題であるとされている（引用29）。

3　代議制民主主義とパートナーシップの関係

　代表性に関するもう一つの焦点として、代議制民主主義との関係がある。しかしながら、地域戦略パートナーシップでみたような民主主義的正統性がないことへの批判や、議員とのコンフリクトは、コミュニティ・ニューディールにおいては大きな問題とは認識されていなかった。

　議員は、「**アクティブ**」にコミュニティ・ニューディールに関与している（引用30、31）。多くの議員は、理事会や運営委員会のメンバーとして熱心にプログラムにかかわっていると評価されており、一部の議員は、プログラムに対して否定的であるものの、それは多数派ではない（引用32）。

　イギリスでは日本と異なり、市域を選挙区に分け、地方議会議員はその選挙区ごとに選出される。したがって、議員たちは当該地区の代表として市政全体に携わることになるが、コミュニティ・ニューディールは当該地区だけを対象としたプログラムであり、市域全体の政策に関与する議員とコミュニティ・ニューディールの間でそれほど権限が重なり合わない。また、多数の住民が参加し、地域を具体的に改善していくプログラムに参画することは、議員にとっても選挙基盤を強化し、地域に対して具体的に貢献するチャンスである。逆に、コミュニティ・ニューディールを批判することで、住民から、コミュニティ・ニューディールは地域を具体的に改善しているのに、（議員が行った）「**選挙の時の約束はどうなったのか**」と批判されてしまうことになる（引用33）。このように、議員の権限と重ならないこと、議員とコミュニティ・ニューディールの関心や利害が一致していることによって、民主的

図表7-10 コミュニティの代表性―代議制民主主義とパートナーシップの関係

引用番号	引用
引用30	現在、2人の議員が理事会のメンバーとなっていますが、彼らはとてもアクティブです。彼らは議員であると同時に住民ですし、彼らが参加することを望み、市議会で（参加することが）決定されました（Ocean1, 107）。
引用31	彼ら（議員）は、プロジェクトと大変良い関係です。3人の議員がいますが、そのうち2人はとてもアクティブです。一人は理事会のメンバーで、もう一人は別の委員会のメンバーになっています。プロジェクトに本当に熱心に関与しているので、特に関係で問題はありません（Aylesbury, 196）。
引用32	コミュニティ・ニューディールは2つの選挙区にまたがっており、それぞれ二人ずつの議員がいます。全員が同じ感情をもっているわけではありません。私たちは選挙で選ばれたこの地域の代表で、この地域に対して責任があるのは私たちだ、だからあなたたちとはあまり関係をもちたくない、という人もいます。しかし、こうした人は多数派ではありません。ほとんどはコミュニティ・ニューディールを歓迎しています。それは、コミュニティ・ニューディールが地域を改善しているからで、人々がどのように暮らしているかが分かるからです（Community at Heart, 423）。
引用33	私たちと議員と関係は、非常に良好です（excellent）。（中略）一人の議員が、パブリックミーティングで、「資金の使途が不明確だ」とコミュニティ・ニューディールを批判して、目立とうとしたことがありました。ところが、逆に住民から「コミュニティ・ニューディールはいい仕事をしている。あなた（議員）の選挙の時の約束はどうなったのか」と批判されてしまいました。この一人の議員を除いて、議員との関係は非常に良好です（New Cross Gate1, 132-133）。

に選出された議員と住民の代表によるコミュニティ・ニューディールとの関係が良好になっていると考えられる。

2 参画主体としての市民の能力

　第1節では、コミュニティ・ニューディールが住民主体のパートナーシップを組織化し、住民はあらゆる予算の決定を含めて決定に関与することが可能になっており、また、住民は公組織に不足している「現場知」によって地域を変化させていくことに貢献できる可能性があることが認知されていることをみた。しかし一方で、住民主導のパートナーシップによるガバナンスの困難性として、パートナーシップの職員たちは、ガバナンス主体としての住民の能力を問題視していることを指摘した。

それでは、ガバナンス主体としての住民の能力として、具体的に何が不足しているとと認識されているのだろうか。調査の結果から、パートナーシップの職員は、住民の能力の問題として「ローカル・ポリティクスと住民の多様性」と「個人の感情」という問題が、住民が決定し、自らの現場知をパートナーシップに反映させていくことを阻んでいると判断していることが示唆された。

1 ── ローカル・ポリティクスと住民の多様性
権力闘争と権力の固定化

パートナーシップ組織の職員が、ガバナンス主体としての住民の問題として強調していたのは、地方における政治の問題である。これは、いわゆる政党支持による対立といったことではなく、支配や影響力をめぐって対立するという意味での政治である。地域のコミュニティグループや、住民同士は時に対立し、権力をめぐって争っており、それは、コミュニティ・ニューディールの理事会をはじめとした決定機関についても例外ではない。労働党は、コミュニティが一体であり、共通の目標を追求していくことを暗黙の前提としているが、コミュニティは政府が想定しているほど同一ではなく（Dargan, 2009：310）、派閥争いや権力をめぐる闘争が避けられない。したがって、同じテーブルに住民や機関の代表が集まれば、自然と共通のビジョンや目標に向かって一つになることができるというのは、幻想であると指摘されている（Dinham, 2005：308）。

実際に、理事会においては、「**組織間の権力闘争**」が起こり、「**理事会は資源をめぐって紛糾し、多くコンフリクトの原因**」となっていることが指摘されている（引用34）。理事会における住民同士や、住民と機関との間の紛争は、今回の調査対象地域だけではなく、メディアなどでもしばしば報道されてきた（Weaver, 2002a, b, c）。こうした争いが恒常化すれば、長期的なビジョンを持った戦略的な意思決定は難しくなってしまうだろう。特に、オーシャン、アリスバーリー、ニュークロスゲートやクラッパムパークのようなロンドンのコミュニティ・ニューディール対象地域は、エスニックマイノリティ

図表7-11　参画主体としての市民の能力―ローカル・ポリティクスと住民の多様性

●権力闘争

引用番号	引用
引用34	問題の一つは、組織間の権力闘争が起こり、決定が戦略的ではなくなってしまうことです。彼らは、多くの時間を自分たち（の団体）がどのように資源にアクセスできるのかという点に費やし、その結果、理事会全体がそのような雰囲気になってしまうのです。多くの住民のメンバーもそれらの組織と関連があるため、これらの組織から完全に独立しているとは言えません。理事会は資源をめぐって紛糾し、多くのコンフリクトの原因となっています（Ocean2, 86）。
引用35	過去には、理事会のメンバーのうち破壊的な行動をとるグループが、権力を得ようとして他のメンバーを追い出そうとしたりしました。過去にはそういうことがありました（Aylesbury, 54）。
引用36	権力闘争があります。レイシズム（人種差別）に関して様々なグループから、あるグループはレイシスト（racists）であるとか、コミュニティ・ニューディールはレイシストであるといったコメントが出されるなど、それに関して、多くの問題がありました（Aylesbury, 237）。

●権力の固定化

引用番号	引用
引用37	特定の人の手に権力がわたってしまうと、彼らはオープンではなくなって閉鎖的になっていきます。彼らはどんどん閉鎖的になっていきます。そうなると批判的に意思決定に関与する人々の数はどんどん減っていってしまうのです（Ocean2, 90）。
引用38	（質問にある）地域住民は時に他の住民に対して権威的になったり威圧的になったりするという点については、確かにその通りです。住民は、私たちが住民を関与させない、秘密が多いと言いますが、しばしば彼らは私たちよりもひどい場合があります。実際、彼らは権力が好きですし、決定することが好きです。そして、権力に魅かれて、われわれ（専門職）と同じようになってしまいます。いったん権力を得ると、それを他の人と共有し、他の人に何が起こっているのかを伝えていくことをしたくなくなってしまうのです（Eb4U, 201）。
引用39	住民と別に5つのコミュニティグループが戦略的パートナーとして参加しています。彼らも地域住民です。これらの5人は選挙ではなく自動的にポストが与えられることになっています。（中略）彼らは、既得権益をもっています。彼らは資源の配分に関心をもっており、（自分たちの団体が）プログラムを提供することを望んでいます（Ocean2, 82-86）。

の比率が半数を超える人種的にも多様な地域である。それゆえ、それぞれを代表するコミュニティグループが時に対立し、グループ間の争いが理事会に持ち込まれる可能性がある（引用35）。また、それは時に単なる利害対立だけでなく人種をめぐる複雑な問題を背景にしている場合がある（引用36）。このように、コミュニティは、パートナーシップのテーブルに集まれば、一つの目標に向けて自然と統合されていくというよりは、対立や闘争を内包し

ている。こうした対立や闘争は、長期的な視点に立った意思決定を困難にするため、住民が主体となったパートナーシップ運営の大きな課題であると認識されているのである。

　また、こうした闘争は、長期的な視点に立った意思決定を難しくするだけではない。こうした権力がいったん特定の個人やグループに帰属することになると、それが固定化され、「**批判的に意思決定に関与する人々の数は減っていってしまう**」恐れがある（**引用 37**）。いったん手に入れた権力を手放そうとしないのは、専門職だけでなく住民も同じであるとパートナーシップ組織の職員は指摘している（**引用 38**）。さらに、オーシャンの場合は、選挙で選ばれる地域住民のほかに 5 つのコミュニティグループに理事会のポストが割り当てられているため、こうした団体が地域全体というよりは、自らの団体の利益のために行動してしまうという「**既得権益**」の問題が指摘されている（**引用 39**）。それぞれの団体が、公共的な利益よりも所属団体の利益を追求しようとすれば、パートナーシップ組織の資金の配分は、自らの組織の利害と密接に関連してくる。引用 29 でもみたように、この職員は、こうした団体が自動的に理事会のポストを得ることができるようなパートナーシップ組織の設計そのものに問題があったと感じている。

　以上のように、パートナーシップ組織内の関係については、「住民（コミュニティ）対公組織」という単純な図式ではなく、「コミュニティ」それ自体も内部に対立や紛争を内包した多様な存在であるという点が強調されていた。パートナーシップにおける住民の利害は一枚岩ではなく、常に共通した目標に向かって一致できるとは限らないため、パートナーシップの職員からみると、共通した目標に向かって組織を運営していくために必要な能力を欠いていると認識されているのである。

2 ── 個人的な感情

　住民主体のパートナーシップ組織の運営における住民の能力の問題として、権力闘争や所属団体の利益といった政治的な要因に加え、個人レベルでの感情が組織運営に及ぼす影響も指摘されていた。組織の重要な決定が、利

図表7-12　参画主体としての市民の能力—個人的な感情

引用番号	引用
引用40	（職員の雇用も理事会の決定事項である点について）過去には問題がありました。彼らは、ただその人物が好きだとか、とてもよい人だ、彼を信じよう、仕事を与えよう、となってしまうのです（Aylesbury, 273）。
引用41	（女性センターが）女性をエンパワメントするプロジェクトを立ち上げたのですが、（プロジェクトを立ち上げた）女性と複数の理事会のメンバーとの間には個人的な衝突があり、プロジェクトの内容とは関係なく、理事会は助成を拒否してしまったのです。（中略）プロジェクトの内容ではなく、単に彼らは彼女が嫌いだったのです。こうしたことがしばしばおこります（Ocean2, 256-257）。
引用42	そうしたこと（排除）は起こっています。イングランドでは長い間このことが問題になってきました。しかし、ロンドンでは時間とともに人々が隣り合って暮らす中で、肌の色とか宗教の違いを克服してきました。（中略）しかし、レイシズムは潜んでいるのです。見えにくくなっていますが、確実にそこにあります。この地域ではそれがたくさん表れてきます（New Cross Gate1, 338）。

害やイデオロギーによって左右されてしまうことが、ローカル・ポリティクスの問題だとすれば、この問題は、個人の感情によって重要な決定が左右されてしまうという問題である。

　例えば、アリスバーリーの職員は、職員の雇用を決定する委員会において、住民の代表が候補者の能力や専門性といったことよりも、「**よい人だ**」という判断基準によって雇用を決定してしまう傾向があったと指摘している（**引用40**）。また、オーシャンの職員は、プロジェクトへの助成の審査にあたって「**個人的な衝突**」が原因となって、プロジェクトの内容ではなく、「**嫌い**」であるという理由のみでプロジェクトへの助成が拒否されてしまったという事例を紹介している（**引用41**）。

　本来であれば、職員の採用やプロジェクトの審査といった重要な決定は、組織の長期的ビジョンや目標、戦略といった視点から判断されなければならない。しかしながら、住民の代表者は、そうしたことよりも「個人の感情」を優先させて、戦略的な決定をゆがめてしまう恐れがあると認識されている。こうした問題はパートナーシップの職員からみると、住民の代表の能力不足として認識されているのである。

　また、コミュニティ・ニューディール対象地域のうち、特にロンドンでは

人種による排除が大きな問題となる場合がある。こうした問題は、表立っては表れてこないとしても人々の意識の中には潜在化している（引用42）。この職員は、具体例として、白人の住民が「（パートナーシップが発行するニュースレターの）表紙が黒人ばかりなのはいかがなものか」といった意見を、「私はレイシスト（人種差別主義者）ではないが」と前置きして電話をかけてくることを挙げ、人種差別は潜在化しているが、確実に人々の心の中にあると強調していた。また、逆にパートナーシップ組織がエスニックマイノリティへの支援を強調しすぎることで、白人の参加が少なくなっていることを指摘し、白人にどう関与してもらうかも課題となっていると述べていた（New Cross Gate1, 341）。このように、明確な権力闘争といったことではなく、人々の間に潜在化した意識によって、住民同士が共通した目標に向けてパートナーシップを運営していくことが困難になっている場合もある。

3 ── 参加に伴うコストの格差

次に、地域戦略パートナーシップ同様、社会的に排除されている当事者たちが、パートナーシップに参加していく際の能力に関連して、参加に伴うコストの格差の問題について取り上げておきたい。

コミュニティ・ニューディールの対象地域は、イギリス国内でも社会的に排除された地域であり、そこに住む住民も様々な問題に直面している。本来であれば、多くの人にとって、コミュニティの活動よりも自分の生活や仕事に関心があるのは当然である（引用43）。そうした中で、パートナーシップ組織の理事になったり、様々な活動に参加していくためには、住民の能力の問題以前に、参加の前提を支援しなければならない。それぞれのパートナーシップ組織では、理事である住民に対して様々な参加の前提となる支援を行っている。すべてのパートナーシップ組織では、コンピューターの支給やインターネット接続料の負担を必要経費と認め、セミナーや会議への参加に対しては交通費等の助成を行うなど（引用44）、何らかの参加の前提となる支援を住民の代表に対して行っていた。ただし、理事はあくまでボランティアであり、賃金が支払われているパートナーシップ組織はなかった。

図表 7-13　参画主体としての市民の能力―参加に伴うコストの格差

引用番号	引用
引用 43	荒廃した地域では、私たちは地域住民に無給で一緒に働いてくれと言っているのです。一方で私たち（専門職）は報酬を得ています。住民は、私たちの隣に座ってともに無給で仕事をしています。考えてみれば、奇妙なことです。ですから、私は彼らがとても偉大だと思うのです。彼らは「あなたたちはたくさんの給料をもらっているのだから、これとこれをやってくれ」と言って帰ってしまうこともできるのです。（中略）私たちは、排除されたり荒廃している地域の人に、（高額な給与を受けている）私たちとともに決定に参加することを期待しているのです（Eb4U, 158-160）。
引用 44	私たちは、必要経費に関する取り決めを作っています。ラップトップコンピューターが支給され、インターネット接続料も必要経費となります。また、トレーニングプログラムなどに参加するための旅費についても、必要経費として認められます。会議やセミナーに参加した場合は、20ポンドの参加手当が支払われます。しかし私たちは賃金を支払っていません。このことは理事会でも議論しましたが、最終的には彼ら（住民の理事）自身が決めました。理由の一つとしては、社会給付を受けている人が多いということもあるでしょう（Alysbury, 109）。

❸　参画主体としての専門職の能力

1　住民と協働する専門職の能力

　上記のように、パートナーシップ組織の運営を住民が主体となって行うことには、多くの困難が伴うと認識されている。しかし、パートナーシップの職員たちは、住民の持つ現場知が、地域を改善するために不可欠な資源であることも認識しており、住民にはまったく戦略的に意思決定する能力がなく、専門職が常に正しい判断ができると考えているわけではない。インタビューを実施した多くの職員たちは、住民の能力と同時に、住民と協働する専門職の能力についても言及していた。つまり、ガバナンスの主体として能力が問われるのは、住民だけではなく、住民を支援する専門職に対しても問われなければならない。そこで、ここでは、パートナーシップの職員によって認識されているガバナンス主体としての専門職の能力について検討し、住民が主体となってガバナンス空間を運営していく際の専門職の問題について明らか

にしておきたい。

　引用45で指摘されているのは、コミュニティ・ニューディールの資金を住民が管理することに地方自治体や議員が不安を感じているとしても、彼ら自身も社会的排除の問題を改善することに失敗してきたという事実である。住民が小地域のガバナンスに責任を持つことに様々な不安があるとしても、このプログラムは公組織主体のアプローチに代わって、住民が主体となって決定していくという「実験」なのである。また、自治体職員や専門職が、「**近隣レベルでの事業展開に苦戦**」（引用46）しているのは、地域住民と協働するスキル（能力）が不足しているからであると認識されている。そこで、次にパートナーシップ組織の職員たちからみた専門職に不足する能力についてインタビューの結果をみていきたい。

　引用47と48に示したように、パートナーシップ組織の職員たちは、公的機関の職員や専門職が住民を見下したり、知識がないことを前提に接する傾向があることを問題視している（引用47、48）。自らの家計をやりくりしながら生活している住民の知恵や持っている能力を尊重しなければ、住民は自治体の職員や専門職を信頼しない。専門職の側も、社会的に排除されている地域における住民と「**効果的にコミュニケーションするスキルに欠けている**」（引用47）のである。それでは、社会的に排除されている地域で、住民とともに地域を変化させていくために必要な専門職の能力とはどのようなものなのだろうか。

　調査結果から示唆されているのは、第1に、住民と対等な立場に立つということである。それは、専門職が「**パターナリスティック**」（引用49）に対応するのではなく、地域で暮らし、その地域をよく知っているはずの住民に「**敬意**」（引用47）を持って、「**成熟したやり方で**」（引用48）接することができる能力である。住民は、「連結」（joined-up）とか、「パートナーシップ」（partnership）といった専門的な用語や政策的な用語は使わないかもしれないが、生活をやりくりする中で、本当はその意味をわかっている。したがって、専門職が住民を対等なパートナーとして、敬意を持って接すること、換言すれば住民の「現場知」を尊重することが必要になる。専門職が住民を見

図表7-14　参画主体としての専門職の能力―住民と協働する専門職の能力

引用番号	引用
引用45	地方自治体や議員たちの多くは、（コミュニティ・ニューディールの）資金を管理できないことに不満をもっています。このプログラムのポイントは、地域住民自身が、何がニーズで、何に使うべきかを決定するという点です。これは、地方自治体の管理職や議員にとって非常に異質なことです。「私は、（自治体の）管理職だ」「私は議員だ」、「私が決定をするのだ」と。（中略）彼らはこの資金を自治体が管理することができるなら、もっと効果があがると感じていると思います。しかし、このプログラムの肝心な点は、自治体が過去35年間、このエリアに関わり続けていたということなのです（Eb4U, 95-97）。
引用46	地域住民と仕事をしていくためには、特別なスキルが必要なのです。私の知っている多くの自治体や大規模な組織の職員たちは、近隣レベルでの事業展開に苦戦しています。私たちが多くの住民を引き付けることができるのは、それを可能にするスキルをもっているからで、それは本当に肯定的なことです（Clapham Park, 102）。
引用47	住民は専門的知識の価値を理解しています。しかし、それは専門職がどのように住民と対話をするかに依存しています。専門職の一部は、効果的にコミュニケーションするスキルに欠けています。住民がもっとも注視しているのは、専門職が敬意をもって住民と接するかどうかです。そうすれば彼らは聞いてくれます。もし、住民が専門職をただの高給取りの公務員だとみなせば、彼らは耳をふさいでしまいます（Clapham Park, 118）。
引用48	私のビジョンは、自治体の文化を変えることです。住民に適切に成熟したやり方で語りかけることです。彼らを成熟した大人とみなして語りかけることです。彼ら（住民）は、家計をやりくりし、仕事を持ち、子どもを学校に通わせています。彼らは複雑な人生を経験しています。ですから、彼らは「連結」（joined-up）の意味を理解しています。彼らは、パートナーシップの意味を理解しています。彼らは、日々の生活を友人や近隣の人とのパートナーシップ抜きでは切り抜けていけないからです。彼らは、複雑な家計の予算を理解しなければ、日々の生活を切りぬけていけません。彼らは非常に厳しい予算の中で生活をやりくりしています。ですから、彼らは予算の意味も理解していますし、すべてのことにお金が不足していることも理解しているのです（Eb4U, 267）。
引用49	パターナリスティックにならない。あなたの子どもに接するように住民に接しない。彼らを見下さない。対等に接すること、同時に彼らは情報を必要としていることを認識すること。これは、情報が力になるというプロセス全体です。すべての人は、情報を得ることができて、その情報が何を意味しているかを理解することができれば同じレベルになることができるのです。（中略）これこそ私たちがしようとしていることなのです。私は自分の仕事を新しい人々を育てることだと思っています。それは、私と全く同じというわけではなく、同じ情熱とスキルをもって、私がここで行っているようなことをできる人々です（Clapham Park, 108）。
引用50	私たちは、調査や質問紙などによってバックアップしていきます。これは重要なことです。住民の見解をバックアップしていかなければなりません。私たちが一緒に仕事をしている住民やパートナーの見解をです。私は住民の見解が大規模な調査などで裏づけられることを望んでいます（Eb4U, 78）。

下すような態度をとれば、「彼らは耳をふさいでしまう」（引用47）のである。

　第2に、エンパワメントという視点である。つまり、住民に不足しているのは、能力ではなく「情報」（引用48）であり、それが正しく提供され、正しく理解することができれば、住民が地域を変化させていくことが可能になるはずである。また、専門的な調査などによって、住民の「現場知」に統計的な裏づけを与え、それをバックアップしていくことも、専門職の重要な役割であると認識されている（引用50）。正しい情報を提供し、現場知を専門知によって裏づけていくことができれば、住民は自らの持つ能力を発揮することができる。それは、パターナリスティックな態度ではなく、住民の能力をエンパワメントする専門職の能力といえるだろう。

2　　能力形成の支援とコミュニティのエンパワメント

　本章第2節2.において検討したように、住民の代表の能力として、コミュニティ内部での政治の問題や、個人的な感情の問題が指摘されていた。住民の代表がこうした問題を克服し、パートナーシップ組織が本当の意味で住民主導となっていくためには、少なくとも住民の能力を高めることを支援し、参画主体としての能力を形成していくことが不可欠となる。このことは、本章第1節で指摘したように、パートナーシップの職員たちの間でも共有されている。

　そこで、ここではコミュニティ・ニューディールにおいて実際にどのような能力形成のための支援が行われているかについて、インタビューの結果を示す。調査の結果から、こうした支援は、大きく直接的に個人の能力を形成していくための支援と間接的な支援に分類することができた。前者は、能力の形成を狙いとしたトレーニングプログラムの実施であり、後者は、コミュニティグループの組織化とその自立への支援を通じて、結果として住民や地域そのものの能力を形成していくことを狙いとする支援のことである。

トレーニングプログラム

　パートナーシップ組織では、理事会のメンバーや住民に対してトレーニン

図表7-15　参画主体としての専門職の能力―能力形成の支援とコミュニティの
　　　　　エンパワメント― トレーニングプログラム

引用番号	引用
引用51	この地域の多くの問題は、言語の問題と関連していてとても複雑な状況です。英語が話せなければ、サービスや仕事にアクセスすることも非常に難しくなります。子どもの教育にしてもその他の多くの支援も、もしこの国の言語を話すことができないとしたら役に立たないのです（Ocean2,157）。
引用52	組織をまとめていくための技術、人事に関する技術といった（住民が）必要とする技術を提供するための一人ひとりに合わせたトレーニングプログラムを編成しています。基本的なトレーニングのリストがあって、それぞれの理事会メンバーは、トレーニングのニーズアセスメントを受けることになっています（Aylesbury,92）。
引用53	私たちは現在、多くのトレーニングを理事のメンバーに対しても行っています。なぜなら、私たちはチャリティになりますが、それには様々な責任が伴うからです。ですから、私たちは徹底的なトレーニングを現在の理事会のメンバーに対して実施して、その責任を理解し、チャリティの理事として仕事ができるようにしています（Clapham Park,26）。
引用54	現在、住民が将来のマネジメントに関与することを支援しています。私たちはコミュニティホールを整備して、住民による運営委員会を立ち上げたところです。住民のグループがそのホールの管理に責任をもつのです。彼らが完全にその責任を果たせるようにトレーニングを提供していますが、それまでは私たちが支援をします。そして、彼ら自身が運営し、利用料や使用制限などのあらゆることを彼ら自身で決定するのです。彼らは、長期失業者の中から施設の管理者を雇用します。私たちはこうしたことがいっそう活発になることを期待しています（Alysbury,298）。
引用55	彼ら（理事）のうち何人かは、トレーニングを受けようとしません。彼らは、ただ受けたくないだけなのですが、私たちはトレーニングを受けることを強制できません。私たちは、彼らが理事になった時には、トレーニングを受けることが必須であることを伝えるのですが、実際には強制できないのです。（中略）フルタイムで仕事をしたりする場合、（理事会に参加するだけでも）十分にコミュニティのために自分の時間を犠牲にしていると考えているので、これ以上トレーニングのために自分の時間を費やす余裕がない場合もあります。トレーニングのための予算はあって、プログラムもあるのですが、その場に参加してもらうのが難しい場合があります（Alysbury,93）。

グプログラムを提供している。例えばオーシャンでは、アジア系の住民が多く、その女性たちは英語を話すことができない場合も多い。言語を話すことができなければ、教育や就職への支援も困難であり、サービスを十分に活用することもできない。そこで、住民に対するトレーニングとして、特に女性を対象とした英語習得のためのプログラムに力を入れている（**引用51**）。その他にも、ITスキルに関するトレーニングや、長期失業者に対する社会的起業を支援するためのプログラムなどが地域住民に対して提供されている。

また、理事会に選出された住民に対しては、アリスバーリーのように、ト

レーニングニーズをアセスメントし、一人ひとりに必要なトレーニングプログラムを提供している場合が多かった（引用52）。さらに、クラッパムパークでは、パートナーシップ組織がコミュニティ・ニューディール終了後も、地域住民主体の組織として継続していくために、法人格を取得したり、チャリティのステータスを得たりする中で、その理事としての責任を果たしていくためのトレーニングを実施している（引用53、54）。こうしたプログラムの内容は、議事録の書き方、会議の運営方法、会計などの組織の運営管理といった実際的な組織運営のスキルに関することから、ITスキルのような一般的なプログラムまで様々である。しかし、すべての人がトレーニングに参加したいとは限らないし、むしろそのほうが自然であるともいえる（Twelvetrees, 2002：56）。調査では、仕事の都合や、その他の理由からトレーニングに参加しない理事がいることが指摘されていたが（引用55）、住民自身がトレーニングの必要性に気づき、その利益を認識することがなければ、こうしたプログラムは意味をなさないだろう。

　さらに、今回調査を行ったすべてのパートナーシップ組織は、政府からの補助金が終了した後も、パートナーシップ組織が引き続き地域の再生を担う機関として、住民が主体となって組織を継承していくための戦略を策定していた。これまでは、地方自治体が「責任主体」（accountable body）として資金の管理を行ってきたが、プログラム終了後は自ら契約主体となって事業を実施していく必要があるため、パートナーシップ組織は法人格を取得しなければならない。チャリティの認証を受け、非営利法人として登記すれば、理事には様々な責任が求められることになり、こうした責任を果たしていくためのトレーニングが不可欠であると考えられているのである。今回インタビューした職員たちは、政府からの補助金が終了すれば、現在雇用しているような水準で専門職や事務職員を雇用できなくなるため、住民がパートナーシップ組織を運営していくために必要となる知識や技術を得るためのトレーニングを重視していた。また、その手法として資産を取得し（コミュニティ・アセットと呼ばれる）、組織基盤を整備しているパートナーシップも多い。資産を取得することで、組織としての持続可能性が高まるからである。例え

ば、アリスバーリーでは、コミュニティホールという資産をパートナーシップ組織が取得し、将来その運営を住民自身で担っていけるよう、トレーニングプログラムを提供していた（引用54）。

コミュニティグループの組織化とコミュニティグループでの経験

トレーニングプログラムのような個人を対象とした直接的な能力形成のためのプログラムに加えて、住民がパートナーシップ組織を運営していくための能力を形成していくために重視されているのが、コミュニティグループの組織化とそこで蓄積される経験であり、その手法としてのコミュニティワークであった。コミュニティグループの組織化について、共通していたのは次のような手順である。まず、社会的に排除されている人びとをその属性や抱えている問題に着目して組織化する。次に、そうした人々のグループと他のグループとのネットワークを構築するという手法である。

例えば、ロンドンのコミュニティ・ニューディールでは、社会的に排除されているグループとして、ベトナム人、中国人、ソマリア人、アフガニスタン人などその地域へのニューカマーが挙げられる。こうした組織化されていない人種に着目した組織化を重視している点は、前章でみたコミュニティ・エンパワメント・ネットワークの支援方法とも類似していた。また、アジア系移民（特にバングラディッシュ）の女性やムスリムの女性といった既存のコミュニティの中で排除されていたり、参加が十分でない階層への働きかけと組織化も重視されている。このように、コミュニティの中で孤立している個人の共通点に着目し、グループを形成することを支援する手法は、各パートナーシップ組織に共通した方法であった。

そして、こうして形成されたグループに対して、コミュニティ・ニューディールの資金を活用し、資金を助成して活動を支援していく。例えば、ニュークロスゲートでは、アフガニスタン人のグループに対して、活動資金の助成を行い、活動が活発になることで、バラバラだったこうした人々が集まる場を作り、それぞれのニーズを理解している人々によって相談やアドバイスを提供できるような組織化を支援している（引用56）。このように、バ

ラバラの個人を、様々な共通する特徴や関心に着目して組織化し、さらにそれを横断的につなげていくことで、地域の中に多様なネットワークを構築することが可能になる（引用57）。

　以上のように、コミュニティ・ニューディールにおける地域再生は、孤立している個人をグループとして組織化することを支援の中核としているが、こうした組織化の目的の一つが、住民の能力形成である。これは、コミュニティ・ニューディールが、10年間という期間の限定されたプログラムであることも影響している。職員の多くは、限られた期間の中で「コミュニティに何を残すのか」という点に力点を置いていた。そこで、次にコミュニティグループの組織化が、どのように住民の能力形成へとつながっていくのかについて、組織の自立と自治という視点からインタビューの結果を整理することにしたい。

　まず、組織の自立とは、組織化したコミュニティグループ、ボランタリー組織、コミュニティビジネスといったそれぞれのプロジェクトが自立していくことである。パートナーシップ組織は、コミュニティグループが自分たち自身の将来を描き、予算を組み、それをメンバー間で合意できるように支援していく（引用58）。それは、住民自身が、プロジェクトの実施に責任を持ち、プログラム終了後も継続していけるようにするためである（引用59）。特に、組織を持続可能にしていくためには資金調達が重要になるため、利用可能な助成金などを一緒に検討し、資金獲得能力を支援していく必要がある（引用60）。

　つまり、コミュニティグループに対する支援は、「**スプーンを口まで運んであげる**」ような支援ではなく、「**自分たちでできるようにする**」ための支援でなければならない（引用61）。例えば、アリスバーリーでは、コミュニティ・ニューディールは単独の資金提供者とはならず、他の助成金等から資金を獲得することができるかどうかをプロジェクトの採否や、助成継続の基準としているが、こうした点にも組織の継続を重視する姿勢が表れている（引用62）。

　こうして、コミュニティグループは、「**自分たちで資金を獲得するため**

図表 7-16　参画主体としての専門職の能力―能力形成の支援とコミュニティの
　　　　　エンパワメント―コミュニティグループの組織化

引用番号	引用
引用 56	このエリアにはムスリムの女性のグループがなかったので、その設立を支援しました。アフガニスタン人のグループは、私がここで仕事を始めた頃はとても小さいグループでした。私たちは、グループと一緒に仕事をし、グループの活動を支援するために資金を提供しています。私たちは、こうしたグループと一緒に仕事を続けています。基本的には、彼らのメンバーが増加して、バラバラだった人々が自分たちに焦点を当てる場所をみつけ、支援や助言を受けるために集まり、彼らのニーズを理解できるような形で、支援やアドバイスを受けることができる場所を作り出していくことを支援するのです（New Cross Gate2, 124-125）。
引用 57	多くのグループは、(他のコミュニティのメンバーに対して) 開かれていきます。例えば、トルコ人の女性のグループのリーダーは、「すべての女性のためのグループ」を作りました。そのグループの現在のリーダーは、ソマリア人の女性です。（中略）ソマリア人の女性がリーダーだからと言ってソマリア人のグループではなく、すべての女性を対象として活動しているのです（Aylesbury, 308）。
引用 58	可能な限り、私たちはグループが自分たちの将来を描き、自分たち自身で予算を組んで、メンバーと一緒に相談し、考えていけるように支援していきます。彼らのメンバーが、どんなサービスを必要としていて、何を提供すればよいか、どのくらいの予算やスタッフ、資源が必要なのか。これは長いプロセスです（New Cross Gate 2, 157）。
引用 59	私たちはコミュニティの能力を発展させたいと考えてきました。なぜなら、このエリアにはコミュニティ・ニューディールが開始された頃にはほとんどボランタリー組織がなかったのです。私たちは、ここに10年しかいることができないので、あとに残すものを確かなものにしたいのです。ですから、最終的には住民がプロジェクトの実施に責任を持ち、プログラム終了後も継続していけるようにするために、コミュニティ・ニューディールの多くの資金を投入しています。コミュニティをエンパワメントすることは、本当にそれが機能するまでには時間がかかります。しかし私たちは、今その成果をみることができるようになっています。そうしたグループがチャリティとして登録し、もっとも重要なことは自ら資金を獲得できるようになってきているのです。私たちはもはや、彼らの資金のすべてを支援する必要はありません。彼らは今では、自分たちで資金を獲得するための能力と自信を身につけているからです。これは本当に素晴らしいことです（Clapham Park, 27）。
引用 60	どうすれば持続可能になるか、利用できる資金の選択肢を検討していきます。なぜなら、コミュニティ・ニューディールは永久に続くわけではないからです。プロジェクトは自立していかなければなりません（Ocean1, 6）。
引用 61	私たちは、スプーンで口まで運んであげるようなことはしません。彼らをエンパワメントするプロセスは、彼らが自分自身でできるようにすることなのです。しかし、最初は支援が必要なのです（Clapham Park, 29）。
引用 62	私たちが、資金助成するときに基準の一つは、彼らが他からも資金を得ているかどうかです。私たちは、短い期間に限定して単独の資金提供者となることはありますが、彼らの単独の資金提供者になろうとは思っていません。私たちは、彼らが自分たち自身で継続し得ることを望んでいます。彼らがコミュニティ・ニューディールの資金を永久に得られると考えてほしくないのです。なぜなら私たちはここに永久にはいないからです（Alysbury, 130）。

図表7-17 参画主体としての専門職の能力—能力形成の支援とコミュニティのエンパワメント—コミュニティグループでの経験

引用番号	引用
引用63	コミュニティホールやアートグループ、子育てのグループといったあらゆる草の根のコミュニティグループでの経験は、もし彼らが、より高レベルでの意思決定に参加することを望んだ時に必要な能力を構築していくうえで不可欠なのです。こうした草の根のコミュニティワークが継続されなかったとしたら、住民は決してより大きな意思決定に関与していくことはできないでしょう。それこそが、コミュニティワーカーが重要な理由です（Eb4U, 277-278）。
引用64	ゆくゆくは、あらゆるクラッパムパークの人々が、「私はあなたがしようとしていることをするにはどうすればよいかを教えることができる」といったようなことをお互いに話し合うことができるようになっていくべきなのです（Clapham Park, 108）。
引用65	私たちが去った後でも、彼らは一日中ソファーの前でテレビを見る生活に戻っていくわけではなく、レポートを読んだり、書いたりすること、統計を分析することといった私たちと学んだあらゆるスキルとともにコミュニティに戻っていくのです。彼らが様々なものを持ち帰って、そしてコミュニティを作っていってほしいと願っているのです（Eb4U, 120）。
引用66	自治体の職員がやってきて、住民に決定に参加するよう要請した時に、彼らは自信をもって「問題ない、私たちはコミュニティ・ニューディールでそれをやってきたのだから。」ということができるのです。それが私にとっては、本当に重要なことなのです（that's really, really important）。さもなければ、意思決定の権限が移譲されてきても、いつもの3人か4人の住民が立候補して、すべてを決めてしまうことになるのです（Eb4U, 224）。

の能力と自信」を身につけ、自分たち自身で継続し得るようになる（引用58）。つまり、グループを組織化し、それに対してコミュニティ・ニューディールの資金を助成するだけではなく、そうしたグループが「**持続可能**」（引用59）になることに大きな力点が置かれている。

このように、コミュニティグループを組織化し、それが自立していくコミュニティ・エンパワメントは「**長いプロセス**」（引用58）であるが、こうしたプロセスを通じて、住民自身が活動を作り出し、さらにそれを継続しうる能力を構築していくことは、地域における様々な決定へと関与していくための能力や経験を蓄積することでもあると認識されている。すなわち、こうした草の根のコミュニティグループでの経験は、「**より高レベルでの意思決定に参加することを望んだ時に必要な能力**」（引用63）を構築していく上で重要であり、組織を運営し、様々なことを決定していく能力として蓄積され

て、住民同士が相互にそうした蓄積を共有していくことが重要だとされている（引用64）。

　結果として、住民たちはプログラムが終了した後も、「一日中ソファーの前でテレビを見る生活」（引用65）に戻っていくのではなく、他の住民たちに参加を促し、相互にノウハウを教え合うことで、コミュニティを作り出していくことを継続していくことができると考えられている。イースト・ブライトンの職員は、決定する経験やスキルを住民たちに残していくことが「本当に重要なこと」であり、将来の小地域自治の基盤になると考えている（引用66）[2]。このように、コミュニティグループの組織化を通じた能力形成は、単に組織を持続可能にすることや、そこに所属する個々人の能力を高めていくだけではなく、地域の自治の力を高めていくことに目標が置かれている。

3　コミュニティワーカーの役割

　コミュニティ・ニューディールのパートナーシップ組織には、達成すべきテーマに応じた様々な専門職が雇用されている。したがって、パートナーシップ組織は、専門職の集団であると同時に、他の公組織のパートナーと比較して、もっとも日常的に住民の参加を支援する立場にある。こうした中でも特に、住民のエンパワメントや、参加の支援、能力形成の支援の役割を担うのが、コミュニティワーカー、コミュニティ・ディベロップメントワーカー（以下、コミュニティワーカーと統一する）と呼ばれる専門職である。イギリスでは、コミュニティワークは一般に「人々が集合的な行動を開始することによって、自分自身のコミュニティを改善していくことを支援するプロセス」（Twelvetrees, 2002：1）と定義されており、コミュニティグループの組織化と運営の支援が主な仕事であるとされている（*ibid*：2）。

　すでにみたように、住民がガバナンスの主体となるには、住民自身のガバナンス主体としての能力の形成が欠かせない。また、その際に必要とされる個人を対象としたプログラムや、コミュニティグループの組織化を通じた個人およびコミュニティに対する支援内容については、すでに検討した。しかし、こうした支援を行うためには、それを行うための専門職が必要であり、

第 7 章 コミュニティ・ニューディールとコミュニティの参加

図表 7-18 参画主体としての専門職の能力―コミュニティワーカーの役割

引用番号	引用
引用 67	（パートナーシップ組織には）「包摂チーム」（community engagement team）があり、現在はコミュニティ・ディベロップメントの業務を担っています。私たちは、情報を提供し、アウトリーチし、イベントを組織化したり、サービスについて人々と話し、フォーカスグループなどを行っています。包摂チームはこうしたことをリードする役割です。私たちには、そのための職員がいて、活動への参加を促していく役割を担っています（Ocean1, 153）。
引用 68	コミュニティワーカーの主要な業務の一つは、コミュニティに出て、住民と会い、住民がワーカーの顔と名前が一致するくらいよく知っているようになることをちょっとした会話をする中からはじめていくことです。こうしたことが私たちのしていることで、イベントや名刺を渡したり、ちょっとした会話をする中で、住民はワーカーに心を開いていきます。次第に住民のほうからワーカーを訪ねてくるようになって、「こうしたことがしたい」と相談してくれるようになれば、ワーカーは「こうした支援ができる」とアドバイスしていきます。（中略）外に出て、支援やアドバイスをする、実際そういうことです（Aylesbury, 336）。
引用 69	私たちは、人々に説教をするわけではありません。そうしたアプローチは明らかにうまくいきません。私たちは、「馬を水辺に連れていくことはできるけれども、水を飲ませることを強要はできない」と言っています（Community at Heart, 574）。
引用 70	コミュニティワーカーは、やや左翼的で、権威主義的で反政府主義の傾向があります。ですから、住民と仕事をする時にそうした面が顔を出します。私からみると、彼らはもっと住民と組織をつなぐことに注力すべきだと思います（Eb4U, 260）。（あるワーカーの例をあげて）彼女は、自治体を動かすためには叫び声をあげて、旗をもってデモをして、嘆願するしかないと考えているのです。こうしたアプローチは 1970 年代のアプローチで、今では時代遅れです。役人はすべて「グレーのスーツの中年の男性」であるとは限りません。自治体も変わってきています。そういうことをみようとしない人がいます（Eb4U, 264-265）。
引用 71	私たちには、コミュニティ・ディベロップメントチームがあります。現在は、一人のマネジャーとワーカー、それに加えてボランティアから構成されています。私たちは、多くのスタッフを雇用することよりも、コミュニティグループに資金を提供することを重視しています。来月には私たちの将来について、コンサルテーションを行う予定にしていますが、こうしたコンサルテーションもコミュニティグループに委託します。彼ら自身が地域住民で、彼らが地域に対して質問をします。これはとても素晴らしいことなのです。なぜなら、多くのワーカーを雇用するのではなくコミュニティ自身がそれを行うことができるからです（Clapham Park, 178）。

その役割について調査の中でも繰り返し言及されていた。そこで、ここではこうした専門的なワーカーの役割を調査の結果から検討しておきたい。

まず、コミュニティワーカーは、実際に地域に出て、住民の中に入り、住民の参加を促し、活動の組織化を支援していく役割であるという認識は共通している。すでにみたように、コミュニティ・ニューディールでは、住民の

共通のニーズに基づいたコミュニティグループの組織化とそこでの能力形成や、グループの自立を目指している。こうした支援は、「アウトリーチ」（引用67）によって、住民との「ちょっとした会話」（引用68）などを通じて頻繁に接触し、信頼を得て、エンパワメントしていくワーカーの存在を前提としているといえる（引用69）。また、コミュニティワーカーをめぐっては、これまでのコミュニティワークとは異なるアプローチが必要とされているという意見もあった。公組織を「敵」とみなして、いたずらに敵対することをあおるようなアプローチは、「1970年代のモデル」であり、時代遅れであるとこの職員は感じている（引用70）。

こうした一連の結果や、すでに検討した組織化への支援の内容から、コミュニティ・ニューディールのパートナーシップにおいては、コミュニティ・ディベロップメントおよび社会計画的アプローチが重視されているといえる（Twelvetrees, 2002：3）。コミュニティワーカーには、地域におけるコミュニティグループを支援し、参加を促していく役割を中心に（コミュニティ・ディベロップメントアプローチ）、パートナーシップを通じて他機関に影響を及ぼしていくこと（社会計画的アプローチ）が期待されているのである。

また、クラッパムパークの事務局長は、専門職が行ってきたコミュニティワークを地域住民が行うことができるように支援することが重要であると強調していた（引用71）。専門職が行ってきた専門的なコミュニティワークという技術を、住民自身の力とし、継承していくというアプローチも、期間が限定されているコミュニティ・ニューディール独自のアプローチであるといえるだろう。

4 小括

第2節では、コミュニティ・ニューディールにおける「参画主体としての市民」の問題を検討した。

まず、代表性について、コミュニティ・ニューディールでは、代表選出の

仕組みとして、コミュニティ選挙という方法が採用されている。この方式では、住民は選挙によってパートナーシップ組織の理事となる住民を選出するが、パートナーシップでは、社会的に排除されているグループなどに優先的なポストを割り当てたり、選挙権・被選挙権を大幅に引き下げるなどして、いわゆる代議制民主主義の弊害をできる限り減らすような工夫を行っていた。ただし、10年間という期間の定まったプログラムの中で、選挙によって代表を選出するという手法は、参加者が流動化し、長期的な展望を持ったパートナーシップ組織の運営が難しくなるという指摘もあった。また、こうして選出された住民の代表性については、個人として理事会に参加しているのではなく、あくまで住民の代表として参加していることを徹底させる必要性が指摘されていた。さらに、選挙ではなく団体などに理事会のポストを割り振った場合には、その地位が固定化し、それを変化させることが難しくなることが示唆された。加えて、代議制民主主義との関係では、当該地域から選出された議員たちとコミュニティ・ニューディールとの関係は、良好である場合が多く、その理由としては、双方の権限が重なり合わず、また双方にとってメリットがあることが考えられることを示した。

次に、住民の能力については、「コミュニティ」は内部に対立や闘争を内包する多様な存在であり、常に共通した目標に向かって一致できるとは限らないこと、その結果、権力や既得権益が特定の個人や団体に固定化される可能性が否定できないことを示した。こうした点が、パートナーシップの職員からみると共通した目標に向かって組織を運営していくために必要な能力を欠いているとみられていることを示した。また、パートナーシップ組織を運営していく住民の能力として、「個人的な感情」が組織の戦略的な決定をゆがめてしまうことが、パートナーシップの職員からは住民の能力の不足として認識されていた。さらに、対象地域が社会的に排除されている地域であることに着目すれば、住民が能力を発揮するための前提として、参加のための支援、特に必要経費の支援が必要であると認識されていることを示した。

一方、こうした住民の問題は、住民だけの問題ではなく協働する専門職の問題としてもとらえられていた。専門職は、社会的に排除されている地域で

適切に住民とコミュニケーションするスキルに欠けており、対等な立場に立って住民をエンパワメントすることの必要性が認識されていた。住民が参加するために必要な支援については、トレーニングプログラムを通じて個人のスキルを向上させる支援とコミュニティグループの組織化や、そのネットワーキングを通じてコミュニティ全体の力量を形成する支援に分類し、それぞれの支援内容についてまとめるとともに、そうした過程を支援するコミュニティワーカーの役割について知見をまとめた。

第3節 中央政府との関係

1 中央政府の介入の影響とガイドラインの必要性

コミュニティ・ニューディールは、住民主体のプログラムであり、近隣地区におけるガバナンスを実践するものである。一方で、先行研究でもみたように政府がこうした小地域におけるガバナンス空間を事実上統制しており、パートナーシップの自律性が制限されていることが指摘されている。

こうした問題に対するパートナーシップの職員の見解は、大きく2つに分かれていた。それは、先行研究でもみたように、中央政府から示される数値目標を統制や管理ととらえ、それが自律的な決定を損なうという立場(「中央政府の介入の影響」)と、一定のガイドラインの存在を積極的に評価する立場(「ガイドラインの必要性」)である。以下では、この2つの立場について、調査の結果を示すことにする。

前者の立場としては、中央政府は、パートナーシップに選択肢があるとしているが、事実上選択肢は限られているという認識である(**引用72**)。プロ

第7章　コミュニティ・ニューディールとコミュニティの参加

図表7-19　中央政府との関係

●中央政府の介入の影響

引用番号	引用
引用72	住民は、「それぞれに100ポンド配れば、私たちはハッピーだ」と言います。私たちは、「それはできない」といいます。政府は私たちに4千700万ポンドを割り当てて、「どのように使うかは、それを使わないという選択以外は、住民次第」だといいます。「これに使わなければならないということを除いては完全に自由だ」ともいいます。言い換えれば、フォード社が、「黒である限りはどんな色も選べます」と言っているのと似ています。彼らは、選択肢があるようにふるまっていますが、実際にはありません。ですからこれが最初のコンフリクトになるのです。スイミングプールがほしいと住民は言いますが、それはできないのです（Eb4U, 163）。
引用73	政策の注目度や選挙のサイクルによって政府からのプレッシャーがあり、住民からは（プログラムが）「半分を過ぎても私たちが望んでいたことが達成されていない」というプレッシャーがあり、「私たちに資金を任せればもっと良い仕事ができる」と考えているパートナーとの間にも常に緊張があります。こうしたプレッシャーが私たちの仕事を難しくしています（Eb4U, 334）。
引用74	中央政府は、住民の代表が達成していくには、厳格すぎるスケジュールの中で目的を達成し予算を使うことを求めています。（中略）中央政府は、大まかなプログラムの目標を設定し、予算を管理しています。私たちは、政府の要求やスケジュールと住民にあった変化のペースとの間で板挟みになっています。中央政府は目標やターゲットに自由度を持たせていますが、これが常にコミュニティの優先順位や課題と一致するわけではありません。したがって、緊張を引き起こすのです（New Cross Gate2, 199）。

●ガイドラインの必要性

引用番号	引用
引用75	初期の段階では、ほとんどのコミュニティ・ニューディールのパートナーシップでは詳細な手続きが確立されておらず、住民は何を期待されているのか全く不確定だったのです。皆が違ったアジェンダを、それぞれの熱意をもって集まったため、住民同士がうまく協働関係を築けない場合もありました。私たちはこの時期を「波乱の時期」（storming phase）と呼んでいます。（中略）最終的に政府は、彼らが何を期待しているのかを明確に示すことになりました（Clapham Park, 8）。
引用76	（コミュニティ・ニューディールは）ゆるすぎます。住民は（ガバナンス主体としての）経験が全くないわけですから、何らかのガイドラインが必要なのです（Clapham Park, 35）。

グラムの開始当初、住民には、コミュニティが決定するプログラムだという認識があったため、予算をすべて自分たちの自由に使うことができる、という誤解があったという。しかしながら、政府の規制やターゲットによって、パートナーシップが何をすべきかについて一定の枠をはめられている。そのため、パートナーシップの事務局や専門職と住民との間で、「**コンフリクトの原因**」となるのである（**引用72**）。また、政府のプレッシャーは、ターゲッ

トを示すことだけではない。コミュニティ・ニューディールは、労働党のフラッグシッププログラムであり、注目度（profile）も高い。政府としても失敗は避けなければならないため、選挙が近くなればプログラムが大きな成果をあげていることを示そうとする。パートナーシップは、その年度の実施計画を地方政府事務所と協議し、承認される必要があるが、その過程では「**政策の注目度**」や、「**選挙のサイクル**」といった要因もパートナーシップの自律性に影響を及ぼすことが指摘されていた（引用73）。さらに、中央政府のスケジュールと「**住民にあった変化のペース**」（引用74）との間には差異があり、政府の求める達成のスピードが、住民のペースとあっていないという指摘もあった。

　ただし、数値目標やガイドラインに基づいた政府による方向づけは、必ずしも問題としてのみとらえられているわけではなかった。それが第2の一定のガイドラインの存在を積極的に評価する立場である。クラッパムパークの事務局長は、コミュニティ・ニューディールのようなプログラムには、むしろ一定の方向づけや「**ガイドラインが必要**」であると考えている。それは、住民がガバナンス主体としてプログラムを運営していく「**経験が全くない**」からであり、何らかの方向性が示されなければ、大きな混乱が生じ、パートナーシップを運営できないと考えられている（引用75、76）。

　以上のように、パートナーシップの職員たちは、中央政府の介入や数値目標の設定に対して、必ずしも否定的にとらえている者ばかりではなかった。しかし、このことはパートナーシップ組織においてすべてを決定することは難しいという認識を前提としていることを意味している。もちろん、クラッパムパークの事務局長は、その原因を住民に能力がないからではなく、経験がないからであるとしている。社会的に排除された地域に住み、自身も教育や雇用といった場面から排除されてきた人々が、突然100億円近いプロジェクトを実施することを任されても混乱する、というのがその認識の基盤となっていると思われる。

　また、中央政府の関与についての両極端な見解は、小地域におけるボトムアップでの決定と、中央政府におけるトップダウンの決定との間のバランス

の問題であるともいえる。メタ・ガバナンスによって、近隣ガバナンスはその自由を奪われる一方、一定の安定も得ることができる。これは、社会的に排除されていたり、これまでは重視されてこなかったパートナーが、ガバナンス空間で一定の地位を得て、その声が「聞かれるべき声」として認知されるには、一定のトップダウンな空間設定も必要であるという前章で明らかにした結果とも関連している。

2　小括

　第3節では、中央政府によるメタ・ガバナンスと近隣ガバナンスとの関係について調査の知見をまとめた。先行研究でも示されていたように、住民主導というプログラムの理念とは反対に、中央政府による成果や業績による統制は、パートナーシップ組織の自律的な決定の障害となっているという認識に加え、政策自体の注目度や、選挙のサイクルといった要因もパートナーシップの自律性に影響を与え、結果として住民の変化のペースとは異なる運営を強いられているという見方があることをみた。

　他方、ガバナンスの経験に乏しい社会的に排除されている地域の住民が行う実験に対しては、一定の「ガイドライン」、すなわち政府の示す方向性がなければ近隣ガバナンスは混乱するとする見方もあることをみた。

　こうしたことから、中央政府の関与については、ボトムアップでの決定とトップダウンの決定との間のバランスが問題になるということを示した。

〈第 7 章脚注〉

1) コミュニティ・アット・ハートのプログラムマネジャー（Programme Manager）である Angie Stratton 氏への電子メールによる追加の質問（What is the residents rep's unique contribution? What, in your opinion, makes it possible for the resident reps to offer such contribution?）に対する電子メールでの回答。

2) インタビュー当時、イギリスでは当時の地方自治担当大臣のディビッド・ミリバンド（David Miliband）が、「二重の権限移譲」（double devolution）と題する講演を行い、議論となっていた。引用の発言もそれを受けて、小地域への権限移譲の条件として、こうした能力の蓄積が重要であるということを強調したものである。なお、ミリバンドの講演については、Weaver（2006）を参照。

第8章 ローカル・ガバナンスと参加の条件

　本研究では、ガバナンス空間という概念を導入し、イギリスのブレア政権が取り組んだガバナンス改革、特にそのローカルなレベルでの展開を対象とし、市民やボランタリーセクターがガバナンス空間という新たに開かれた空間の中で、政策過程に関与していくことを分析してきた。

　まず、第1章では、ガバナンスが注目される背景として、政府の統治能力の喪失という共通する事象があることを指摘し、新しいルールと秩序を創出する条件が求められていることを示した。また、こうした変化が求められることになった背景を、1980年代のNPMに代表される公共セクター改革の結果に着目し、多様化した公共サービス主体の統合化を主張するローズらに代表される「ネットワーク・ガバナンス」と、市民社会の役割に着目し、参加型のガバナンスを展望する「参加志向のガバナンス」という視点から概観した。

　次に、第2章では、ブレア政権の政治理念である第三の道という考え方をまとめ、特に連結政府というアイディアが、ブレア政権のガバナンス改革の中心的な戦略となっていることをみた。また、その地方自治体レベルでの改革の方向性をパートナーシップの強化、民主主義の再生という視点からまとめた。

　さらに、第3章では、イギリスにおける近隣再生政策と呼ばれる政策領域でのパートナーシップ組織によるガバナンス空間の組織化に着目することを述べ、その政策構造と本研究が対象とする地域戦略パートナーシップとコミュニティ・ニューディールについてその概要を示した。

そして、第4章では、「パートナーシップ組織への参加」についての先行研究をレビューし、①パートナーシップ組織内の関係、②参画主体としての市民、③中央政府との関係、という3つの視点からこうした問題を整理できることを示した。
　こうした分析視角を踏まえ、第5章では調査の設計を示し、第6章と第7章で調査の結果を示した。
　以下では、これまでの検討と調査の結果を踏まえ、本研究の第1の目的である「ローカル・ガバナンスにおいて市民やボランタリーセクターが影響力を行使していくことが可能になっているのか」、また、「政策過程に市民やボランタリーセクターが参加する過程でどのような問題があるか」、そして、第2の目的である「市民やボランタリーセクターが政策過程に影響力を行使することが可能になるようなローカル・ガバナンスの条件とは何か」という問いに対する本研究の結論を示す。まず、第1節では、第6章と第7章の調査の知見を要約する。次に、第2節では、調査の結果を踏まえ、序論で述べた日本のローカル・ガバナンスの現状も考慮に入れながら、ローカル・ガバナンスにおける参加を実体化するための条件について考察する。最後に第3節で、本研究の残された課題と今後の研究の展望を述べ、本研究の結びとする。

第1節　調査の知見の要約

　本研究では第1の目的に対して、大きく3つの視点から検討した。図表8-1は、第4章で示したガバナンス空間のモデル図を再掲したものである。この図に沿って、3つの視点を確認しておきたい。
　第1は、「パートナーシップ組織内の関係」である。これは、図中Cのガバナンス空間内に参加する多様な主体と市民もしくはボランタリーセクター

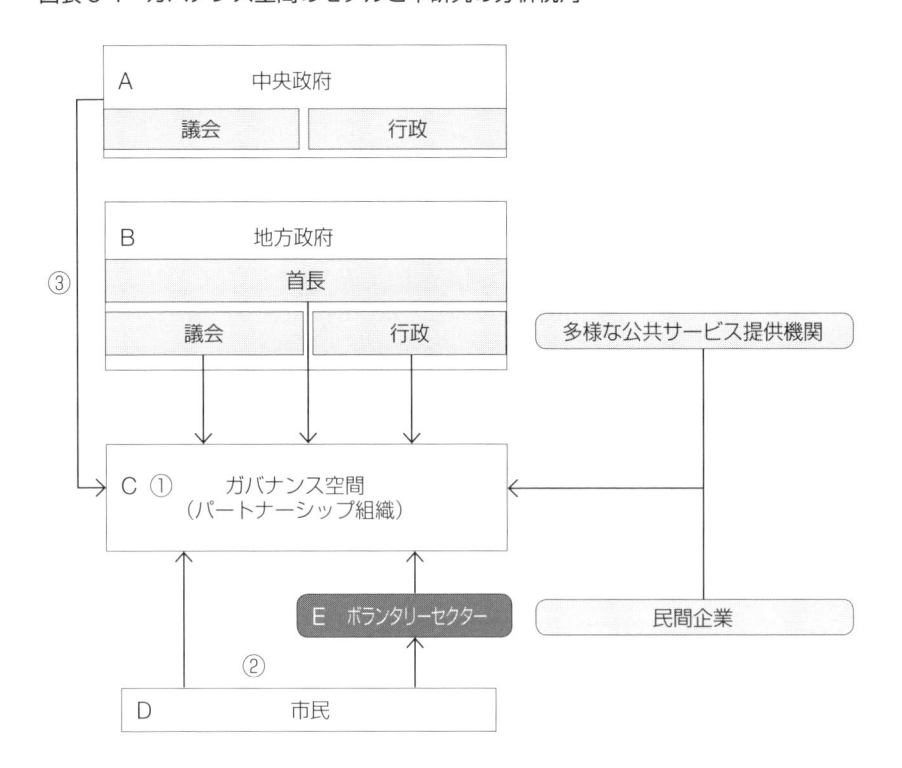

図表 8-1　ガバナンス空間のモデルと本研究の分析視角

```
┌─────────────────────────────────┐
│ A          中央政府              │
│  ┌──────────┐ ┌──────────┐    │
│  │  議会    │ │  行政    │    │
│  └──────────┘ └──────────┘    │
└─────────────────────────────────┘
 │
 │ ┌─────────────────────────────────┐
 │ │ B          地方政府              │
 │ │      ┌──────────┐               │
 │ │      │  首長    │               │
 │ │      └──────────┘               │
③│ │  ┌──────────┐ ┌──────────┐    │   ┌──────────────────┐
 │ │  │  議会    │ │  行政    │    │   │多様な公共サービス│
 │ │  └──────────┘ └──────────┘    │   │   提供機関       │
 │ └─────────────────────────────────┘   └──────────────────┘
 │        ↓        ↓        ↓                   │
 │ ┌─────────────────────────────────┐          │
 └→│ C ①  ガバナンス空間              │←─────────┘
   │      (パートナーシップ組織)      │
   └─────────────────────────────────┘
        ↑        ↑
        │   ┌──────────────┐         ┌──────────┐
        │   │E ボランタリーセクター│   │ 民間企業 │
        │   └──────────────┘         └──────────┘
       ②
   ┌─────────────────────────────────┐
   │ D          市民                  │
   └─────────────────────────────────┘
```

との関係に関する問題である（図中①）。第2は、「参画主体としての市民」の問題である。これは、図中Dに位置する市民やボランタリー組織の問題を指している。特に、コミュニティ・エンパワメント・ネットワークやコミュニティ選挙といった代表選出の基盤に対する評価、公選議会との関係を含む代表性の問題と、市民やボランタリーセクターのガバナンス主体としての能力についての考察が含まれる（図中②）。第3は、「中央政府との関係」である。これは、図中最上部「中央政府」のガバナンス空間に対するメタ・ガバナンスの問題である（図中③）

このことを確認した上で、次に調査の結果からそれぞれについてどのような知見が得られたかを整理する。

1 パートナーシップ組織内の関係に関する知見の要約

パートナーシップ組織内の関係については、①「資金面での不均衡は、パートナーシップ組織内の関係にどのような影響を及ぼしているのか」、②「市民やボランタリー組織の固有の資源はどのように認識され、それがパートナーシップ組織内の関係にどのような影響を及ぼしているのか」、③「コンパクトの締結によって関係を規定することは、ボランタリーセクターとその他のパートナーとの間の関係にどのような影響を及ぼしているのか」（地域戦略パートナーシップのみ）という研究設問を設定した。

1 ── 地域戦略パートナーシップにおけるパートナーシップ組織内の関係

地域戦略パートナーシップにおけるパートナーシップ組織内の関係について、まず、「関係全般における対等性の認識」として、パートナーシップ職員たちのパートナーシップ内におけるセクターと公組織との関係に対する認識をまとめた。地域戦略パートナーシップの担当者たちは、形式的にも実態としても、ボランタリーセクターが対等であり、重要な役割を果たすようになってきていることを実感として認識していた。

次に、パートナーシップ組織内の公組織とボランタリー組織との関係を「関係を変化させている要因」と「対等な関係を難しくしている要因」に整理した。つまり、市民やボランタリーセクターが影響力を行使していくために、プラスになっている要因とマイナスになっている要因に整理した。プラスになっている要因としては、「現場知の認識」と「協定による関係の規定」という当初想定していた要因に加え、「パートナーシップの利益の認識」と「中央政府の政策」が重要な要因として示唆された。すなわち、調査の結果からは、ガバナンス空間においてボランタリーセクターが政策過程に関与し、影響力を行使していくためには、次の4つの要因が必要であることが示唆された。

第1に、ボランタリー組織や住民の持っている「現場知」が資源として認

識されることである。地域戦略パートナーシップ内においては、ボランタリー組織の固有の資源である社会的に排除された人々とのネットワーク、知識や経験が、こうした人々の参加を保障することや効果的なサービスを提供していく上で、重要な資源として認識されていることを示した。

　第2に関係の基礎であり、締結のプロセスにおいて両者の相互理解を深めていく「協定」の存在である。しかし一方で、ボランタリーセクターの参加を支援する立場からは、単なる関係を規定する文書の存在が、影響力を高めることに直結するわけではないという認識や、セクター内での合意がその前提として必要であるという認識も示された。

　第3に、相互の強みの理解と信頼関係の蓄積である。対等であるということは、同じであるということではない。パートナーシップにおいては、各アクターが協働の経験を積み重ねることで、相互の強みが理解され、信頼が蓄積されると認識されていた。そのためには、まず、同じテーブルにつくこと、すなわち、政策過程を共有するというスタートラインに立つことが必要である。

　第4に、中央政府による一定の方向づけである。1997年以降の労働党政権は、ボランタリーセクターとの協働を政策として重視してきた。そのことが、パートナーシップ組織内のセクターの位置づけを高めていると認識されていた。

　一方、対等な関係を難しくしている要因としては、先行研究で強調されていた「資金面での不均衡」に加え、「公組織の行動規範」という要因が重要であることが示唆された。すなわち、本研究の結果から、ガバナンス空間においてボランタリーセクターが政策過程に関与し、影響力を行使していく場合に障害となっているのは、第1に、本質的に他組織に資金を依存せざるを得ないボランタリー組織は、パートナーシップに参加する他のパートナーから資金を受けている場合があり、そのことが対等な関係を難しくする場合があること（資金面での不均衡）、第2に、公組織が自らの行動規範を全く変えようとしない場合、パートナーシップは公組織の行動や価値への編入の場となってしまう恐れがあり、対等な関係を築くことを難しくする可能性があ

ること（公組織の行動規範）が示唆された。

2 ── コミュニティ・ニューディールにおける
パートナーシップ組織内の関係

次に、コミュニティ・ニューディールにおけるパートナーシップ組織内の関係についても、パートナーシップ職員たちのパートナーシップ内における住民と公組織の関係に対する認識を「関係全般における対等性の認識」としてまとめた。パートナーシップ組織の担当者たちは、住民は対等なパートナーであるという認識を共有している一方、その能力に対する懸念を持っていることを示した。

次に、地域戦略パートナーシップの場合と同様に、パートナーシップ組織内の公組織と住民との関係を「関係を変化させている要因」と「対等な関係を難しくしている要因」に整理した。まず、「関係を変化させている要因」としてパートナーシップの職員たちは、「現場知の認識」という当初想定していた要因に加え、「住民主導の組織構造」が重要な要因であると認識していた。すなわち、調査の結果から、住民が影響力を行使していくためには、次の2つの要因が重要であることが示唆された。

第1に、住民主導の組織構造の確立である。住民主導の組織構造とは、パートナーシップ組織の意思決定のあらゆる側面で、住民の決定が重視されるような組織構造が担保されているということである。パートナーシップの職員たちは、プログラムの性格上、パートナーシップ組織のあらゆる決定を住民が主導することがパートナーシップ組織の形成に組み込まれていることを強調し、住民たちの固有の知と協働することが新しい挑戦であると評価していた。

第2に、住民の現場知が重要な資源として認識されることである。住民たちは、そこに住んでいるという経験から、パートナーシップに対して「何が機能するか」という「現場知」を提供することができる。地域戦略パートナーシップにおける結果と併せて考えれば、現場知は、コミュニティがパートナーシップに貢献する際の重要な資源であるといえる。

一方、パートナー間の対等な関係を難しくしている要因としては、「実利的・打算的および無関心な態度」という要因が重要であることが示唆された。地域戦略パートナーシップとは異なり、コミュニティ・ニューディールの場合、住民とパートナーとの間の資金面での不均衡は、大きな問題として認識されていなかった。それは、近隣ガバナンスではこうした問題が起こらないということではなく、コミュニティ・ニューディールでは、交付された補助金の使途を巡ってパートナー同士が協議をしているという構造があるからだと考えられる。また、その補助金の使途は住民が多数を占める理事会によって決定されるという組織構造上の理由から、公組織はどちらかといえば住民が持つ資金に対して、それを活用するという立場になる。しかしそのことは、別な問題を作り出していた。例えば、公組織がコミュニティ・ニューディールの資金を活用することを自分たちの都合のいいように判断している（実利的・打算的態度）とパートナーシップ組織の職員は認識していた。また、資金が少なくなるに従って、公組織の関心が薄くなることや、そもそも公組織の行動や関心を特定の小地域のみに向けさせることの難しさが認識されていた（無関心）。

2　参画主体としての市民に関する知見の要約

　参画主体としての市民については、代表性の問題と市民の能力という視点から、次のような研究設問を設定した。まず、代表性の問題としては、④「ガバナンス空間におけるコミュニティの代表性の問題は、どのように認識されているか」、⑤「代議制民主主義とガバナンス空間との間の調整はどのように行われているのか」、⑥「コミュニティの代表を選出する基盤は、どのように機能しているのか」という問いであり、市民の能力としては、⑦「参画主体としての市民の能力の問題は、どのように認識されているのか、また、そうした問題に対してどのような能力形成の支援が行われているのか」、⑧「パートナーシップに求められる専門職の能力は、どのように認識されてい

るのか」、⑨「市民間の参加に伴うコストの格差は、どのように認識され、どのような配慮がなされているのか」という問いを立てた。

1 ── 戦略的パートナーシップにおける代表性

　地域戦略パートナーシップにおける代表性の問題（「コミュニティの代表性」）については、当初の分析視角と対応させる形で「代表選出の基盤の機能」（「コミュニティ・エンパワメント・ネットワークの機能」）、「代表性の問題」、「代議制民主主義とパートナーシップとの関係」、「広範囲な参加の方法の追求」に整理した。

　まず、「代表選出の基盤の機能」に関しては、次のような点が重要であることが示唆された。第1に、多様なコミュニティを関与させていくために、様々な地理的コミュニティと関心に基づいたコミュニティを組織化する必要があること、第2に、こうした様々な「コミュニティ」を代表する組織やグループをカバーするような構造を持ったネットワークを発展させる必要があること、第3に、ネットワーク内において民主的な代表選出とフィードバックの方法を確立し、手続きを明確にする必要があること、である。つまり、コミュニティの代表を選出する基盤が機能するためには、その前提として多様なコミュニティが組織化されており、それらをカバーするネットワークが必要であるということである。また、そのネットワークは、民主的な代表選出の方法と代表の役割および責任を明確にしておかなければならない。このような代表選出の基盤を形成できず、十分に機能させることが難しい場合には、「代表性の問題」が生じるといえるだろう。実際に、調査を行った2つの自治体（サザック区とランベス区）では、代表選出の基盤としてのコミュニティ・エンパワメント・ネットワークを断念し、別な方法による代表選出を模索していた。

　次に、「代表性の問題」については、メンバーが限定される恐れがあること、また、セクターの多様性を反映することが難しいこと、特にセクターの中間支援組織が複数ある場合は、一つのセクターとしてまとまることが一層難しくなること、団体の利益が優先されてしまう恐れがあること、が問題である

ことが示唆された。すなわち、調査の結果から、ボランタリー組織を通じた参加の問題として、第1に、先行研究でも示されていたように「いつものメンバー」に限定されてしまうこと、第2に多様なコミュニティを少数の代表で代表することの難しさ、第3に、ボランタリーセクターの代表は、自らの所属する団体の利益を優先する可能性があること、が認識されていた。このように、代表性の問題は、代表性を確保するための基盤の機能と表裏の関係にある。言い換えれば、代表性の問題は、代表を選出するための基盤がセクターの多様性を反映し、多様なメンバーを代表として選出することができない場合に問題になるといえるだろう。

さらに、こうしたガバナンス空間と公選議会との関係を、「代議制民主主義とパートナーシップとの関係」として整理した。先行研究でも指摘されていたように、公選議会とパートナーシップのような民主主義的正統性を担保されていない決定機関との間には、コンフリクトが生じる可能性がある。調査の結果からは、公選議会とパートナーシップは、お互いに対立することや、緊張が生じる可能性があることが示唆された。議員からみれば、パートナーシップ組織には「アカウンタビリティが欠如」しており、「民主主義的正統性がない」といったことが問題視されていた。しかし、両者の間を橋渡しする取り組みとして、次の2点が重要であることが示唆された。第1に、公選議会からパートナーシップに議員などが参加することで、民主主義的正統性を担保できる可能性があること（議員の参加）。第2に、両者の役割が補完的であり、ガバナンスは公選議会では反映されない声を反映させることができるという認識を持つことが重要であること、である。両者の関係を相互に排他的なものととらえるのではなく、パートナーシップは多様な見解を政策過程に反映させていくために、補完的な役割を果たしていることを認識することが重要であることが示唆された。

最後に、「広範囲な参加の方法の追求」として、パートナーシップの職員たちは、代表性について、公選議会であってもパートナーシップ組織であっても、「コミュニティの見解」を反映するための完全な方法ではなく、多様な参加の方法を模索し、挑戦していく必要があるという認識を持っているこ

とを示し、参加の多様なルートを模索していく努力を継続していくことが必要であることを示した。

2 ── 近隣パートナーシップにおける代表性

　近隣パートナーシップにおいても、「コミュニティの代表性」について、「代表選出の基盤の機能」(「コミュニティ選挙の機能」)、「代表性の問題」、「代議制民主主義とパートナーシップとの関係」に整理した。

　まず、「代表選出の基盤の機能」に関して、コミュニティ・ニューディールでは、「コミュニティ選挙」が代表選出の基盤として活用されている。代議制民主主義の問題を解決するために代議制民主主義と同じ「選挙」という手法を採ることを疑問視する先行研究もあるものの(Dinham, 2005：306)、公選議会の選挙とは異なる多様な住民が関与するための工夫をすることで、多様な代表を選出することが可能になることが認識されていた(多様なコミュニティを関与させる工夫)。換言すれば、選挙という代表選出の方法に、積極的にマイノリティを選出する仕組みを取り入れることで、選挙による代表選出の問題点を軽減しつつ、代表性を担保することが可能であるということが示唆された。しかし、一方で、コミュニティ選挙による代表選出には、次のような課題が認識されていた。第1に、(選挙は)組織運営に適切な人材を確保することが難しく、組織運営を主導するメンバーが頻繁に入れ替わる可能性があること、第2に、公選議会選挙と同様、住民の無関心(低投票率)という問題があること、である。前者の問題から、クラッパムパークでは、コミュニティ選挙を中止することになった。

　次に、「代表性の問題」としては、第1に、地域戦略パートナーシップ同様、「メンバーが限定されること」が問題の一つとして認識されていた。また、第2に、代表としての見解と「個人的な見解との相違の明確化」の必要性が示唆された。つまり、代表として選出されている住民が、自らの発言を私的なものとしてではなく、コミュニティの代表として発言しているということを徹底させていく必要があるということである。

　また、「代議制民主主義とパートナーシップとの関係」では、イギリスの

ように市議会議員が、市域を分割した選挙区から選出されているような場合、市域を対象に戦略的意思決定を担う地域戦略パートナーシップとは異なり、議員と小地域での決定との権限の重なりが少なく、利害が一致することもあり、少なくとも調査対象地域に関しては大きなコンフリクトはみられなかった。そのため、パートナーシップ組織の運営に議員が積極的に関与していた。

3 ── 戦略的パートナーシップにおける「市民の能力」

　地域戦略パートナーシップにおける「市民の能力」の問題としては、先行研究において、市民の専門的知識の欠如や、バイアスの問題、また自らの利益を追求する可能性、能力を発揮する前提として参加に伴うコストの格差への配慮について言及がなされていたが、調査の結果、「住民の代表とパートナーとの知識のギャップ」、「小地域での住民の参加」、「公的なサービスを提供するセクターの能力」、「参加に伴うコストの格差」という要素に整理した。すなわち、調査の結果、戦略的なパートナーシップに参加する市民の能力として、以下の4つの点が問題として認識されていた。

　まず、戦略的意思決定において、住民がガバナンス空間に直接参加することに対しては、住民と戦略的パートナーシップに参加するパートナーとの間の知識の差が、埋めがたいものであると認識されていること（知識のギャップ）である。また、調査を行った地域では、小地域での参加も予算を含めた決定権限の移譲については、住民の能力の問題から肯定的にはとらえられておらず、コミュニティ本位のアプローチとコミュニティ主導のアプローチとの間でコンフリクトがあることを指摘した。さらに、ボランタリー組織の能力に限定すると、公的なサービスを提供するのであれば、セクターに対しても相応の能力が必要であるとの見解が、パートナーシップ組織の職員からは指摘されていた。最後に、参加に伴うコストの格差の問題は、ボランタリーセクターの代表に対する多様な形での支援の必要性が認識されていた。セクターの代表には、特に小規模であればある程、様々な支援が参加の前提として必要である。こうした前提がなければ、ボランタリーセクターの代表は、能力を問われる以前に能力を発揮できないからである。

4 ── 近隣パートナーシップにおける「市民の能力」

　まず、近隣パートナーシップにおける「市民の能力」の問題は、「ローカル・ポリティクスと住民の多様性」、「個人的な感情」、「参加に伴うコストの格差」という3つの要素に整理した。すなわち、調査の結果から、近隣パートナーシップにおける市民の能力については、第1に、住民間の権力闘争や、その結果として特定の個人に権力が集中してしまう危険性があること（ローカル・ポリティクスと住民の多様性）、第2に個人的な衝突や好き嫌いといった感情が、合理的な決定を阻む可能性があること、第3に、参加に伴うコストの格差が参加の障害になっている可能性があることの3つの点が問題として認識されていた。

　まず、「ローカル・ポリティクスと住民の多様性」は、「権力闘争」と「権力の固定化」という要因から構成される。コミュニティは、内発的に共通の目標に向かっていくとは限らない。実際に、パートナーシップの職員たちは、組織間の権力闘争や、人種に関連した対立などが存在していることを指摘していた（権力闘争）。また、いったんこうした権力が固定化してしまうとそれが既得権益化するという問題（権力の固定化）が指摘されていた。こうした問題は、パートナーシップ組織の戦略的な意思決定や組織運営を困難にするため、パートナーシップ組織の職員からみると住民の能力の問題として認識されていた。次に、「個人的な感情」という要因は、権力や政治的な対立というよりは、住民の代表が、公共的な意思決定において個人的な感情を優先してしまうという問題である。助成先の決定や、職員の雇用などにおいて「個人的な感情」が優先されてしまうと、パートナーシップ組織の戦略的な意思決定や組織運営は困難になってしまう。そのため、こうした問題は住民の能力の問題として認識されていた。さらに、「参加に伴うコストの格差」については、社会的に排除された地域では、必要経費等の支援が、住民が能力を発揮していくための前提として必要であることが認識されていた。これは、住民自身の能力の問題というよりは、参加機会の格差を是正するために必要な措置であるといえる。

また、コミュニティ・ニューディールにおいては、住民と協働する専門職の能力が、市民の能力との関連で言及されており、これを「参画主体としての専門職の能力」とし、さらに「住民と協働する専門職の能力」、「能力形成とコミュニティのエンパワメント」、「コミュニティワーカーの役割」に整理した。

　パートナーシップの職員は、住民の能力だけが問題であるとは考えていない。先行研究でもテイラーが、専門職に対しても「パートナーシップにおいて求められる新しいキャリア」を確立するための学習プログラムが必要であることを指摘していたが（Taylor，2000b：1026）、「参画主体としての専門職の能力」とは、近隣ガバナンスにおいて住民と協働する専門職の能力の問題である。調査の結果からは、住民の現場知を活かし、協働できる専門職が必要であるが、そのための能力が不足していると認識されていた。専門職の能力の問題としては、専門職には住民と協働するためのスキルが必要であることを前提に、第1に、住民を見下すことや知識がないことを前提にパターナリスティックな態度をとる傾向があり、コミュニケーション能力が欠けていること、第2に、住民に不足しているのは、「能力」でなく「情報」であり、住民の持つ現場知が活かされるようにエンパワメントする必要があるという認識が欠けていること、が指摘されていた。

　また、コミュニティ・ニューディールにおいては、住民が主導することがプログラムの中心であることから、住民の能力を高めていくことが重視されており、能力の問題についてはその問題点を指摘するだけでなく、それを高めていくために必要な支援について多く言及されていた。それが、「能力形成とコミュニティのエンパワメント」である。これは、さらに「トレーニングプログラム」、「コミュニティグループの組織化」、「コミュニティグループでの経験」に整理した。トレーニングプログラムとしては、パートナーシップの理事や地域住民を対象とし、それぞれのニーズや組織の長期的な目標に照らしてプログラムが提供されていた。また、こうした直接的なトレーニングプログラムだけでなく、コミュニティ・ニューディールにおいては、コミュニティグループの組織化を通じて、個人だけでなくグループや地域そのもの

の自立を支援していくことが重視されていた(コミュニティグループの組織化)。さらに、こうしたコミュニティグループでの経験が、将来地域における様々な決定に参加していくための能力を形成する上で重要であると認識されていた(コミュニティグループでの経験)。

こうした意味での能力形成の支援を要約すると、次のようになる。第1に、多様な関心や地域に着目してコミュニティグループを組織化し、コミュニティ・ニューディールの資金を活用して活動を支援する、第2に、こうしたグループが独自に資金を獲得し、自分たちで組織を継続していくことができるように支援する、第3にそこで獲得した能力は、地域の様々な決定に関与していく際の不可欠な能力として蓄積されて、それが他の住民と共有されていく、という展望である。

最後に、「コミュニティワーカーの役割」としては、上記のような組織化から組織と地域の自立に至るプロセスを支援する専門職として、コミュニティワーカーの存在が重要であることが認識されていた。また、こうしたワーカーの役割として、公組織に対して極端な対決姿勢をとるアプローチには否定的な意見もみられた。さらに、コミュニティワークのスキルを住民自身に委譲していくことを目指すパートナーシップもあった。以上のことから、近隣ガバナンスにおいて、住民がガバナンス能力を高め、決定を行っていくためにはコミュニティの組織化と組織および地域の自立を支援する専門職が不可欠であることが示唆された。

3 中央政府との関係に関する知見の要約

中央政府とローカル・ガバナンスとの関係については、⑩「中央政府の調整機能(メタ・ガバナンス)はローカルなガバナンス空間の自律性にどのような影響を及ぼしているのか」という研究設問を設定した。

1 ── 戦略的パートナーシップにおける中央政府との関係

　地域戦略パートナーシップにおける「中央政府との関係」については、「中央政府の介入の影響」と「ボランタリーセクターへの影響」という要素に整理した。

　前者については、先行研究で示されていたように、決定の範囲が限定されていることが実感されており、中央政府の目標が優先される傾向にあると認識されていた。一方、「ボランタリーセクターへの影響」は、こうした中央政府の政策こそが、ボランタリー組織がローカル・ガバナンスにおいて大きな役割を果たしていくための「推進力」となっているという指摘である。労働党の政策によって、パートナーシップ内におけるボランタリーセクターの存在感が高まっており、すでに「関係を変化させている要因」で指摘したように、ボランタリー組織が重要なパートナーとして認知されることを後押ししていると認識されていた。

2 ── 近隣パートナーシップにおける中央政府との関係

　次に、近隣パートナーシップにおける中央政府との関係については、「中央政府の介入の影響」と「ガイドラインの必要性」に整理した。

　地域戦略パートナーシップの場合と同様に、中央政府との関係については、ターゲットだけでなく、政策の注目度（コミュニティ・ニューディールは政府のフラッグシッププログラムといわれており、注目度が高かった）によって政府からの介入が大きくなること、そのため、選挙のサイクルといった要因も近隣ガバナンスに影響していることが示唆された。このことは、地域における自律性との間でコンフリクトの原因になることも示唆された。一方、中央政府の介入を肯定的に評価する意見もあった。近隣ガバナンスの経験のない地域住民にとっては、一定のガイドラインが必要であるという指摘である。

　このように、中央政府の介入は、地域の自律性を奪う可能性を持っていると同時に、それまでは劣位にあったパートナーの地位を向上させたり、パー

トナーシップに一定の方向性を与えることが可能になるという効果もある。
以上のことから、中央政府との関係については、戦略パートナーシップにおいても、近隣ガバナンスにおいても、トップダウンの決定とボトムアップの決定との間のバランスが問題となっており、両義的な認識があることがわかった。

第2節 ローカル・ガバナンスにおいてコミュニティが影響力を行使していくための条件

　本節では、以上のような調査の結果を踏まえ、ローカル・ガバナンスの空間において、市民やボランタリーセクターが実際に政策過程において影響力を行使していくことを可能にする条件について考察し、本研究のまとめとする。以下では、それぞれの分析視角ごとにボランタリー組織を通じた参加と市民の参加についての調査結果に基づいて、その含意を考察し、こうした知見が日本におけるローカル・ガバナンスの現状に与える示唆についても検討する。

1　パートナーシップ組織内の関係に関する考察

1――パートナーシップ組織内の関係に関する考察

　パートナーシップ組織内の関係について、両類型に共通して示唆されていたのが、コミュニティの代表に固有の資源としての「現場知」の認識である。地域戦略パートナーシップにおいては、ボランタリー組織の社会的に排除されているコミュニティとの「近さ」、そこから生じる「知識と経験」、コミュ

ニティ・ニューディールにおいては、荒廃した地区や団地で実際に居住しているという「経験」が、パートナーシップにおいて重要な資源として認識されていた。

　こうした固有の資源については、公組織とコミュニティの双方が、それを重要な資源として認識することが必要であると思われる。まず、市民やボランタリー組織は、他のパートナーに対する自らの固有の資源を認識し、またそれを強化していくことが必要だろう。例えば、ボランタリー組織は、公組織や民間企業と比較して、社会的に排除されているコミュニティと近いからこそ、資源としての重要性が認識されるのであって、その特徴を失ってしまえば、パートナーシップにおける独自の貢献の基盤を失ってしまう。ボランタリー組織自身が、自らの固有の貢献と公組織に対する固有の資源を明確にしていくことは、財政的な資源の面では不均衡にあるボランタリー組織が、ガバナンスにおける独自の貢献を行い、影響力を行使していく上で重要なカギを握っているといえるだろう。

　一方、こうした現場知が、そもそも重要な資源として認識されなければ、パートナーシップ組織内における関係を変化させていくことは難しいことも示唆された。地域戦略パートナーシップでは、それを「公組織の行動規範」、コミュニティ・ニューディールではそれを「実利的・打算的および無関心な態度」としてまとめた。両者の違いは、前者が多様な主体が協議する場ができたとしても、その場において公組織が自らの価値や行動規範をコミュニティの代表に対して押しつけることであるのに対し、後者は、住民主導が成立しているパートナーシップにおいても、ガバナンスの場が小地域である場合、公組織が特定の小地域に関心を向けることが難しいことや、公組織は住民とともに地域を変化させていくことよりも、その資金にしか関心が向かないことである。このような公組織の行動規範や文化を市民やボランタリー組織の現場知と協働できるように変化させていくことも、ガバナンスにおいて市民やボランタリー組織が影響力を行使していくための重要な条件である。

　パートナーシップ組織内においてこうした変化を促していく上で、公組織との間の協定（ローカル・コンパクト）にはどのような有効性が認められる

だろうか。こうした協定は、ボランタリー組織と公組織、双方の貢献を明確にし、関係の基礎を構築する点にその有効性が認められていた。また、結果としての協定書そのものよりも調印に向けた協議の過程で双方の貢献を明確にしていくという意義が認められていた。しかし他方、こうした協定において仔細なルールを規定することは、関係の多様性という現実からみて適切ではない。ボランタリーセクターとパートナーとのあらゆる関係を詳細に文書化することや、一般化することは不可能であるから、協定はそもそも原則論にならざるを得ないのである。そこで、関係を文書化すること以上に重要だと思われるのは、実際に協働の経験を蓄積していくことであろう。「同じテーブルにつく」ことは、その第一歩であるが、そこでの協働の経験は、相互の違いや強みを認識し、信頼を構築していくことにつながっていくからである。

また、関係を変化させている要因である地域戦略パートナーシップにおける「中央政府の政策」や、コミュニティ・ニューディールにおける「住民主導の組織構造」という要因には、「メタ・ガバナンスの重要性」という共通点がある。つまり、地域戦略パートナーシップにおいては、ボランタリー組織と協働することが、また、コミュニティ・ニューディールにおいては、住民がパートナーシップ組織において多数を占めるような組織構造が、中央政府の政策として推進されている。このことは、ローカルな場で、ボランタリー組織や住民の声という資源が、「聞かれるべき声」として認識されるような政策環境が重要であるということを示唆している。中央政府の影響（メタ・ガバナンス）の両義性については、以下の3. において詳しく考察する。

2 ── パートナーシップ組織内の関係についての日本における実践への示唆

日本では、行政からの業務委託や、法定サービスを実施する割合が増加することで、ボランタリー組織の本来のミッションが変質してしまうことや、近年ではそもそも設立時から、法定サービスの実施のみを目的としているような組織も増えていることが指摘されている[1]。委託や法定サービスを実施することが問題であるということではないが、公組織や民間企業との境界線

があいまいになることは否定できない。ボランタリー組織が個別事業の委託関係だけでなく、政策過程に参加していくことを目指すのであれば、その独自の貢献を明確化していく努力が必要になるといえる。そしてその独自の貢献とは、本研究で示唆されているように、社会的に排除されている人々やサービスを利用している人との近さや、そこでの知識・経験にあるといえるだろう。

　また、公組織の行動規範や行動様式については、日本でも自治体職員が、「協働型」職員となることの必要性が規範的には指摘されている（例えば、谷本、2001）。それを実際に変えるのは、自治体内やパートナーシップによる取り組みから生み出される内発的な力と、中央政府などによる外からの圧力（メタ・ガバナンス）の両方が重要であろう。メタ・ガバナンスの影響については、「中央政府との関係」において詳述するが、ここでは、パートナーシップ組織の中で同じテーブルにつき、双方の役割を協定などで明確化する過程の中で、少なくともお互いが「われわれと彼ら」という関係から、「私たち」という認識を持つことが、内発的な変化の出発点となる可能性があるということを指摘しておきたい。

　さらに、日本でも協働やパートナーシップの重要性が、国の審議会や政策において取り上げられるようになり、そうした理念そのものを否定するような論調は少なくなっている。また、コンパクトの実践が紹介されることで、類似の取り組みも試行されている[2]。さらに、自治体が独自に条例を定め、両者の関係を規定するような動きもみられるようになってきている[3]。しかし、両者が対等であるとか、協働しなければならないといった規範的な合意と同様に重要なのは、お互いが公共的な問題を解決していくために、それぞれに固有の資源を認識し、実際に協働の経験を蓄積することであろう。規範的な相互の役割に関する合意を出発点として、それぞれが固有の資源を認識し、実際に協働して公共的な問題を解決していくという経験を積み重ねていくことが、ローカル・ガバナンスにおいて市民やボランタリーセクターの声を反映させていくための条件として重要であるといえる。

　中央政府の政策については、日本においても地域福祉計画の策定において、

住民参加が一定の進展をみせたのは、序章で述べた法の要請と、政府のガイドライン（社会保障審議会福祉部会、2002）の影響が大きかったことは否定できない。市民やボランタリーセクターの固有の資源が、「聞かれるべき声」として認知されるためには、政府が一定の役割を発揮することが必要であるという点も、ローカル・ガバナンスを具体化する際には考慮しなければならない問題であると思われる。

2　参画主体としての市民に関する考察

次に参画主体としての市民について、特に（1）代表性の問題、（2）市民の能力の問題に焦点を当てて、市民やボランタリーセクターがガバナンスにおいて影響力を行使していくための条件について考察する。

1 ── 代表性の問題についての考察

代表性の問題として指摘されていたのは、地域戦略パートナーシップにおいては、セクターの多様性を反映することの難しさ、代表が所属団体の利益を優先してしまう可能性、コミュニティ・ニューディールにおいては、代表としての見解と個人的な見解との相違を明確にする必要性、共通する問題として、メンバーが限定されてしまうこと、であった。そして、こうした問題を解消するために重要なのが、コミュニティと代表を橋渡しする基盤の存在である。地域戦略パートナーシップにおいても、コミュニティ・ニューディールにおいても、代表選出のための仕組みが構築されており、それぞれに問題点は指摘されているものの、代表に一定の正統性を担保するような工夫をしていた。それにもかかわらず、代表性が問題になるのはどうしてだろうか。

まず、両類型に共通する代表性の問題について、代表選出の基盤との関係から考察する。共通する問題として、第1に「メンバーの限定」の問題がある。こうした問題が起こる原因は、代表を選出するネットワークや仕組みが多様なコミュニティをカバーしていない場合と代表選出のための機能が貫徹され

ていない場合を考えることができる。具体的にいえば、前者は、区域内の多様な地理および関心に基づいたコミュニティが十分に組織化されていなかったり、コミュニティ・エンパワメント・ネットワークが区域内の多様なボランタリー組織をカバーしていない場合などに当てはまる。この場合、いくら代表選出の仕組みや手続きが整っていたとしても、選出される代表は多様なセクターを代表しているとはいえ、「メンバーが限定されている」と感じられるのである。後者は、代表選出の仕組みが整っていたとしても、それとは別な方法で代表が選出されるような場合が当てはまる。例えば、コミュニティ・ニューディールにおいてコミュニティ選挙という代表選出の方法が確立していても、それとは別にコミュニティグループの代表などに理事のポストが割り当てられている場合などが、メンバーを固定化させる原因として指摘されていたことが挙げられる。

　ただし、代表が限定されてしまうことや、固定化されることは、例えば地方議会議員も同様であり、メンバーが同じかどうかよりも、母体となる多様なコミュニティや組織がカバーされ、代表が説得力のある手続きを経て選出されているかどうかのほうが重要な問題であるといえる。つまり、「メンバーが限定される」という問題は、選出の母体となる組織やグループ、個人（この場合は「コミュニティ」）が網羅されていない場合や[4]、何らかの形で代表の正統性が担保されるような代表選出の仕組みに基づいて代表が選出されていない時に「問題」として認識されるといえるだろう。

　両類型に共通する問題の第2点目として、地域戦略パートナーシップにおいて指摘されていた「団体の利益の優先」という問題と、コミュニティ・ニューディールにおいて指摘されていた「個人的な見解と代表としての見解を明確にすることの必要性」を検討する。いずれの問題も、代表が「コミュニティの代表」としてではなく、ガバナンスにおいて個人もしくは所属する団体の代表としてふるまってしまうことが問題とされている。したがって、こうした問題を解決するためには、代表がコミュニティの代表として参加していることを明確化し、それを担保する仕組みが必要となる。代表選出の基盤との関係でこの問題を考えると、これは選出過程の問題というよりは、選出後の

問題といえる。つまり、代表選出の基盤の機能としては、一定の正統性を担保された代表を選出するだけではなく、ガバナンスの場において「代表」としてふるまうことを担保することが重要になる。したがって、代表選出の基盤の機能には、民主的に代表を選出するだけでなく、代表が決定をフィードバックすることを担保する機能（つまり、コミュニティと代表とをつなぐ機能）が必要になるということができる。

以上のように「代表性の問題」を解決していくためには、多様な組織やコミュニティを網羅する代表の正統性が担保されるような代表選出の仕組みとガバナンスの場において「代表」としてふるまうことを担保するような仕組みを整備することが重要であるといえる。こうした「条件」を踏まえて、次に、ボランタリー組織を通じた参加（コミュニティ・エンパワメント・ネットワーク）と住民の参加（コミュニティ選挙）という２つの仕組みについて考察する。

まず、ボランタリー組織を通じた参加について、地域戦略パートナーシップにおいて問題として指摘されていたボランタリーセクターの多様性を反映することの難しさは、ボランタリーセクターを通じた参加の根本にかかわる問題である。ボランタリーセクターが多様であり、その多様性を網羅したネットワークが形成できないとすれば、そもそもセクターを通じた参加自体が困難であるということになるからである。図表8-2に示したように、地域内のセクターの多様性を「一つの声」としてまとめ、代表を選出するような手続きを確立していくことは、ボランタリーセクターを通じた参加を実現していくための極めて重要な前提である。そのためには、地理的および関心に基づいたコミュニティが一定程度組織化されていることを前提に、コミュニティ・エンパワメント・ネットワークのような中間支援組織・ネットワーク（図中C）が多様なセクターをカバーすることが必要であり、同時にすでに述べたような適切な代表選出の方法（図中E）を構築していくことが重要になる。本研究でも、コミュニティ・エンパワメント・ネットワークによる代表選出が継続している地域では、区域内の多様な組織・グループを構成員とし、明確な手続きを定め、選挙によって代表選出を行っていた。このように、ボランタリーセクターが何らかの形で「一つの声」として代表を選出できるような基

第8章　ローカル・ガバナンスと参加の条件

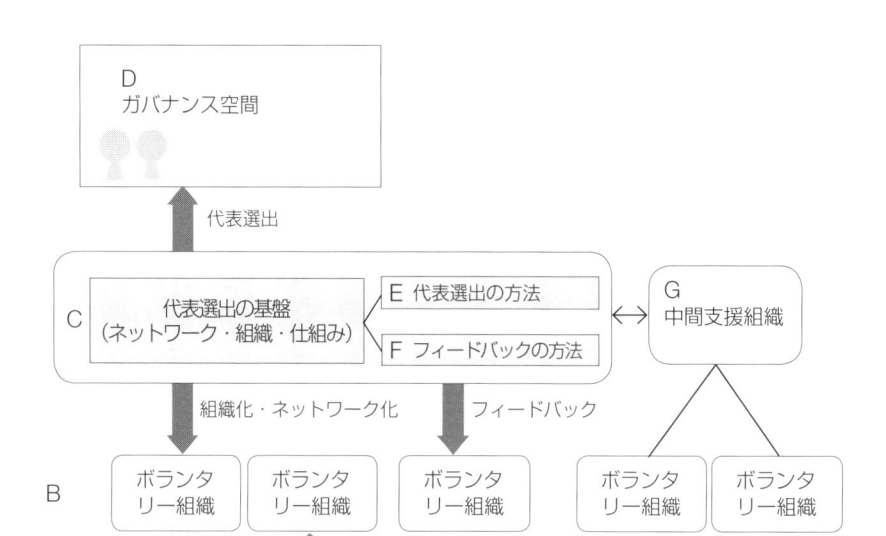

図表 8-2　ボランタリーセクターを通じた代表選出の問題についての考察

```
D ガバナンス空間

       ↑ 代表選出
┌─────────────────────────┐         ┌──────────┐
│ C  代表選出の基盤        │ E 代表選出の方法 │ G 中間支援組織 │
│   (ネットワーク・組織・仕組み) │ F フィードバックの方法 │←→│          │
└─────────────────────────┘         └──────────┘
   ↓ 組織化・ネットワーク化    ↓ フィードバック
B ボランタ  ボランタ   ボランタ       ボランタ  ボランタ
  リー組織  リー組織   リー組織       リー組織  リー組織
           ↑ 参加
A 市民
```

盤を備えた中間支援組織を確立することは、市民がボランタリー組織を通じて、ガバナンスに参加し、影響力を行使していくための重要な条件であるといえる（図中Cの構築）。その際、サザックのCVSの職員が述べているように、セクターの分断は、地方自治体を利することはあっても、ボランタリー組織にとってはマイナスであるという指摘に留意することが必要であろう。図中では、CとGにあたる中間支援組織同士が、敵対している場合や相互に連携を欠いているような場合がそうした例である。さらに、調査結果でも示したように、コミュニティ・エンパワメント・ネットワークでは、代表の役割を文書化して明確にすることや、メンバーに対して代表がフィードバックする機会を設け、代表が代表としてふるまうことを担保する仕組みを整備していた（図中Fの機能）。

　一方、代表選出の基盤としてのコミュニティ選挙は、マイノリティの参加

を拡大する工夫や様々な実験が試みられているとはいえ、基本的には公選議会と同様に選挙によって代表選出する仕組みである。したがって、その地域に居住する住民がカバーされ、選挙を通じて代表が選出されるという意味で、ボランタリー組織を通じた参加と比べると代表の正統性は明確である。一方で、組織を通じて代表が選出されるのではなく、一人ひとりが選挙を通じて選出されるため、代表が「代表」としてふるまうことを担保し、選出されているコミュニティにフィードバックしていくための機能は弱い。したがって、後者の機能については、パートナーシップ組織の専門職などによる支援が必要になるだろう。

以上のボランタリーセクターを通じた代表選出とコミュニティ選挙による代表選出の仕組みの考察から、ボランタリーセクターを通じた参加では、多様なコミュニティをカバーする中間支援組織の確立が課題となり、住民の代表を選出する場合は、フィードバックの機能が課題になるといえる。

最後に、代表性に関連した問題として、ガバナンス空間と公選議会との関係についてもみておきたい。特に、地域戦略パートナーシップにおいては、両者の間にコンフリクトが生じる可能性が指摘されており、この点については、両者が相互補完的であるという認識が重要であるということを示した。そもそも近隣再生政策におけるローカル・ガバナンスは、代議制民主主義を代替する体制として構想されているわけではなく、そこでは十分に反映できない声があることを踏まえ、市民の参加を拡大するために模索されている体制である。したがって、ガバナンスの重要性を指摘しつつ、その民主主義的正統性を問題にするのは二律背反であり、どのようにガバナンス空間と代議制民主主義との補完関係を構築していくのかが重要になる。本研究の結果から、民主的に選出されている議員が、ガバナンス空間に参加・関与することで2つの決定機関の関係を橋渡しすることが、幅広い市民の意見を政策過程に反映させ、2つの仕組みを両立させていく上で重要であると結論づけることができるだろう。

2 ── 代表性についての日本における実践への示唆

　以上のような代表性の問題とコミュニティと代表をつなぐ基盤の問題は、日本ではこれまであまり重視されてこなかったように思われる。参加については参加そのものが重視されるか、実質的参加が可能になっているかといった点が重視され、「誰が参加しているのか」があまり問われてこなかった[5]。しかし、そもそも「代表」に代表としての正統性がないとすれば、ガバナンスにおける決定の正統性も問われることになる。ローカル・ガバナンスが自治体の政策過程を開くことであり、公共的な意思決定を行う場である以上、代表性について何らかの根拠が求められることは当然であり、ローカル・ガバナンスを議論する際にはそのことに注意を払う必要がある[6]。

　基礎自治体のレベルにおける代表選出の基盤という視点から考えると、日本においては圧倒的に地縁団体がその役割を果たしている場合が多い。例えば、自治会・町内会連合会といった地縁団体の連合会が、市域や小地域における計画策定などの委員会に代表を選出している（岩崎他編、1989：446）。地縁団体による代表選出それ自体に問題があるわけではないが、本調査で問題にされていたような「多様なコミュニティをカバーするような構造」をこうした地縁組織が果たしうるのかには、疑問もある。また、代表選出の基盤組織として、代表選出の方法やメンバーへのフィードバックが適切になされているのかについても、議論の余地があるように思われる。

　また、近年、日本では公募委員を計画策定などのメンバーとして関与させることが住民参加において重視されている。しかし、代表性という観点からみると公募委員にも考慮すべき余地があると思われる[7]。公募委員は、住民の代表を代表選出の基盤を通さずに、直接参加させる仕組みである。しかしながら、この場合、選出された代表が、住民の全体の意見を代表するものとして選出されているのか、あくまで個人的な意見を述べるものとして選出されているのかが明確ではない。さらに、こうした委員は、公組織によって「選定」されることが一般的であることを考えると、代表選出の方法としては疑問もある。

ボランタリーセクターを通じた参加についてみると、日本ではコミュニティの代表として、ボランタリーセクターの代表をガバナンス空間へと選出させるための中間支援組織の発展も大きな課題である。中間支援組織の役割は、資源提供者とボランタリー組織をつなぐインターミディアリとしての役割が強調される傾向にあるが（田中、2005）、ボランタリーセクターを「セクター」として代表する機能にも注意を払うべきである。日本では、中間支援組織が、従来の行政の縦割り部局を反映した形で存在する社会福祉協議会や国際交流センターといった外郭団体、NPOセンターや市民活動センターといった名称で設立されつつある民間主導および行政主導の包括的な中間支援組織などに分化している。これらを統一することは難しいとしても、市民のボランタリーな活動が分野を超えて有機的に連携し、「ボランタリーセクターの声」や「コミュニティの声」を代表していくことができるような基盤を整備していくことが重要である。個別事業の委託関係にとどまらず、ボランタリー組織がガバナンスに参加していく場合には、公募市民と同様、政策過程において「どうしてある特定のNPOの代表が『代表』となって参加しているのか」が不明瞭になるからである。

　小地域においては、包括的住民自治組織などに対する権限移譲が進むと、コミュニティ・ニューディールと同様の近隣ガバナンスが実体化することになる。すなわち、一定の小地域において、権限と財源が移譲され、それに対して住民が主導する何らかの組織が責任を果たしていくという展望である。その際、コミュニティ・ニューディールで問題として指摘されていたように、代表が「個人的な見解」ではなく、コミュニティの代表としてガバナンスに参加することを担保し、メンバーが限定されないような代表選出の基盤を確立することが必要になるだろう。代表選出の基盤として、コミュニティ選挙がモデルとなるかはわからないが、それが公共的な意思決定である以上、住民の代表をどのように選出するのかは極めて重要になる。特に、調査結果でも指摘されていたように、代表選出の手続きを経ない特定の住民に対して自動的にポストを割り振ることは、既得権益を生み出す恐れがあるという点に留意しなければならない。こうした点が考慮されないと、ガバナンスの主体

は「いつものメンバー」に限定され、かえって民主的でない決定の構造が固定化してしまうことや、代表としての意識が薄い参加者によって、それぞれの個人的な見解が表明されるだけの場となってしまうだろう。

また、代議制民主主義とローカル・ガバナンスの関係についての問題も、日本ではこれまであまり考慮されてこなかったように思われる。例えば、地域福祉計画においては、行政参加（平野、2008）の重要性が指摘されているが、本来は「行政」だけでなく、地方政府の決定機関である議会や日本の場合は首長の「参加」を検討するべきである。地域戦略パートナーシップの場合、自治体の議長がパートナーシップの議長を兼ねる場合もあるが、これはすでに指摘したように民主主義的正統性を担保するためである。地方政府が、有権者による選挙―首長・議会―行政という民主的コントロールのもとで機能していることを前提とするならば、ある種の政策決定が、こうしたプロセスを度外視して進むことは、非民主的であり（後、2009：176-179；名和田、2001：4）、両者の関係を明確にする必要がある。

3 ── 市民の能力についての考察

市民の能力の問題については、一人ひとりの市民の能力の問題と、ボランタリー組織のサービスを提供する能力の問題が指摘されていた。以下、それぞれについて考察する。

まず、ガバナンス主体としての一人ひとりの市民の代表の能力について考察していこう。地域戦略パートナーシップの場において、一人ひとりの個人の能力の問題として指摘されていたのは、専門職との知識のギャップであった。また、こうした格差は埋めがたいものであると認識されており、戦略的なレベルよりも自らの生活に直接関係したサービスのあり方に影響を及ぼすことができる小地域でのプロジェクトへの参加が望ましいという見解も示されていた。しかしながら、専門的知識について専門職と住民との間でギャップがあることは当然であるともいえる。すでに指摘したように、パートナーシップはお互いの資源の相補性を認識し、そこに協働の意義を見出す。つまり、知識のギャップは、住民と専門職双方にあることを認識しなければなら

ないだろう。そして、住民が持っている資源とは、そこに住み、実際にサービスを使いながら生活しているという現場知である。こうした認識に立たなければ、住民は専門知識がないために、パートナーとしてふさわしくない、ということになってしまうのである。このように、専門的な知識の有無をパートナーとしての適格性の基準とすることは、そもそもパートナーシップという考えと矛盾しているともいえる。ロビンソンらが指摘しているように、市民の代表の専門的知識の欠如は、代表としての不適格性よりも「パートナーシップ」の重要性を提起している（Robinson et al., 2005：18）といえるが、本研究における戦略的な意思決定の場面ではそのようには認識されていなかった。

　一方、コミュニティ・ニューディールでは、知識のギャップというよりは、コミュニティ内部での支配や影響力をめぐる対立が避けられず、さらに、権力が固定化される恐れがあること、また、住民の代表が個人的な感情によって決定を行ってしまうことが、能力の問題として指摘されていた。特に前者の問題は、ガバナンスの問題を考える際に「コミュニティ」をどのように認識するか、という点において重要であると思われる。すなわち、本研究の結果から示唆されていることは、コミュニティを同質の「共同体」としてみなすことが難しいということであり、コミュニティは等質な価値に満たされた空間ではなく、相互に異質で多様な価値、利害を内包した空間であることを前提としなければならないということである。また、決定が個人的な感情によって左右されてしまうという問題も、小地域のガバナンスでは考慮しなければならない点である。この問題は、前節で検討した代表性の問題（個人的な見解と代表としての見解を明確にすることの重要性）が現実化した問題ということもできるが、それはガバナンス主体としての市民の能力の不足として認識されている。

　以上のように、一人ひとりの市民がガバナンスに参加する場合は、専門的知識の欠如や、地域政治における利害によるバイアス、個人的な感情の影響といったことが、ガバナンス主体としての能力の不足として問題になるといえる。それではこうした問題をどのように解決していくことができるだろう

か。本研究の結果からは、「参画主体としての専門職の能力」が重要であることが示唆された。専門職の能力として重要な点は、まず、パートナーシップにおいては、住民の能力の不足だけではなく、住民と協働する専門職の能力も問われていること、また、住民が参画するガバナンスにおいては、住民の能力を形成するための支援が不可欠であること、そして、支援においてはコミュニティワーク実践が重要であることである。

　まず、パートナーシップによって問題を解決していく上で、専門職が住民と協働するためには、住民に対してパターナリスティックに対応するのではなく、その現場知と協働することができる能力を身につけなければならない。また、その前提として住民と対等な立場に立ち、住民をエンパワメントするという視点が不可欠である。次に、具体的な支援の手法としては、直接的な能力形成のトレーニングプログラムだけでなく、コミュニティワークの手法が重視されていた。つまり、地域住民の中に接点を見出し、組織を作るという取り組みである。こうした組織化は、単に必要なニーズを満たすための組織を作るだけでなく、将来、ガバナンスの参画主体として決定に関与していく際に必要な能力を形成し、蓄積する場としても重要であると認識されていた。そして、こうしたプロセスを支援する専門職が、コミュニティワーカーである。

　以上のことから、単に権限や財源を移譲するだけではなく、住民が能力を形成していく支援を同時に伴うことが、ガバナンスにおいて住民が能力の問題を克服し、影響力を行使していくために重要な条件であるということができるだろう。

　さらに、両者に共通して指摘されていたのは、参加に伴うコストの格差を解消するための支援の必要性である。社会的に排除された地域の住民やボランタリー組織の代表が、ガバナンスに関与する場合、その参加の前提となる支援が必要になる。また、こうした支援には、金銭面だけでなく、時間や会議の開催場所といったことも含まれる。調査を行った地域戦略パートナーシップでは、ボランタリー組織のメンバーが、コミュニティを代表して地域戦略パートナーシップの会議などに出席する場合、個人ではなく団体に対

して費用弁償を行うことがルールとして明確化されていた。コミュニティ・ニューディールの場合も、パートナーシップ組織が費用弁償のルールを明確化していた。このような能力を発揮する前提となる参加のコストに対する支援は、住民やボランタリー組織がガバナンスにおいて能力を発揮し、影響力を行使する前提であり、「公共空間へのアクセス」（斉藤、2000：10）を保障することでもある。こうした配慮がなされないと、代表になることができる人が自由時間や金銭の面で余裕のある人に限定されてしまう恐れがある。

　最後に、一人ひとりの市民の能力とは別に、ボランタリーセクターの公共サービスを提供する能力についても指摘されていた。これは、代表になった一人ひとりの市民の問題ではなく、組織としてのボランタリー組織が公共サービスを提供する能力が十分ではないという認識であり、政策過程における「実施」にかかわる問題である。公共サービスの実施を担う役割と決定に関与する役割とは、必ずしも矛盾するものではなく、セクター固有の資源を公共サービスの改善に反映させていくことができるとすれば、望ましいことである。しかし一方で、公組織が求める「能力」の基準には留意する必要があるだろう。納税者や利用者に対するアカウンタビリティやサービスの質についての「能力」が求められることは当然であるが、それは公組織と同一になることではなく、ボランタリーセクターの「批判的友人」としての役割を失わせるようなものであってはならないからである。

4 ── 市民の能力についての日本における実践への示唆

　まず、一人ひとりの市民の能力について、日本ではこれまで明示的には語られてこなかった。しかし、官依存とか「お上」という言葉に表れているように、官と民との間には知識のギャップがあることが暗黙の前提とされてきたといえるだろう。したがって、政策過程を開くというガバナンスの取り組みは、日本の政策過程に対して抜本的な改革を提起しているといえる。すでに指摘したように、パートナーシップにおいては、市民の専門的知識や能力の不足を参画主体としての適格性とするのではなく、公組織と市民・ボランタリーセクターが双方の「知」の相補性を認識していくことが重要になるが、

日本でもこうした意識転換には、時間が必要になるかもしれない。

　また、コミュニティが多様であり、対立や闘争を内包しているという点については、日本において小地域のローカル・ガバナンスを具体化していく際に、考慮しなければならない問題であると思われる。確かに、イギリスと比べれば日本の小地域は同質性が高いかもしれないが、それでもやはりコミュニティの内部で多様な対立が存在することを想定すべきであると思われる。一人ひとりの生活や価値が多様化すれば、住民同士が一致できる問題だけでなく、一致できない問題も顕在化することになる。例えば、同じ子育てをめぐっても、仕事をしている家庭とそうでない家庭がある。近年では、子どものいない家庭も増加しており、子育てする家庭が「標準」ではなくなっている。また、地域における社会的排除の問題も顕在化しており、ホームレス、孤独死・自殺、外国人住民の増加といった問題がクローズアップされつつある（厚生省社会・援護局、2000）。逆にいえば、こうした対立が全く顕在化しないとすれば、それはその小地域によほど同一性があるか、住民全員が一致できる問題しか協議されていないということであり、そうでなければその場に反映できていない声があると考えるべきである。

　さらに、住民と協働する専門職の能力の問題も、日本におけるガバナンスを考慮していく際に重要な視点であると思われる。ローカル・ガバナンスの時代には、例えば保健医療の分野だけを考えても、ソーシャルワーカーや、看護師、保健師、医師や作業療法士、理学療法士といった多様な専門職の養成や実践において、多職種協働だけなく、地域や住民と協働していくためのプログラムをどのように構築していくべきなのかについて、今後検討していく必要がある。また、日本では、住民を組織化し、グループを支援していくというコミュニティワークの専門的技術が社会福祉の援助技術の中で狭く解釈されており、公組織の中にそうしたスキルを持った職員が少ないという問題も考慮に入れる必要があると思われる。地域福祉計画において、住民参加の取り組みが効果的に進んでいるのは、社会福祉協議会におけるコミュニティワーク実践の蓄積があったからだといわれている。しかし、住民を組織化し、組織の自立を支援し、住民の主体性をはぐくむような支援および専

門技術は、社会福祉の領域に限定されるものではなく、地域福祉計画に関する「コミュニティワーク実践なしには計画策定過程への住民参加も不十分なものにならざるを得ない」(牧里、2007a：32-33)という指摘は、他のガバナンスへの参加についても共通する指摘であろう。包括的住民自治組織の組織化などにあたっても、専門的支援を伴わない権限や財源の移譲には、かえって住民間の対立や排除を顕在化させる場合や、個人的な感情に基づいた決定に陥ってしまう危険性があることに注意を払うべきだろう。

最後に、市民参加に伴うコストの問題についても、ガバナンス空間へのアクセスが限定されないような配慮が必要になる。日本では、代表性についての考察でも指摘したように「誰が参加しているか」が十分に問われてこなかった。そのため、ガバナンス空間へのアクセスについて実証的に検討されていないが、一般的にいえばガバナンスへの参加者は、主婦層や高齢者層に限定される傾向が強いように思われる。また、ボランタリー組織の参加に伴うコストについては、公組織の側に機会費用についての認識が薄いように思われる。日本においても、参加への支援をこうした参加へのコスト、ガバナンス空間へのアクセスという視点から検討していく必要があるといえるだろう。

3 中央政府との関係に関する考察

1ー 中央政府との関係に関する考察

中央政府との関係については、先行研究で示されていたように、中央政府の介入が、地域戦略パートナーシップにおいても、コミュニティ・ニューディールにおいても、地域における決定の自律性に影響を及ぼしていた。特に、地域戦略パートナーシップでは、地域協定が導入されてからこうした傾向が強まっているという指摘もあった。また、コミュニティ・ニューディールにおいては、パートナーシップの職員が、中央政府から求められる成果と住民の成長のペースとの間で板挟みになっていた。このような結果から示唆

されるのは、市民やボランタリーセクターが政策過程に影響を及ぼす場が開かれたとしても、その場のルール自体が中央政府によって決定されており、実際には極めて限られた範囲の決定に関与しているにすぎないということである。このように、ガイドラインによって政策枠組みを示し、実施すべき内容と成果をターゲットとして示すようなトップダウンの中央政府の介入は、市民やボランタリー組織が政策過程に影響力を行使することだけでなく、ローカル・ガバナンスそのものの自律性を制限する可能性がある。

　しかし他方で、本節1．でみたように、中央政府の政策は、別な意味でもローカル・ガバナンスの設計や、そこにおけるアクターの位置づけに大きな影響を及ぼす。本研究が対象とした1997年以降の労働党政権は、市民の参加、ボランタリー組織の参加を重視していたため、地方におけるローカル・ガバナンスの設計にもそれが反映していた。そのため、中央政府による政策の影響は、地域戦略パートナーシップにおいては、ボランタリー組織のパートナーシップ組織内での位置づけを高める推進力として、また、コミュニティ・ニューディールにおいては、住民主導の組織構造やその目指すべき方向性がガイドラインという形で示されることで、ボランタリー組織や住民が影響力を行使する条件を形成していたとみることもできる。

　以上のようなトップダウンのアプローチのプラス面とマイナス面は、メタ・ガバナンスの両義性もしくは、トップダウンとボトムアップのバランスの問題ということができる。特に、本研究の結果において強調しておきたいことは、中央政府の影響がすべて否定的にとらえられているわけではないという点である。地域戦略パートナーシップにおいても、コミュニティ・ニューディールにおいても、ボランタリー組織や住民が主体となることが一気に進展し、その声が聞かれるべき声としてパートナーシップで重視されていること、これまでとは異なり政策過程におけるパートナーとして位置づけられるようになったことは、非常に大きな変化であると認識されていた。

　以上のような知見から、トップダウンとボトムアップは二律背反ではなく、そのバランスが重要であるというべきだろう。換言すれば、ローカル・ガバナンスにおいては、国家・政府の役割（メタ・ガバナンス）とローカルなネッ

トワークによるガバナンスをバランスさせることが重要になるということである。確かに、各地域で内発的に多様なアクターが主体となって、お互いに相補性を認識し、パートナーシップを構築していくことが理想ではある。しかしながら、現実には劣位にある主体が、既存の関係を変化させていくことは難しい。だからこそ、マイノリティや社会的に排除されているグループは、政策過程のアウトサイダーとして、社会運動などを通じて政策過程に影響を及ぼそうとしてきたのである。すでに述べたように、協働の経験の蓄積によって内発的に市民やボランタリーセクターが影響力を行使していく条件を形成していくことと同時に、ローカル・ガバナンスにおいては、一定の中央政府の介入が、劣位にある主体の位置づけを変化させ、パートナーシップを方向づける役割を果たすという点にも留意すべきであるといえよう。

2 ─── 中央政府との関係についての日本における実践への示唆

　日本でも多くの研究者が、地域福祉計画を「ローカル・ガバナンスの試金石」であると指摘し、住民参加によってボトムアップに策定することの重要性を指摘してきた。もちろんそれが重要なことはいうまでもないが、他方で、2003年の施行以降、2009年3月31日までの間に地域福祉計画を策定した自治体は、783市町村と策定率が50％に満たないという現実がある[8]。地域戦略パートナーシップやコミュニティ・ニューディールに制度設計として共通している点は、権限と財源がセットになってガバナンス空間に移譲されていることである。つまり、ガバナンス空間において協議し、決定できる財源が中央政府によって交付されている。地域福祉計画への関心が、研究者の熱意と期待に反して、行政、議会そして、住民の間で高まらないのも、そこに財源がなく、一部の例外的な自治体を除けば、理念レベルでの計画策定にとどまり、実際の変化が期待できないからであろう。ローカル・ガバナンスという新しい実験に対しては、一定の権限と財源をセットにして、ガバナンス空間を組織化する枠組みを提示することも考慮すべき選択肢ではないかと思われる。ボトムアップによるガバナンス空間の形成と組織化が理想ではあるとしても、研究者と認識を同じくする首長、担当職員もしくは議員の存在とい

う偶然の要素に依存するだけでは、いつまでたっても市民の声を政策形成の過程に反映させることができないという懸念があることも事実なのである。

4 考察の要約

　以上の考察から、ローカル・ガバナンス空間において、市民やボランタリーセクターが影響力を行使していくための条件について、本研究を通じて明らかになった点について要約し、本研究のまとめとする。

1───「パートナーシップ組織内の関係」についての考察の要約

・市民やボランタリーセクターが、ガバナンス空間において影響力を行使していくためには、自らの固有の資源としての「現場知」を明確化し、それを強化していくことが重要であることが示唆された。「現場知」とは、社会的に排除されている人々とのかかわりの深さから生み出される知識と経験やそこに生活しているという経験そのもののことである。
・市民やボランタリーセクターの固有の資源をパートナーである公組織が「資源」として認識することが重要であることが示唆された。しかし、しばしば公組織は、自らの行動規範や文化を変化させないことがあり、それを変化させていくことは市民やボランタリーセクターがガバナンス空間において影響力を行使していくための重要な条件であることが示された。
・ボランタリーセクターとの関係においては、双方の固有の資源を「協定」という形で明確にし、関係の基礎を構築することも有効であることが示唆された。ただし、協定はあくまで関係の基礎であり、協定によって影響力の実質を担保することは難しいことも示された。
・実際に同じテーブルに座り、協働の経験や信頼を蓄積することが重要であることが示唆された。政策過程を共有し、実際に協働の経験を積み重ねることで、「われわれと彼ら」という関係を「私たち」という関係に変化させていく端緒になる可能性があることが示された。

・市民やボランタリーセクターの固有の貢献が、パートナーシップ組織内において重要な資源として認識されるためには、ローカルな場での協議や信頼の蓄積とともに中央政府の政策（メタ・ガバナンス）も重要であることが示唆された。

2———「参画主体としての市民」についての考察の要約

・市民やボランタリーセクターがガバナンスにおいて影響力を行使していくためには、コミュニティを適切に代表する「代表」を選出する必要がある。そのためには、多様な組織やコミュニティを網羅し、代表の正統性が担保されるような代表選出機能とガバナンスの場において「代表」としてふるまうことを担保するフィードバック機能を持った何らかのメカニズムを整備することが重要であることが示唆された。
・こうした機能が十分でない場合は、代表性をめぐる問題（メンバーが固定化されること、代表としてではなく自らの所属する団体の利益のために行動すること、個人的な見解と代表としての見解が不明確になること）が顕在化する可能性があることが示された。
・ボランタリーセクターを通じた参加においては、多様なセクターから代表を選出するための基盤となる中間支援組織が必要であることが示唆された。また、セクターが分裂している場合には、多様なセクターをカバーする代表選出の仕組みを構築していくことが難しくなることも示された。
・住民の代表を直接選出する「コミュニティ選挙」という代表選出の仕組みは、選出母体となるコミュニティをカバーし、代表に正統性を担保する点では優れているが、代表が選出母体にフィードバックする機能が弱いため、専門職による支援が必要になることが示された。
・公選議会との関係については、代表制民主主義を基本としつつ、コミュニティの多様な見解を反映させるための手段としてガバナンスを位置づけ、適切な関係を構築していく必要があること、そのための具体的な手法として、民主主義的正統性を担保された議員がガバナンス空間に参加することが有効であることが示唆された。

- 市民やボランタリーセクターがガバナンスにおいて影響力を行使していくためには、その能力をめぐっていくつかの課題がある。まず、ローカル・ガバナンス、特に市域において戦略的な決定を行っていく場合に、市民の「専門的知識の欠如」が問題となる可能性がある。ただし、市民の持つ固有の「知」（現場知）と専門職が協働するという視点が「パートナーシップ」では重要になることも示された。
- 次に、コミュニティは、多様で異質な価値の空間であり、対立や紛争があることを前提としなければならないことが示唆された。特に、権力闘争やその結果として権力が固定化することで、特定の市民のみが影響力を行使できるようになってしまうという危険性があることが示された。
- さらに、市民の代表は、個人的な感情によって合理的な意思決定をゆがめてしまう可能性があり、コミュニティの代表としてガバナンスに参加し、影響力を行使することを担保するための支援や代表選出の仕組みが必要になることが示された。
- 特に小地域では、市民のガバナンス主体としての能力と同時に、市民と協働する専門職のガバナンス主体としての能力も問われていることが示された。市民と協働する専門職の能力として、専門職が、パターナリスティックに対応するのではなく、その現場知を尊重し、エンパワメントするという視点を持たなければ、市民と協働していくことは難しいことが示された。
- 市民が主体となるガバナンスを実現するためには、権限や財源を移譲するだけでなく、能力の問題を克服するための能力形成に対する支援が不可欠であることが示唆された。特に、コミュニティワーカーによる地域住民の組織化、組織を継続させていくための支援を通じた自治を担う能力の形成が重要であることが示された。
- ガバナンスにおいて幅広い市民やボランタリーセクターが影響力を行使していくためには、参加に伴うコストの格差について考慮することが必要であり、その場合、金銭面だけでなく託児や会議の開催場所への配慮といった多様な支援が重要であることが示された。

3 ── 中央政府との関係についての考察の要約

・ローカル・ガバナンスでは、ボトムアップにルールや秩序を形成していくことが理想であるが、中央政府による調整機能（メタ・ガバナンス）は、ローカル・ガバナンスによる決定の自律性を制限する可能性がある一方、市民やボランタリーセクターの注目度や、位置づけを高めるといったプラスの要因もあり、メタ・ガバナンスを一概に否定するのではなく、両義性をみていく必要があることが示された。

第3節 本研究の限界と今後の研究課題

　本研究では、ローカル・ガバナンスと参加について、日本において実証的な研究が不足していることを指摘し、規範的な期待の表明からその実態の分析が必要であるとの認識に基づいてイギリスの近隣再生政策を事例として取り上げ、ローカル・ガバナンスと参加について実証的な検討を試みた。最後に、本研究の限界を踏まえ、今後取り組むべき課題を整理したい。

1　ローカル・ガバナンスの国際比較

　本研究では、ローカル・ガバナンスにおける参加を実証的に検討する対象として、イギリスにおける近隣再生政策を事例として取り上げた。しかし、序章で述べたように、ローカル・ガバナンスの問題が、財政危機やグローバル化、政府への不信を背景とした福祉国家の危機とその結果としての「負担財源の脱中央化」（新藤・武智、1992：6）を端緒としているとすれば、

本研究で論じたようなローカルな場における市民やボランタリーセクターの参加の問題は、あらゆる先進国に共通した問題であるはずである。福祉国家が建設され、その黄金期が 1960 年代だとすれば、1970 年代の石油危機以降は、市場原理に基づいた NPM に代表される行政改革の時代であった。そして、1990 年代以降は、こうした市場原理に基づいた改革が行き詰まる中で、NPM によって分断化された公共サービスを公共的な目的に向かって再統合し、同時にそうした過程に市民やボランタリーセクターが参加していくことをどのように実現していくべきかが問われている。福祉国家のあり方や NPM の受容が国によって多様であったのと同様、こうした課題への対応（ローカル・ガバナンスのあり方）もまた、それまでの福祉国家と地方政府、市民、ボランタリーセクターとの関係を反映して多様であろう。本研究でみたように、こうした問題に対して、イギリスではブレア政権が連結政府という政治的目標に基づいて、参加と協働を具体化するための枠組みとして「パートナーシップ組織」というツールを採用し、政策過程に多様な主体を関与させるローカル・ガバナンスを具体化しようとしていた。しかし、多様な主体、特に市民の参加とエンパワメントを重視したパートナーシップ組織によるローカル・ガバナンスの組織化は、イギリスだけでなく、ヨーロッパ連合（EU）でも、社会的排除に対する取り組みとして政策的に推進されており、同時にその検証も進められている（Geddes, 1998）。本研究では市民やボランタリーセクターが参加するローカル・ガバナンスの実践に一定の蓄積があるイギリスを研究対象として選択したが、より広い視点でみるならば、多様な主体が関与するローカル・ガバナンスを国際比較の視点から論じていくことは、福祉国家の国際比較という視点からも重要な研究課題であると考えられる。

2 協議や熟議を内包した多様な参加の取り組みの検討

本研究では、ガバナンス空間の組織化の方法や、参加と協働を具体化す

る手法として「パートナーシップ組織」による取り組みを対象として、そこへの参加を検討した。しかしながら、ローカル・ガバナンスを具体化するための手法は、パートナーシップ組織という方法以外にも様々な取り組みが試行されるようになっている。例えば、イギリスでは市民陪審や熟議パネル、参加型予算といった様々な手法も試みられている（こうした多様な参加手法については、自治体国際化協会、2000、参加型予算については、DCLG, 2008d；ICPS, 2008 などを参照）。また、日本でも地域福祉計画の策定の過程で住民座談会や懇談会といった従来からの手法にワークショップなどの手法を取り入れて参加型のガバナンスを活性化する工夫がなされるようになってきている。こうした手法に共通しているのは、投票のような市民の選好を積み上げる参加とは異なり、多様な主体による「協議」もしくは「熟議」を前提とした参加であるという点である。ローカル・ガバナンスが多様な主体による協議や熟議によって公共的な問題の解決を志向していく体制だとすれば、協議や熟議を含む参加の取り組みを比較し、そうした場における市民やボランタリーセクターの果たす役割を検討していくことも今後の重要な研究課題であると考えている。

3 ガバナンス空間への当事者参加の検討

本研究では、第4章第2節で述べたように、「戦略パートナーシップ」と「近隣パートナーシップ」という一定の地理的な空間の範囲で組織化されたパートナーシップ組織を対象として、そこへの参加を検討した。それは、地域戦略パートナーシップやコミュニティ・ニューディールが社会的排除という特定の問題を対象としているとはいえ、特定のサービス領域に限定したパートナーシップよりは、広範囲な内容を検討の対象としており、それゆえ幅広い市民の参加が検討できるからであった。

本研究で取り上げなかった「特定のサービスに特化したパートナーシップ組織」における参加は、広範囲な課題を協議する場への参加と比較すると、

そのサービスによって直接影響を受ける利用者や当事者の参加が重要になる。こうしたサービスを利用する当事者の政策過程への参加は、一般的な参加の問題と共通する点と同時に、より困難な課題があることが容易に想像できる。

　市域や小地域において特定のサービスのガバナンスをパートナーシップで行うことは、イギリスだけでなく、日本においても定着しつつある。例えば、障害者自立支援協議会や、地域包括支援センター運営協議会、要保護児童対策地域協議会、地域公共交通会議などがその例であろう。こうした場には、それぞれのサービスに関係する公私の関係者が参加し、多様な主体によって提供されているサービスの調整や統合化を図るとともに、そのサービスから直接影響を受ける市民が参加することが重要になる。しかしながら、こうした場を「ガバナンス」という視点から論じている論考は、ほとんど皆無であるといってよい[9]。公共的な意思決定の過程に、当事者を含む市民やボランタリー組織がどのように参加し、影響力を行使することが可能になっているのか、そして可能になっていないとすればその理由は何か。こうした特定のサービスに焦点を当てたガバナンス空間における当事者の参加の問題を検討することは、「当事者の政策過程への参加」として、社会政策学や社会福祉学が追求すべき課題であると思われる。したがって、今後はこうした特定のサービス領域におけるガバナンスについて、イギリスおよび日本における実践とそうした過程への当事者の参加について検討していくことが必要であると考えている。

4　多様な「認識」の包摂

　最後に、ローカル・ガバナンスを実証的に検証していくための研究および調査の対象について今後の課題を述べる。本研究では調査の対象として、パートナーシップ組織の職員を選択し、インタビュー調査を行い、ガバナンス空間における市民やボランタリーセクターの参加の問題について検討した。し

かしながら、パートナーシップ組織の職員のみでは、多様なステークホルダーの関与するガバナンスにおける参加の問題を検討する対象として不十分であったことは否めない。したがって、本研究の結果は、あくまで地域戦略パートナーシップの場合は、その事務局の職員とコミュニティの代表選出を支援するコミュニティ・エンパワメント・ネットワークの職員の「認識」に基づいたものであり、コミュニティ・ニューディールの場合は、パートナーシップ組織の職員の「認識」に基づいたものである。つまり、パートナーシップ組織の職員の「認識」を通じて、市民やボランタリーセクターの参加とガバナンス空間における影響力を検討したことになる。

しかしながら、他のステークホルダー、特に参加主体である一人ひとりの市民や、ボランタリー組織の職員は、こうした認識とは異なる「認識」を持っている可能性を否定できない。さらに、こうしたガバナンス空間そのものに対して、批判的であったり、そもそもこうした空間に招かれていない市民や組織（アウトサイダー）の「認識」は、別なものであるに違いない。したがって、ガバナンス空間への参加を検討するための今後の研究課題としては、多様なステークホルダーの認識を研究対象として包摂していくことが不可欠であるといえるだろう。

特に、日本での今後の研究課題としては地域福祉計画のようなガバナンス空間に参加する市民の認識を研究対象としていくことが重要であると思われる。これまでも地域福祉論では、福祉教育や主体形成という概念で、参加を通じた地域住民の変化に着目してきた。しかしながら、こうした研究は規範的なレベルにとどまっており、その実証的な研究が不足している。ガバナンス空間において市民が影響力を行使していくことを促進したり、阻む要因を市民の視点から論じ、同時にそうした参加を通じた市民自身の変化を実証的に明らかにしていくことは、ローカル・ガバナンスへの参加の可能性を検討していく上で重要な課題であると思われる。

〈第8章脚注〉

1) 例えば、藤井（2002）は、NPOが介護保険事業などに参入することで、「NPOとしてのアイデンティティ」が希薄化し、ミッションが「没意味化」することで、「単に介護保険で定められた介護サービスを行うだけの事業体になってしまう危険性」を指摘している。

2) 代表的な例として、愛知県とNPO団体が締結した「あいち協働ルールブック」の取り組みがある（川島、2004）。あいち協働ルールブックは、双方が協働の原則・意義および遵守すべきルールについて明確にし、知事とNPO団体との間で共同声明に著名したものであり、都道府県域における日本版コンパクトといえるものであった。また、「横浜市における市民活動との協働に関する基本指針（横浜コード）」（1993年3月）も、市民活動との協働について6つの基本原則を確認している。

3) こうした条例については、大久保（2004）や松下（1998）などを参照。

4) 公選議会の選挙においても、たとえ選出の仕組みが妥当であっても、あまりに投票率が低ければ、代表の正統性が問われることになるのと同様である。

5) もちろん、こうした指摘が全くないわけではない。例えば川上は、地域福祉計画に参加する「住民とは誰か」と問い、「当事者の参加」の必要性を強調している（川上、2001：145）。大橋も「住民の考え方とその代表性が問題になる」と述べ、「多様な住民各層の意見を多様な方法で聞き出すことが求められている」としている（大橋、2001：27-28）。このように、代表性の問題はかなり早い段階から認識されていた。しかし、規範的に代表性の必要性を指摘することと代表選出の基盤をどう確保するかという問題は別であり、後者についての議論はほとんどなされていない。

6) 日本でも2004年の地方自治法改正により、合併の特例としてではなく一般制度として、地域自治区を設置できるようになった。地域自治区には地域協議会が置かれ、そのメンバーは市町村長が「区域内に住所を有する者の多様な意見が適切に反映されるものとなるよう配慮」して決定する。よく知られているように、新潟県上越市では地域協議会委員の選任にあたって公職選挙法に準じた「選任投票」を行って、代表性を確保しようとしている（福島、2006）。その意味で、上越市の場合は、「近隣ガバナンス」というよりは「近隣政府」に近い仕組みとなっている。しかし一般には、「多様な意見」を委員構成にどのように反映すべきなのかが問題となる（中田、2007：149）。

7) 委員の公募制は、革新的な住民参加手法と考えられているように思われるが、例えば、牧里は、「民主的手続きを保障するということと、専門知識やテーマ型課題解決を求める参画の確保を矛盾なく両立させるという方法的課題は残っている」（牧里、2007b：74）とこの問題を指摘している。

8) 厚生労働省地域福祉計画ホームページの資料による（http://www.mhlw.go.jp/topics/bukyoku/syakai/c-fukushi/,2009.10.1）。
9) 例外として、長谷川（2008）、笠原（2010）など。山野（2009）は、市町村児童虐待防止ネットワークについて、「市町村児童虐待防止ネットワーク事業の開始以降、児童虐待関連の論文に市町村実践現場からのネットワークに関連する報告が、ようやく出されるようになった。内容は、実態報告が中心であり、理論研究や実証研究として進んでいるわけではない」（山野、2009：110）と指摘している。

資料(インタビューガイド)

1. Interview Topics (LSP)

Relationship with the voluntary sector

The Labour Party is considered to recognize the voluntary sector as an important partner, and along with the sector's provision of services, the Labour Party values its role in the policy-making process. Please answer the following questions regarding the position and the role of the voluntary sector as recognized by the LSP.
- Please explain the role of the voluntary sector as recognized by the LSP.
- It is said that the voluntary sector is often not treated as an equal partner in the policy-making process. Do such complaints or conditions exist in the LSP of your local government? If yes, what is the cause of it? Do statutory partners in the LSP have enough knowledge, understanding and capacities to collaborate with the voluntary and community sectors in the LSP?
- What is the voluntary sector's unique contribution in terms of the LSP from an administrative perspective? What, in your opinion, makes it possible for the voluntary sector to offer such a contribution?
- In the LSP, is the 'compact' with the voluntary sector well respected? Did having a compact change the relationship between the sectors in a specific manner or have a specific influence on the relationship between the sectors?
- Do you feel that the people who participate in the LSP as representatives of the voluntary sector appropriately stand for the different parts of the sector? Moreover, is there an approach taken to ensure this diversity of the voluntary sector?
- In your local authority area, is there a CEN to support voluntary sector organizations by sending representatives to the LSP? If yes, does the CEN have a sufficient mechanism to ensure that these people represent the community's diverse views?
- Do the VS reps have sufficient capacity building compared with other partners? Does the LSP provide support for any capacity building including compensating the VS reps for their expenses?
- What is the role of the support team in the LSP? In managing a network composed of diverse entities such as the LSP, what was particularly problematic and what did not go well? What were the reasons? Furthermore, what particular skills and/or knowledge are required of the support staff in the management process?

Relationship with the local government and councillors
- Please explain the relationship of the LSP with the council and councillors. How do councillors, chosen through election, view a policy-making body such as the LSP,

which has not been chosen by an election? If there are any methods that ensure LSP representation, please explain them.

Participation of residents
- Do individual residents participate in the LSP? If so, how? If not, has any method or opportunity for hearing the opinions of individual residents been provided (e.g. holding a forum)?

Role of the central government
- Please explain the relationship between the central government and the LSP.
- What role do you expect of the central government? Is the central government developing policies that meet your expectations?
- Please explain the relationship between the Government Office and the LSP. What role do you expect of the Government Office?

Achievements of and evaluation on the LSP
- Please describe any actual case in which the members of the LSP have mutually exchanged their individual resources and information for a collaborated effort.
- Please describe any case of an LSP experience having an influence on the policies, actions and/or business of a member organization(s).
- Do the members of the LSP have good relationship with one another? If so, what ensures the good relationship? If not, what is the reason for such a condition?

General outline of the LSP
- Please outline the structure of the LSP organization and its members. Please provide any document that shows this outline.
- Please provide information regarding the number of staff in the LSP's support team and its operational budget.
- Please provide information regarding the budget directly managed and executed according to the decisions of the LSP.

2. Interview Topic (CEN)

Deciding the reps of the sector and the relationship with the Local Strategic Partnership

- How do you decide who is chosen and appointed to be the reps of the sector to the LSP board and theme partnerships? Could you explain the procedure? Are there any formal policy documents that set out the election procedures and the roles and responsibilities of

the reps?
- How do the reps of the sector provide feedback on the results to the network members? Please explain the mechanisms for exchanging information among reps and members.

Involving the organizations into the network
- There may be small organizations or minority ethnic organizations in the community, the so-called 'hard to reach' groups. How do you approach these organizations? What kind of support do you provide? Do you have any good examples that involve these organizations?
- Please explain how you relate to the local residents in your area.

Representation issue
- The voluntary and community sector may be diverse. Other partners may think that it is almost impossible for the VCS to secure representatives because of this diversity. How do you support and encourage its constituents to become a 'sector'? Are there any difficulties or successes in that process?
- It has been said that the representatives of the sector tend to be the 'usual suspects', and it is difficult to find new talent. What do you think about this opinion?
- Is there any danger of the reps of the sector behaving as reps of their own organization rather than as reps of the sector?
- Are there any other difficulties in sending the reps of the sector into the LSP?
- There might be criticism towards the LSP that the community 'reps' are councillors, not voluntary and community sector representatives. If someone asks why the sector needs to participate in the policy process like the LSP, how does the sector answer the question?
- It has been said that there may be a gap between statutory services providers and the voluntary sector or community representatives concerning capacity building. What do you think about this opinion?
- Is there any support or training for the reps? Do you support the expense of the reps of the sector to participate in the partnership? Alternatively, does the LSP support the expense of the reps of the sector to participate in the partnership? How essential is this kind of support for the reps of the sector?

LSP and the voluntary sector
- Did the LSP successfully involve the voluntary and community sectors? Could the VCS be involved in the policy process and influence decision making? What has changed from the previous situation concerning the relationship between the VCS and the council?
- What is the voluntary sector's unique contribution in the multi-agency partnership such as the LSP? What, in your opinion, makes it possible for the voluntary sector to offer such a contribution? Is this unique contribution respected well in the partnership?

- I would like to ask about the local 'compact'. What are the relationships between the LSP and the local compact in your area? Is it useful for partnership working?
- It is said that the voluntary sector is often not treated as an equal partner in the policy-making process. Do such complaints or conditions exist in the LSP in your area? If yes, what are the causes of it? Do statutory partners in the LSP have enough knowledge, understanding and capacity to collaborate with the voluntary and community sectors in the LSP?
- Participating in the partnership, there may be a danger for the VCS to be incorporated into the values of the dominant partners such as the council. Is there any such kind of danger? If yes, how do you manage this?
- In terms of the relationship between the central government and the LSP, what are the positive and negative effects on the VCS in the LSP?

General outline of the LSP
- Please outline the structure of the CEN and its members. Please provide any document that shows this outline.
- Please provide information regarding the number of staff in the CEN and its operational budget.

3. Interview Topics (NDC)

Partnership working and relationship with other partners
- Could you show us your organization structure or governance structure and decision-making process, including the board's roles and responsibilities?
- How are the relationships between the reps of residents and the staff? How are the relationships among the board members?
- It is said that the resident's representatives are often not treated as equal partners in the partnership. Do such conditions exist in your NDC? If yes, what are the causes of this?
- What is the resident's representatives unique contribution? What, in your opinion, makes it possible for the resident reps to offer such a contribution?
- In the board or projects, are there any conflicts between the resident reps and the experts from the strategic partners? If yes, what is the cause of the conflicts? How do you mediate between the residents and experts?

Relationship with local authority and local councillors, representative democracy
- Could you explain the relationship between the local authority and the project? How does the local authority support the project?
- How do the local councillors feel about and engage in the project?

- Please explain the relationship between the central government and the NDC.

Community involvement and capacity building and the role of community workers

- Is community election a sufficient mechanism to select representatives with a diverse range of community viewpoints? Are there any problems around the community election?
- Do you believe that the people who participate in the NDC board as representatives of the residents appropriately represent the different parts of the community?
- Does the board (or do the board members) take a strategic and long-term view? Do the representatives of the community have the necessary skills to carry out their role? Are adequate formal training and support provided for the members? If yes, please show us details about the training and support.
- Ensuring that local communities receive the support they need to completely participate in the design and delivery of partnership arrangements may not be an easy task. What exactly do you support to empower the local communities, including compensating the reps for their expenses?
- To involve the local residents in the project, it might be important for the professional workers to empower or facilitate the local people. Please explain the community development workers' roles in the NDC projects.
- Local communities or people in the area can sometimes be authoritarian and oppressive, not the least with regard to minority views and interests. Have you had any experiences with such a situation? If yes, how do you change the attitudes or behaviours of local residents?

Resources

- Would you show us the whole budget that the partnership could manage?
- How and who decides how to use the budget? Are any approval procedures used when the projects are proposed? Have there been any conflicts in the process?
- The NDC budget will terminate in 10 years. Although this might be very long period, you will face problems with continuing the projects after the budget termination. How will you deal with this problem?

参考文献

020 Community Partnership (2003). *Creating the City of Opportunities-A Community Strategy for the City of Brighton and Hove*. Brighton: 2002Community.

2020 Community Partnership (2002). *Brighton and Hove Neighbourhood Renewal Strategy 2002-2010*. Brighton: 2002Community.

Arnstein,S.R. (1968). A Ladder of Citizen Participation. *AIP (American Institutes of Planners) Journal*, **35**(4), 216-224.

Atkinson,R. (2003). Addressing Urban Social Exclusion through Community Involvement in Urban Regeneration. In R.Imrie and M.Raco eds. *Urban Renaissance? New Labour Community and Urban Policy*. Bristol: The Policy Press.

Audit Commission (1999). *Listen Up – Effective Community Consultation*. London: The Audit Commission.

Audit Commission (2001). *Policy Focus Neighbourhood Renewal*. London: The Audit Commission.

Bailey,N.(2003). Local Strategic Partnership in England: The Continuing Search for Collaborative Advantage, Leadership and Strategy in Urban Governance. *Planning Theory and Practice,* **4**(4), 443-457.

Balloch,S. and Taylor,M. (2001). Introduction. In Balloch,S. and Taylor,M. *Partnership Working*. Bristol: The Policy Press.

Barnes, M., Newman, J., and Sullivan, H. (2007). *Power, Participation and Political Renewal*. Bristol: The Policy Press.

Bevir, M. and Rhodes, R.A.W. (2003). *Interpreting British Governance*. London: Routledge.

Bevir,M. (2009). *Key Concepts in Governance*. London:SAGE.

Blair,T.(1997). *PM speech on "Bringing Britain Together", South London 8 Dec 1997*. Retrieved October 1, 2006, from http://www.cabinetoffice.gov.uk/

Blair, T. (1998a). Foreword by The Prime Minister. In Social Exclusion Unit. *Bringing Britain together: A National Strategy for Neighbourhood Renewal*. Cm.4045. London: Statutory Office.

Blair, T. (1998b). *The Third Way: New Politics for the New Century*. London: Fabian Society.

Blair, T. (1998c). *Leading the Way: A New Vision for Local Government*. London: Institute for Public Policy Research.

Blair, T. (1999). *Tony Blair's Keynote Speech, NCVO Annual Conference*. Retrieved October 1, 2006 http://www.number10.gov.uk/Page8072

Bochel,C. and Bochel.H,M. (2004). *The UK Social Policy Process*. Hampshire: Palgrave.

Bochel,C. (2006). New Labour, Participation and the Policy Process. *Public Policy and Administration*. **21**(4),10-22.

Bogdanor, V. (2005). *Joined-Up Government*. Oxford: The British Academy.

Booth, P. (2005). Partnership and Network: The Governance of Urban Regeneration in Britain. *Journal of Housing and the Built Environment*, **20**(3), 257-269.

Brighton and Hove Community and Voluntary Sector Forum (2008). *Manual for Elected Representatives 2008-2009*. Brighton: Brighton and Hove Community and Voluntary Sector Forum.

Brighton and Hove Community and Voluntary Sector Forum (2009). *Annual Report 08/09*. Brighton: Brighton and Hove Community and Voluntary Sector Forum.

Bristol Partnership (2008). *Bristol Partnership Executive Board –Accountability and Governance Framework*. Bristol Partnership: Bristol.

Cabinet Office (1999). *Modernising Government*. Cm 4310. London: The Stationery Office.

Carley, M., Chapman, M., Hastings, A. and Young, R. (2000). *Urban Regeneration through Partnership: A Study in Nine Urban Regions in England, Scotland and Wales*. Bristol: The Policy Press.

Central Advisory Council for Education (CACE) (1967). *Children and their Primary Schools (The Plowden Report)*. London: HMSO.

Chatterton, P. and Bradley, D. (2000). Bringing Britain together? The Limitations of Area Based Strategies in Addressing Deprivation. *Local Economy*. **15**, 298-112.

Clapham Park Project (2008). *Annual Report 2007 to 2008 Creating Lasting Legacy*. London: Clapham Park Project.

Coffey, A. and Atkinson, P. (1996). *Making Sence of Qualitative Data*. London: SAGE.

Compact Working Group (2003). *Report of the Fourth Annual Meeting*. London: Compact Working Group/Home Office.

Community at Heart (1999). *Community at Heart*. Bristol: Community at Heart.

Community at Heart (2004a). *Revised Strategic Plan 2005-2010*. Bristol: Community at Heart.

Community at Heart (2004b). *Looking Back the Early Days of Community at Heart*. Bristol: Community at Heart.

Community at Heart (2007). *Succession Delivery Plan 2008-2013*. Bristol: Community at Heart.

Cornwall, A. and Gaventa, J. (2001). *From Users and Choosers to Makers and Shapers: Repositioning Participation in Social Policy. IDS Working Paper 17*. Brighton: Institute of Development Studies.

Craig, G. and Manthorpe, J. (1999). Unequal Partners? Local Government Reorganization and the Voluntary Sector. *Social Policy and Administration*, **33**(1), 55-72.

Craig, G., Taylor, M., Szanto, C. and Wilkinson, M. (1999). *Developing Local Compacts*. York: York Publishing Services.

Craig, G., Taylor, M., Wilkinson, M., Bloor, K., with Monro, S. and Syed, A. (2001).

Contract or Trust? The Role of Compacts in Local Governance. Bristol: The Policy Press.

Craig, G. and Taylor, M. (2002). Dangerous liaisons? In Glending,C., Powell,M. and Rummery,K. *Partnership, New Labour and the Governance of Welfare*. Bristol: The Policy Press.

Craig,G.,Taylor,M. and Parkers,T. (2004). Protest or Partnership? The Voluntary and Community Sectors in the Policy Process. *Social Policy and Administration*, **38**(3), 221-239.

Craig, G., Taylor, M.,Carlton,N. Garbutt,R. Kimberlee,R, Lepine,E. and Syed,A. (2005). *The Paradox of Compact –Monitoring the Implementation of Compact*. London: Home Office.

Croydon City Council (2005). *Case Study 1-18*. Retrieved May 30, 2005, from_http://www.croydon.gov.uk/communitypeopleliving/beaconaward/beaconstatus

Croydon City Council (2008). *Case Study No.11 Croydon's Community Network*. Retrieved July 1,2009, from http://www.croydon.gov.uk/contents/departments/democracy/pdf/596691/cs11.pdf

Daly,G. and Davis,H. (2002). Partnership for Local Governance: Citizens, Communities and Accountability. In Glending,C., Powell,M. and Rummery,K. *Partnership, New Labour and the Governance of Welfare*. Bristol: The Policy Press.

Dargan,L. (2009) Participation and Local Urban Regeneration: The Case of the New Deal for Communities(NDC) in the UK. *Regional Studies*, **43**(2), 305-317.

Darlow,A., Percy-Smith,J. and Wells,P. (2007). Community Strategy: Are They Delivering Joined up Governance? *Local Government Studies*, **33**(1), 117-129.

Davies,J. (2008). The Limits of Joined-up Government: Towards a Political Analysis. *Public Administration*, **87**(1), 80-96.

Department of Community and Local Government (DCLG) (2006). *Strong and Prosperous Communities - The Local Government White Paper*. Cm 6939-l. London: The Stationery Office.

— (2007a). *Developing the Future Arrangements for Local Area Agreements*. London: DCLG.

— (2007b) *The New Performance Framework for Local Authorities and Local Authority Partnerships: Single Set of National Indicators*. London: DCLG.

— (2007c). *Negotiating New Local Area Agreements*. London: DCLG.

— (2008a). *National Evaluation of Local Public Service Agreements Final Report*. London: DCLG.

— (2008b). *Creating Strong, Safe and Prosperous Communities Statutory Guidance*. London: DCLG.

— (2008c). *Neighbourhood Governance: Making NDC Elections a Significant Event for Partnerships and Communities? Some Lessons from the New Deal for Communities*

Programme. London: DCLG.
— (2008d). *Participatory Budgeting: A Draft National Strategy*. London: DCLG.
— (2009). *Long Term Evaluation of Local Area Agreements and Local Strategic Partnerships :Report on the 2008 Survey of all English Local Strategic Partnerships. Volume1 Executive Summary and Survey Report*. London: DCLG.
DCLG and Department of Work and Pensions (2007) .*The Working Neighbourhoods Fund*. London: DCLG.
Department of the Environment, Transport and the Regions (DETR) (1998). *Modern Local Government: In Touch with the People*.Cm.4014. London: HMSO.
— (1999a). *Single Regeneration Budget Round 5 Bidding Guidance*. London: The Stationery Office.
— (1999b). *Preparing Community Strategies: Government Guidance to Local Authorities*. London: DETR.
— (1999c). *New Deal for Communities: Phase1 Proposals Guidance for Applicants*. London: DETR.
— (2000a). *Indices of Deprivation 2000*.London: DETR.
— (2000b). *New Deal for Communities Developing Delivery Plan*. London: DETR.
— (2000c).*Our Towns and Cities: The Future – Delivering an Urban Renaissance*. London: Stationery Office.
— (2001a). *Local Strategic Partnership, Government Guidance*. London: DETR.
— (2001b). *Community Empowerment Fund: Preliminary Guidance*. London: DETR.
Department of Health.(1997). *Health Action Zones-Invitation to Bid*. Leeds: DoH.
Dickinson,S.(2007). Urban Regeneration UK Practice. In Diamond,J. Liddle,J. Southern,A. and Townsend,A. *Managing the City*. Oxon: Routledge.
Dinham,A. (2005). Empowered or Over-Empowered? The Real Experiences of Local Participation in the UK's New Deal for Communities. *Community Development Journal*, **40**(3), 301-312.
Driver, S. and Martell, L. (1998). *New Labour: Politics after Thatcherism*. Cambridge: Polity Press.
East Brighton for You (2000). *Delivery Plan*. Brighton: Eb4U.
East Brighton for You (2005a). *Delivery Plan 2005-2008*. Brighton: Eb4U.
East Brighton for You (2005b). *Our Year 2004/2005*. Brighton: Eb4U.
Entwistle,T, Bristow,G, Hines,F, Donaldson,S and Martin,S. (2007). The Dysfunctions of Markets, Hierarchies and Networks in the Meta-Governance of Partnership. *Urban Studies*, **44**(1), 63-79.
Flick,U. (1995). *Qualitative Forschung*. Hamburg: Rowohlt.(=2002. 小田博志他訳『質的研究入門〈人間の科学〉のための方法論』春秋社 .)
Foley, S. and Martin, P. (2000). A New Deal for the Community? Public Participation in

Regeneration and Local Service Delivery. *Policy and Politics,* 28(4), 479-91.

Freeman,T. and Peck,E. (2007). Performing Governance: A Partnership Board Dramaturgy. *Public Administration,* **85**(4), 907-929.

Fung,A. and Wright,E.O.(2003). *Deeping Democracy, Institutional Innovations in Empowered Participatory Governance.* London: Verso.

Geddes, M. (1997). *Partnership against Poverty and Exclusion? Local Regeneration Strategies and Excluded Communities in UK.* Brsitol: Policy Press.

Geddes, M. (1998). *Local Partnership: A Successful Strategy for Social Cohesion?* Dublin: European Foundation for the Improvement of Living and Working Conditions.

Giddens,A. (1998). The Third Way The Renewal of Social Democracy. Cambridge: Polity Press. (=1999. 佐和隆光訳「第三の道　効率と公正の新たな同盟」日本経済新聞社 .)

Gillanders,G. and Sophie,A. (2007).Win-Win? Early Experience from Local Area Agreements. *Local Government Studies,* **33**(5), 743-760.

Goss,S. (2001). *Making Local Governance Work. Networks, Relationships and the Management of Change.* Hampshire: Palgrave.

Hadley,R. and Hatch,S. (1981). *Social Welfare and the Failure of the State, Centralised Social Services and Participatory Alternatives.* London: George Allen and Unwin.

Halpin,D., Dickson,M., Power,S., Whitty,G. and Gewirtz,S. (2004). Area-Based Approaches to Educational Regeneration: The Case of the English Education Action Zone Experiment. *Policy Studies,* **25** (2), 75-85.

Hastings,A. (2003). Strategic, Multilevel Neighbourhood Regeneration: An Outward-looking Approach at Last? In Imrie,R. and Raco,M. eds. *Urban Renaissance? New Labour, Community and Urban Policy.* Bristol: The Policy Press.

Her Majesy's Statutory Office (1977). *Policy for Inner Cities.* Cm.6845. London: HMSO.

Hirst,P. (1994). *Associative Democracy: New Forms of Economic and Social Governance.* Cambridge: Polity Press.

Hirst,P. (1997). *From Statism to Pluralism.* London: UCL Press.

Hirst,P. (2000). Democracy and Governance. In Pierre,J. ed. *Debating Governance. Authority, Steering, and Democracy.* Oxford: Oxford University Press.

Higgins,J., Deakin,N., Edwards,J. and Wicks,M. (1983). *Government and Urban Poverty −Inside the Policy Making Process.* Oxford: Blackwell.

Hill,N.(2000). Long Consultation Leads to Neighbourhood Strategy. *Society Guardian,* Thursday9, November.

Hebbert,M. and Deas,I. (1997).「エンタープライズ・ゾーンと都市開発公社　中規模都市での取り組み」イギリス都市拠点事業研究会『イギリスの都市再生戦略　都市開発公社とエンタープライズ・ゾーン』風土社 .

HM Treasury (2000a). *2000 Spending Review: Public Service Agreements.* Cm 4808, London: The Stationary Office.

HM Treasury (2000b). *SR2000 Government Interventions in Deprived Areas (GIDA) Cross-cutting Review*. London: The Stationary Office.

HM Treasury (2002). *The Role of the Voluntary and Community Sector in Service Delivery: A Cross Cutting Review*. London: HM Treasury.

Holland,M. (1965). *Report of the Committee on Housing in Greater London*. Cm. 2605. London: HMSO.

Home Office (1990). *Efficiency Scrutiny of Government Funding of the Voluntary Sector*. London: Home Office.

ICPS(2008). *Here, the People Decide? Research Briefing*. Bradford: International Centre for Participation Studies.

Improvement and Development Agency (2005). *The Beacon Scheme Guide*. Retrieved June 1, 2005, from http://beacons.idea.gov.uk/idk/core/page.do?pageId=5615406

Imrie,R. and Raco,M. (2003). Community and the Changing Nature of Urban Policy. In R.Imrie and M.Raco eds. *Urban Renaissance? New Labour Community and Urban Policy*. Bristol: The Policy Press.

Jackson,L.S. (2001). Contemporary Public Involvement: Toward a Strategic Approach. *Local Environment,* **6**(2), 135-147.

Johnson,C. and Osborne,S. (2003). Local Strategic Partnership, Neighbourhood Renewal, and the Limit to Co-governance. *Public Policy and Management.* **23**(3), 147-154.

Jessop,B. (2002). *The Future of the Capitalist State*. Cambridge: The Policy Press.(= 2005. 中谷義和監訳「資本主義国家の未来」お茶の水書房）

Jones P. and Evans J. (2008). *Urban Regeneration in the UK: Theory and Practice*. London: SAGE.

Kendal,J. (2000). The Mainstreaming of the Third Sector into Public Policy in England in the Late 1990s: Whys and Wherefores. *Policy and Politics,* **28**(4), 541-62.

Kjaer,A.M. (2004). *Governance*. Cambridge: Polity Press.

Kickert,W.J.M., Klijn,E. and Koppenjan,J. (1997). *Managing Complex Network Strategies for the Public Sector*. London: SAGE.

Kooiman,J. (1993). Social-Political Governance : Introduction. In Kooiman,J. ed. *Modern Governance New Government-Society Interactions*, London: SAGE.

Kooiman,J. (2003). *Governing as Governance*. London :SAGE.

Labour Party (1997). *Building the Future Together*. London: Labour Party.

Lambeth First (2009). *FACT SHEET - Lambeth First*. Retrieved December 1, 2009, from http://www.lambethfirst.org.uk/fact-sheets/

Lawless,P. (1989). *Britain's Inner Cities Second Edition*. London: Paul Chapman.

Lawless,P. (1986). *The Evolution of Spatial Policy: A Case Study of Inner-Urban Policy in the United Kingdom 1968-1981*. London: Pion.

Lawless,P. (2006). Area based Urban Interventions: Rational and Outcome: The New Deal for Communities Programme in England. *Urban Studies*, **43**(11), 1991-2011.

Le Grand,J.(1998). The Third Way Begins with Cora. *New Statesman*, **494**,26-27.

Lewis,J. (1999). Reviewing the Relationship Between the Voluntary Sector and the State in Britain in the 1990s. *Voluntas*, **10**(3), 5-23.

Lewis, J. (2005). New Labour's Approach to the Voluntary Sector: Independence and the Meaning of Partnership. *Social Policy and Society*, **4**(2), 121-131.

LGA (2000). *Compacts, Strategies, Partnerships*. London: LGA.

Ling T. (2002). Delivering Joined-up Government in the UK: Dimensions, Issues and Problems. *Public Administration*, **80**, 615–642.

Lmrie,R. and Raco,M. (2003). Community and the Changing Nature of Urban Policy. In Lmrie,R. and Raco,M. eds. *Urban Renaissance? New Labour, Community and Urban Policy*, Bristol: The Policy Press.

Lowndes,V. and Skelcher,C. (1998). The Dynamics of Multi-organizational Partnerships: An Analysis of Changing Modes of Governance. *Public Administration*, **76**(2), 313-333.

Lowndes,V. and Sullivan,H. (2004). Like a Horse and Carriage or a Fish on a Bicycle: How Well Do Local Partnership and Public Participation Go together? *Local Government Studies*, **30**(1), 51-73.

Lund,B. (1999). The Poor in a Loomp is Bad : New Labour and Neighbourhood Renewal. *The Political Quarterly*, **70**(3), 280-284.

Lund,B. (2008). Major, Blair and the Third Way in Social Policy. *Social Policy and Administration*, **42**(1), 43-58..

Lupton, R (2003). *Poverty Street: The Dynamics of Neighbourhood Decline and Renewal*. Bristol: The Policy Press.

Lupton,R and Power,A. (2005). Disadvantaged by Where You Live? New Labour and Neighbourhood Renewal. In Hills,J. and Stewart,K. *A More Equal Society?* Bristol: The Policy Press.

Malpass,P. (1994). Policy Making and Local Governance: How Bristol Failed Twice to Secure City Challenge Funding. *Policy and Politics*, **22**(4), 301-312.

Mason,J. (2002). *Qualitative Researching*. London: SAGE.

Mishra, R. (1984). *The Welfare State in Crisis*. New York: St. Martin's Press

Mishra, R. (1990). *The Welfare State in Capitalist Society*. Hamel Hempstead :Harvester Wheatsheaf. (=1995. 丸谷冷史他訳『福祉国家と資本主義―福祉国家再生への視点』晃洋書房.)

Morison, J. (2000). The Government -Voluntary Sector Compacts: Governance, Governmentality and Civil Society. *Journal of Law and Society*, **37**(1), 98-132

Mossberger,K. and Stoker,G. (1997). Inner-City Policy in Britain Why It Will not Go Away. *Urban Affairs Review*, **32**, 378-398.

Myrdal, G. (1960). *Beyond the Welfare State*. London: Gerald Duckworth. (=1970. 北川一

雄監訳『福祉国家を越えて』ダイヤモンド社 .)

Neighbourhood Renewal Unit (2001). *Community Empowerment Fund Preliminary Guidance.* London: NRU.

NCVO (1996) *Meeting the Challenge of Change: Voluntary Action into the 21st Century.* London: NCVO.

Newman,J. (2001). *Modernising Governance New Labour, Policy and Society.* London: SAGE.

Newman,J. Barnes,M. and Sullivan,H (2004). Public Participation and Collaborative Governance. *Journal of Social Policy*, **33**(2), 203-223.

Newman,J. (2005). Introduction. In. Neman,J. eds. *Remarking Governance Peoples, Politics and the Public Sphere.* Bristol: Policy Press.

North,P. (2003). Communities at the Heart? Community Action and Urban Policy in the UK. In Imrie,R. and Raco,M. eds. *Urban Renaissance? New Labour, Community and Urban Policy.* Bristol: The Policy Press.

Oatley N. (2000). New Labour's Approach to Age-old Problems. *Local Economy*, **15**: 86-97.

Office of Deputy Prime Minister (ODPM) (2002). *Public Participation in Local Government A Survey of Local Authorities.* London: ODMP.

— (2003). *The Future of Local Government: Developing a 10 Year Vision.* London: ODMP.

— (2004a). *Local Area Agreements: A Prospectus.* London: ODMP.

— (2004b). *Community Empowerment Networks Performance Management Framework: A Framework for Assessing Progress and Development.* London: ODOM.

— (2004c). *The English Indices of Deprivation 2004(revised).* London: ODOM.

— (2004d). *PSA Target1 –Neighbourhood Renewal.* London: ODOM.

— (2005a). *Local Area Agreements Guidance.* London: ODPM.

— (2005b). *Research Report17 New Deal for Communities 2001-2005: An Interim Evaluation.* London: ODPM.

— (2005c). *National Evaluation of Local Strategic Partnership: Report on the 2004 Survey of all English LSPs.* London: ODPM.

OECD (1981). *The Welfare State in Crisis*, Brighton: Wheatsheaf.

Parry,G., Moyser,G. and Day,N. (1992). *Political Participation and Democracy in Britain.* Cambridge: Cambridge University Press.

Percy-Smith, J, Leach,R. and Percy-Smith,J.(2001). *Local Governance in Britain.* Hampshire: Palgrave.

Pearson,S. and Craig,G. (2001). Community Participation in Strategic Partnership in the United Kingdom. In Pierson,J. and Smith,J. eds *Rebuilding Community: Policy and Practice in Urban Regeneration.* Hampshire: Palgrave.

Pestoff,V.A. (1998). *Beyond the Market and State: Social Enterprises and Civil Democracy in a Welfare Society.* Aldershot: Ashgate. (=2000 藤田暁男他訳「福祉社会と市民民主主義　共

同組合と社会的企業の役割」日本経済評論社 .)

Pierre,J. (2000). *Debating Governance Authority, Steering, and Democracy.* Oxford: Oxford University Press.

Pierre,J. and Guy Peters, B. (2000). *Governance, Politics and the State.* Hampshire: Macmillan.

Prime Minister and Minister for the Cabinet Office (1999). *Modernising Government.* Cm 4310, London: The Stationary Office.

Powell, M. (1999). Introduction. In Powell, M. ed. *New Labour, New Welfare State? The 'Third Way' in British Social Policy.* Bristol: The Policy Press.

Powell, M. and Monn,G. (2001). Health Action Zones: The 'Third Way' of a New Area-Based Policy? *Health and Social Care in the Community*, **9**(1), 43-50.

Powell,M. and Glending,C. (2002). Introduction. In Glending,C., Powell,M. and Rummery,K. *Partnerships, New Labour and the Governance of Welfare.* Bristol: The Policy Press.

Pollitt.C. (1994). The Citizens Charter: A Preliminary Analysis. *Public Money and Management.* **14**(2): 9-14.

Pollitt,C. (2003). Joined-up Government: A Survey. *Political Studies Review*, **1**, 34-49.

Purdue,D. (2005). Performance Management for Community Empowerment Networks. *Public Money & Management*, **25**(2), 123-130.

Rhodes,R.A.W. (1997). *Understanding Governance.* Buckingham: Open University Press.

Rhodes,R.A.W.(1999). Forward: Governance and Networks. In Stoker,G. (1999) *The New Management of British Local Governance.* Basingstoke: Macmillan.

Ritchie,J., Lewis,J. and Elam,G. (2003.) Designing and Selecting Sample. In. Ritchie,J. and Lewis,J. *Qualitative Research Practice A Guide for Social Science Students and Researchers.* London: SAGE.

Robinson,F., Shaw,K. and Davidson,G. (2005). On the Side of the Angels: Community Involvement in the Governance of Neighbourhood Renewal. *Local Economy*, **20**(1), 13-26.

Rowe,M. (2007). Partnerships Models of Working. In Diamond,J. Liddle,J. Southern,A. and Townsend,A. *Managing the City.* Oxon: Routledge.

Russell,H. (2005). *National Evaluation of Local Strategic Partnerships –Issues Paper Voluntary and Community Sector Engagement in Local Strategic Partnership.* London: ODPM.

Salamon,L.M. and Anheier,H.K. (1994). *The Emerging Sector.* The Johns Hopkins University. (= 1996. 今田忠監訳『台頭する非営利セクター』ダイヤモンド社 .)

Savage, S. and Atkinson, R. eds. (2001). *Public Policy under Blair.* Hampshire: Palgrave.

Seebohm, F. (1968) *Report of the Committee on Local Authority and Allied Personal Social Services (the Seebohm Report)* Cm.3703. London, HMSO.

Shaw,K. and Davidson,G. (2002). Community Elections for Regeneration Partnerships: A

New Deal for Local Democracy? *Local Government Studies,* **28**(2), 8-15.

Skelcher,C., Mathur,N. and Smith,M. (2005). The Public Governance of Collaborative Spaces: Discourse, Design and Democracy. *Public Administration,* **83**(3), 573-596.

Social Exclusion Unit (1998). *Bringing Britain Together: A National Strategy for Neighbourhood Renewal.* Cm.4045. London: The Stationery Office.

Social Exclusion Unit (2000). *National Strategy for Neighbourhood Renewal: A Framework for Consultation.* London: SEU.

Social Exclusion Unit (2001). *A New Commitment to Neighbourhood Renewal –National Strategy Action Plan.* London: SEU.

Southwark Alliance (2002). *Making a Difference Together: Southwark Neighbourhood Renewal Strategy.* London: Southwark Alliance.

Stewart, J. (2003). *Modernising British Local Government.* Hampshire: Palgrave.

Stewart, M. (2005). Collaboration in Multi-actor Governance. In Haus,M., Heinelt,H. and Stewart,M. eds. *Urban Governance and Democracy –Leadership and Community Involvement.* Oxon: Routledge.

Stoker, G. (1999). *The New Management of British Local Governance.* Hampshire: Palgrave.

Stoker, G. (1998). Governance as Theory: Five Propositions. *International Social Science Journal,* **50**(1), 17-28.

Stoker,G. (2004). *Transforming Local Governance From Thatcherism to New Labour.* Hampshire: Palgrave.

Skelcher,C., Mathur,N. and Smith,M. (2005). The Public Governance of Collaborative Spaces: Discourse, Design and Democracy. *Public Administration,* **83**(3), 573-596.

Somerville, P. and Haines,N. (2008) Prospects for Local Co-Governance. *Local Government Studies,* **34**(1), 61-79.

Smith,I. Lepine,E. and Taylor,M. (2007). *Disadvantaged by Where You Live? Neighbourhood Governance in Contemporary Urban Policy.* Bristol: The Policy Press.

Southern,R. (2002). Understanding Multi-Sectoral Regeneration Partnerships as a Form of Local Governance. *Local Government Studies,* **28**(2), 16-32.

Sullivan,H. (2001). Modernisation, Democratisation and Community Governance. *Local Government Studies,* **27**(3), 1-24.

Sullivan,H. and Skelcher,C. (2002). *Working across Boundaries Collaboration in Public Services.* Hampshire: Palgrave.

Taylor,M. (2000a). Maintaining Community Involvement in Regeneration: What are the Issues? *Local Economy,* **15**(3), 251-267.

Taylor,M. (2000b). Communities in the Lead: Power, Organisational Capacity and Social Capital. *Urban Studies,* **37**(5-6), 1019-1035.

Taylor,M. (2003a). Neighbourhood Governance: Holy Grail or Poisoned Chalice? *Local Economy,* **18**(3), 190-195.

Taylor,M. (2003b). *Public Policy in the Community*. Hampshire: Palgrave.

Taylor, M. and Warburton, D. (2003). Legitimacy and the Role of UK Third Sector Organisations in the Democratic Process. *Voluntas*, **14**(3), 321-338.

Taylor,M., Craig,G., Monro,S., Parkes,T., Warburton,D. and Wilkinson,M. (2004). A Sea-Change or a Swamp? New Spaces for Voluntary Sector Engagement in Governance in the UK. *IDS Bulletin*, **35**(2), 67-75.

Taylor, M. (2007). Community Participation in the Real World: Opportunities and Pitfalls in New Governance Spaces. *Urban Studies*, **44**(2), 297-317.

Toynbee, P. (2003). *Hard Work Life in Low-pay Britain*. London: Bloomsbury Publishing(＝ 2005. 椋田直子訳『ハードワーク 低賃金で働くということ』東洋経済新報社 .)

Tower Hamlets Partnership (2002). *A Strategy for Neighbourhood Renewal in Tower Hamlets 2002-2010*. London: Tower Hamlets Partnership.

Twelvetrees, A. (2002). *Community Work Third Edition*. Hampshire: Palgrave.

Urban Forum (2006). *The LSP Guide 2006 Third Edition*. London: Urban Forum.

Urban Forum (2008). *Urban Forum CEN Research 2008*. London: Urban Forum.

Urban Forum (2009). *The Handy Guide to LAAs: A Guide to Local Area Agreements for Community Groups*. London: Urban Forum.

Weaver, M. (2002a). Friction Slows New Deal. *Guardian*, Wednesday,20, February.

Weaver, M. (2002b). Latest Flagship Project Flounders. *Society Guardian*, Wednesday,20, February.

Weaver, M. (2002c). Fresh Dispute Hits New Deal Scheme. *Society Guardian,* Monday,4, March.

Weaver, M. (2006). More Power to the People, Urges Miliband. *Guardian*, Tuesday21 Feburary.

Wilson,D. (2000). Towards Local Governance: Rhetoric and Reality. *Public Policy and Administratation*, **15**(1), 43-57.

Wilson,D. and Game,C. (2002). *Local Government in the United Kingdom Third Edition*. Hampshire: Palgrave.

Wintour,P. (2000). Whitehall Raps Labour 'Chaos'. *The Observer*, Sunday 6 February.

WGGRS (2000). *Compact: Funding, a Code of Good Practice*. London: Working Group on Government Relations Secretariat.

Wolfenden Committee (1978). *The Future of Voluntary Organizations Report on the Wolfenden Committee*. London: Croom Helm.

Wright,J.S.F., Parry,J., Mathers,J., Jones,S. and Orford,J. (2006). Assessing the Participatory Potential of Britain's New Deal for Communities: Opportunities for and Constraints to 'Bottom-up Community Participation'. *Policy Studies*, **27**(4), 347-361.

Voscur (2009). *Voscur Guide to the Bristol Partnership and Its Sub Boards (March 2009)*. Retrieved December 1, 2009, from http://www.voscur.org/representation

阿部志郎 (1970)「公私社会事業の関係」『季刊社会保障研究』**6**(2) : 2-10.
荒木昭次郎 (1996)「自治行政にみる市民参加の発展形態 ―第2世代の参加論としての公民協働論―」社会保障研究所編『社会福祉における市民参加』東京大学出版会.
石井徹 (2004)「福祉社会と非営利セクター 国際比較の中の日本」白石克孝編『分権社会の到来と新フレームワーク』日本評論社.
伊藤修平 (1996)「社会福祉における利用者参加」社会保障研究所編『社会福祉における市民参加』東京大学出版会.
伊藤善典 (2006)『ブレア政権の医療福祉改革 市場機能の活用と社会的排除への取組み』ミネルヴァ書房.
稲継裕昭 (2001)「英国ブレア政権下での新たな政策評価制度 ―包括的歳出レビュー(CSR)・公共サービス合意(PSAs)―」『季刊行政管理研究』**93**: 29-51.
今井良広 (2005)「イギリスの地域再生とエリア・ベースド・イニシアティブ」吉田忠彦編『地域とNPOのマネジメント』晃洋書房.
今里佳奈子 (2003)「分権型福祉社会における自治体の連携・合併 福祉ガヴァナンスの諸相」武智秀之編『福祉国家のガヴァナンス』ミネルヴァ書房.
今村都南雄 (2002)「公共空間の再編」今村都南雄編『日本の政府体系 改革の過程と方向』成文堂.
今村都南雄 (2003)「地方分権改革と都市ガバナンス」武智秀之編『都市政府とガバナンス』中央大学出版.
岩崎信彦・鰺坂学・上田惟一・高木正朗・広原盛明・吉原直樹編『町内会の研究』お茶の水書房.
岩崎正洋 (2003)「今なぜガバナンス論なのか」岩崎正洋・佐川泰弘・田中信弘編『政策とガバナンス』東海大学出版会.
後房雄 (2009)『NPOは公共サービスを担えるか―次の10年への課題と戦略』法律文化社.
右田紀久恵 (2005)『自治型地域福祉の理論』ミネルヴァ書房.
内貴滋 (2009)『英国行政大改革と日本「地方自治の母国」の素顔』ぎょうせい.
宇山勝儀 (2004)「地方分権と社会福祉行政」宇山勝儀・小林良二編『新しい社会福祉の焦点』光生館.
大久保規子 (2004)「市民参加・協働条例の現状と課題」『公共政策研究』**4**:24-37.
大住荘四朗 (2002)『パブリックマネジメント 戦略行政への理論と実践』日本評論社.
大塚祚保 (2007)「地方自治のしくみとその改革」下條美智彦編『イギリスの行政とガバナンス』成文堂.
大橋謙策 (2001)「地域福祉計画の基本枠組み及び策定の視点と地域福祉実践」大橋謙策・原田正樹編『地域福祉計画と地域福祉実践』万葉社.
岡田章宏 (2005)『NPMの検証 日本とヨーロッパ 地域と自治体第30集』自治体研究社.
岡田知弘・石崎誠也 (2006)『地域自治組織と住民自治』自治体研究社.
小川有美 (2007)「熟議=参加デモクラシーの比較政治研究へ」小川有美編『ポスト代表制の比較政治』早稲田大学出版部.
岡村重夫 (1974)『地域福祉論』光生館.

笠原千絵 (2004)『グループホームで暮らす知的障害のある人とつくる自己決定支援モデル：参加型調査の試み』上智大学大学院文学研究科博士学位論文．

笠原千絵 (2010)「地域自立支援協議会とローカルガバナンス：全国調査からみる協議会の機能分析の結果から」『日本の地域福祉』**23**:142-153．

金川幸司 (2008)『協働型ガバナンスとNPO』晃洋書房．

金谷信子 (2007)『福祉のパブリック・プライベート・パートナーシップ』日本評論社．

萱山真美 (2007)『質的研究実践ノート 研究プロセスを進めるclueとポイント』医学書院．

川上富雄 (2001)「地域福祉計画と住民参加」大橋謙策・原田正樹編『地域福祉計画と地域福祉実践』万葉社．

川島毅 (2004)「成熟社会の新・市民参加論 分権時代の住民自治を求めて『あいち協働ルールブック2004』によるNPOと行政の協働推進 NPO・行政の双方が合意に至った基本ルール」『地方自治職員研修』**37**(2):54-57．

北場勉 (2005)『戦後「措置制度」の成立と変容』法律文化社．

木下雅了(2007)『地方分権と地域福祉計画の実践 コミュニティ自治の構築へ向けて』みらい．

君村昌 (2003)「連携政府への志向とエージェンシー ―イギリスにおける最近の問題状況―」『季刊行政管理研究』**103**:57-69．

倉坂秀史 (2008)「公共研究と市民参加」『公共研究』**5**(2):18-29．

厚生省社会・援護局 (2000)『社会的な援護を要する人々に対する社会福祉のあり方に関する検討会 報告書』厚生省社会・援護局．

厚生労働省社会・援護局 (2008)『地域における「新たな支え合い」を求めて－住民と行政の協働による新しい福祉－』全国社会福祉協議会．

小島廣光 (1998)『非営利組織の経営 日本のボランティア』北海道大学図書刊行会．

小堀眞裕 (2005)『サッチャリズムとブレア政治 コンセンサスの変容、規制国家の強まり、そして新しい左右軸』晃洋書房．

小山善彦 (2008)「英国における地域公共政策の変容とパートナーシップ政策」白石克孝・新川達郎編『参加と協働の地域公共政策開発システム』日本評論社．

近藤康史 (2004)「現代イギリス福祉国家のガヴァナンスに関する一考察 ハイラーキー・市場・ネットワーク」『筑波法政』**36**:1-33．

近藤康史 (2008)『個人の連帯 「第三の道」以後の社会民主主義』勁草書房．

斉藤純一 (2000)『公共性』岩波書店．

榊原秀訓 (2003)「住民参加の展開と課題」室井力編『住民参加のシステム改革 自治と民主主義のリニューアル』日本評論社．

阪野智一 (2002)「自由主義的福祉国家からの脱却？ イギリスにおける二つの福祉改革」宮本太郎編『福祉国家再編の政治』ミネルヴァ書房．

佐々木毅 (1999)『政治学講義』東京大学出版会．

佐藤郁哉 (2008)『質的データ分析法 原理・方法・実践』新曜社．

佐藤徹 (2006)「市民参加の基本的視座」原田寛明監修『地域政策と市民参加 「市民参加」への多面的アプローチ』ぎょうせい．

澤井勝 (2005)「ガバナンスの時代と地域福祉」武川正吾編『地域福祉計画』有斐閣.
自治体国際化協会 (2000)『英国の新しい市民参加手法 ―市民パネル、市民陪審を中心として―』自治体国際化協会.
篠原一 (1977)『市民参加』岩波書店.
篠原一 (2004)『市民の政治学 討議デモクラシーとは何か』岩波書店.
柴田謙治 (1991)「社会政策における『参加』 利用者参加論の展開と視角」大山博・武川正吾編『社会政策と社会行政 新たな福祉の理論の展開を目指して』法律文化社.
柴田謙治 (2008)「貧困と平等主義的社会政策、個別支援と地域再生 ―貧困への地域レベルでの取り組み―」『金城学院大学論集 社会科学編』**5**(1): 1-20.
柴田謙治 (2009)「地域再生が成立した要因 ―地域的貧困と地域再生政策、ボランタリー・アクション―」『金城学院大学論集社会科学編』**5**(2): 1-16.
社会保障制度審議会福祉部会 (2002)『市町村地域福祉計画及び都道府県地域福祉支援計画策定指針の在り方について（一人ひとりの地域住民への訴え）』
白石克孝 (2005)「イギリスにおける地域政策の変遷とパートナーシップの意味変容」岡田章宏・自治体問題研究所編『NPMの検証 日本とヨーロッパ』自治体研究社.
新川達郎 (2002)「市民・NPO・行政の新たなガバナンス」新川達郎・雨宮孝子・山本啓編『NPOと法・行政』ミネルヴァ書房.
新川達郎 (2008)「公共性概念の再構築とローカルガバナンス」白石克孝・新川達郎編『参加と協働の地域公共政策開発システム』日本評論社.
新谷浩史 (2004)「英国ブレア政権の連結政府（Joined-up Government）の試み ―ガバナンス時代の政府の役割―」『早稲田政治公法研究』77:31-53.
新藤宗之・武智秀之 (1992)「福祉国家における政府間関係」社会保障研究所編『福祉国家の政府間関係』東京大学出版会.
神野直彦 (2004)「新しい市民社会の形成 官から民への分権」神野直彦・澤井安勇編『ソーシャル・ガバナンス 新しい分権・市民社会の構図』東洋経済新報社.
住吉博紀「福祉国家と第三の道の政治学 グローバル化時代のモダン社会民主主義」宮本太郎編『福祉国家再編の政治』ミネルヴァ書房.
高橋万由美・永田祐 (1998)「イギリスにおけるコミュニティケア改革以降の公私関係－ボランタリー組織との関係を中心に－」『社会福祉学』**39**(1):1-21.
高橋万由美 (2001)「1990年代のイギリスにおける契約文化とボランタリー組織への影響」『日本の地域福祉』**15**:17-27.
高寄昇三 (1996)『現代イギリスの都市政策』勁草書房.
武川正吾 (1996)「社会政策における参加」社会保障研究所編『社会福祉における市民参加』東京大学出版会.
武川正吾 (1999)『社会政策の中の現代 福祉国家と福祉社会』東京大学出版会.
武川正吾 (2003)「グローカリティと公共性の転換 －コミュニティ形成から地域福祉へ－」『地域社会学会年報』**15**:1-19.
武川正吾 (2005)『地域福祉計画 ガバナンス時代の社会福祉計画』有斐閣.

武川正吾 (2006a)「福祉社会のガバナンス」『福祉社会学研究』**3**:48-66.
武川正吾 (2006b)「グローバル化と個人化のなかのソーシャル・ガバナンス」似田貝香門他編『越境する都市とガバナンス』法政大学出版局.
武川正吾 (2006c)『地域福祉の主流化 福祉国家と市民社会Ⅲ』法律文化社.
武川正吾 (2007)『連帯と承認 グローバル化と個人化の中の福祉国家』東京大学出版会.
武川正吾 (2008)「地域福祉の主流化とローカル・ガバナンス」『地域福祉研究』**36**:5-15.
武智秀之 (1996)「政府と非営利団体」社会保障研究所編『社会福祉における市民参加』東京大学出版会.
武智秀之編 (2003)『都市政府とガバナンス』中央大学出版部.
武智秀之 (2003)「福祉のガヴァナンス」武智秀之編『福祉国家のガヴァナンス』ミネルヴァ書房.
武智秀之 (2004)「公共空間とガバナンス」武智秀之『都市政府とガバナンス』中央大学出版会.
田中重好 (2006)「地域政策策定過程と公共性担保の技法」岩崎信彦・矢澤澄子監修『地域社会学講座3 地域社会の政策とガバナンス』東信堂.
田中健二 (1999a)「行政-NPO関係論の展開 (1) パートナーシップ・パラダイムの成立と展開」『名古屋大学法政論集』**178**:143-176.
田中健二 (1999b)「行政-NPO関係論の展開 (2) パートナーシップ・パラダイムの成立と展開」『名古屋大学法政論集』**179**:343-385.
田中弥生 (2005)『NPOと社会をつなぐ―NPOを変える評価とインターメディアリ』東京大学出版会.
谷本有美子 (2001)「『透察性』・『誠実性』・『戦術性』―"転職"を迫られる地方公務員―」武藤博己編『分権社会と協働』ぎょうせい.
谷藤悦史 (2001)「英国における行政改革と公共サービス管理の変容 ―サッチャー政権からブレア政権変革を中心に―」『季刊行政管理研究』**94**:3-21.
玉野和志 (2006)「90年代以降の分権改革と地域ガバナンス」岩崎信彦・矢澤澄子監修『地域社会学講座3 地域社会の政策とガバナンス』東信堂.
玉野和志 (2007)「コミュニティからパートナーシップへ 地方分権改革とコミュニティ政策の転換」羽貝正美編『自治と参加・協働 ローカル・ガバナンスの再構築』学芸出版社.
地方制度調査会 (2003)『今後の地方制度のあり方に関する答申』地方制度調査会.
塚本一郎 (2007)「福祉国家再編と労働党政権のパートナーシップ政策」塚本一郎・柳沢敏勝・山岸秀雄編『イギリス非営利セクターの挑戦 NPO・政府の戦略低パートナーシップ』ミネルヴァ書房.
辻山幸宣 (1992)「福祉行政をめぐる分権と統制 機関委任事務体制の変容と継承」社会保障研究所編『福祉国家の政府間関係』東京大学出版会.
坪郷實 (2006a)「参加ガバナンスとは何か」坪郷實編『参加ガバナンス 社会と組織の運営刷新』日本評論社.
坪郷實 (2006b)「市民参加の新展開と自治体改革 市民社会を強くする方法」坪郷實編『参

加ガバナンス　社会と組織の運営刷新』日本評論社.
戸政佳昭 (2000)「ガバナンス概念についての検討と整理」『同志社政策科学研究』**2**:308-313.
栃本一三郎 (1993)「参加型福祉社会の実現　ポスト20世紀社会と参加の促進―分権化と多元化そして自律性と互酬性」厚生省社会・援護局地域福祉課『参加型福祉社会をめざして』全国社会福祉協議会.
栃本一三郎 (1996)「市民参加と社会福祉行政――シチズンシップをどう確保するのか」社会保障研究所編『社会福祉における市民参加』東京大学出版会.
栃本一三郎 (1997a)「地域福祉とNPO　『福祉の市民化』から見た市民の協働、参加、エンパワメント」『都市問題』**88**(4):23-37.
栃本一三郎 (1997b)『介護保険　福祉の市民化』家の光協会.
栃本一三郎 (2002a)「地域(コミューナル)社会政策＝対抗的社会政策の構想―既存福祉パラダイムと「地域福祉」からの脱皮」『月刊自治研』**44**(513):43-55.
栃本一三郎 (2002b)「社会福祉計画と政府間関係」三浦文夫他編『戦後社会福祉の総括と二十一世紀への展望　政策と制度』ドメス出版.
栃本一三郎 (2002c)「地域福祉計画の作り方―内容と手法の検討」『地方自治職員研究』**35**(7):18-21.
中澤秀雄 (2006)「『複数化』する都市のセルフ・ガバナンス」似田貝香門他編『越境する都市とガバナンス』法政大学出版局.
中島智人 (2007)「ボランタリー・コミュニティセクター(VCS)の基盤整備に向けた取り組み」塚本一郎・柳澤敏勝・山岸秀雄編『イギリス非営利セクターの挑戦　NPO・政府の戦略的パートナーシップ』ミネルヴァ書房.
中田実 (2007)『地方分権時代の町内会・自治会』自治体研究社.
永田祐 (2003)「ひとり親家庭に対する政策論理の変化―イギリスとオランダにおける就労支援政策の比較から―」『社会福祉学』**44**(2):34-44.
永田祐 (2004)「政府とボランタリーセクターの協働の可能性―イングランドにおけるコンパクトの制定およびその後の動向の分析を通じて」『社会福祉学』**45**(1):57-66.
永田祐 (2006a)「ブレア政権のボランタリーセクター政策　格下のパートナーから対等なパートナーへ?」『医療福祉研究』**2**:42-51.
永田祐 (2006b)「行政とNPOのパートナーシップ」日本地域福祉学会編『地域福祉事典』中央法規出版.
永田祐 (2006c)「ローカル・ガバナンスの変化と政策決定過程へのボランタリーセクターの参加―イングランドの近隣再生政策と地域戦略パートナーシップを事例として」『日本の地域福祉』**20**:43-54.
永田祐 (2007a)「政府とボランタリーセクターの協働の具体化―イングランドにおけるコンパクトの制定とその後の動向」宮城孝編『地域福祉と民間非営利セクター』中央法規出版.
永田祐 (2007b)「近隣ガバナンスへのコミュニティの参画と能力形成」『地域福祉研究』**35**

:12-26.
永田祐 (2008)「地域福祉の視点からみるローカル・ガバナンス」『地域福祉研究』**36**:2-4.
永田祐 (2009a)「ひとり親家庭に対する政策論理の変化―イギリスの動向と日本の位置」愛知淑徳大学ジェンダー研究所編『ジェンダー交差点』彩流社.
永田祐 (2009b)「市町村合併における小地域の『自治』と地域福祉計画 三重県松阪市と宮崎県都城市の事例から」『地域福祉研究』**37**: 54-68.
中野いく子 (2000)「社会福祉と公私関係」三重野卓・平岡公一編『福祉政策の理論と実際 福祉社会学研究入門』東信堂.
中邨章 (2003)『自治体主権のシナリオ――ガバナンス・NPM・市民社会』芦書房.
名和田是彦 (2001)「自治体における住民参加の原理・類型・条件」『月刊自治フォーラム』**502**:4-9.
名和田是彦 (2006)「日本型都市内分権の特徴とコミュニティ政策のあらたな課題」『コミュニティ政策』**4**:42-64.
名和田是彦 (2007)「近隣政府・自治体内分権と住民自治 身近な自治を実現するための考え方と仕組み」羽貝正美編『自治と参加・協働 ローカル・ガバナンスの再構築』学芸出版社.
西尾勝 (1974)『権力と参加』東京大学出版会.
西尾勝 (1975=1980)「市政と市民の参加」『現代のエスプリ』**158**: 37-46
西尾勝 (2007)『地方分権改革』東京大学出版会.
西村万里子 (2007)「地域再生政策とローカル・パートナーシップ」塚本一郎・柳澤敏勝・山岸秀雄編『イギリス非営利セクターの挑戦 NPO・政府の戦略的パートナーシップ』ミネルヴァ書房.
西山志保 (2007)「ガバナンスを導く協働(パートナーシップ)の可能性」『社会政策研究⑦』東信堂.
野口定久 (2008)『地域福祉論 政策・実践・技術の体系』ミネルヴァ書房.
長谷川万由美 (2008)「自家用有償運送運営協議会にみるローカル・ガバナンス―移動の課題を地域でどう支えるか」『地域福祉研究』**36**:28-36.
原田正樹 (2005)「コミュニティワークを地域住民の力へ―コミュニティワークの発展とこれからの戦略」『地域福祉研究』**33**:32-41.
原田正樹 (2007)「地域福祉計画と地域住民参加」牧里毎治・野口定久編『協働と参加の地域福祉計画』ミネルヴァ書房.
原田正樹 (2008)「地域福祉計画の策定とローカル・ガバナンス ―地域住民の参加と協働から―」『地域福祉研究』**36**:16-27.
早川純貴・内海麻里・田丸大・大山礼子 (2004)『政策過程論「政策科学」への招待』学陽書房.
早川誠(2006)「市民社会と新しいデモクラシー論」川崎修・杉田敦編『現代政治理論』,有斐閣.
平岡公一 (2004)「福祉多元化とNPO」宇山勝儀・小林良二編『新しい社会福祉の焦点』光生館.
平岡公一 (2005)「社会福祉と介護の制度改革と政策の展開」国立社会保障・人口問題研究

所編『社会保障制度改革　日本と諸外国の選択』東京大学出版会．

平野隆之 (2003)「住民が創る福祉」古川孝順・副田あけみ・秋元美世編『現代社会福祉の争点　下』中央法規．

平野隆之 (2006)「地域福祉推進研究のための分析枠組み」『日本の地域福祉』**20** :5-14．

平野隆之 (2008)『地域福祉推進の理論と方法』有斐閣．

平野隆之・榊原美樹 (2009)『地域福祉プログラム』ミネルヴァ書房．

福島富 (2006)「上越市の地域自治組織　公募公選性はどのように実現したか」岡田知弘・石崎誠也編『地域自治組織と住民自治』自治体研究社．

藤井敦史 (2002)「福祉NPO固有の社会的機能とそれを可能にするためのマネジメント」奥林康司・稲葉元吉・貫隆夫編『NPOと経営学』中央経済社．

藤垣裕子 (2003)『専門知と公共性―科学技術社会論の構築へ向けて』東京大学出版会．

藤村正之 (1999)『福祉国家の再編成　分権化と民営化をめぐる日本的動態』東京大学出版会．

古川孝順 (2001)『社会福祉の運営　組織と過程』有斐閣．

古川俊一 (2004)「NPOと行政：公共経営とガバナンス」、塚本一郎・古川俊一・雨宮孝子編『NPOと新しい社会デザイン』同文館出版．

星野信也 (1996)「供給体制の改革―分権と現金給付化―」『季刊社会保障研究』**32**(2) :117-127

星野信也 (1988)「社会福祉の地方分権化」『季刊社会保障研究』**23**(4) :398-410．

堀越栄子 (2000)「社会サービスと市民参加」玉井金五・大森真紀編『新版　社会政策を学ぶ人のために』、世界思想社．

牧里毎治 (2003)「地域福祉計画の目指すもの」『地域福祉研究』**31**: 29-37．

牧里毎治 (2007a)「技法としての地域福祉計画」牧里毎治・野口定久編『協働と参加の地域福祉計画』ミネルヴァ書房．

牧里毎治 (2007b)「住民参加・協働による地域福祉戦略」牧里毎治・野口定久・武川正吾・和気康太編『自治体の地域福祉戦略』学陽書房．

松下啓一 (1998)『自治体NPO政策　協働と支援の基本ルール NPO条例の提案』ぎょうせい．

松田憲忠 (2008)「市民参加の可能性とガバナンス」山本啓編『ローカル・ガバメントとローカル・ガバナンス』法政大学出版局．

松端克文 (2008)「書評『協働と参加の地域福祉計画』―福祉コミュニティの形成に向けて」『地域福祉研究』**36** :137-140．

真渕勝 (2000)「政策決定過程」伊藤光利・田中愛治・真渕勝『政治過程論』有斐閣．

真山達志 (2001)『政策形成の本質　現代自治体の政策形成能力』成文堂．

真山達志 (2002)「地方分権の展開とローカル・ガバナンス」『同志社法学』**54**(3) :91-113．

三浦虎彦 (2009)「フォーマルケア／インフォーマルケアと対人交流との関係に関するパターン分析」冷水豊編『地域生活の質に基づく高齢者ケアの推進　フォーマルケアとインフォーマルケアの新たな関係をめざして』有斐閣．

三浦文夫 (1981)「社会福祉における民間資金についての予備的考察」『季刊社会保障研究』

16(3): 94-112.
三浦文夫 (1985)『増補改訂 社会福祉政策研究 福祉政策と福祉改革』全国社会福祉協議会.
三浦文夫 (2004)「社会福祉基礎構造改革の展開とその具体化」宇山勝儀・小林良二編『新しい社会福祉の焦点』光生館.
宮川公男・山本清編 (2002)『パブリック・ガバナンス 改革と戦略』日本経済評論社.
宮崎文彦 (2009)「『新しい公共』における行政の役割 NPMから支援行政へ」『公共研究』**5**(4) : 186-244
宮本太郎 (2002)「グローバル化と福祉国家の政治 新しい福祉政治の文脈」宮本太郎編『福祉国家再編の政治』ミネルヴァ書房.
宮本太郎 (2005)「ソーシャル・ガバナンス－その構造と展開－」山口二郎他編『ポスト福祉国家とソーシャル・ガバナンス』ミネルヴァ書房.
森田朗編 (2003)『分権と自治のデザイン ガバナンスの公共空間』有斐閣.
森邊成一 (2003)「自治体内分権、コミュニティと住民参加」室井力編『住民参加システム改革 自治と民主主義のリニューアル』日本評論社.
盛山和夫 (2004)『社会調査法入門』有斐閣.
八木橋慶一 (2008)「イギリスにおける『ネイバーフッド・ガバナンス』構築に向けた動き 住民参画の意義と課題」『阪南論集 社会科学編』**44**(1) : 37-49.
山口二郎 (2005)『ブレア時代のイギリス』岩波新書.
山口二郎・宮本太郎・小川有美編 (2005)『市民社会民主主義への挑戦 ―ポスト『第三の道』のヨーロッパ政治』日本経済評論社.
山倉建嗣 (1989)「組織論の現在」『横浜経営研究』**10**(2) :89-98.
山野則子 (2009)「市町村における子どもの専門機関のネットワーク」牧里毎治・山野則子編『児童福祉の地域ネットワーク』相川書房.
山本隆 (2009)『ローカル・ガバナンス 福祉政策と協治の戦略』ミネルヴァ書房.
山本啓 (2005)「市民社会・国家とガバナンス」『公共政策研究』**5** :68-84.
吉田民雄 (2003)『都市政府のガバナンス』中央経済社.
笠京子 (2006a)「ガバナンスの時代における中央地方関係の変化―中央政府の中枢化：日英比較から」『季刊行政管理研究』**114** :5-15.
笠京子 (2006b)「各国の地方自治」村松岐夫編『テキストブック地方自治』東洋経済新報社.
若松邦弘 (2007)「ネットワークガヴァナンスと民主主義 公選議会を欠く領域統治」小川有美編『ポスト代表制の比較政治』早稲田大学出版部.
和気康太 (2007)「市町村地域福祉計画の全国動向とその課題」牧里毎治・野口定久編『協働と参加の地域福祉計画』ミネルヴァ書房.

あとがき

　政治はベストの選択である、という考え方は、ともすると政治というものはお上でやってくれるものである、という権威主義から出てくる政府への過度な期待、良い政策を実現してくることに対する過度の期待と結びつきやすい。政治というものはもともと「自治」ではなくて、政府がよい政策をやってくれるものだという伝統的な態度と結びつくのです。したがって、こういう政治というものにベストを期待するということは、強力な指導者による問題解決の期待につながります（丸山眞男「政治判断」『丸山眞男集　第7巻』岩波書店,1958=1996）。

　丸山は、政治に対する過度な期待は、「政治は誰がやっても同じだ」という失望と裏腹であることを指摘している。両極端のようにみえるどちらの主張も、政治は私たちが一歩一歩前に進めていくものである、という認識が欠如している点では共通しているからである。

　分権化によって地方に権限が移譲され、身近な事柄に影響力を行使する可能性が高まってきている一方で、丸山が指摘するように私たちは「代理人」に「ベスト」を求めすぎて、その結果、政治に失望し、「強力な指導者」による問題解決に期待するようになっているのが昨今の政治状況のように思われてならない。

　こうした状況の中で、私自身が専門とする「地域福祉」の考え方に依拠して、私たちが代理人に「お任せ」にするのではなく、話し合ったり、一緒に行動したり、活動したりすることで公共的な意思決定を一歩一歩でも前に進めていくためのビジョンを描きたい、と考えたのが本書の出発点である。

地域福祉では、住民が「社会福祉をみずからの課題とし、みずからが社会を構成し、新たな社会福祉の運営に参加すること」が、「地方自治の構成要件の一つとしての住民『自治』に連動」しており、さらにはこうした住民の力が、「地方自治を形成する主体力」となると論じられてきた（右田紀久惠「自治型地域福祉の理論化」『自治型地域福祉の理論』ミネルヴァ書房、1993 = 2005）。

　本文中で述べたように、決して最良の条件ではないとしても、自治体の政策過程という「扉」は、市民に対して開かれ、参加の機会は拡大している。しかし、その扉の向こうでは、自治体の職員も市民もどうしていったらよいかわからず戸惑っている、というのが日本のローカル・ガバナンスをめぐる状況かもしれない。本研究では、こうした政策過程における多様な主体の相互浸透を地方における新しい「ガバナンス」が求められている状況として位置づけ、そうした場に市民やボランタリーセクターが参加することの問題や可能性を分析することで、こうした状況を一歩でも前に進める研究成果が得られるはずだと考えた。

　イギリスを対象とした理由は本文中で示した通りなのでここでは触れないが、イギリスでの調査を行いながら気づいたのは、日本での課題の多くはイギリスでも共通しているという事実だった。そのことによって、私は研究対象としてイギリスを選択したことが、間違っていなかったと確信することができた。あるパートナーシップ組織の職員は、私たちのインタビューガイドに答えながら、「日本でも私たちと全く同じ課題に直面しているということを知って驚いた」と話してくれたし、もっと日本の実践について知りたいと話してくれた人もいた。

　このように、本書はイギリスの地域再生について論じてはいるものの、常にその背後に上記のような問題意識を持って進めてきた。「話し

合ったり、一緒に行動したり、活動したりすること」で、「力を合わせて問題を解決していく」ための場を地域でどのように作っていくのか、言い換えれば、「自治」をどのように構築していくのか、そのために考えなければいけないことについて、少しでも日本での議論を前に進めることができる成果を提示できているのであれば、私の意図は成功したことになる。その成否は読んでくださった方々の判断にゆだねるほかないが、不十分な点があればしっかりと受け止め、研究を進めていきたいと思う。

本書は、2010年度に上智大学に提出した学位論文をもとに、若干の修正を加えたものである。本書の形になるまでには、多くの方々のご指導、ご協力そして励ましをいただいた。

学位論文の主査は、大学院博士後期課程からご指導いただいた栃本一三郎先生になっていただいた。先生はいつも厳しいが、あとで振り返るとエポックとなるような機会を与えてくれた。院生時代からかかわらせていただいた共同募金の仕事は、私のライフワークの一つになっている。時流に媚びず、芯の強い研究者に、という先生の口癖が私は大好きである。また、上野谷加代子先生（同志社大学）には論文の副査になっていただくとともに、さまざまな研究現場でご指導いただいている。現場にしっかりと根を下ろし、信頼関係を築いていく先生のスタイルと姿勢に学び、研究成果を日本で活かしていきたいと考えている。藤村正之（上智大学）、島津望（上智大学）両先生には副査として今後の研究につながる貴重かつ的確なアドバイスをいただいた。両先生からの宿題には、今後の研究の中でお答えしていきたい。

私が研究者を志すきっかけとなったのは、大学学部時代に保坂哲也先生のゼミを「偶然に」履修することになったことにさかのぼる。失礼な話だが、3回生の新学期当日までゼミについて全く何も考えてい

なかった私は、本当に「偶然に」保坂先生の教室を選んだ（当時、上智大学ではゼミは当日教室に行くことで選択することになっていた）。つまり、不真面目な学生だったのだが、先生のゼミを選択したことで私の人生は大きく変わった。前期の講義で先生は、Arthur Gould の『Capitalist Welfare Systems：A Comparison of Japan, Britain and Sweden』をテキストにその解説をされていた。当時、その内容をしっかり理解したかどうかは別として、私にとっては目の前に新しい世界が広がっていくのを感じる時間だった。単純な私は、読めない英語の本を買い集めたり、翻訳されている類書を片っ端から読むようになっていた。単に知識が増えることの喜びではなく「研究」という営為の奥の深さと本当の意味での面白さは先生から教わった。先生に心から感謝したい。

　調査を実施する上では、矢部久美子氏にいつもお世話になった。すべての調査のアレンジは矢部氏に依頼した。矢部氏には、短い滞在期間と筆者の要望を踏まえて常に的確なインタビューをアレンジしていただいた。また、すべての調査に同行してもらい、筆者のつたない英語を補っていただくとともに、専門的な見地からもアドバイスをいただいた。本研究は、矢部氏のご協力なくしては成り立たないものであり、心から感謝している。
　もちろん、インタビューに応じてくださった地域戦略パートナーシップやコミュニティ・ニューディールの職員の方々にも感謝しなくてはならない。市民の可能性を信じ、新しい「実験」に奮闘している専門職の思いに私自身が何度も励まされ、それが研究を続ける原動力となった。ご協力いただいた皆様に心より感謝したい。
　論文執筆中は、友人の笠原千絵氏（関西国際大学）と山下順子氏（ブリストル大学）に大変お世話になった。両氏には本論文の構想段階か

ら相談にのってもらうとともに、多忙の中、原稿に目を通して丁寧なコメントをしてもらった。孤独な執筆作業の中で、読者を得ることのありがたみは忘れることができない。両氏の鋭いコメントのうち、内容に反映できなかった箇所については、筆者の力量不足であり、今後の課題としたい。

早いもので、大学で研究するようになって10年がたった。学位論文の提出にこのように長い時間が経ってしまったのは、私自身の怠慢と能力不足が原因だが、様々な経験を経て論文を執筆することができたのは、幸運でもあった。特に、様々な形で地域とかかわり、現実の問題と触れる中で、院生時代であれば思いもしなかったテーマに取り組むことができるようになった。なかでも、地域福祉計画や地域福祉活動計画の策定に実際に関与することになることで、それまでのNPOという「組織」の問題への関心は、本研究の着想となった地域民主主義、参加、ガバナンスといった問題へと大きく広がっていった。20代の未熟な若者に計画策定を任せてくれたいくつかの自治体や社会福祉協議会、一緒に計画策定に取り組んだ住民の方々には心から感謝している。

また、本書の刊行・編集にあたっては、中央法規出版の岡崎勝彦氏、池田丈氏に大変お世話になった。岡崎氏には大学院時代からお世話になっていたが、最初の単著の出版でもご尽力いだだき、その縁に感謝したい。

他にも本論文を執筆するにあたり、多くの方々にご指導、ご協力をいただいた。この場ですべての方のお名前を挙げることはできないが、皆様に心から感謝したい。

最後に、これまで研究を支えてくれた祖父母、両親に感謝したい。私の家族はそれぞれ違う仕事に就いていたが、四人とも自分の仕事に誇りを持ち、ウェーバーのいう「自分の仕事に仕える」タイプである

という点で共通していた。外から見れば、つまらない人たちなのだが、つまらないという意味では負けず劣らず、私もその仲間になってしまった。

　特に、祖父鉄二は私の大学院時代からいつも私の研究を支援し、応援してくれた。祖父は大学卒業後、戦地に赴き、戦後は祖母と結婚して二人の息子を育て、開業医として長年勤めた人だ。祖父は大学に残って研究を続けるという希望があったが、特別に金銭的に恵まれていなかった当時の環境でそれは難しかった。大学に残り研究を続けることができなかったことに悔しい思いもあったに違いない。そんな思いから、孫の大学院進学を喜び、応援してくれたのだと思う。

　ウェーバーは研究者には才能ではなく、僥倖が大きな役割を演じる、といったが、私が学費に四苦八苦せずに研究に集中できたのは祖父のおかげであり、そうした僥倖のおかげで、私がそれなりに力を発揮できているということを忘れずにいなければと思う。

2011年3月

筆者

索引

欧文

CVS (Council for Voluntary Services)
  113, 185, 191, 192, 197, 214, 218, 222, 228, 245, 319
GCSE (General Certificate for Secondary Education)　105
LAP (ローカル・エリア・パートナーシップ)
  196, 197, 231
LVAC (Lambeth Voluntary Action Council)　230
NCVO (National Council for Voluntary Organizations)　61
NPM　43, 44, 45, 47, 48, 49, 50, 51, 54, 65, 66, 76, 77, 82, 140, 297, 335
SAVO　181, 194
Voscur　181, 189

ア

アーバン・フォーラム　111
アーバン・プログラム　87, 90
アーンスタイン (Arnstein, S.R.)　16
アウトリーチ　112, 290
アカウンタビリティ　56, 68, 74, 79, 155, 233, 305
アクティブ・シティズンズ・ハブ　194, 230
アソシエーティブデモクラシー　46
新しいコーポラティズム　155
アドボカシー　228
アパシー　268
アリスバーリー　96, 195, 266, 273, 282, 285
イーストブライトン　187, 258, 288
委員会システム　72
イギリスを一つに―近隣再生の国家戦略　97
いつものメンバー　155, 161, 171, 225, 269, 305, 323
インタビューガイド　168, 175, 200, 202, 341
インナー・アーバン・エリア法　88
インナーシティ　87, 94, 191, 197
エージェンシー化　44, 66, 77, 80, 141
エスニックマイノリティ　36, 158, 189, 195, 267, 273, 277
オーシャン　197, 256, 269, 275, 282

カ

介護保険　12, 20, 21
　……事業計画　36
科学的合理性　159
ガバナンス
　……空間　24, 138, 164, 171, 176, 205, 235, 247, 268, 278, 292, 297
　近隣ガバナンス　137, 164, 295, 311, 322
　グローバル・ガバナンス　139
　参加志向のガバナンス　38, 48, 49, 50, 51, 52, 297
　ネットワーク・ガバナンス　38, 42, 45, 50, 51, 52, 297
　メタ・ガバナンス　24, 163, 173, 247, 250, 295, 310, 314, 329, 334
ガバニング　40, 42, 51, 138, 141
環境・運輸・地方省　106
環境省　87, 88, 94, 133
関心に基づいたコミュニティ　36, 223, 317, 318
関与が難しい　210, 211
機関委任事務　12, 18, 19
ギデンズ, アンソニー (Giddens, A.)　58
教育アクションゾーン　99, 100
行政参加　323
協働
　……の経験　217, 301, 314, 315, 330, 331
　……の利益　218
　多職種協働　327
近隣
　……ガバナンス　137, 164, 295, 311, 322
　……再生政策　10, 15, 28, 29, 30, 31, 32, 33, 83, 86, 95, 103, 114, 125, 146, 177
　……再生局　106, 115, 146, 148
　……再生資金　29, 107, 108, 109, 110, 111, 112, 113, 114, 116, 119, 120, 122, 123, 146, 179, 189
　……再生チーム　106, 115, 146, 147, 148
　……再生の国家戦略　97
　……再生への新たな取り組み―国家戦略アクションプラン　98
　地域近隣再生戦略　106, 107, 108, 116, 146
クオータ制　267

371

索引

クラッパムパーク　192, 260, 273, 294
クロイドン　177, 198, 214
グローバル化　33, 51, 334
グローバル・ガバナンス　139
健康アクションゾーン　99, 100
現実主義　59, 60, 77, 81
現代化　55, 64, 66, 67, 68, 71, 73, 74, 81
　政府の現代化　66, 74
現代の地方政府一人々とともに　57, 68
現場知の認識　210, 212, 260, 262, 263, 300, 302
広域地方　94, 103, 106, 115, 116, 126, 132
公共空間　13, 50, 52, 149
　……へのアクセス　326
公共サービス合意　104, 107, 108, 115, 116, 119, 122
公共性
　市民的公共性　48
　国家的公共性　48
公私分離の原則　18
荒廃した近隣地区　95, 97, 103, 104, 106, 107, 108, 109, 111, 112, 113, 115, 116, 119, 130, 132, 146, 179, 187, 188
荒廃指数　109, 116, 126, 179
公募委員　321
コーディング　183, 184, 185, 253
顧客　46, 54, 71, 79
国民保健サービス（NHS）　92
国家責任の原則　17
国家戦略アクションプラン　98
国家的公共性　48
コミュニティ・アドボケイト　192, 230
コミュニティ・エンパワメント・ネットワーク　112, 124, 146, 157, 178, 185, 222, 225, 230, 233, 304, 318
コミュニティ・エンパワメント・ファンド　112, 113, 114, 116, 117, 146, 157, 222, 223, 249
コミュニティ・ディベロップメント　290
コミュニティ
　……ケア改革　43
　……選挙の投票率　129
　……戦略　69, 70, 72, 79, 118, 119, 120, 122, 123, 146, 185, 186, 191, 196, 198, 214, 249
　……チェスト　114, 117, 146
　……と地方政府省　134, 135
　……ビジネス　285
　……本位とコミュニティ主導　241
　……ワーカー　288, 289, 290, 292, 309, 310, 325
　……ワーク　284, 288, 290, 310, 325, 327, 328
　関心に基づいたコミュニティ　36, 223, 317, 318
　地理的なコミュニティ　223, 304
コミュニティグループ
　……での経験　284, 287, 309, 310
　……の組織化　281, 284, 286, 288, 290, 292, 309, 310
雇用ゾーン　99
雇用年金省　105
コンサルテーション　32, 68, 72, 73, 80, 89, 98, 111, 211

サ

サザック　178, 193, 230
サッチャー政権　43, 90
参加
　行政参加　323
　社会参加　16, 47
　社会福祉における参加　20
　住民参加　17, 22, 23, 233, 240, 316, 321, 327, 328, 330
　政治参加　16, 47
　マイノリティの参加　319
参加型予算　336
参加志向のガバナンス　38, 48, 49, 50, 51, 52, 297
社会福祉における参加　16, 20
サンプリング　176, 177, 178, 200
市場
　……型供給組織　20
　……原理　335
　……志向の改革　45, 50, 51, 52, 97
　内部市場　43
自治　285, 288, 333

質的調査　176
シティズンチャーター　84
シティチャレンジ　93, 94
市民
　……権　63
　……社会　13, 39, 46, 47, 48, 49, 50, 51, 52,
　　54, 56, 57, 60, 61, 62, 63, 81, 141, 297
　……的公共性　48
　……陪審　57, 72, 336
　……民主主義　47
社会運動　10, 330
社会参加　16, 47
社会政策　16, 33, 38, 39, 41, 42, 43, 73, 97, 102
社会的
　……起業　282
　……合理性　159
　……排除　10, 29, 30, 31, 32, 58, 64, 65, 96,
　　97, 98, 100, 102, 103, 104, 106, 107, 117,
　　132, 141, 145, 195, 216, 240, 279, 327, 335
　……排除局　96, 97, 98, 106, 132, 195
　……排除タスクフォース　134
社会福祉
　……基礎構造改革　21
　……協議会　20, 222, 322, 327
　……における参加　20
　……法　11, 22, 26
　……法人　19, 20, 21
社会民主主義　55, 56, 58
シュア・スタート　101
住民参加　17, 22, 23, 233, 240, 316, 321, 327,
　328, 330
住民参加型在宅福祉サービス　20
熟議民主主義　49, 159
熟議パネル　336
消費者　71, 73, 79
職業安定所（Job Centre Plus）　128, 130, 146,
　211, 258
新保守主義　43, 45, 46, 48, 56, 62
ステークホルダー　15, 29, 74, 143, 176, 265, 338
政策検討チーム　97, 98
政治参加　16, 47
政府間関係　12, 76, 77, 80
政府の現代化　66, 74

セルフヘルプグループ　226
選挙区　95, 96, 128, 187, 191, 271, 306
専門知　281
措置制度　17

タ

多職種協働　327
タワーハムレット　177, 196, 233, 241
単一再生予算　94
単一団体　36
第三の道　31, 32, 33, 53, 55, 56, 57, 58, 59,
　60, 61, 62, 63, 64, 71, 73, 77, 81, 95, 97, 101
代表性の問題　154, 155, 156, 157, 161, 171,
　221, 222, 225, 226, 227, 228, 229, 230, 233,
　245, 246, 264, 268, 269, 270, 299, 303, 304,
　305, 306, 316, 318, 321, 324
代表選出の基盤　172, 222, 245, 265, 304, 321
大ロンドン県　36
地域
　……協議会　339
　……協定　119, 120, 121, 122, 123, 146, 179,
　　248, 249, 250, 251
　……近隣再生戦略　106, 107, 108, 116, 146
　……公共サービス協定　119
　……自治区　25, 339
　……福祉計画　15, 21, 22, 23, 24, 25, 26, 27,
　　28, 315, 323, 327, 328, 330, 336, 338
　……リーダーシップの強化と公共サービス
　　の高品質化　68
　……を限定した政策（ABI）　97, 98, 99, 100,
　　101, 102, 103, 104, 105, 106, 110, 111, 114, 115,
　　118, 119, 125, 130, 131, 132
地縁団体　321
地方議会　30, 90, 92, 237
地方自治・計画・土地法　91
地方政府事務所　94, 106, 111, 113, 114, 115,
　120, 144, 146, 147, 148, 294
チャリティ　283
中間支援組織　111, 113, 114, 143, 146, 179,
　185, 187, 189, 194, 222, 228, 230, 237, 249,
　265, 304, 318, 319, 320, 322, 332
直接民主主義　10, 32, 57, 68, 71, 72, 73, 79,
　140, 237

索引

地理的なコミュニティ　223, 304
ディキン，ニコルス（Deakin, N.）　61
トインビー，ポリー（Toynbee, P.）　193
特定非営利活動促進法　13
都市開発公社　90, 91, 92, 93
都市における優秀さ　101
ドックランズ　92, 193, 196, 197

ナ

内部市場　43
内務省　87
ニュークロスゲート　191, 258
ネットワーク・ガバナンス　38, 42, 45, 50, 51, 52, 297
能力形成　92, 172, 213, 281

ハ

パートナーシップ
　……組織内の関係　150, 154, 169, 170, 171, 173, 202, 205, 210, 213, 219, 253, 254, 255, 275, 298, 300, 302, 312, 314, 331
　……疲れ　101, 102, 107
バートンヒル　189
パターナリズム　46, 52
パターナリスティックな態度　281, 309
ビーコンカウンシル　177
ヒエラルキー　40, 41, 42, 43, 45, 46, 51, 66, 75, 76, 149, 151
福祉から就労へ　58, 97
福祉合意　43
福祉国家　11, 17, 33, 38, 42, 43, 45, 46, 49, 50, 51, 52, 54, 55, 56, 58, 76, 334
福祉多元主義　47, 48
副首相府　9, 115, 134
ブライトン　178, 186, 224
プライマリケアトラスト　30, 100, 101, 127, 130, 146, 185, 186, 188, 211, 258
ブリストル　178, 188, 245
ブレア，トニー（Blair, T.）　53, 76, 95
フロア・ターゲット　108, 136
分権化　10, 11, 12, 13, 21, 22, 23, 24, 25, 67

ベストバリュー　68, 72
　……パフォーマンスプラン　84
包括的歳出レビュー　104, 120
包括的住民自治組織　322, 328
保健省　105
保守党　31, 43, 44, 54, 55, 56, 59, 60, 61, 62, 63, 64, 66, 67, 71, 73, 77, 79, 80, 81, 90, 91, 92, 93, 94, 97, 99, 110, 186, 193, 198, 242
本来事業化　258

マ

マイノリティの参加　319
ミリバンド，ディビッド（Miliband, D.）　296
民営化　10, 11, 12, 13, 25, 43, 44, 50, 59, 60, 80, 141
民主主義的正統性　233, 234, 235, 237, 246, 271, 305, 323, 332
メジャー政権　43, 92, 93
メタ・ガバナンス　24, 163, 173, 247, 250, 295, 310, 314, 329, 334

ヤ

やっかいな問題　65, 69, 70

ラ

ランベス　178, 192, 230
リュイシャム　178, 190, 228
レイシズム　274, 276
連結政府　33, 53, 64, 66, 67, 69, 70, 73, 74, 81, 83, 86, 101, 138
労働党　29, 31, 32, 54, 55, 56, 59, 60, 61, 62, 63, 66, 67, 68, 73, 74, 76, 77, 79, 80, 81, 82, 86, 90, 91, 97, 98, 99, 110, 111, 112, 118, 131, 132, 153, 162, 186, 188, 190, 192, 193, 218, 250, 251, 273, 294, 301, 311, 329
ローカル・コンパクト　153, 213, 215, 313
ローカル・ポリティクス　273, 276, 308
ロンドン地方庁　56, 67

| 著者略歴

永田 祐(ながた ゆう)

1974年神奈川県生まれ。
上智大学文学研究科社会学専攻博士後期課程修了。
博士（社会福祉学）。
日本学術振興会特別研究員、立教大学コミュニティ福祉学部助手、愛知淑徳大学医療福祉学部専任講師などを経て、現職。
現在、同志社大学社会学部准教授

| 主著

『地域福祉の理論と方法』
　中央法規出版、2009年。
『新社会福祉援助の共通基盤（下）』
　中央法規出版、2009年。
『ジェンダーの交差点 ―横断的研究の試み―』
　彩流社、2009年。
『地域福祉と民間非営利セクター』
　中央法規出版、2007年。
　（いずれも共著）

本研究は科研費（課題番号15730266、17730349、19730372）の助成により遂行した研究の成果の一部である。また、出版にあたっては科研費の研究成果公開促進費（課題番号235212）の助成を受けた。

ローカル・ガバナンスと参加
―イギリスにおける市民主体の地域再生―

2011年7月20日　初　版　発　行
2012年7月20日　初版第2刷発行

著　者　　永田　祐
発行者　　荘村明彦
発行所　　中央法規出版株式会社
　　　　　〒151-0053　東京都渋谷区代々木2-27-4
　　　　　販売　TEL 03-3379-3861　FAX 03-5358-3719
　　　　　編集　TEL 03-3379-3784　FAX 03-5351-7855
　　　　　http://www.chuohoki.co.jp

印刷・製本　　株式会社太洋社

定価はカバーに表示してあります。落丁本・乱丁本はお取り替えいたします。
ISBN978-4-8058-3506-7